Schillers Dramen

EDITION ORPHEUS   11

Beiträge zur deutschen und vergleichenden
Literaturwissenschaft

Herausgegeben von Joseph P. Strelka

Karl S. Guthke

Schillers Dramen
Idealismus und Skepsis

Die Deutsche Bibliothek – CIP-Einheitsaufnahme

Guthke, Karl S.:
Schillers Dramen : Idealismus und Skepsis / Karl S. Guthke. –
Tübingen ; Basel : Francke, 1994
   (Edition Orpheus ; 11)
   ISBN 3-7720-2321-5
NE: GT

© 1994 · A. Francke Verlag Tübingen und Basel
Dischingerweg 5 · D-72070 Tübingen

Das Werk einschließlich aller seiner Teile ist urheberrechtlich geschützt. Jede Verwertung außerhalb der engen Grenzen des Urheberrechtsgesetzes ist ohne Zustimmung des Verlages unzulässig und strafbar. Das gilt insbesondere für Vervielfältigungen, Übersetzungen, Mikroverfilmungen und die Einspeicherung und Verarbeitung in elektronischen Systemen. Gedruckt auf säurefreiem und alterungsbeständigem Werkdruckpapier.

Druck: Gulde-Druck GmbH, Tübingen
Verarbeitung: Braun+Lamparter, Reutlingen
Printed in Germany

ISSN 0937-1877
ISBN 3-7720-2321-5

– Sie sind gut und fröhlich, und
kennen doch den Menschen auch –
Don Karlos, III, 10

Die wundersame Complication der menschlichen Natur, in welcher sich die stärksten Gegensätze vereinigen, Materielles und Geistiges, Gewöhnliches und Unmögliches, Widerwärtiges und Entzückendes, Beschränktes und Gränzenloses [...].
Goethe, *Italienische Reise*

Se trouve autant de difference de nous à nous mesme, que de nous à nous autruy.
Montaigne, *Essais*, II, 1

Vorwort

Alles umfassende, umfangreiche Schiller-Bücher wissenschaftlichen Zuschnitts, wie sie bis in die fünfziger und sechziger Jahre üblich waren, werden seit mehr als einem Vierteljahrhundert nicht mehr geschrieben. Auf der Bühne floriert Schiller noch wie eh und je, ob regietheatermäßig verfremdet oder pur; doch die literaturkritische Beschäftigung mit Schiller ist in Detailstudien emigriert: über Expeditionen in die Region der offenen Fragen berichten die zünftigen Zeitschriften, manchmal in Dialekten des germanistischen Jargons. Weiterführende Schiller-Bücher, die in den achtziger und neunziger Jahren erschienen, sind in der Regel Sammlungen von Aufsätzen verschiedener, oft sehr verschiedener Autoren und unterschiedlichen Niveaus; «Perspektivenreichtum» (der jedoch keineswegs die gewissenhafte Aufarbeitung der Detailforschung garantiert) tritt an die Stelle einer einheitlichen Sicht, die, ihrerseits vielleicht einseitig, motivische, thematische und menschengestalterische Kontinuierlichkeiten und Zusammenhänge erfaßt. Im Stimmengewirr der Spezialstudien wird indessen auch der halbherzig geflüsterte Ruf nach einer solchen Zusammenschau auf der Höhe des Forschungsstandes hörbar. Mit Recht hat man festgestellt, daß in der neueren Beschäftigung mit Schiller statt des Gesprächs ein Monologisieren vorherrsche, das die Arbeiten der Vorgänger ignoriert, – und die «weitreichende Sterilität in der Schiller-Forschung» darauf zurückgeführt: vermieden würde Auseinandersetzung, jeder schreibe «weitgehend nur für sich» mit dem Ergebnis, daß Deutungen und Fragestellungen sich «dutzendfach» wiederholen.[1] Vor allem haben die ehemals west- und ostdeutschen Schiller-Interpretationen sich kaum gegenseitig zur Kenntnis genommen.

Die längst fällige kritisch sichtende Synthese, auf deren Grund hier versucht wird, eigenständig über den Status quo hinauszukommen, weiß sich unter den überhandnehmenden Einzelstudien vor allem denen verpflichtet, die aus dem angelsächsischen Raum stammen. Von ihnen ist von deutscher Seite bemerkt worden, «die Schillerforschung bedürfte mehr derartiger Anstöße».[2] In den Ländern englischer Sprache, in denen die Theaterkultur in Shakespeares sprichwörtlicher «Menschenkenntnis» einen wenn nicht unbefragten, so doch orientierenden Maßstab besitzt, ist das auf dem Kontinent bis vor kurzem vorherrschende idealistische Schiller-Bild mit seiner oft als unrealistisch denunzierten Psychologie nie recht angekommen. Da jedoch die deutsche Kritik seit den *Räubern* in Schiller den «deutschen Shakespeare» zu sehen pflegte (und Schiller selbst

---

1 Helmut Koopmann, *Schiller-Forschung 1970–1980*, Marbach 1982, S. 97–98.
2 Koopmann, S. 126. Das Buch von Lesley Sharpe, *Friedrich Schiller: Drama, Thought and Politics* (Cambridge 1991) stellt im Gegensatz zu solchen Erkundungen eine Synthese dar, jedoch ohne den Ehrgeiz, das Gros der einschlägigen Sekundärliteratur zu berücksichtigen – oder eine profiliert eigene Sicht zu bieten.

sich nicht zu der falschen Bescheidenheit aufschwang, dies Urteil herunterzuspielen), darf man fragen, was das heute bedeuten könnte. «Die Seele ist ein weites Land» (Arthur Schnitzler). Wie hat Schiller es visiert?

Der Gesichtspunkt, von dem aus die Dramen Schillers hier in den Blick kommen, ist im Untertitel des Buches signalisiert und in der Einführung erklärt, während die Untertitel der Kapitel auf die jeweils spezielle Fragestellung innerhalb der übergreifenden Thematik deuten. Soweit die Hauptgestalten dieser Dramen, «Idealisten» und andere, «psychologisch» gesehen werden, handelt es sich weder um eine fachlich festgelegte Psychologie noch um Psychologie im leeren Raum, sondern im Prinzip (nicht disziplinär eng) um jene (wie man im 18. Jahrhundert sagte) erfahrungsseelenkundliche Menschenkenntnis, die die heutige Wissenschaftshistorie erneut beglaubigt[3] und die Schiller selbst sich seit seinem Medizinstudium in wiederholten Ansätzen vertraut gemacht hat. Hoher Anspruch an den Menschen und Einsicht in seine Gebrechlichkeit halten sich darin die Balance, die Schiller erlaubt, den Menschen zu achten und zu lieben jenseits von Vergötterung und Entlarvung.

Zitate aus den Dramen werden mit Verszahl oder Akt- und Szenenzahl (Prosa) nachgewiesen. Zugrundegelegt wurde die Nationalausgabe (NA). Verweise auf nicht-dramatische Schiller-Texte sowie auf Materialien, Dokumente, Apparat und Kommentar beziehen sich mit römischer und arabischer Zahl auf Band und Seite dieser Edition, sofern nicht anders angegeben. Entstehungsgeschichtlich und interpretatorisch relevante Briefe und sonstige Äußerungen Schillers zu einzelnen Dramen werden nach dem Abdruck im Anhang des jeweiligen Dramenbands nachgewiesen, wenn dort, wie es generell in den neueren Bänden der Nationalausgabe der Fall ist, in dieser Hinsicht Vollständigkeit und kritische Sichtung angestrebt sind.

Einige Seiten aus dem *Räuber*-Kapitel und aus dem *Wallenstein*-Kapitel erschienen in sehr vorläufiger Form in meinem Buch *Wege zur Literatur* (Bern u. München: Francke, 1967). Die *Kabale und Liebe*-Interpretation übernehme ich aus *Schillers Dramen*, hg. v. Walter Hinderer (Stuttgart: Reclam, 1992). Die Kapitel über *Maria Stuart*, *Die Jungfrau von Orleans* und *Die Braut von Messina* stammen, leicht verändert, aus dem *Schiller-Handbuch*, hg. v. Helmut Koopmann (Stuttgart: Kröner, 1994). Ein Teil des *Wallenstein*-Kapitels erschien 1993 in der Zeitschrift *Wirkendes Wort*. Ich danke den Verlagen für die Erlaubnis zur revidierten Wiederverwendung.

Harvard University   K. S. G.

---

3   Vgl. Wolfgang Riedel, *Die Anthropologie des jungen Schiller*, Würzburg 1985; Kenneth Dewhurst u. Nigel Reeves, *Friedrich Schiller: Medicine, Psychology and Literature*, Berkeley u. Los Angeles 1978.

Inhalt

Einführung
Idealismus und Menschenkenntnis 11

Die Räuber
Karl Moors Glück und Franz Moors Ende 31

Die Verschwörung des Fiesko zu Genua
Schwierigkeiten beim Schreiben der Geschichte 65

Kabale und Liebe
Evangelium der Liebe? 95

Don Karlos
Der Künstler Marquis Posa: Despot der Idee oder Idealist von Welt? 133

Wallenstein
Ein Spiel vom Spiel – und vom Nichtspieler 165

Maria Stuart
Die Heilige von «dieser» Welt 207

Die Jungfrau von Orleans
Ein psychologisches Märchen 235

Die Braut von Messina
Endspiel des Idealismus 259

Wilhelm Tell
Der Fluch der guten Tat 279

Namenregister 305

Einführung

Idealismus und Menschenkenntnis

1.

Sein Image steht Schiller seit dem 19. Jahrhundert im Weg, aber er hat es überlebt; er bleibt gegenwärtig.[1] Wie sonst könnte dieses oder jenes Drama, diese oder jene Szene, Gestalt oder Gesprächspartie noch heute so frisch und erfrischend wirken – nicht nur auf den «Unvoreingenommenen», sondern auch auf den, der «im Lichte unserer Erfahrung»[2] liest oder hört: mit kritischem Augenmaß und wachem Sinn für Menschlich-Allzumenschliches und was darüber gehen mag.

Das war nicht immer und überall so, besonders nicht in den Zeiten der volkstümlichen Hochschätzung Schillers als des Nationalheiligen bürgerlicher Tugendvorstellungen, denn die waren in der Regel zugleich Zeiten ebenso pflichtschuldiger Verachtung Schillers als der nationalen Witzblattfigur. Die widersprüchlichen Reaktionen galten demselben Bild: dem Idealisten ohne Furcht und Tadel, dem Mann des Rütlischwurs und Männerstolzes vor Königsthronen, dem Verkünder von Gedankenfreiheit, Brüderlichkeit und Verpflichtung auf das Gute und Wahre. Diesen Schiller hatte Thomas Mann im Auge, als er im Schiller-Jahr 1955 seine gesamtdeutsche Festrede schloß mit der Feier von Schillers «Willen zum Schönen, Wahren und Guten, zur Gesittung, zur inneren Freiheit, [...] zur rettenden Ehr-

---

1 Gert Uedings beiläufige Bemerkung über Schillers «heutige Wirkungslosigkeit» ist ein Glaubensartikel (*Friedrich Schiller*, München 1990, S. 135). Demgegenüber liest man bei Klaus L. Berghahn, die «Ansichten» des Dramatikers und Theoretikers Schiller seien «immer noch der Rede wert»; Schiller sei «überraschend lebendig» nicht nur im Theater; in seinen Werken könnten wir «eigene Fragen und Probleme wiederentdecken» (*Schiller: Ansichten eines Idealisten*, Frankfurt 1986, S. 227). Über die Gegenwärtigkeit Schillers geben natürlich auch die zahlreichen Bibliographien, nicht zuletzt in ihren Berichten über die Rezeption, Aufschluß. Hans Mayer in *Schiller: Reden im Gedenkjahr 1959*, Stuttgart 1961, S. 169: «Unser Leben mit Schiller geht nicht zu Ende, sondern beginnt erst.» Siehe auch Klaus Ziegler, «Schiller und die moderne Welt», ebda, S. 428–450; Günther Rühle, «Immer wieder Schiller?» *Jahrbuch der Deutschen Schillergesellschaft*, XXVIII (1984), 483–498.
2 Nach Thomas Mann, «Nietzsches Philosophie in Lichte unserer Erfahrung» (1948). Schiller seinerseits beruft sich gern auf «die tägliche Erfahrung» (XX, 146).

furcht des Menschen vor sich selbst».³ Das ist derselbe Schiller, über den Hermann Weigand, Doyen der amerikanischen Germanistik, im Schiller-Jahr 1959 im Auftakt seiner Gedenkrede feststellte: «Unter deutschen Schriftstellern ersten Ranges ist keiner, über den man sich so leicht lustig machen kann wie über Schiller.»⁴

Dieses Schiller-Bild, ob verehrt oder verulkt, hat eine konsequente Geschichte, die bis weit ins 19. Jahrhundert zurückreicht. Mit Schillerschen Versen auf den Lippen und Schnitzeln eines von Charlotte gespendeten Schiller-Manuskripts als Talisman in der Tasche zogen studentische Freiwillige 1813 in den Kampf gegen Napoleon.⁵ Ebenso war Schiller der Held der bürgerlich-liberalen Revolutionäre von 1848; entsprechend wurde mit dem Einsetzen der Reaktion die Schiller-Lektüre in den preußischen Lehrerseminaren durch die Stiehlschen Schulverordnungen prompt untersagt,⁶ während Schiller mit der 1848er Intelligenz nach Amerika auswanderte als deren Repräsentant deutscher Kultur schlechthin – Schiller war unvergleichlich beliebt im Theater der Emigranten: überall, selbst wo sich die Frontier-Füchse gute Nacht sagten und die Indianer die notdürftigen Theater in Brand setzten, in Beer Gardens, Turnvereinen, Sängerclubs, spielte man *Die Räuber, Kabale und Liebe, Don Karlos, Tell*.⁷ 1859, das Jahr des hundertsten Geburtstags, war der Höhepunkt dieser, der idealistischen Schillerverehrung. Die ganze Nation, vom Ladenschwengel bis zum Geheimrat, feierte ihren Klassiker und «Dichterfürsten», in den größten Städten wie in der tiefsten Provinz, mit Denkmälern, Medaillen, Ansprachen, Festumzügen und Festakten: Pomp und Posaunen, wie sie in anderen Ländern nur den hehrsten Nationalhelden vorbehalten sind.⁸ Aber eben das war Schiller, der ewig kränkliche, schwäbelnde, von Geldsorgen geplagte, im billigsten Holzsarg bestattete, ja geworden für die Kulturnation ohne international konkurrenzfähiges politisches Oberhaupt. Noch in der Kaiserzeit hat sich das kaum geändert. «Nichts an dir war scheel und niedrig, / Edler Schiller, teurer Friedrich» – so formuliert Alfred Kerr⁹ im Schiller-Jahr 1909

---

3 *Nachlese* (Stockholmer Gesamtausgabe), Berlin u. Frankfurt 1956, S. 140.
4 «Schiller: The Transfiguration of a Titan», *A Schiller Symposium*, hg. v. A. Leslie Willson, Austin, Texas, 1960, S. 85: «Among German writers of the first rank there is no one so easy to make fun of as Schiller.»
5 Vgl. Albert Ludwig, *Schiller und die deutsche Nachwelt*, Berlin 1909, S. 47–52; Fritz Martini in *Schiller: Reden im Gedenkjahr 1955*, Stuttgart 1955, S. 252.
6 Vgl. Ludwig, S. 348.
7 Vgl. Karl S. Guthke, «Schiller auf der Bühne der Vereinigten Staaten», *Maske und Kothurn*, V (1959), 227–242.
8 Vgl. Rainer Noltenius, «Zur Sozialpsychologie der Rezeption von Literatur: Schiller 1859 in Deutschland: Der Dichter als Führer und Heiland», *Psyche*, XXXIX (1985), 592–616, und Noltenius, *Dichterfeiern in Deutschland*, München 1984, Kap. 2.
9 *Die Welt im Drama*, hg. v. Gerhard F. Hering, Köln u. Berlin 1954, S. 385.

Idealismus und Menschenkenntnis

das geläufige Bild von dem Idealisten und Verfasser der «Glocke»: Leitbild der nationalen Selbstvergewisserung, war er der «erhabenste und heiligste Dichter seines Volkes»,[10] «die reinste Verkörperung deutschen Wesens».[11]

Die bei Kerr handgreifliche Ironie war ebenfalls nicht neu. Langweilig, altfränkisch und lächerlich fanden schon manche Romantiker den zum probaten Hausmittel gegen alle sittlichen Anfälligkeiten stilisierten zweiten Mann von Weimar. Für Georg Büchner waren die Dramengestalten des «Idealdichters» Schiller «fast nichts als Marionetten mit himmelblauen Nasen und affectirtem Pathos, aber nicht Menschen von Fleisch und Blut».[12] An des Jahrhunderts Neige mokierte sich die sogenannte Kulturkritik über das landläufige Schiller-Bild; das «und» zwischen Goethe und Schiller ging Nietzsche gegen den Strich; sein hämisches Wort vom «Moral-Trompeter von Säckingen» ist noch heute vor allem denen vertraut, die keine Ahnung haben, was es mit dem Trompeter von Säckingen auf sich hat.[13] Anmutig-schwerenöterhaft auch Liliencron damals:

> Die Deutschen lieben
> Schiller,
> Bilderbücher jeder Art,
> [...]
> Das heilige Skatspiel,
> Schützenfeste [.][14]

Was geschehen war, ist deutlich: Schiller war zum meistzitierten deutschen Klassiker geworden, weihevoll berufen in Kaisergeburtstagsreden und Festansprachen aller Art; seine Werke waren unerschöpfliche Fundgruben für Deklamationen, geflügelte Worte und Poesiealbumverse für jede pathetische Gelegenheit. Und dieser Idealist, mit dem man nicht leicht fehlgehen konnte, dessen gesammelte Werke auch im Bücherschrank der Nichtleser prangten im Schmuck ihres Goldschnitts, bot sich dann geradezu an als Zielscheibe für die Verspottung als Hausheiliger bürgerlicher Wohlanständigkeit. So also noch der wohlbestallte Laudator von 1959, der sich Mühe gab, vieles bei Schiller «unwiderstehlich komisch» zu finden, das «Lied an die Freude» zum Beispiel mit seinem Toast auf Gott – lauter «glitzernde Phrasen zur Erbauung einfacher Gemüter».[15]

---

10 Karl Henckell, *Moderne Dichter-Charaktere*, Leipzig 1885, S. VI.
11 Ludwig, S. 640.
12 An die Familie, 28. Juli 1835 (*Sämtliche Werke und Briefe*, hg. v. Werner R. Lehmann, II, Hamburg 1971, S. 444).
13 *Götzen-Dämmerung* (1888), Nr. 16; Nr. 1.
14 «An Goethe», *Gesammelte Werke*, II, 4. Aufl., Berlin 1914, S. 208.
15 Weigand, S. 86, 87, 90: «irresistably funny», «glittering phrases for the edification of simple minds».

Der Hinweis auf «Freude, schöner Götterfunken» erinnert eben rechtzeitig: solche Verulkung (Erich Heller noch 1965: Schiller als «ein poetisches Mißgeschick in der Geschichte der deutschen Literatur»)[16] und die entsprechende oft nicht weniger komische Verehrung (ein deutscher Legationsrat 1905 in Chicago: «Gehet hin in alle Welt! Und lehret alle Völker das Evangelium des deutschen Idealismus» als Schillers unvergängliche Botschaft;[17] Professor Ilse Graham 1974: «Er war moralisch von Kopf zu Fuß»[18]) – solche Verulkung und solche Verehrung gelten letztlich dem Höhenflug der europäischen *Aufklärung*. Die Aufklärung, die nicht zu allen Zeiten hoch im Kurs gestanden hat, findet man in der Gegenwart, mit oder ohne «Dialektik», wieder höchst interessant, sei es als kritisch rezipierbares, praktikables Modell oder als nicht weniger ernstzunehmende Gegenposition der Selbstdefinition. Sollte man Schiller, dessen prägende Nähe zur Aufklärung gerade die neuste Forschung wiederentdeckt hat im Kontext der Annäherung von Aufklärung und Idealismus und Klassik,[19] nicht ebenso interessant finden? Heller fügt seiner Äußerung über das Mißgeschick Schiller bezeichnenderweise gleich den Nachsatz hinzu, «welches [...] jedoch großen Glanz ausstrahlt». Gewiß nimmt der, der den naiven Idealisten Schiller lächerlich macht, eine höhere Menschenkenntnis für sich in Anspruch, und der Menschenkenntnis des Verehrers des herkömmlichen Schiller-Bildes mag sie wirklich überlegen sein. Aber ist sie der Menschenkenntnis Schillers überlegen?

Wie diese Frage auch im einzelnen beantwortet werden mag (und darum geht es in diesem Buch) – in der seit Jahrzehnten anhängigen selbstdefinitorischen Auseinandersetzung mit der Aufklärung also «*lebt*» der seit Lebzeiten heiliggesprochene, verlachte, totgesagte Schiller. Er lebt als der «Idea-

---

16 «Geteilter Meinung über Schiller» in E.H., *Die Reise der Kunst ins Innere und andere Essays*, Frankfurt 1966, S. 57 (Englisch 1965).
17 Nach *Schiller – Zeitgenosse aller Epochen*, hg. v. Norbert Oellers, II, Frankfurt 1976, S. xxxv.
18 *Schiller's Drama: Talent and Integrity*, London 1974, S. 1: «He was moral from tip to toe.» 1905 feiert man Schillers «lichten Sonnenflug des Idealismus» (nach *Schiller – Zeitgenosse aller Epochen*, II, xxxiv), und noch 1927 besteht für Gerhard Fricke Schillers Bedeutung in der «Bewahrung und Erneuerung der unvergänglichen Elemente, die der Idealismus für alle Zeiten geschaffen hat» (*Der religiöse Sinn der Klassik Schillers*, München 1927, S. VII).
19 Schon Ziegler, S. 447–448; Helmut Koopmann, *Schiller-Forschung 1970–1980*, Marbach 1982, S. 63; Koopmann, *Schiller*, München u. Zürich 1988, S. 10; Lesley Sharpe, *Friedrich Schiller: Drama, Thought and Politics*, Cambridge 1991, S. 1; *Idealismus und Aufklärung in Philosophie und Poesie um 1800*, hg. v. Christoph Jamme u. Gerhard Kurz, Stuttgart 1980, und darin besonders Annemarie Gethmann-Siefert, «Schiller und Lessing: Aus Geschichte(n) lernen», S. 238–258; «Aufklärung und Weimarer Klassik», eingel. v. Walter Müller-Seidel, *Jahrbuch der Deutschen Schillergesellschaft*, XXXVI (1992), 409–454.

list» im platonischen Sinne seines Gedichts «Worte des Glaubens», des lebensorientierenden Glaubens an die objektiven Ideale in einem transempirischen Bereich, oder er lebt (und davon nie rigoros unterscheidbar) als der Idealist im kantischen Sinne der freien Selbstbestimmung des geistigen Menschen, der sich in «des Lebens Drang» kraft seiner Vernunft nach dem moralischen Gesetz ausrichtet.[20] Unfeierlich, hemdsärmelig fast hat Schiller selbst es, wenige Wochen vor seinem Tod, am 2. April 1805, in seinem letzten Brief an Wilhelm von Humboldt, so ausgesprochen: «Am Ende sind wir ja beide Idealisten und würden uns schämen, uns nachsagen zu lassen, daß die Dinge uns formten und nicht wir die Dinge» (XXXII, 206). Aber lebt Schiller als ein solcher Idealist heute nicht eher als Fiktion, als einer, der er nicht war? «Schiller lebt als ein Gerücht», war am 15. November 1959 in der *Neuen Zürcher Zeitung* zu lesen.[21] Lebt er heute anders?

Das Gerücht auf seine mögliche Wahrheit zu befragen oder in Richtung auf Schillers Wahrheit zu korrigieren, darauf richtet sich die Schiller-Forschung spätestens seit dem letzten wortreich begangenen Jubiläum, dem zweihundertsten Geburtstag 1959. Umfassende Schiller Monographien erschienen damals, für die germanistische Ewigkeit gemacht, wie es schien, und nicht nur die germanistische. Doch was schon in den fünfziger Jahren als das Schiller-Bild der Zukunft vorausgesehen wurde und seither in vielfacher Weise als unverrückbare Erkenntnis gilt, ist betonterweise nicht mehr das Bild vom «Idealisten des Guten, Schönen und Wahren».[22] Einen Neuanfang hat eine Übersicht über die Schiller Forschung von 1955 bis 1959 prophetisch thematisiert mit der Ahnung, «daß uns Schiller offenbar nicht mehr ganz so fremd ist wie noch vor nicht zu langer Zeit, daß zum mindesten der Augenblick der größten Schiller-Ferne hinter uns liegt (und der könnte sehr gut der gewesen sein, als wir uns auf eine oberflächlich begeisterte Weise ihm am nächsten fühlten!), und daß wir also nicht nur willens, sondern auch fähig sind, diesen so schwer gefährdeten ‹Klassiker› der deutschen Literatur ganz neu zu lesen. Man könnte sogar den Eindruck gewinnen, als ob schon die nächste Zukunft der Schiller-Forschung in dieser Hinsicht einige recht unerwartete Überraschungen für uns auf Vorrat habe.»[23]

«Ganz neu» – aber *wie* lesen wir Schiller ganz neu? *Wie* stellt sich der rettungsbedürftige Klassiker nach weiteren drei Jahrzehnten intensiver Be-

---

20 Vgl. Henning Kößler, *Freiheit und Ohnmacht: Die autonome Moral und Schillers Idealismus der Freiheit*, Göttingen 1962, S. 58.
21 Nach Hans Mayer in *Schiller: Reden im Gedenkjahr 1959*, S. 165.
22 Fritz Martini in *Schiller: Reden im Gedenkjahr 1955*, S. 254.
23 Wolfgang Paulsen, «Friedrich Schiller 1955–1959», *Jahrbuch der Deutschen Schillergesellschaft*, VI (1962), 464.

schäftigung mit seinem Werk dar? Wie wird das Gerücht vom unproblematischen Idealisten allmählich überprüft?

Nicht in kompendiösen Gesamtdarstellungen, wie sie lange an der Tagesordnung waren.[24] Die Erkenntnis-Fortschritte sind in Einzelstudien, auch solchen engsten Blickwinkels, geschehen.[25] Sie modifizieren das Bild vom Idealisten Schiller. Nicht daß man ihn auf Grund solcher Resultate vom Idealismus abrücken und ins Lager der «Opposition» verweisen könnte. Eher erlauben sie, Schiller als den *kritischen* Idealisten zu sehen, der nicht blind ist für die Problematik des Credos, dem er sich, noch mit seinem letzten Brief an Humboldt, verschrieben hat. Was für Berichte sind es also im einzelnen, die diese Expeditionen aus dem Niemandsland zurückbringen? Ein paar Beispiele:

Die Inhumanität des Idealisten in *Don Karlos* wird schärfer und auch anders gesehen als von Schiller selbst in den «Briefen» über sein Stück. Die falschen Motive und Obertöne der idealistischen Haltung werden nüchterner erfaßt – Egoismus, Selbstbewunderung, theatralische Geste schon in den frühen Tragödien von den *Räubern* an. Gestalten, die als Idealisten eingeführt werden wie Ferdinand in *Kabale und Liebe* etwa, erweisen sich als ungewöhnlich erschütterlich in ihrem Vertrauen, anfällig für ruinöse Enttäuschung oder inhaltlose Prinzipienreiterei. Oder aber in ihnen bricht – an Karl Moor ist zu denken – ein zwanghafter Drang zur Brutalität durch. «Das leibhaftige Ideal ist ohne bluttriefende Hände nicht vorstellbar», hat Gert Mattenklott denkwürdig, wenn auch übertreibend, formuliert.[26] Bescheinigt die Undurchführbarkeit von Max Piccolominis Daseinsentwurf («Mein Weg muß gerad sein») dem Idealismus seine Lebensunfähigkeit? Wird er in der *Jungfrau von Orleans* nicht tragisch verfälscht, nämlich kontaminiert mit blutrünstigem Chauvinismus? Ist er in der *Braut von Messina* eine authentische Entscheidung oder sublime Eitelkeit? Gelangt Maria Stuart, vielberufen als Märtyrerin, tatsächlich in das Stadium der «Läuterung»? Beriefen sich *El-Fatah*-Terroristen – Max Frisch hat daran erinnert – in den sechziger Jahren mit Recht auf den Tell der Sage und damit zugleich auf *Wilhelm Tell*? Interessiert sich Schiller nicht in allen Fällen mehr für die Gefahren und die drohende Unmöglichkeit der idealistischen Einstellung

---

24 Emil Staigers Gesamtbild *Friedrich Schiller* (Zürich 1967) ist eher eine eigenwillige «Eroberung», die die Ergebnisse zünftiger Forschung links liegen läßt. Vgl. Oellers' Kritik aus der Perspektive der jahrhundertelangen Beschäftigung mit Schiller in *Schiller – Zeitgenosse aller Epochen*, II, lv. Vgl. auch meine Bemerkung in Anm. 2 zum Vorwort.
25 Vgl. Koopmann, 1982, S. 7.
26 «Schillers *Räuber* in der Frühgeschichte des Anarchismus», *Text und Kontext*, IX (1981), 307.

als für «die unvergänglichen Elemente, die der Idealismus für alle Zeiten geschaffen hat»?[27]

Ja, entpuppt Schiller sich stellenweise nicht sogar als der geheime Anti-Idealist? Unverkennbar ist die Faszination vom Bösen, von der Konsequenz des Bösewichts. Etwas zu treuherzig hat man es für symptomatisch gehalten, daß das Interesse an Franz Moor den Anteil an Karl Moor zu überschatten drohe in unserer Zeit, in der das Böse allenthalben im Vordringen sei.[28] Bedenkenswerter bleibt, daß Schiller, in seinem *Agrippina*-Entwurf, sich davon überzeugt, daß die «reine Tragödie» die sei, in der «Böses dem Bösen entgegenstehe» (XII, 151). Nicht zu übersehen auch die Faszination, die das Grausame auf Schiller ausübt. In der Apfelschuß-Szene hat er erst auf Goethes Drängen mehr Motivation eingefügt, die das Ungeheuerliche etwas mildert. In seiner *Egmont*-Bearbeitung wollte er in der Gefängnis-Szene, in der Egmont das Todesurteil verlesen wird, Herzog Alba auftreten lassen, maskiert, sich weidend an der Todesfurcht seines Widersachers. Thomas Mann hat dazu einen Dialog erfunden, der das Ungoethesche dieses Schiller profilieren soll. Goethe: «Noi, noi, mein Bester, wo denke Sie hin, das ist ja greulich!» Schiller: «Aber ich schwör Ihne, es wird großen Effekt mache und dem Publico so recht in die Seele schneide!»[29] Unwiderstehlich ist Schiller auch die Macht und die Größe schlechthin, ohne Ansehung ihrer moralischen oder antimoralischen Ausrichtung: bei den Brüdern Moor, bei Fiesko und noch bei Demetrius.[30] Viel zitiert wird in den letzten Jahren Schillers erstaunliche Äußerung über den Jenaer Philosophieprofessor Reinhold: «Er wird sich nie zu kühnen Tugenden oder Verbrechen [...] erheben, und das ist schlimm. Ich kann keines Menschen Freund seyn, der nicht Fähigkeit zu einem dieser beiden, oder zu beiden hat» (an Körner 29. August 1787; XXIV, 144).

Charakteristisch ist nun aber dies: auch wenn Schiller in die Nähe der extremen Gegenposition zum Idealismus gelangt (Realismus nennt er sie manchmal), wenn er also die Ideen des Guten, Wahren usw. und die Selbstbestimmung nach dem ethischen Soll geradezu ablehnt im Namen der bloßen Kraft oder des freien Willens – beide bewundert er in den achtziger Jahren schon fast pathologisch –, dann bleibt er immer noch dem Gedanken oder dem Geist verhaftet: der *Idee* des Bösen, der *Idee* des Verruchten, der *Idee* der Kraft. Denn nie ist Schiller der naive Mensch gewesen: kindlich ja, kindsköpfig sogar, vielleicht «ergreifend» kindsköpfig, wie Thomas Mann

---

27 S. o. Anm. 18. Max Frisch, *Wilhelm Tell für die Schule*, Zürich 1971, S. 122.
28 H. B. Garland, *Schiller Revisited*, London 1959, S. 11.
29 «Versuch über Schiller», *Nachlese* (Stockholmer Gesamtausgabe), Berlin u. Frankfurt 1956, S. 65.
30 Wolfgang Kayser, *Schiller als Dichter und Deuter der Größe*, Göttingen 1960.

es gesehen hat,[31] aber nicht, soweit die persönlichen Zeugnisse eine klare Sprache sprechen, mit einem Sinn für das sogenannte Unmittelbare, für den erfüllten Augenblick begabt. Selbst und besonders seine Verherrlichung der vitalen Kraft ist zerebral, aus der Distanz dessen – unverwunderlich seit Nietzsche –, der sie nicht hat. (Eine neue Biographie stellt Schillers Leben als «Krankheit zum Tode» dar.)[32] «Der Gedanke», hat Humboldt, der es wissen mußte, über Schiller gesagt, war «das Element seines Lebens».[33]

Und nicht zuletzt der Gedanke selbst wendet sich gegen die (aus dem letzten Brief an Humboldt zitierte) Selbstidentifikation als Idealist. Dazu ein paar Zeugnisse. Die «Briefe über *Don Karlos*» (1788) ziehen aus dem Schicksal des Idealisten Marquis Posa das Fazit, «daß man sich in moralischen Dingen nicht ohne Gefahr von dem natürlichen praktischen Gefühl entfernt, um sich zu allgemeinen Abstraktionen zu erheben, daß sich der Mensch weit sicherer den Eingebungen seines Herzens oder dem schon gegenwärtigen und individuellen Gefühle von Recht und Unrecht vertraut als der gefährlichen Leitung universeller Vernunftideen, die er sich künstlich erschaffen hat – denn nichts führt zum *Guten*, was nicht *natürlich ist*» (XXII, 172). *Über naive und sentimentalische Dichtung* (1795–1796) schließt mit einer Gegenüberstellung des Realisten und des Idealisten, in der jenem für seine Lebenserfahrenheit und Menschenkenntnis die Anerkennung nicht versagt, während dem Idealisten entgegengehalten wird, daß «die menschliche Natur eines consequenten Idealism gar nicht fähig» sei (XX, 496). Das Gedicht «Die Worte des Glaubens» (1797) macht den Glauben an die «drei Worte» Freiheit, Tugend und Gott als die Eigenschaft namhaft, ohne die «dem Menschen [...] aller Werth geraubt» ist (II/1,370). Ein Gedicht von 1800 jedoch behauptet, «drei Worte» (nicht ganz dieselben «objektiven Ideale»,[34] doch ein Vademecum des Idealismus auch sie, nämlich das Gute, die Gerechtigkeit, die Wahrheit) bezeichneten bloße Schatten, denen der Mensch stets vergeblich nachjage. Wohl endet dieses Gedicht mit der Versicherung: «Es ist dennoch das Schöne, das Wahre! / Es ist nicht draußen, da sucht es der Thor, / Es ist *in* dir, du bringst es ewig hervor» (II/1,371). Doch das ist nicht einfach eine Ersetzung des platonischen durch den kantischen Idealismus. Denn die Desillusion ist eindringlicher als der Nachgedanke einer neuen Hoffnung am Schluß; im übrigen sind diese Zeilen pointiert «Die Worte des Wahns» überschrieben. «Gerade weil die Worte des

---

31 *Nachlese*, S. 69.
32 Ueding, bes. Kap. 1.
33 *Über Schiller und den Gang seiner Geistesentwicklung*, Nachwort v. Theodor Heuß, Marbach 1952, S. 12.
34 Käte Hamburger, «Zum Problem des Idealismus bei Schiller», *Jahrbuch der Deutschen Schillergesellschaft*, IV (1960), 63.

Wahns dasselbe aussagen wie die Worte des Glaubens, zeugen sie als Worte des Wahns von der Verflüchtigung des idealistischen Glaubens».[35] Entsprechend ist auch aus Schillers philosophischen und ästhetischen Schriften der neunziger Jahre an mehr oder weniger versteckten und sozusagen gegenläufigen Stellen, doch keineswegs zwischen den Zeilen, immer wieder abzulesen, wie der nominelle Idealist gerade im Verständnis des Schlüsselbegriffs seines Credos, der Freiheit nämlich, von der idealistischen Position abrückt.[36] Für diese bestünde Freiheit in der Befolgung dessen, was die Vernunft als Gesetz des menschlichen Sollens anerkennt, ob nun mehr platonisch oder mehr kantisch akzentuiert. Dem entspricht die Grundlinie des Schillerschen Denkens. Interessant wird sie, wo sie sich ins Abseits verirrt – oder findet sie dort zu ihrer Eigentlichkeit? Jedenfalls konkurriert mit dem Begriff der Selbstbestimmung nach den als gültig erkannten Werten oder Idealen die Vorstellung von Freiheit als Willensakt der Selbstbestätigung, der *nicht* an das Moralgesetz gebunden ist. Auch in der Entscheidung *gegen* die klar erkannte moralische Pflicht bekunden sich Freiheit des Geistes, Größe, Kraft und Glanz des Ich. Und das ist nicht unbedingt und ausschließlich eine Freiheit des Geistes, die Schiller nur darum interessiert, weil sie ästhetische, namentlich dramatische Möglichkeiten besitzt, obwohl dies unverkennbar ein wichtiger Gesichtspunkt für den Praktiker ist, etwa wenn es in den «Gedanken über den Gebrauch des Gemeinen und Niedrigen in der Kunst» (entst. 1792–1793) heißt, es könne «uns eine teufelische That, sobald sie nur Kraft verräth, *ästhetisch* gefallen» (XX, 245). Vielmehr spricht Schiller, wenn er seine Bewunderung für die freie Entscheidung des Ich gegen das moralische Gesetz in Worte faßt, mindestens zugleich auch immer in anthropologischen Kategorien (vgl. XXI, 195). Die zitierte Briefäußerung über Reinhold, in der ästhetische Aspekte offensichtlich nicht ins Spiel kommen, hat dafür schon den Blick geschärft.

Ein paar Textauszüge mögen beispielhaft andeuten, was gemeint ist. Sie mögen im weiteren Zusammenhang relativiert werden; andererseits relativieren aber auch sie ihrerseits das, was Schiller zugunsten der Bindung der freien Willensentscheidung an die Moral geltend macht. In «Über den Grund des Vergnügens an tragischen Gegenständen» (1792) stellt Schiller

---

35 Käte Hamburger, «Schiller und Sartre», *Jahrbuch der Deutschen Schillergesellschaft*, III (1959), 38.
36 Dazu Hamburger, 1959, und Henning Kößler. Nichts brauchbar Neues bringt Bruno Schläpfer, *Schillers Freiheitsbegriffe*, Bern, Frankfurt u. New York 1984. Die behutsame Visierung Schillers vom Existentialismus her, die Käte Hamburgers Darstellung leitet, weicht einer impressionistisch unverbindlichen Existentialisierung bei Michael Mann, «Schiller und sein Prinzipal Der Tod», *Deutsche Vierteljahrsschrift für Literaturwissenschaft und Geistesgeschichte*, XLIII (1969), 114–125.

mit Selbstverständlichkeit fest, wir rechneten «dem consequenten Bösewicht die Besiegung des moralischen Gefühls, von dem wir wissen, daß es sich nothwendig in ihm regen mußte, zu einer Art von Verdienst an, weil es von einer großen Zweckmäßigkeit des Verstandes zeugt, sich durch keine moralische Regung in seinem Handeln irre machen zu lassen» (XX, 146). Das ist vom Theater gesagt; unverkennbar ist aber, wie Lessings Unterscheidung zwischen der Sittlichkeit der Bühne und der Sittlichkeit des alltäglichen Lebens (63. *Literaturbrief*) bei Schiller bereits wieder rückgängig gemacht ist: was für das Theater gilt, gilt auch für das wirkliche Leben. Entsprechend ein Passus aus «Über das Pathetische» (1793): Für das Interesse des Dramatikers «ist es eins, aus welcher Klasse von Karakteren, der schlimmen oder guten, er seine Helden nehmen will, da das nämliche Maaß von Kraft, welches zum Guten nöthig ist, sehr oft zur Consequenz im Bösen erfodert werden kann. Wie viel mehr wir in ästhetischen Urtheilen auf die Kraft als auf die Richtung der Kraft, wie viel mehr auf Freyheit als auf Gesetzmäßigkeit sehen, wird schon daraus hinlänglich offenbar, daß wir Kraft und Freyheit lieber auf Kosten der Gesetzmäßigkeit geäußert, als die Gesetzmäßigkeit auf Kosten der Kraft und Freyheit beobachtet sehen» (XX, 220). Zur Illustration die «Selbstverbrennung des Peregrinus Proteus zu Olympia»: «Moralisch beurtheilt kann ich dieser Handlung nicht Beyfall geben, insofern ich unreine Triebfedern dabey wirksam finde, um derentwillen die *Pflicht* der Selbsterhaltung hintan gesetzt wird. Aesthetisch beurtheilt gefällt mir aber diese Handlung, und zwar deßwegen gefällt sie mir, weil sie von einem Vermögen des Willens zeugt, selbst dem mächtigsten aller Instinkte, dem *Triebe* der Selbsterhaltung zu widerstehen. Ob es eine rein moralische Gesinnung oder ob es bloß eine mächtigere sinnliche Reizung war, was den Selbsterhaltungstrieb bey dem Schwärmer Peregrin unterdrückte, darauf achte ich bey der ästhetischen Schätzung nicht» (XX, 215). Hier wird die Antithetik von ästhetischem und moralischem Urteil rhetorisch auf die Spitze getrieben. Es folgt aber keineswegs, daß die Emanzipation der Freiheit von der idealistischen Moral, daß die Freiheit zum Bösen, die Schiller mit «schaudernder Bewunderung» verfolgt (XXII, 315), sozusagen ästhetisch neutralisiert, in einen lebenspraktisch wirkungslosen Bereich abgeschoben würde: Die ästhetische Sicht ist bei Schiller zwar die des Theatermannes, und dieser ist gewiß, wie Emil Staigers Buch über Gebühr herausstreicht, am eindringlichen Effekt interessiert, aber letztlich doch nicht um seiner selbst willen,[37] sondern um der Vergegenwärtigung

---

[37] Eine fachgeschichtlich denkwürdige Meinungsdivergenz zu diesem Punkt ist in der Rezension von Staigers Buch durch Benno von Wiese mitzuerleben, dessen Schiller-Buch von 1959 seinerseits die letzte Synthese der geistesgeschichtlichen Sicht brachte; s. *Die Welt der Literatur*, 11. Mai 1967, S. 1–2, 15.

von Seinsmöglichkeiten des Menschen willen. Selbst wo er dem Schauer- und Spektakelstück nahekommt, bleibt Schiller auf seinen Anspruch verpflichtet, den Menschen mit dem Menschen bekannt zu machen – in der Hinsicht ist er seiner Auffassung der Schaubühne als moralische Anstalt (recht verstanden, als Schule der Menschenkenntnis) nie untreu geworden.

Die Zitate bestätigen ferner, was generell schon vorweggenommen wurde: auch die amoralische, die anti-idealistische Betätigung der Willensfreiheit ist noch eine betont geistige, nicht ein Sichgehenlassen. Doch eine unangefochtene Gegebenheit ist auch diese geistige Freiheit für Schiller nicht. Von früh an und besonders in den ersten Jahren seines Stückeschreibens ist bei ihm das Bewußtsein dafür wach, daß die Freiheit des Geistes, sei sie idealistisch oder anti-idealistisch konzipiert, so souverän, machtvoll und autonom sie auch erscheinen mag – «Es ist der Geist, der sich den Körper baut» (*Wallensteins Tod*, 1813) – ihrerseits in Gefahr ist, bestimmt zu werden durch «die Maschine», den Körper, das Triebleben, die Sinnlichkeit, das Menschlich-Allzumenschliche. Mit dieser Gefahr, ja: Tatsache beschäftigt sich der Mediziner Schiller in seinen Dissertationen, auch der Aufklärungsphilosoph in den frühen, zum Teil in die Karlsschulzeit zurückgehenden «Philosophischen Briefen». Idealismus, wird hier geargwöhnt, könnte eine bloße «Wallung des Bluts» sein (XX, 118) und insofern ohne «Verdienst», wie man damals sagte. *Die Briefe über die ästhetische Erziehung des Menschen* (1795) sind diesem Denken verpflichtet mit ihrem ja nicht immer zur Balance gebrachten Gegeneinander von Materie und Geist, Stofftrieb und Formtrieb. Und wieweit die Selbstbestimmung zur freien Tat, und sei es der «freie Tod», sich aus der Authentizität des moralischen Ich oder aber aus weniger noblen Motiven, etwa erotischer Triebhaftigkeit, ergibt, ist noch in der *Braut von Messina* von 1803 die Frage, die Schiller interessiert.[38]

---

38 «Der freie Tod»: *Braut von Messina*, 2641. – Vgl. auch das *Räuber*-Kapitel. Daß die frühe Begegnung mit der psychosomatischen Medizin auch in Schillers späteren Stücken ihre Spuren hinterlassen hat, wird öfter behauptet als nachgewiesen. Vgl. Raoul Masson, «La Psycho-physiologie du jeune Schiller», *Etudes Germaniques*, XIV (1959), 373; Kenneth Dewhurst u. Nigel Reeves, *Friedrich Schiller: Medicine, Psychology and Literature*, Berkeley u. Los Angeles, 1978, Kap. 7; Hans-Jürgen Schings, «Philosophie der Liebe und Tragödie des Universalhasses: *Die Räuber* im Kontext von Schillers Jugendphilosophie», *Jahrbuch des Wiener-Goethe Vereins*, LXXXIV–LXXXV (1980–1981), 94; Irmgard Müller, «'Die Wahrheit [...] von dem Krankenbette aus beweisen [...]': Zu Schillers medizinischen Studien und Bestrebungen» in *Schiller*, hg. v. Dirk Grathoff u. Erwin Leibfried, Frankfurt 1991, S. 112–132, bes. S. 131–132. Vgl. Mattenklott (s. o. Anm. 26), S. 305: «Für die bürgerliche Bildungswelt gibt es fast nur den blitzsauberen Schiller. Das ist ein Fanatiker des Willens und Propagandist taghell er Ideale, vor denen die verborgenen Wünsche und Triebe sich genieren müssen. Aus diesem Schiller-Bild ist [...] verdrängt, was der Dichter selbst sich möglichst weit vom Leibe hat halten wollen: die 'tierische Natur' des Menschen, das Rohe, Körperhafte, wie das noch nicht Veredelte, noch nicht gereinigte

2.

In den bisherigen Bemerkungen ist die Fragwürdigkeit des Schillerschen Idealismus – Schillers Skepsis gegenüber der unproblematischen Einstellung, die man ihm lange genug unbesehen zugeschrieben hat – nur auf sporadische Weise signalisiert. Der Beweis des Geistes und der Kraft wäre von den Dramen zu erwarten. Wie also bekäme man Schillers Skepsis in jenen Werken in den Griff, in denen er mehr als in allen anderen ein Bild vom Menschen in seiner Welt vermitteln will? Wie hat Schiller seine *dramatis personae*, vor allem die herkömmlich als Idealisten identifizierten, dargestellt, und zwar speziell im Koordinatenfeld der Fragen, die er auch als Theoretiker oder als Privatmann (Briefschreiber) an diese Lebenseinstellung richtet? Geht man solchen Fragen nach, so dürfte sich herausstellen, daß Schillers geschichtliche Bedeutung eben darin besteht, daß er sich als dramatischer Menschengestalter konsequent – und konsequenter denn als Theoretiker – mit jener Geistigkeit auseinandersetzt, die die Signatur seiner Epoche war.

Es käme also darauf an, zu verfolgen, wie Schiller als Dramatiker Menschen gestaltet – Menschen und nicht, wie so oft selbstverständlich vorausgesetzt wird, idealistische Montagen oder Begriffskonkretionen (oder ihr Gegenbild, «realistische», d.h. «diesseitige», ganz «physische» Montagen oder Begriffskonkretionen). Um das zu sehen, gilt es genau zu lesen (wie es Brecht zufolge eher Bankiers als Germanisten tun), gilt es die Nuancen zu erfassen, die charakterlichen Besonderheiten und vielsagenden Augenblicke des Handelns zu sehen, in deren Medium Schiller also kritisch Stellung nimmt zum Idealismus (und seinem Widerpart): Fragen stellt, Verwunderung anmeldet. Sein Wissen von der menschlichen Schwierigkeit der idealistischen Haltung und Entscheidung, das so ins Licht tritt, ist keineswegs zynisch, eher besorgt, voller Zuwendung zum Menschen. Und sein so ebenfalls zum Vorschein kommender Sinn für den faszinierenden Glanz des Gegenbilds zum Idealisten bringt dieses, den großen Verbrecher, bei aller Verächtlichkeit auch wieder «menschlich näher», wie es im *Wallenstein*-Prolog heißt (105). «Der König hat geweint» ist nicht nur durch Tonio Krögers Wiedergabe («so ganz allein und ohne Liebe») ein schon fast volkstümliches Beispiel dafür geworden.[39]

Psychische. Er hat es mit Sehnsucht und Grauen zugleich gefühlt.» Vgl. noch Walter Hinderer, «Die Philosophie der Ärzte und die Rhetorik der Dichter: Zu Schillers und Büchners ideologisch-ästhetischen Positionen», *Wege zu Georg Büchner*, hg. v. Henri Poschmann, Berlin 1992, S. 27–44; Friedrich A. Kittler, «Carlos als Carlsschüler», *Unser Commercium: Goethes und Schillers Literaturpolitik*, hg. v. Wilfried Barner u.a., Stuttgart 1984, S. 241–273.

39 *Erzählungen* (Stockholmer Gesamtausgabe), S. Fischer Verlag 1958, S. 277.

Idealismus und Menschenkenntnis

Ob solche charakteranalytische Betrachtung der Wirklichkeit der Bühnenwerke Schillers angemessen ist oder aber zu «modern», folglich Geistaufwand am falschen Objekt, darüber kann heute kaum mehr ernstlich gestritten werden. Es war eine Zeit, da man zu wissen glaubte, daß Schiller als dramatischer Menschengestalter vor der «realistischen Psychologie» regelmäßig versage: seine Figuren seien ideelle Konstrukte, die «ein überindividuelles und vorpsychologisches Weltgesetz» zu vertreten hätten. «Das seelische Leben ist ihm nicht ein vertrauter Bereich»; daher Schwäche und Unsicherheit im Psychologischen auf Schritt und Tritt, Unfähigkeit, «die Personen als Menschen zu sehen» – schlechte Zensuren, die Schiller für die frühen wie für die späten Dramen ausgeteilt wurden.[40] Lebensfremdheit überall, nirgends der Griff ins volle Menschenleben; statt dessen «Monstren an Tugend oder Laster» in den frühen, «ewige Menschen» in den späten Dramen.[41] Entsprechend auch in der Ereignisgestaltung «die Fehler auf psychologischem Feld».[42] Nur allzu hörig waren diesem Vorurteil die beiden dominanten Richtungen der Schiller-Forschung bis weit über die Jahrhundertmitte hinaus: die geistesgeschichtlich-ideologische (noch B. v. Wiese, 1959)[43] und die formalistisch-ästhetische, auch theaterbezogene (noch Storz, 1959, und Staiger, 1967). Heute hört man solche Kritik nur noch sehr vereinzelt. Die folgenden Kapitel lassen erkennen, wie in den letzten drei Jahrzehnten durch psychologische, wenn auch keineswegs fachpsychologische[44] Fragestellungen oder doch durch psychologisch wache Aufmerksamkeit plausible und anspruchsvoll differenzierte Lesungen Schillerscher Texte zustandegekommen sind.

Schiller selbst, der schon als angehender Arzt, in der Karlsschulzeit seine Kunst der psychologischen Menschenbeobachtung und -beurteilung geschult hat – man denke an seine diagnostischen Gutachten über den depressiven Mitschüler Grammont (XXII, 19–30) –, hat bekanntlich seine Werke, die Erzählung «Der Verbrecher aus verlorener Ehre» (1786) bereits im Text selbst, vor allem aber seine Dramen, mit entsprechendem psychologischen Interesse interpretiert, die frühen in allerlei gedruckten Kommentaren wie den «Briefen über *Don Karlos*», die späten in zahllosen brieflichen Äußerungen. Und wie Schiller seine Charaktere analysiert, um auf diesem Wege

---

40 Karl G. Schmid, *Schillers Gestaltungsweise*, Frauenfeld u. Leipzig 1935, S. 22, 24, 33, 155–161.
41 Gisa Heyn, *Der junge Schiller als Psychologe*, Zürich 1966, S. 19, 25, 83–84.
42 Emil Staiger in *Schiller: Reden im Gedenkjahr 1959*, S. 304.
43 *Friedrich Schiller*, Stuttgart 1959, S. vii.
44 Peter von Matts orthodox Freudsche Deutung *Wilhelm Tells* als Aufstand der Urhorde gegen den Vater hat keine Anerkennung gefunden; s. v. Matt, *Literaturwissenschaft und Psychoanalyse*, Freiburg 1972, S. 54–65.

zu gehaltlichen Ergebnissen für sein Menschenbild zu kommen (nicht zuletzt, was dessen Bezug auf den von ihm selbst so genannten Idealismus und Realismus und deren Modifikation durch die künstlerisch intuierte Wirklichkeit angeht), so ausgesprochener- oder unausgesprochenerweise auch seine neueren, psychologisch interessierten Interpreten. Wie Schiller den Menschen sieht, sagen uns letztlich weniger die oft widerspruchsvollen theoretischen Abhandlungen als die Dramen. «Einen *offenen Spiegel* des menschlichen Lebens, auf welchem sich die geheimsten Winkelzüge des Herzens illuminirt und fresko zurückwerfen» nennt er das Drama schon in einer seiner frühsten Schriften, «Über das gegenwärtige teutsche Theater» (XX, 79; 1782). Den Menschen kennen ist für Schiller die einzige «Bildung» (XX, 94), die sich lohnt; Menschenkenntnis ist das eigentliche Metier des Dramatikers. Die Bühne macht «den Menschen mit dem Menschen bekannt» (XX, 97).

3.

Selbst als literarischer Menschengestalter aber, so deutet der Hinweis auf die philosophische Ausrichtung seiner psychologischen Charakteranalyse an, kann Schiller sich nie ganz lösen aus dem Komplex der Fragen und Belange, die ihn als Denker, als Philosophen beschäftigen. Anthropologe ist er in beiden Bereichen, und zwar einer, der vor allem nach den Verwirklichungsmöglichkeiten des Idealismus Ausschau hält. «Bei Schiller [...] ist Idealismus wesentlich eine Sache des praktischen Verhaltens», nicht zuletzt auch seiner Dramengestalten als imaginativen Entwürfen menschlicher Seinsmöglichkeiten – im Unterschied zur «theoretischen Philosophie».[45] Aber eben diese hat Schiller natürlich auch gepflegt. Wie sich bei ihm die beiden Bereiche, Denken und dramatisches Gestalten, Philosophie und literarisches Werk, zueinander verhalten, ist eine Frage, an der kein Weg vorbei führt.

Eine Dimension der Antwort: wenn auch bei Schiller nicht, nach dem Wort Hofmannsthals, die Gestalt das Problem erledigt, so besitzt doch die dramatische Gestaltung von Menschen, die mehr sind als auf Figur gebrachte Begriffe, das Vermögen, die Überzeugungen des Idealismus kritisch zu klären durch ihre experimentelle Übersetzung in menschliches Verhalten, wo sie sich zu bewähren oder zu modifizieren haben, oder aber versagen. *So* also interessiert ihn das «Praktische»: als die Verwirklichung des Geistigen im menschlichen Sein, das für den Dramatiker stets ein Handeln ist. Schiller sieht, hat Max Kommerell in einer seiner glücklichen Formulierun-

---

45 Kößler, S. 56.

gen gesagt, die Geschichte als den «Leidensweg der Idee über die Erde. Die Idee muß sich in Tat verwirklichen, obschon sie mit ihr unversöhnlich entzweit ist. [...] Die Passion der Idee kann sein, daß sie verfälscht wird, oder daß ihr Träger für die Welt vernichtet wird.»[46] Damit sind die Möglichkeiten noch längst nicht erschöpft, wie die Analyse der Dramen zeigen wird. Der Versuch, die Idee zu verwirklichen, nach der Idee, in der Idee zu leben, bringt das Menschlich-Allzumenschliche zum Vorschein, die Schwächen, die Fragwürdigkeiten, die Unreinheiten der Motivation, die Zwielichtigkeit des Charakters, ohne daß damit die Idee, der Idealismus verworfen würde.[47] «Die Kenntniß der Krankheit mußte der Heilung vorangehen», heißt es in den «Philosophischen Briefen», die die skeptische Desillusionierung eines schwärmerischen Idealismus (Tugend, Wahrheit, Liebe, Glückseligkeit, Gott als deren Garant) zum Thema haben (XX, 108).

Was wäre in diesem Sinne Heilung oder Gesundheit? Wohin führt die Skepsis? Was könnte Schiller sich versprechen von einer kritischen Klärung oder Prüfung idealistischer Überzeugungen durch das Medium der dramatischen Gestaltung? Nur die Einsicht in die beschränkte Nützlichkeit von Idealen?[48]

Vor allem dürfte ein realistischer Sinn für die menschliche Grenze herausspringen. Wenn Schiller am 9. März 1789 an Körner schreibt, es habe «Misanthropie sich in meine Denkungsart gemischt» und er habe «den leichtsinnigen frohen Glauben an [die Menschen] verloren» (XXV, 223), so ist das ja keineswegs ein Bekenntnis zum Zynismus; nur den *leichtsinnigen* Glauben an die Menschen hat er verloren, nicht den Glauben an den Menschen. Schließlich schreibt Schiller dies in einem wohlgemuten Freundschaftsbrief («wie werther wird mir alle Tage Deine und meine Freundschaft»), und er weist den Verdacht zurück, «ich sey heute hypochondrisch oder unzufrieden». Sein unverlorener Glaube an den Menschen ist ein reiferer und weiserer, wenn auch skeptischerer, weniger von Zuversicht getragener geworden; er ist jetzt sozusagen besser orientiert in seiner Welt, weniger fremd: «die nähere Ansicht meiner Lage» ist es, was ihn auf das neue Erkenntnisniveau geführt hat. Gewonnen ist bei dem Verlust der Hochstim-

---

46 *Geist und Buchstabe der Dichtung*, 3. Aufl., Frankfurt 1944, S. 161.
47 Vgl. T. J. Reed, *Schiller*, Oxford 1991, S. 2: «The men and women who achieve victories over their circumstances and themselves are shown with none of their human weaknesses hidden, they are not beings of a different world from ours. For them [...] ideals by their very nature are enough to keep those who try to achieve them realistic, humble, human. The odds against fulfilling a high aim [...] are part of this theme. [...] Given all this, it would be premature to rule Schiller's idealism out of court.»
48 E. M. Wilkinson, *Schiller: Poet or Philosopher?*, Oxford 1961, S. 34: «the limited usefulness of ideals».

mung jene Menschenkenntnis, die er in seinem zwei Jahre zuvor erschienenen *Don Karlos* ausgerechnet König Philipp, nicht etwa dem schwärmerischen Idealisten Posa oder Karlos, zugesprochen hatte.[49] «Alle romantische Luftschlösser fallen ein, und nur was wahr und natürlich ist, bleibt stehen» (XXV, 223). Und das ist nicht wenig: nüchtern wissende Menschenkenntnis statt naiven Idealismus, der von keinen Grenzen und Unzulänglichkeiten weiß; von zynischem Immoralismus oder skeptischem Defaitismus keine Spur.[50]

Im Geist solcher nüchterner Kritik, die den Idealismus keineswegs über Bord wirft, äußert Schiller sich denn auch am Schluß von *Über naive und sentimentalische Dichtung* über die Gefährdungen des Idealisten. Dieser nimmt «aus sich selbst und aus der blossen Vernunft seine Erkenntnisse und Motive»; aus diesem denkerischen Anspruch heraus geht er in allem aufs Unbedingte; er will «die Dinge» sich unterwerfen (XX, 494–495). So verliert er an «Einsicht», was er an «Übersicht» gewinnt, handelt im «wirklichen Leben» weltfremd; auch im Moralischen übersieht der Idealist über dem «unbegrenzten Ideale den begrenzten Fall» und versagt kläglich. *Deswegen* ist, wie erwähnt, «die menschliche Natur eines consequenten Idealism gar nicht fähig» (XX, 496). Der Realist hingegen mit seinem «nüchternen Beobachtungsgeist», «gemeinem Menschenverstand» und Sinn für das «Bedingte» der menschliche Existenz, der Realist, der sich der Notwendigkeit unterwirft statt sie von der Idee aus beherrschen zu wollen, macht oft eine bessere Figur (XX, 492–494). Er «beweist sich als Menschenfreund, ohne eben einen sehr hohen Begriff von den Menschen oder der Menschheit zu haben», während der Idealist «von der Menschheit so groß denkt, daß er darüber in Gefahr kommt, die Menschen zu verachten» (XX, 498). Aber weder das eine noch das andre Manko ist ein Anlaß, die Flinte ins Korn zu werfen. Im Gegenteil: Schiller schließt aus der beinahe genüßlichen Beschreibung der Einseitigkeiten und Unzulänglichkeiten der beiden anthropologischen Typen, «daß der Realist würdiger handelt, als er seiner Theorie nach zugiebt, so wie der Idealist erhabener denkt, als er handelt» – eben darin bekunde sich der «reiche Gehalt der menschlichen Natur» (XX, 499)! Und doch sei weder hier noch dort «das Ideal menschlicher Natur [...] völlig erreicht»: der Idealist «ist zwar ein edleres aber ein ungleich weniger vollkommenes Wesen; [der Realist] erscheint zwar durchgängig weniger edel, aber er ist dagegen desto vollkommener» (XX, 501–502). Das ist beobachtet mit dem Gespür und dem menschengestalterischen Sinn des Dramatikers.

---

49 Vgl. das Motto und den siebten «Brief über *Don Karlos*», wo Philipp als der unerreichte «Menschenkenner» bezeichnet wird (XXII, 160).
50 Vgl. an Körner 7. Mai 1785 (XXIV, 6).

Kein Wunder, daß Schiller kurz darauf bekennt, bei der Arbeit an *Wallenstein* habe er «einige äuserst treffende Bestätigungen meiner [in *Über naive und sentimentalische Dichtung* ausgesprochenen] Ideen über den Realism und Idealism bekommen, die mich zugleich in dieser dichterischen Composition glücklich leiten werden» (an Humboldt, 21. März 1796; XXVIII, 204). Ein Echo der Worte über die Weisheit des Realisten und die Anfälligkeit des Idealisten hört man wiederholt im Rückblick auf die früheren Dramen und im Vorausblick auf die späteren.

Die realistische Menschenkenntnis wünscht Schiller dem Idealisten, den gelegentlichen Blick aufs «Unbedingte» dem Realisten. Das wäre also die Antwort auf die Frage, worauf Schiller hinauswolle mit seiner psychologisch wachen, kritischen Menschengestaltung in den Dramen: nicht auf zynische Entlarvung, etwa im Namen eines immoralistischen Sensualismus, der alles erlaubt, sondern auf einen Idealismus von Welt- und Menschenkenntnis – auf einen «großen Idealismus» in Anlehnung an Nietzsches «große Gesundheit», die diejenige ist, die durch die Krankheit hindurchgegangen ist.[51] Der große Idealismus ließe zwar die hohe Anforderung als Leitbild bestehen, weiß aber zugleich von der menschlichen Unzulänglichkeiten, die das geläufige «Du kannst, denn du sollst» mit einem Fragezeichen versehen. Das eben reizt den Dramatiker Schiller, der nicht Satiriker ist, sondern Tragiker. Indem er statt des triumphierenden den scheiternden Idealisten auf die Bühne bringt, den «Leidensweg der Idee» in vielen Variationen vorführt oder aber den dunklen Glanz oder das menschlich Ergreifende des konsequenten Realisten darstellt, trägt er bei zur Kenntnis der Geschichte des menschlichen Herzens, wie man in seiner Zeit sagte. Er vermittelt die «Lebensweißheit», die er seinerseits von Shakespeare gelernt zu haben glaubte (XX, 94): Nachsicht und Gerechtigkeit, die der Menschenkenntnis entstammen (XX, 96–97). In diesem Anspruch hat man neuerdings Akzente des Utopischen gesehen und entsprechend von «utopischem Idealismus» gesprochen;[52] andererseits hat man aber auch Schillers Affinität zum Utopischen rundweg abgestritten.[53] Sicher aber ist dieser Grundimpetus Schillers – die Vermittlung von «gerechter» und «nachsichtsvoller» Einstellung zum Mitmenschen, «Menschlichkeit und Duldung fangen an der herrschende Geist der Zeit zu werden», «der Nebel der Barbarei, des finstern Aberglaubens verschwindet, die Nacht weicht dem siegenden Licht» (XX, 96, 97, 98) – kaum ohne den Kontext der Aufklärung zu sehen und später

---

51 Vgl. NA, XXII, 108; Nietzsche, *Fröhliche Wissenschaft*, Nr. 382.
52 Klaus L. Berghahn, S. 226.
53 Wolfgang Wittkowski, «Introduction: Schiller's Idealism – How ‹Idealistic› is It?», *Friedrich von Schiller and the Drama of Human Existence*, hg. v. Alexej Ugrinsky, New York 1988, S. 7–8.

kaum ohne Bezug auf den Versuch, politischer Revolution vorzubauen durch menschliche Bildung, «Reforme [...] der Denkungsart».[54] Und wichtiger als die sich eher beiläufig ergebende utopische Zukunftsperspektive solchen Denkens ist ein anderer und typisch Schillerscher Aspekt: Schiller spricht davon in seinem Brief an Goethe vom 17. August 1797:

> Soviel ist auch mir bei meinen wenigen Erfahrungen klar geworden, daß man den Leuten, im Ganzen genommen, durch die Poesie nicht wohl, hingegen recht übel machen kann, und mir däucht, wo das eine nicht zu erreichen ist, da muß man das andere einschlagen. Man muß sie incommodieren, ihnen ihre Behaglichkeit verderben, sie in Unruhe und in Erstaunen setzen. Eins von beiden, entweder als ein Genius oder als ein Gespenst muß die Poesie ihnen gegenüber stehen. Dadurch allein lernen sie an die Existenz einer Poesie glauben und bekommen Respect vor den Poeten. Ich habe auch diesen Respect nirgends größer gefunden als bei dieser Menschenklasse, obgleich auch nirgends so unfruchtbar und ohne Neigung. Etwas ist in allen, was für den Poeten spricht, und Sie mögen ein noch so ungläubiger Realist seyn, so müssen Sie mir doch zugeben, daß dieses X der Saame des Idealismus ist, und daß dieser allein noch verhindert, daß das wirkliche Leben mit seiner gemeinen Empirie nicht alle Empfänglichkeit für das poetische zerstört. (XXIX, 117)

Hier sieht Schiller selbst ein Ensemble, das in den bisherigen Formulierungen vielleicht Anlaß gegeben hat, die Augenbrauen hochzuziehen: das Ensemble von Poesie und Idealismus, Literatur und Philosophie, Gestalten und Denken. Daß ein solches Miteinander möglich ist, ist eine Voraussetzung des Versuchs der folgenden Kapitel, Schillers Dramen zu lesen. Zwei Klippen sind dabei zu vermeiden. Nicht mehr sollte man heute (wie früher fast generell) erwarten, bestimmte Momente von Schillers Philosophieren in den Dramen wiederzufinden, etwa seine Dreistufentheorie der menschlichen Entwicklung in der *Jungfrau von Orleans*. Angewandte oder illustrierte Philosophie sind Schillers Dramen nicht; sie entstammen einem eigenständigen Zugang zur Wirklichkeit des Menschen. Aber fraglich ist auch das umgekehrte Verfahren: den «Dichter», den Gestalter Schiller ganz abzugrenzen vom Denker Schiller, wie es etwa Gerhard Storz und Emil Staiger getan haben.[55] Denn selten war ein literarischer Autor in seiner Arbeit, speziell im dramatischen Menschengestalten, weniger intensiv auf das Gedankliche bezogen als Schiller. Schillers Produzieren war die «schwere Stunde», wie Thomas Mann sie beschrieben hat. Die naive Goethesche Lust am Fabulieren, am Bilden, war dem Mann, dessen Lebenselement der Gedanke war, nicht gegeben.[56]

---

54 An Herzog Friedrich Christian von Augustenburg, 13. Juli 1793 (XXVI, 264).
55 Storz, *Der Dichter Friedrich Schiller*, Stuttgart 1959; Staiger: s.o. Anm. 24.
56 Vgl. an Körner, 18. Januar 1788 (XXV, 5–6); an Goethe, 28. November 1796 (XXIX, 15).

Wie versteht Schiller selbst, der sentimentalische Dichter, das Verhältnis von Denken und Gestalten, wenn er vom eigenen Werk spricht? Er, der es für die Aufgabe der Literatur hielt, «die getrennten Kräfte der Seele wieder in Vereinigung» zu bringen (XXII, 245), hätte sich, so merkwürdig es klingen mag, von T. S. Eliot verstanden gewußt, der 1921 in einem berühmt gewordenen Aufsatz über die sogenannten metaphysischen Dichter des englischen 17. Jahrhunderts statt des spontanen Gefühlsergusses, den Wordsworth um 1800 als *sigillum veri* des Lyrischen verstanden hatte, eine «unified sensibility» im literarischen Gestalten wirksam sah, eine undurchdringliche Fusion von Denken, Gefühl und Sinnlichkeit, deren Emblem Donnes «thinking heart» wäre.[57] Nicht immer jedoch sieht Schiller, in eigener Sache sprechend, das Miteinander als einen Segen. «Gewöhnlich übereilte mich der Poet, wo ich philosophieren sollte, und der philosophische Geist, wo ich dichten wollte», schreibt er am 31. August 1794 an Goethe (XXVII, 32). Und wieder am 2. Januar 1798: «Ihre eigene Art und Weise zwischen Reflexion und Production zu alternieren ist wirklich beneidens- und bewundernswerth. [...] Bei mir vermischen sich beide Wirkungsarten und nicht sehr zum Vortheil der Sache» (XXIX, 180). Er *bedauert* hier also die «Zusammengerinnung der Ideen und des Gefühls» (an Körner 15. April 1786; XXIV, 44). Aber er vermag den Zusammenhang auch positiver zu sehen. «Das Bewußtlose mit dem Besonnenen vereinigt macht den poetischen Künstler aus», heißt es am 27. März 1801 an Goethe, als Schiller nach dem philosophischen Jahrzehnt zur Dramatik zurückgekehrt ist (XXXI, 25). «Soviel habe ich nun aus gewißer Erfahrung, daß nur strenge Bestimmtheit der Gedanken zu einer Leichtigkeit [im Dichten] verhilft» – so zieht der Schriftsteller das Fazit jahrelanger philosophischer Bemühung (an Goethe, 16. Oktober 1795; XXVIII, 79). Eigentümlich ist der Vereinigung von Denken und Dichten, daß beide zueinander tendieren, sich gegenseitig suchen. Einerseits: «Die höchste Filosofie endigt in einer poetischen Idee» (an Charlotte von Schimmelmann, 4. November 1795; XXVIII, 99). Andererseits drängt die ursprüngliche «bewußtlose» poetische Vorstellung zur denkerischen Klärung; an Goethe am 27. März 1801:

> Ich fürchte aber, daß diese Herrn Idealisten ihrer Ideen wegen allzuwenig Notiz von der Erfahrung nehmen, und in der Erfahrung fängt auch der Dichter nur mit dem Bewußtlosen an, ja er hat sich glücklich zu schätzen, wenn er durch das klarste Bewußtseyn seiner Operationen nur soweit kommt, um die erste dunkle TotalIdee seines Werks in der vollendeten Arbeit ungeschwächt wieder zu finden. Ohne eine solche dunkle aber mächtige TotalIdee

---

57 Eliot, *Selected Essays*, London: Faber and Faber, 1972, S. 281–291; Donne, «The Blossome». Vgl. Wilkinson (s. o. Anm. 48) über die «union» von Poet und Denker. Wilkinson verweist auch auf Valérys *Poésie et pensée abstraite* (1939).

die allem technischen vorhergeht, kann kein poetisches Werk entstehen, und die Poesie, däucht mir, besteht eben darinn, jenes Bewußtlose aussprechen und mittheilen zu können, d. h. es in ein Object überzutragen. (XXXI, 24–25)

Zusammengesehen werden beide Richtungstendenzen, wenn Schiller am 23. August 1794 Goethe erklärt:

> Beym ersten Anblicke zwar scheint es, als könnte es keine größern Opposita geben, als den speculativen Geist, der von der Einheit, und den intuitiven, der von der Mannichfaltigkeit ausgeht. Sucht aber der erste mit keuschem und treuem Sinn die Erfahrung, und sucht der letzte mit selbstthätiger freier Denkkraft das Gesetz, so kann es gar nicht fehlen, daß nicht beide einander auf halbem Wege begegnen werden. (XXVII, 26)

Auf halbem Wege – der Treffpunkt beider, des analytisch-denkerischen und des literarisch-gestalterischen Wirklichkeitsverhaltens im literarischen Schaffensprozeß, dürfte im Falle des geborenen Dramatikers die Charakterdarstellung sein. In ihr verwirklicht sich Denken *in actu*. So und nur so gelingt es, den Anspruch einzulösen, «den Menschen mit dem Menschen bekannt zu machen». Die Bühne wird zur «Schule der praktischen Weißheit» (XX, 95), die den Menschen zum Menschen macht, indem sie ihn «aufklärt» (XX, 95–100).

In diesem Sinne also wäre Schiller «neu» zu lesen. Versucht man das, so gibt es Überraschungen, die ihn sympathischer, interessanter und manchmal auch aufstörender machen, als er es jahrzehntelang, ja seit seinen Lebzeiten gewesen ist.

Die Räuber

Karl Moors Glück und Franz Moors Ende

1.

Schiller hat die Vorrede zur «Schauspiel»-Fassung, der einzig authentischen der *Räuber* (1781), «D.Schiller» signiert, Dr. med. Schiller (III, 8). Tatsächlich schreibt der junge Dramatiker sein Stück in mancher Hinsicht durchaus mit dem Blick des Mediziners, wie auch umgekehrt der Mediziner Schiller seine Dissertationen mit dem Instinkt des Dichters verfaßt, besonders die dritte, die – trotzdem – angenommen wurde (*Versuch über den Zusammenhang der thierischen Natur des Menschen mit seiner geistigen*, 1780). Ein Mitschüler in der herzoglich württembergischen Militärakademie, der Karlsschule, Friedrich Wilhelm von Hoven, berichtet in seinen Erinnerungen, Schiller, der 1776, im Jahr der vermutlichen Konzeption der *Räuber*, vom Jura- zum Medizinstudium überwechselte, schien «die Medizin mit der Dichtkunst viel näher verwandt zu sein, als die trockene positive Jurisprudenz.»[1] Worin das Dichtung und Medizin Gemeinsame für Schiller bestanden hat, ist leicht zu erschließen: es ist die Richtung auf den Menschen, genauer das spekulativ-philosophisch bestimmte psychologische und dazu ethische Interesse, an dem die derzeitige Arzneiwissenschaft weithin orientiert war.[2]

Das Bedeutsame an dieser Begegnung von Medizin und Dichtung, aus der *Die Räuber* hervorgegangen sind, ist, daß dem jungen Schiller (dessen früher schwärmerischer Idealismus bezeugt ist, vor allem in der «Theosophie des Julius»[XX, 115–129]) in der medizinischen Wissenschaft seiner Zeit ein Menschenbild entgegentrat, das für seinen idealistischen Entwurf des Menschen eine bedenkenswerte Provokation darstellen mußte, oder

---

1   XLII,10. Nach Streichers Zeugnis fällt die Konzeption der *Räuber* in das Jahr 1776; vgl. III, 261. Die Entstehungsgeschichte ist komplex und im einzelnen unklar; siehe III, 260–343. Sie erklärt mancherlei noch stehengebliebene Widersprüche und Brüche. Die «Trauerspiel»-Fassung wird nicht berücksichtigt. Die Nationalausgabe, nach der zitiert wird, legt die 2. Aufl. der Schauspiel-Fassung zugrunde (1782).

2   Kenneth Dewhurst u. Nigel Reeves, *Friedrich Schiller: Medicine, Psychology and Literature*, Berkeley u. Los Angeles 1978; Wolfgang Riedel, *Die Anthropologie des jungen Schiller*, Würzburg 1985.

vielmehr zwei solche Menschenbilder. Einmal ein konsequent materialistisches Konzept vom Menschen als physischem Wesen, Triebwesen, Sinnenwesen, als «Maschine», wie der junge Dichter-Mediziner selbst gern sagt im Anklang an La Mettries *L'Homme machine* (1748), und zweitens die mechanistische Vorstellung: der Mensch als aus Seele und Körper bestehendes Wesen funktioniert im Zusammenwirken beider, und zwar so, daß nicht nur, wie die Anhänger des Animisten Georg Ernst Stahl versicherten, «die Seele sich ihren Leib erschafft»,[3] sondern auch der Körper und seine Befindlichkeiten die Seele, die Stimmungen, Leidenschaften und schließlich sogar die philosophische Lebenseinstellung determinieren, wie es besonders Ernst Platner lehrte in seiner *Anthropologie für Ärzte und Weltweise* (1772). Die wesentlichen Quellenschriften waren dem jungen Schiller bekannt durch seinen Philosophie-Lehrer Jakob Friedrich Abel, der die französische und englische Erfahrungspsychologie rezipierte.[4] In seinen eigenen Schriften, auch in der *Rede über das Genie* von 1776, die Schiller gehört haben dürfte, sah Abel das «systema idearum» und damit letztlich den Charakter entscheidend bestimmt durch Affekte, physische Veränderungen, sinnliche Eindrücke und umweltliche Verhältnisse wie das Klima – eine schwere Zumutung für jeden unbedingten Idealismus und seinen Glauben an die Freiheit des Willens. Dennoch suchte Abel der Selbstbestimmung des Genies einen Freiraum zu sichern – was philosophische Zweifel geradezu herausforderte.

Wie genau Schiller diese Lehren, die die zeitgenössische psychosomatische Medizin in allerlei Kombinationen der Wechselwirkung von Psyche und Physis verarbeitete, sich zu eigen gemacht hat, in ihm eigener Amalgamierung, bezeugen neben der genannten medizinischen Dissertation über den sympathetischen, wechselseitigen Einfluß von Körper und Seele oder Geist vor allem seine Gutachten «Über die Krankheit des Eleven Grammont» (1780). «Das genaue Band zwischen Körper und Seele», heißt es dort, «macht es unendlich schwer, die erste Quelle des Übels ausfindig zu machen, ob es zuerst im Körper oder in der Seele zu suchen sei. [...] Mit dieser Unordnung seiner Begriffe verband sich nach und nach eine körperliche Zerrüttung (ich getraue mir nicht, zu bestimmen, ob ein organischer Fehler im Unterleib zum Grunde liegt). Es folgten Fehler im Verdauungsgeschäfte, Mattigkeit und Kopfschmerzen, welche, so wie sie Wirkungen eines zerrütteten Seelenzustands waren, hinwiederum diesen Zustand rückwärts verschlimmerten» (XXII, 19–20). Der Körper beeinflußt die Seele *und umgekehrt* (wenn Schiller auch, aus polemischen Gründen, die erste Einflußrichtung

---

3   Stahl, nach Riedel, S. 25.
4   Dazu Riedel, u. a. S. 19, 27, 178.

stärker betont in seiner Sicht des von ihm selbst berufenen Hallerschen «Mitteldings von Engeln und von Vieh» [XX, 47]).

Solche Theorien nimmt Schiller in der Karlsschule jahrelang auf. Und zahlreich sind die Stellen in den *Räubern*, an denen der Mediziner durch den Mund seiner Figuren zu sprechen scheint – Stellen, von denen er eine auch prompt in der dritten Dissertation als Beleg für seine medizinischen Auffassungen zitiert (pseudonym als Passage aus *Life of Moor*, «Tragedy by Krake» [XX, 60]). Vor allem Franz Moors, des ressentimentbeladenen Schlechtweggekommenen Zerstörung und Desillusionierung jeder menschenwürdigen Ideologie durch eine schon an die *Genealogie der Moral* erinnernde Theorie ihrer Verursachung bietet sich zum Vergleich an. In solchen Übereinstimmungen zwischen Schillers medizinischen Äußerungen und allerlei räsonierenden Redepartien in den *Räubern* erschöpft sich aber keineswegs die Bedeutung des medizinischen Wissens für *Die Räuber*. Zu denken wäre darüber hinaus an die offensichtliche Anwendung medizinischer Einsichten in der dramatischen Situationsgestaltung, wie etwa in der Donauszene (III, 2), wo unter anderem dargestellt wird, wie «die Stimmungen des Geists den Stimmungen des Körpers folgen» (XX, 64): ein Trunk Wasser stellt, ganz im Einklang mit Schillers psychosomatischen Theorien, nicht nur das physische Wohlbefinden Karl Moors wieder her, sondern zugleich auch die geistige Balance und den idealistischen Impetus, während der Räuber Moor sich vorher, in der physischen Erschöpfung, in nihilistischen Gedanken vom Lotto des Lebens mit lauter Nieten ergangen hatte. Das ist ein Fall von «erstaunlicher Abhängigkeit der Seele vom Körper» (XX, 66); der ganze Vorgang ist im Medizinerblick nur eine Sache des Steigens und Fallens eines fiebrigen «Paroxismus», wie einer der Räuber kommentiert (III, 2). Man spürt an einer solchen Stelle die Besorgnis des Dichter-Mediziners um den Menschen, um ein würdiges Bild vom Menschen: wenn idealistische Gesinnung (wie ihr Widerspiel) derart an die körperliche Verfassung gebunden ist, kommt ihr dann noch Verdienst zu, das damals im Anschluß an Thomas Abbts berühmte Schrift *Vom Verdienste* (1765) ein akutes Thema war? Oder ist sie nur eine «Wallung des Bluts» (XX, 118)? Bedeutet Nachlassen des idealistischen Impetus nur körperliche Schwäche? Wäre auch die Gegenposition des philosophisch freidenkenden Verbrechers rein physisch verständlich, nämlich als körperlich gegründeter «Fieberparoxismus des menschlichen Geistes» (XX, 108; vgl. XXII, 121) – und folglich nicht mehr moralisch zu verurteilen? Eine Tasse Kaffee ändert die Weltanschauung, soll William James gemeint haben; Schiller befürchtet offenbar, daß ein Hut voll Regenwasser («sauf zu, Hauptmann») es auch tut (vgl. u. S. 49–51).

Allerdings hat auch die Überzeugung von der umgekehrten Wirkungsrichtung ihre Spuren in den *Räubern* hinterlassen: die Seele bestimmt den

Körper. Doch kennzeichnend ist hier dies: nicht baut die Seele oder der Geist den Körper, wie es in den geflügelt gewordenen Worten aus *Wallensteins Tod* heißt (1813); vielmehr tötet sie ihn. Darin, in der keineswegs originellen lethalen Variante des Stahlschen Animismus, sind sowohl Franz wie Karl, die ungleichen Brüder, erfahren. Franz, der sich seinerseits auskennt in der Psychopathologie physischer Krankheit, durch die «mit dem Körper auch der Geist zum Krüppel verdirbt» (I, 3; vgl. V, 1), versteht sich auch darauf, «den Körper vom Geist aus [zu] verderben» (II, 1). Seinen Vater, der seinem Willen zur Herrschaft ebenso im Wege steht wie sein Bruder Karl, dessen Verstoßung durch den Vater er durch lügenhafte Berichte veranlaßt, sucht er physisch zu töten durch Psychoterror, nämlich durch die falsche Nachricht von Karls liederlichem Studentenleben, die «Schrek» induziert: diese «Leidenschaft» soll die «Lebenskraft» zerstören (II, 1), die Maschine zerrütten, wie Schiller in der Karlsschule gelernt hatte.[5] Karl kennt sich genau so gut aus, und ihm gelingt es tatsächlich, den Vater mit absichtsvoll beigebrachter schlechter Nachricht umzubringen: «Stirb Vater! [...] Diese deine Retter sind Räuber und Mörder! Dein Karl ist ihr Hauptmann» (V, 2).

Aber selbst mit solchen beunruhigenden Perspektiven (die sich ebenfalls aufdrängen in den z.T. schon, wie die *Räuber*, in die Karlsschulzeit zurückgehenden «Philosophischen Briefen» [1786]) ist die Bedeutung des Medizinischen für die *Räuber* nicht voll umrissen. Der in der medizinischen Theorie und Praxis erworbene und in zweien der drei Dissertation reichlich dokumentierte Blick für den Menschen als konkret-physisches und auch im Seelischen menschlich-allzumenschliches Wesen, dessen «thierische Natur mit der geistigen sich durchaus vermischet» (XX, 68), ist auch dem dramatischen Menschengestalter in hervorragender Weise zugute gekommen. In dem mit seinen medizinischen Dissertationen zugleich entstandenen Drama gestaltet er die Menschen, oder jedenfalls die Hauptfiguren, nicht als plakathafte Ideenschemen, als auf Figur gebrachte Begriffe, sondern als sehr komplexe Erscheinungen, wie der medizinisch gebildete Menschenkenner sie versteht: als vielfach «gemischte Naturen» (XX, 63).

Wenn sich gegen eine solche Behauptung der Einwand erhebt: der lebensfremde Schiller habe keine Menschen gestalten können, besonders nicht in seinen frühen Dramen, dann scheint übrigens Schiller selbst Kronzeuge zu sein. 1784 schrieb er in der Ankündigung der *Rheinischen Thalia*: «Wenn von allen den unzähligen Klagschriften gegen die Räuber eine einzige mich trifft, so ist es diese, daß ich zwei Jahre vorher mich anmaßte, Menschen zu schildern, ehe mir noch einer begegnete» (XXII, 94). Man glaubt Schiller diese offensichtliche *captatio benevolentiae* und glaubt zu wissen etwa: «daß

---

5   XX,66. Vgl. Riedel, S. 33–37.

die Existenz des Schillerschen Menschen [...] identisch ist mit seinem Programm und seinem Willen», daß die Figuren also «unmittelbar ideell bedingt» seien; eine Ideologie sei «für sie konstitutiv», die «psychologische Durchführung» aber errege «schwerstes Bedenken»; hier sei Schiller unsicher und ungewandt, das «seelische Leben» der *dramatis personae* erschöpfe sich in ihrer «Idee-Erfülltheit», sei folglich «eigentlich heteronom vom Gedanklichen bestimmt».[6] Psychologische Betrachtung würde daher der «Grundabsicht» des Verfassers von Ideendramen nicht gerecht.[7] So im 19. Jahrhundert und noch 1989.[8]

Diese Ansicht wird durch ihr hohes Alter ehrwürdiger, aber nicht überzeugender. Denn wenn man meint, psychologische Betrachtungsweise sei zu modern für ein Schillersches Drama, so ist daran zu erinnern, daß sie nicht moderner ist als Schiller selbst. Denn Schiller lenkt ja in seinen Vorreden und Kommentaren zu den *Räubern* und anderen früheren Dramen das Interesse gerade auf das Menschengestalterische, nicht aber auf eine vermeintliche Ideenverkörperung. Er will «die Seele gleichsam bei ihren geheimsten Operationen [...] ertappen»; «das ganze innere Räderwerk» des Seelenlebens, die «geheimsten Bewegungen des Herzens» darzulegen und dabei «die wirkliche Welt», «die Natur» zu treffen, ist Schillers Absicht, nicht aber «idealische Affektationen», «Kompendienmenschen» zu gestalten (III, 5–6, 243–244). Das entspricht überhaupt seiner Dramaturgie in den achtziger Jahren. «Die Bühne als moralische Anstalt betrachtet» (1784) ist ja nach Schillers Willen nichts weiter als eine Schule der Menschenkenntnis, «ein unfehlbarer Schlüssel zu den geheimsten Zugängen der menschlichen Seele» (XX, 95).

Es liegt kein Grund vor, solche Fingerzeige des Autors selbst zu ignorieren, statt sie auf ihre Brauchbarkeit für das Verständnis des Textes zu befragen.[9] Denn vernachlässigt man die Hinweise des Dramatikers, die zur Beachtung des Psychologischen, Charakterlichen im Menschenbild seiner Dramen einladen, so läuft man Gefahr, sich allzusehr in den Denkbahnen

---

6 Karl G. Schmid, *Schillers Gestaltungsweise: Eigenart und Klassik*, Frauenfeld und Leipzig 1935, S. 26, 27, 36, 161. Ähnlich schon Ludwig Bellermann, *Schillers Dramen*, I, Berlin 1888, S. 78: «Unreife des Dichters bei Gestaltung und Zeichnung der Charaktere» (über *Die Räuber*). So noch Wilhelm Grenzmann, *Der junge Schiller*, Paderborn 1964, S. 36, 37; Gisa Heyn, *Der junge Schiller als Psychologe*, Zürich 1966, bes. S. 43, 156.
7 Grenzmann, S. 38–39.
8 Richard Matthias Müller, «Nachstrahl der Gottheit: Karl Moor», *Deutsche Vierteljahrsschrift für Literaturwissenschaft und Geistesgeschichte*, LXIII (1989), 629. Vgl. oben S. 23.
9 Vgl. Jürgen E. Schlunk, «Vertrauen als Ursache und Überwindung tragischer Verstrickung in Schillers *Räubern*», *Jahrbuch der Deutschen Schillergesellschaft*, XXVII (1983), 187: «Die *innere*, individualpsychologisch-anthropologische Tiefenstruktur der *Räuber* [...] erweist sich als auffallend stimmig.»

eines abstrakten philosophischen oder theologischen Problems zu bewegen, blind für die im Charakter gestalteten Nuancen, die das Problem doch erst eigentlich wirklich und lebendig werden lassen und seine Eigenart bestimmen.

Diesen Holzweg hat man bei der Deutung der *Räuber* oft nicht vermieden. Besonders die im Prinzip richtige, neuerdings intensivierte Beobachtung, wie sehr *Die Räuber* der barocken Oper und ihrer pathetischen Stilisierung ins stereotypisch Überpersönliche verpflichtet sind, hat den Nebeneffekt der Unterschätzung des Psychologischen in Schillers medizinisch geschulter Menschendarstellung.[10] Dagegen sind – von ganz anderen Voraussetzungen her – bereits vor längerer Zeit Bedenken erhoben worden; der theologisch orientierten Forschungsrichtung wurde die skeptische Frage gestellt: «Ob man wirklich sagen kann, das Thema [der *Räuber*] sei ‹Der Mensch als Gegner und Mitspieler Gottes›. Ob man vom ‹freien Opfertod› des ‹tragischen Märtyrers› sprechen darf oder von Karl als dem ‹Blutzeugen Gottes› [...]. Ob ‹Gott als den Helden der Tragödie› sehen, nicht heißt, ihren Schwerpunkt verschieben?»[11] In dem Versuch, solche Fragen zu beherzigen, insbesondere an Schillers frühe Psycho-Philosophie anzuknüpfen – und in neuerer Zeit ist die Aufforderung dazu wiederaufgegriffen worden[12] – soll es nicht darum gehen, üblichere Interpretationen zu widerlegen, sondern darum, sie zu ergänzen. Denn mit einer Entweder-Oder-Fragestellung ist den Dramen des Klassikers der Mehrdeutigkeit grundsätzlich nicht beizukommen. «Interpretationen, die die Einheitlichkeit des Schillerschen Dramas hervorheben, sollten skeptisch stimmen.»[13] Das ist besonders aktuell, seit die betont einseitigen «linken» sozio-politischen Deutungen der *Räuber* als gezielte Attacke auf die Misere der deutschen Gesellschaft *passé* sind. Wenn man gegen sie ins Feld geführt hat, Schillers Drama sei durch eine

---

10 Peter Michelsen, *Der Bruch mit der Vater-Welt: Studien zu Schillers «Räubern»*, Bern u. München 1974: der Abschnitt über «Psychologisches» ist dürftig. Kritik an der einseitigen Betonung des Opernhaften bei Walter Hinderer in *Schillers Dramen*, hg. v. W. H., Stuttgart 1992, S. 31–32.

11 Elisabeth Blochmann, «Das Motiv vom Verlorenen Sohn in Schillers Räuberdrama», *Deutsche Vierteljahrsschrift für Literaturwissenschaft und Geistesgeschichte*, XXV (1951), 478. Die Zitate im Zitat stammen aus den Gesamtdarstellungen von Storz und v. Wiese: Gerhard Storz, *Der Dichter Friedrich Schiller*, Stuttgart 1959; Benno von Wiese, *Friedrich Schiller*, Stuttgart 1959.

12 Hans Jürgen Schings, «Philosophie und Tragödie des Universalhasses: Die *Räuber* im Kontext von Schillers Jugendphilosophie», *Jahrbuch des Wiener Goethe-Vereins*, LXXXIV–LXXXV (1980–1981), 49–70; Helmut Koopmann, *Schiller-Forschung 1970–1980*, Marbach 1982, S. 63; Walter Hinderer, *«Die Räuber»*, *Schillers Dramen*, S. 32.

13 Koopmann, *Friedrich Schiller*, 2. Aufl., Stuttgart 1977, I, 19.

gewisse Weltlosigkeit, Ort- und Zeitlosigkeit bestimmt, dann sollte damit sein psychologischer Fokus mitgemeint sein.[14]

Um den in den Blick zu bekommen, ist am sinnvollsten mit dem großen Schlußmonolog Karl Moors anzufangen, in dem dieser seine «ungeheure Verirrung» einsieht und sich der irdischen Gerichtsbarkeit ausliefert (V, 2). Die landläufige Deutung spricht von Läuterung, Sühne, Demut, Unterwerfung unter die verletzten göttlichen Gesetze, von Aufgabe der selbstherrlichen Vermessenheit, Hinwendung zur «Reinheit der Idee» oder neuerdings auch von der Wiedergewinnung «des unzerstörbaren Kerns von Karls Substanz», die seinen «absoluten Anspruch» begründe, und zwar noch im Hinblick auf sein letztes Wort, das den Kitsch doch mindestens streift: «Dem Mann kann geholfen werden.»[15] Der Text spricht durchaus für diese Interpretation. Doch wenn es, wie in der wohl erfolgreichsten Deutung, zunächst – völlig einleuchtend – heißt: nicht von einem Zu-Kreuze-Kriechen, von «devoter Selbsterniedrigung» könne die Rede sein: es gehe um den quasi-religiösen Akt der Anerkennung der unverletzbaren Majestät der göttlichen Weltordnung vor der ganzen Menschheit, und zwar «ohne posierende Selbstbewunderung»,[16] dann stellt sich herausfordernd die Frage, ob der Text ausschließlich für eine solche Lesung spricht.

In der Tat ist der Wortlaut zweideutig. Ja: die Doppelsinnigkeit ist geradezu zum beherrschenden Stilzug geworden, der sich in einer Reihe von interessanten Widersprüchlichkeiten kundgibt. Da ist der Ton der Demut: «Ich maßte mich an, o Vorsicht die Scharten deines Schwerdts auszuwezen und deine Partheylichkeiten gut zu machen». Doch sofort nach dieser Absage an die Anmaßung der anmaßende Satz, «daß *zwey Menschen wie ich den ganzen Bau der sittlichen Welt zu Grund richten würden*». In den Anfängen der Schiller-Forschung, als Commonsense noch verbreitet war, hat man dazu schon bemerkt: «Freilich ist auch dies Bekenntnis noch stark von jenem prahlerischen Pathos gefärbt, welches [Karl Moors] Wesen bezeichnet; denn wir haben mehr Zutrauen zu dem ‹Bau der sittlichen Welt›, als

---

14 Vgl. Koopmann, 1982, S. 55–61; Koopmann, 1977, I, 18. Symptomatisch ist die Ersetzung von Klaus Scherpes «linker» *Räuber*-Interpretation durch Hinderers in Hinderers *Schillers Dramen*.
15 «Reinheit der Idee»: Gerhard Fricke, «Das Problem des Tragischen im Drama Schillers», *Jahrbuch des Freien Deutschen Hochstifts*, 1930, S. 11; Schlunk, S. 196–197; vgl. noch Michael Mann, *Sturm- und Drang-Drama: Studien und Vorstudien zu Schillers «Räubern»*, Bern u. München 1974, S. 86, als Echo einer langen Tradition (S. 98). Befremdlich ist Richard Matthias Müllers Wendung gegen den Läuterungsbegriff: «Schillers *Räuber* sind kein Drama der Läuterung eines moralisch oder existentiell in die Irre gegangenen Helden. Karl Moors Lebenslauf ist die gesetzmäßige ‹exzentrische› Bahn des Guten (Göttlichen) in böser Welt» (S. 628).
16 Benno von Wiese, *Friedrich Schiller*, Stuttgart 1959, S. 167.

daß wir zugeben könnten, zwei Phantasten wie Karl Moor [...] würden denselben zu Grunde richten.»[17] Weiter äußert sich Räuber Moor: «Gnade – Gnade dem Knaben, der *Dir* vorgreifen wollte». Gewiß ist das Demut gegenüber der Vorsehung und den herrschenden Mächten. Aber demonstriert nicht Karl Moor schon wenige Sätze später genau dieses Vorgreifen, wenn er sich hier und jetzt der Justiz überliefern will und hinzufügt: «Nicht, als ob ich zweifelte sie werde mich zeitig genug finden, wenn die obere Mächte es so wollen. Aber sie möchte mich im Schlaf überrumpeln, oder auf der Flucht ereilen, oder mit Zwang und Schwerdt umarmen, und dann wäre mir auch das einige Verdienst entwischt, daß ich mit Willen für sie gestorben bin.» Schließlich die dritte Widersprüchlichkeit: «*Du* bedarfst nicht des Menschen Hand», sagt Karl Moor, an Gott gerichtet. Ein paar Zeilen später heißt es jedoch: die mißhandelte Ordnung der göttlichen Schöpfung «bedarf eines Opfers – Eines Opfers, das ihre unverlezbare Majestät vor der ganzen Menschheit entfaltet – dieses Opfer bin ich selbst.» Ist das nicht, im Lippenbekenntnis zur Sündigkeit, *auch* Vermessenheit, die den Menschen extrem erhöht zum Werkzeug Gottes, das dieser *braucht* zur Herstellung der Harmonie der «sittlichen Welt»? Spricht hier wie an den anderen widersprüchlichen Stellen nicht der alte Karl Moor, der sich in seiner Hybris als «Arm höherer Majestäten» (IV, 5) bezeichnete, der Mann mit dem Christuskomplex, den wir bereits kennen? Und noch etwas wirkt bekannt an diesem Ende Karl Moors: der Genuß der großen, theatralischen Geste, die Haltung der – auch noch so kaschierten – *Selbstbewunderung*, in der dieses Opfer wortreich gebracht wird und in der bereits wenige Minuten vorher ein Opfer gebracht wurde, als Karl Moor auf seine Geliebte verzichtete, den Verzicht der Räuberkumpane ausdrücklich übertrumpfend.

Warum auch, so darf man fragen, das Öffentlich-Plakathafte der Sühne am Schluß? Warum statt des privaten Freitodes im Angesicht Gottes, dem er sich in den letzten Momenten gegenüber weiß, der sicher nicht untheatralische Sühnetod vor versammeltem Publikum, «vor der ganzen Menschheit»? Wir erinnern uns: einen privaten Selbstmord hatte Karl Moor ja schon einmal vermieden, in der fünften Szene des vierten Aktes, vermieden in der Geste des Stolzes, ja: der Vermessenheit; das Aushalten im Leben galt ihm als die größere Tat, an der er sich selbst berauschte; nicht nur das: er genoß dort seine Christus-Rolle: «Ich wills vollenden.» Läßt uns die Motivwiederholung am Schluß nicht an die erste Selbstmordsituation denken – und an die dort wirksamen Motive der Vermeidung des Freitodes, an die egomane große Geste? Nun meint man natürlich weithin: die irdischen Gesetze, denen Karl Moor sich unterstellt und für die er sterben wird, stünden stell-

---

17 Bellermann, I, 80.

vertretend-sinnbildlich für das göttliche Ordnungsgefüge.[18] Gewiß entspricht das Schillers Denken. Muß das aber das kritische Mißbehagen an der Theatralik der großen Geste, mit der diese Unterwerfung vollzogen wird, unbedingt ausschließen? Muß sich dieses Mißbehagen mit dem allzubequemen Hinweis auf pathetischen Stil abfertigen lassen? Ist es ein Zufall, daß einer der Räuber Karl Moors Monolog mit den Worten kommentiert: «Es ist die Groß-Mann-Sucht. Er will sein Leben an eitle Bewunderung sezen», an jene Bewunderung, von der auch – bewundernd – die Rede ist in dem gleichzeitigen Gedicht «Monument Moors des Räubers»? Wenn dieser Satz eingefügt worden ist, *nur* um Karl Moor die Gelegenheit zu der Erwiderung zu geben: «Man könnte mich darum bewundern», wo hinzusetzen wäre: man solle es aber nicht – dann bewiese das doch gerade, daß der Gedanke an die selbstbewundernde Theatralik als Oberton der demütig sühnenden Unterwerfung eben nicht absurd ist. Warum sonst sollte Karl Moor in der Donau-Szene (III, 2) Kosinsky, in dem er seine eigene Lebensgeschichte sich wiederholen sieht, vor «der tollen Sucht zum grosen Mann» warnen? Eher ist es widersinnig, in Moors Opfer aus dem Geist eines ethisch-religiösen Idealismus der Freiheit heraus[19] das Fehlen «posierender Selbstbewunderung» oder jeder «vom reinen Gesetz auf das Individuum ablenkenden heroischen Geste» zu konstatieren.[20] Kann wirklich von solcher Selbstverleugnung die Rede sein? Tatsächlich erscheint die Konversion im Zwielicht des Menschlich-Allzumenschlichen, nämlich der allzu gern und öffentlich gespielten Rolle des Theater-Christus und Welterlösers. Idealismus und Hybris, Moralität und Geltungsdrang vermischen sich bis zur Unauflöslichkeit.

Das Motiv der Selbstbewunderung, des theatralischen Genusses der großen Geste als menschlich-allzumenschliche Motivationskomponente, die das idealistische Handeln ins Zwielicht stellt, ist Schiller gerade in dieser Zeit durchaus geläufig. Die «Theosophie des Julius» spricht von solchen falschen, egoistischen Motiven der idealistischen «Aufopferung» für Höheres (XX, 123). Der Verzicht Fieskos in der Mannheimer Bühnenfassung kommt nach Becks eindringlicher Deutung «nicht aus wahrer Sittlichkeit, sondern letztlich aus einer Sucht nach Selbstbewunderung und Selbstgenuß, die zur Pose führt»,[21] ähnlich wie die verzichtende Großmut Lady Milfords Luise Mil-

---

18 Zum Beispiel Benno von Wiese, S. 167; Grenzmann, S. 34.
19 Kurt May, *Friedrich Schiller*, Göttingen 1948, S. 28, 30.
20 Gerhard Fricke, S. 10. «Ohne posierende Selbstbewunderung»: v. Wiese, S. 167. Vgl. F. W. Kaufmann, *Schiller: Poet of Philosophical Idealism*, Oberlin, Ohio, 1942, S. 31: «the unspectacular and almost pious manner of his surrender to the authorities».
21 Adolf Beck, «Die Krisis des Menschen im Drama des jungen Schiller», *Euphorion*, XLIX (1955), 178–179.

lerin gegenüber.²² Und das idealistische Streben des Marquis Posa entlarvt die Königin Elisabeth unwiderleglich mit dem Wort: «Sie haben nur um Bewunderung gebuhlt» (5187–5188). Sollte dieses menschlich-allzumenschliche, verfälschende Motiv nicht auch in der wortreichen idealistischen Katharsis des Räubers Moor angedeutet sein?

Aber die eigentliche Frage ist natürlich, ob die Motivik, die sich am Schluß zu erkennen gab, die egozentrische Vermessenheit und Selbstbewunderung, blind ist oder bereits vorher im Drama angelegt ist – konsequenter, als die bereits gegebenen Hinweise andeuten. Tatsächlich ist der Genuß der geachteten und bewunderten Mittelpunktstellung, der Genuß der mehr oder weniger theatralischen Führerrolle, eine wesentliche Komponente von Karl Moors Vorstellung von seinem *Glück*, auf das er geradezu Anspruch zu haben glaubt.

Vielsagend ist in dieser Hinsicht der Auftakt des vierten Aktes. Räuber Moor kehrt in die Heimat zurück und empfindet zum erstenmal, daß und wie ihm das Glück, die Glückseligkeit, zwischen den Fingern zerronnen ist. «Die goldne Mayenjahre der Knabenzeit leben wieder auf in der Seele des Elenden – da warst du so glüklich, warst so ganz, so wolkenlos heiter – und nun – da liegen die Trümmer deiner Entwürfe! Hier solltest du wandeln dereinst, ein groser, stattlicher, gepriesener Mann – hier dein Knabenleben in Amalias blühenden Kindern zum zweytenmal leben – hier! hier der Abgott deines Volks – [...] Lebt wohl, ihr Vaterlandsthäler! einst saht ihr den Knaben Karl, und der Knabe Karl war ein glüklicher Knabe – izt saht ihr den Mann, und er war in Verzweiflung» (IV, 1). Es ist deutlich: Glück, Glückseligkeit (die Ausdrücke werden in den *Räubern*, wie weithin in der Zeit, synonym verwendet) bedeutet für Karl Moor in erster Linie den Genuß der großen Zentralrolle des bewunderten Herrschers und Führers. Der Wille zum Glück aber ist überhaupt, wie schon Robert Petsch um die Jahrhundertwende erkannt hat,²³ Räuber Moors Hauptimpuls, der bei ihm alles Tun bestimmt. Schon die grundlegende Handlungsvoraussetzung ist von daher zu verstehen. Denn erst als das Glück dem «unglüklichen Bruder», als den Franz Moors Verleumdungsbrief ihn bezeichnet, versagt wird, wird aus Karl Moor der Räuber Moor, der in der Banditenexistenz ein Ersatz-Glück sucht.²⁴

---

22 Vgl. ebda, S. 179–180.
23 Robert Petsch, *Freiheit und Notwendigkeit in Schillers Dramen*, München 1905, S. 64. Doch sieht Petsch diesen Drang nach Glückseligkeit, den er als den «Mittelpunkt seines [Karl Moors] Denkens, den Ausgangspunkt seines Wollens» bezeichnet, nur bis zur Ermordung Amalias wirksam (S. 73). Den Schluß des Dramas sieht er in der üblichen Weise, von seinen Voraussetzungen her genauer als Absage an das Glückseligkeitsstreben (S. 76).
24 Vgl. auch III,2, wo Karl Moor den Räubern schwört: «Ich will euch niemals verlassen», worauf Schweizer: «Schwöre nicht! Du weist nicht, ob du nicht noch glüklich werden, und bereuen wirst.»

Und dazu gehört für ihn von vornherein die glorreiche Führerstellung: «Ich möchte ein Bär seyn, und die Bären des Nordlands wider dis mörderische Geschlecht anhezen – [...] oh daß ich durch die ganze Natur das Horn des Aufruhrs blasen könnte, Luft, Erde und Meer wider das Hyänen-Gezücht ins Treffen zu führen!» (I, 2). Erst in der Rolle des von seinen Kumpanen bewundernd umringten Räuberhauptmanns, nicht schon in der des Räubers, hofft er sein neues Glück zu finden. «Wie egoistisch handelt der Weltreformator, in dessen Seele erst der Zuruf der Gesellen zündet: ‹du sollst unser Hauptmann sein!›», hat dazu bereits Petsch bemerkt.[25] Und Franz Moor hatte gewiß so unrecht nicht, als er seinem Vater gegenüber von dem «kindischen Ehrgeiz» seines Bruders sprach.[26] Karl Moor seinerseits hält es für keinen Raub, seine Selbstvergötterung wortwörtlich über die Lippen zu bringen: «Der Gedanke verdient Vergötterung – *Räuber* und *Mörder*! – So wahr meine Seele lebt, ich bin euer Hauptmann!» (I, 2). In der nächsten Karl-Moor-Szene, II,3, in den böhmischen Wäldern, erkennt man dieselbe herrische Pose in dem arroganten «Wer überlegt, wann ich befehle?» der eigenen Bande gegenüber und in dem stolz-selbstgerechten Welterlöserkomplex in der Robin-Hood-Rolle dem Pater gegenüber. Schließlich fällt da die selbststeigernde Herausforderung an die Kumpanen auf, ihn auszuliefern, eine Herausforderung, die doch mit Wallensteinischem Spielergeschick nur darauf berechnet ist, die Räuber um so fester an sich zu binden, seine Führerstellung noch zu steigern. So ist es auch kein Zufall, daß Karl Moor in IV, 5, als er sich die Brutus-Cäsar-Strophen vorsingt, sein Kraftgefühl wiederfindet in der Identifikation mit Brutus, dem «grösten Römer», an dessen Bahre zugleich nichts weniger als ganz Rom verröchelt sei. Das wirkt wie die größtmögliche Ausweitung des egozentrischen Selbstgefühls; aber schon in derselben Szene wird es über dieses Stadium hinaus noch in die metaphysische Dimension übersteigert: Als einer der Räuber Spiegelbergs Anschlag auf Karl Moors Leben vereitelt, deutet Moor dieses Vorkommnis, ganz wie Fiesko in seiner Hybris, ganz auch wie Wallenstein, sofort als Fingerzeig der Nemesis oder des «Lenkers im Himmel» – genau wie er sich in derselben Szene zum Werkzeug Gottes («Arm höherer Majestäten») ausersehen glaubte und berufen, seinen Bruder zur Strecke zu bringen; ähnlich versteht er später, in V, 2, den Selbstmord Franz Moors als besonderes Zeichen der Gunst des Himmels gegen sich, der ihm also den Brudermord erspare.

---

25 Petsch, S. 64.
26 I,1. Dazu Petsch, S. 62: Franz Moors Schilderung seines Bruders sei «sicherlich nicht unzutreffend; die Malice liegt nur in dem Ton, mit dem sie vorgetragen wird». Ähnlich Hinderer, S. 41.

Es ist durch diese Hinweise wohl deutlich geworden: der Genuß der Mittelpunktstellung ist eine wesentliche Facette des Glücks für Karl Moor, eine wenig schmeichelhafte Facette gewiß, noch weniger schmeichelhaft dadurch, daß sie auch noch in Räuber Moors Ende, in seiner Rückkehr zum «Leben in der Idee», prominent zur Geltung kommt.

Das Glück beschäftigt Karl Moor in ungewöhnlichem Maße. Ein starker Wille zum Glück ist in ihm lebendig, zur Wahrnehmung seiner Glückseligkeit, auf die ihm die ganze Weltordnung angelegt zu sein scheint. Kaum je verläßt ihn der Gedanke des Glücks. Er glaubt Anspruch darauf zu haben. So sind die depressiven Reden am Anfang der Donau-Szene ganz auf den Ton des Gegensatzes zwischen der «glüklichen» Welt und dem eigenen Unglück gestimmt, das der Welt wehleidig-postulativ vorgehalten wird (III, 2). Als Karl Moor erfährt, daß der Verstoßungs-Brief eine Fälschung war, ist sein erster Gedanke: «Ich hätte glüklich seyn können» (IV, 3). Als Amalia sich von seiner Hand den Tod erbittet: «Willst du allein glüklich seyn?» (V, 2). Und daß die Glückseligkeit etwas ist, was ihm die Weltordnung schuldet, wird am deutlichsten in dem großen Monolog in IV, 5. Karl Moor erwägt hier den Selbstmord und läßt sich davon abhalten unter anderem durch den Gedanken: «Aber wofür der heisse *Hunger* nach *Glükseligkeit*? [...]. Nein! Nein! es ist etwas mehr, denn ich bin noch nicht glüklich gewesen.» Das entspricht im Prinzip gewiß dem Aufklärungsdenken über die Glückseligkeit als Schöpfungsziel und Bestimmung des Menschen.[27] Schiller äußerte sich ja in seiner ersten Dissertation selbst in diesem Sinne (XX, 10). Aber ist in der zitierten Formulierung nicht zugleich mehr ausgesprochen, nämlich statt der an den Schöpfer gerichteten *Dankbarkeit* die fordernde *Arroganz*, die eben nicht der aufgeklärten Gläubigkeit entstammt? Zu solcher aufgeklärten Gläubigkeit würde ja auch der gleich anschließende Verdacht nicht passen: «Oder willst du [Gott] mich durch immer neue Geburten [...] von Stufe zu Stufe zur Vernichtung führen?» Und schon gar nicht paßt der Schluß des Monologs zum dankbaren Glücksglauben der Aufklärung: «Soll ich für Furcht eines quaalvollen Lebens sterben? – Soll ich dem Elend den Sieg über mich einräumen? – Nein! ich wills dulden! [...] Die Quaal erlahme an meinem Stolz!» Das Bestehen auf dem Recht auf Glück, darauf wollen diese Beobachtungen hinaus, ist auch zu sehen als eine Komponente der Haltung des Egozentrikers, dem die bewunderte Mittelpunktstellung lebenswichtig ist. In dieser Egozentrik unterscheidet sich Karl Moors Glücksverlangen, das zugleich ein Streben nach Selbstvergötterung ist, fundamental von der «Bestimmung» des Menschen zum Glück, wie die Popularphiloso-

---

27 Robert Mauzi, *L'Idée du bonheur dans la littérature et la pensée françaises au XVIIIe siècle*, Paris 1960; Peter Quennell, *The Pursuit of Happiness*, Oxford 1988.

phie der Aufklärung sie verstand: als eine altruistische Philosophie, derzufolge persönliches Glück definitionsgemäß nur in Harmonie mit dem Glück anderer, wenn nicht gar aller, denkbar ist. Daß der junge Schiller mit *dieser* Glücksvorstellung («seid umschlungen, Millionen») vertraut war, und zwar durchaus zustimmend, ist seiner medizinisch inspirierten Schriftstellerei der *Räuber*-Zeit zweifelsfrei zu entnehmen: «Ich begehre das Glük aller Geister, weil ich mich selbst liebe. [...] Ich begehre fremde Glükseligkeit, weil ich meine eigne begehre» (XX, 119). *Das* ist gemeint, nicht aber Karl Moors egoistisches, ja herrschsüchtiges Glück, wenn es, gleichzeitig mit den *Räubern*, in der ersten medizinischen Dissertation heißt: «Der Mensch ist da, um glüklich zu seyn»; denn Glücksgefühl ist nichts anderes als «Liebe», nämlich «die Verwechslung meiner Selbst mit dem Weesen des Nebenmenschen» (XX, 11; vgl. 31). Für Karl Moor ist der Nebenmensch, sind die Räuber, Werkzeug zur Erreichung seiner Absichten – Marquis Posa kündigt sich an. Im Hintergrund steht die anti-benevolentistische, egomane Macht- und Glücksphilosophie von Helvétius – nicht nur Franz Moor ist sein Adept.[28]

Offenkundig wird also die «Reinheit» des Idealismus Karl Moors beinträchtigt durch den Drang zur bewunderten Mittelpunktstellung, die eine Seite seines Glücksstrebens ausmacht. Selbst am Ende des Stücks, im großen Konversionsmonolog, kann man dies noch erkennen. Es ist ein Streben nach einem wenig edlen Glück: egozentrisch, arrogant, oberflächlich, beifallsbedürftig, «dieser Welt» allzusehr verhaftet noch im Moment des freiwilligen Abschieds von ihr.

Darauf aufmerksam zu machen, scheint nicht unnötig und schon gar nicht unfair. Denn mit der Betonung dieser Nuance in der Persönlichkeitsstruktur Karl Moors möchte Schiller nicht etwa dessen idealistisches Wollen und schon gar nicht «den Idealismus» entlarven und desavouieren. Im Gegenteil: er ehrt und achtet die idealistische Geistesverfassung – doch eben nur mit dem klaren Blick des medizinisch geschulten Wissenden, der die Menschen kennt in ihrer Anfälligkeit für Menschlich-Allzumenschliches. Schiller ist der «Menschenforscher» der frühen Erzählung «Der Verbrecher aus verlorener Ehre» (1786), den an seinem Studienobjekt «die Verirrungen» interessieren (XVI, 7), und eben das Wort fällt denn auch mehrmals im Hinblick auf *Die Räuber* (III, 6; XXII, 88, 119). Doch visiert Schiller, der «Menschenmaler», der es mit Shakespeare aufnimmt (III, 7, 243, 246; XXII, 120, 121), diese nicht im Vakuum einer eigenständigen Psychologie, die zur Willkür einlüde (wie sie in manchen modernen psychologischen Schiller-Deutungen zu beobachten ist),[29] sondern in einem doppelten historischen Kon-

---

28 Wie Riedel meint, S. 179.
29 Vor ihnen warnt Koopmann, 1977, I, 17.

text: einerseits in dem des aufklärerischen Vernunft-Idealismus, wie er sich vor allem in der «Theosophie des Julius» bezeugt, andererseits in dem der ebenso zeittypischen empiristischen Infragestellung solchen geistigen Höhenflugs durch die psychosomatische Anthropologie der Mediziner, wie er sie in der Karlsschule kennen lernte. Schiller fragt nach den Möglichkeiten des Idealismus im Spielraum solchen Denkens und Sehens.

2.

Dabei ist im Auge zu behalten: nicht im Geist des Zynismus faßt Schiller den für Gebrechlichkeit und Verirrungen anfälligen Menschen in den Blick, sondern im Geist des Verstehens und selbst der Liebe. In dem Punkt jedenfalls darf man die Selbstkommentare Schillers zu den *Räubern* beim Wort nehmen. Zwar erhebt er in den Vorreden zum «Schauspiel» und in der Selbstrezension der «Trauerspiel»-Fassung im *Wirtembergischen Repertorium* von 1782 wie auch in dem Avertissement «Der Autor an das Publikum» moralistisch den Zeigefinger: *Die Räuber* seien eine Art Lehrstück, «nicht ohne [...] Unterricht» (XXII, 88). Wenn die Wirklichkeitstreue die Darstellung des Lasters «in seiner nakten Abscheulichkeit» gebiete, so nur, um dieses um so sicherer stürzen zu können (III, 5). Folglich verdienten *Die Räuber* ein Platz unter den «moralischen Büchern» (III, 8). Solche Moralbeteuerung – es wird allerdings auch berichtet, Schiller habe gesagt, *Die Räuber* seien ein Stück, das «durch den Schinder absolut verbrannt werden muß» (XLII, 16) – glaubte er seiner öffentlichen Rolle zu schulden; zum Teil ist sie sicher auch eine Bitte um geneigte Aufnahme. Die Selbstrezension spricht jedoch ebenfalls von der allgemeinen menschlichen Neigung, auch mit dem Befremdlichsten und gerade mit diesem zu «sympathisieren» (XXII, 118–119). Damit beruft Schiller sich auf unterstellte Urteilsgewohnheiten des Publikums. Wenn er aber fortfährt, wir läsen dank solcher Sympathie «den Stempel der Gottheit aus den Grimassen des Lasters heraus», dann spricht er ein eigenes Werturteil, einen eigenen Glaubensartikel aus, stärker noch in der Vorrede: «Jedem, auch dem Lasterhaftesten ist gewissermassen der Stempel des göttlichen Ebenbildes aufgedrükt»; «Vollkommenheiten» fehlen «auch dem bösesten nie ganz» (III, 7). Interessant ist dabei, wie dieser Sachverhalt in der Sprache des Karlsschul-Mediziners verstanden wird. Über Karl Moor: «Die gräßlichsten seiner Verbrechen sind weniger die Wirkung bösartiger Leidenschaften als des zerrütteten Systems der guten» (XXII, 120). Über Franz Moor: «*Der Mensch neigt sich ursprünglich zum Verderblichen:* ich glaub es nicht, ich denke vielmehr überzeugt zu sein, daß der Zustand des moralischen Übels im Gemüt eines Menschen ein schlechterdings gewaltsamer Zustand sei, welchen zu erreichen zuvörderst das Gleichgewicht der ganzen geistigen Organisation (wenn ich so sagen darf) aufgehoben sein muß, so wie das ganze System der tierischen Haushaltung, Kochung und Scheidung, Puls und Nervenkraft durcheinander geworfen sein müssen, eh die Natur einem Fieber oder Konvulsionen Raum gibt» (XXII, 121). Und wie eine solche gleichsam krankheitsgeschichtliche Überlegung Franz Moor in der Verzweiflung seines schließlichen Zusammenbruchs die Sympathie der Zuschauer sichern soll (S. 124), so meint Schiller noch wohlwollender über Karl Moor, er sei ein «seltsamer Donquixote», den «wir [...] verabscheuen und lieben, bewundern und bedauern» (III, 6; vgl. 245).

Bewundern, bedauern – das ist eine kuriose Mischung von Sentimenten der Barockheroik und der Empfindsamkeit. Unter der Hand gewinnt die Bewunderung jedoch das Übergewicht. «Man trifft hier Bösewichter an, die Erstaunen abzwingen, ehrwürdige Mißethäter, Ungeheuer mit Majestät»: so ist in der Vorrede zu lesen, und zwar in der unterdrückten (III, 244). Doch selbst in der gedruckten Vorrede ist noch die Rede von der «kolossalischen Grösse» des Lasters, von einem «Geist, den das äusserste Laster nur reizet um der *Grösse* willen, die ihm anhänget, um der *Kraft* willen, die es erheischet, um der *Gefahren* willen, die es begleiten» (III, 5–6). Die «unmoralischen» Charaktere «mußten von gewissen Seiten glänzen, ja oft von Seiten des Geistes gewinnen, was sie von Seiten des Herzens verlieren.» Warum? Weil der Dramatiker «die Natur gleichsam wörtlich abgeschrieben» habe (III, 7). Das klingt um so lahmer, als gleich angedeutet wird, was Schiller am Bösewicht wirklich interessiert: nicht die Naturähnlichkeit, sondern die Größe – ungeachtet ihrer moralischen Qualität also, die Größe, wie er sie bei Corneille erleben konnte, den er in der unterdrückten Vorrede zitiert (III, 243). «Vielleicht hat der grosse Bösewicht keinen so weiten Weg zum grossen Rechtschaffenen, als der kleine; denn die Moralität hält gleichen Gang mit den Kräften, und je weiter die Fähigkeit, desto weiter und ungeheurer ihre Verirrung, desto imputabler ihre Verfälschung» (III, 7). Was Schiller fasziniert, ist offenbar die Größe an sich, die amoralische Größe, die Lessing bei Corneille fand und verwarf (*Hamburgische Dramaturgie*, 75.–76. St.). Schiller findet sie in Shakespeares *Richard III.*, Miltons Satan und der Medea der antiken Dramatiker – und verwirft sie nicht. Im Gegenteil: «Wenn ich vor dem Tyger gewarnt haben will, so darf ich seine schöne blendende Flekenhaut nicht übergehen» (III, 7).

Demgegenüber wirken alle Versicherungen, er habe keine Apologie des Lasters geben wollen, das Laster nehme vielmehr den Ausgang, den es verdiene (III, 8), wie eine Pflichtübung. Ehrlicher ist der frivole Schluß-Schnörkel in der Selbstrezension: «Nun das Stück von Seiten seiner Moral? – Vielleicht findet der Denker *dergleichen* darin (besonders wenn er sie mitbringt)» (XXII, 130).

Die Crux ist hier natürlich Franz Moor. Es ist nicht eindeutig, ob manche der bewundernden Worte für den majestätischen Verbrecher ihm gelten oder seinem Bruder. *Expressis verbis* ist die Verurteilung des «Mißmenschen» und seiner «abscheulichen Philosophie» unmißverständlich (III, 6; XXII, 122). Sollte Franz Moor aber ganz ausgeschlossen sein von dem Glaubensartikel, daß auch der Lasterhafteste noch sein Vollkommenes habe wie der Tiger sein Fell? Wie nebenbei gesteht Schiller Franz, dem «grundbösen Menschen», immerhin zu, was für Schiller immer ein hoher Wert war: daß er «ganz übereinstimmend mit sich selbst» sei (XXII, 122,123). Und schon meldet sich, halben Herzens zwar, die Bewunderung, die unverkennbar dem Terroristen Karl Moor gilt, auch für Franz Moor in der Selbstrezension: «Stirbt er nicht bald wie ein großer Mann, die kleine kriechende Seele!» (XXII, 124). Wohlgemerkt: kein Fragezeichen, aber auch keine rückhaltlose Anerkennung. Wie also ist Franz Moor dargestellt? Gilt ihm wirklich die Sympathie, die Schiller ausdrücklich für ihn behauptet (XXII, 124), oder sogar Bewunderung?

3.

Die richtige Perspektive auf die Frage bietet die Erinnerung: Franz ist nicht so verschieden von Karl, wie es nach dem Bisherigen vielleicht den Anschein hat. Denn mit den Hinweisen auf dessen Glücks- und Geltungsdrang ist sein Sündenregister keineswegs vollständig. Dieser Idealist «verirrt» sich auch in die Brutalität. Das ist offensichtlich. Interessant aber ist, wie sehr er sich dadurch als gar nicht so ungleicher Bruder Franz Moors erweist. In beiden bewirkt die Zurücksetzung durch den Vater, ob es nun eine wahre, eine vorgespiegelte oder eingebildete ist, die Regression in triebhafte, maßlose Ichsteigerung, die sich in physischer und intellektueller Gewalttätigkeit äußert. Gewiß liegt in dem einen Fall die in «Universalhaß» (XXII, 120) ausartende Überreaktion des enttäuschten Idealisten zugrunde und im anderen die konsequent bis zum Materialismus vorangetriebene Verstandesaufklärung (XXII, 123). Die Ironie ist jedoch, daß in diesem Drama der feindlichen Brüder (die sich, im Gegensatz etwa zu Klingers *Zwillingen*, nicht ein einziges Mal auf der Bühne begegnen) das Resultat der beiden so verschieden verursachten Verirrungen dasselbe ist: Kraft, Größe hier wie dort im Sinne von haltloser Herrschsucht, die vor Terror, Mord und Bestialität, aber auch Psycho-Terror nicht haltmacht.[30]

---

30 Die Ähnlichkeit der beiden ungleichen Brüder ist oft bemerkt worden, ohne daß man die hier gezogenen Schlüsse daraus gezogen hätte. Vgl. vor allem Hinderer, bes. S. 21–24, 34,

Karl Moor als Robin Hood zu sehen ist allerdings eine Lieblingskonstruktion flüchtiger Leser. Zweifellos spielt Karl Moor sich als solchen auf in der Szene in den böhmischen Wäldern (II, 3). Der Räuber Razmann führt ihn dort gleich in diesem Sinne ein: «Er mordet nicht um des Raubes willen wie wir – nach dem Geld schien er nicht mehr zu fragen, so bald ers vollauf haben konnte, und selbst sein Dritteil an der Beute, das ihn von Rechtswegen trift, verschenkt er an Waysenkinder, oder läßt damit arme Jungen von Hoffnung studiren. Aber soll er dir einen Landjunker schröpfen, der seine Bauren wie das Vieh abschindet, oder einen Schurken mit goldnen Borden unter den Hammer kriegen, der die Geseze falschmünzt, und das Auge der Gerechtigkeit übersilbert, oder sonst ein Herrchen von dem Gelichter – Kerl! da ist er dir in seinem Element, und haußt teufelmäßig, als wenn jede Faser an ihm eine Furie wäre.» Karl Moor selbst hält sich in dieser Szene, wenn auch jetzt schon bestürzt über das wahllose Morden der Kumpane, für den Mann, der berufen ist, «das Rachschwerdt der obern Tribunale» zu führen. Entsprechend rechtfertigt er sein Morden, Brennen und Rauben dem Pater gegenüber als soziale Mission gegen die Mißstände der korrupten Gesellschaft (wie er denn auch in der Schluß-Szene seine Anmaßung als den Auftrag verstehen wird, «O Vorsicht die Scharten deines Schwerdts auszuwezen und deine Partheylichkeiten gut zu machen»). Doch in solchen Bekundungen das eigentliche Bestreben Karl Moors, nämlich «die Neugründung einer sozialen Ordnung», zu sehen,[31] geht nicht an. Nicht um ein Robin Hood zu werden, ist Karl Moor der Räuber Moor geworden. Vielmehr ist seine impulsive, eruptive Reaktion auf die vermeintliche Verstoßung durch den Vater, die sein Bruder durch eine Briefintrige inszeniert hat, alles andere als der Impetus, «die göttliche Gerechtigkeit gewaltsam wiederher[zu]stellen»,[32] alles andere als «sittliche Empörung»;[33] alles andere als «das Sittliche macht Schillers Helden zum Räuber».[34] Erstaunlich ist, wie blind ganze Generationen von Schillerverehrern ihren Text als solche Robin-Hood-Proklamation gelesen haben. Der Text selbst läßt vielmehr erkennen, wie Karl in der Reaktion auf die Nachricht von der Verstoßung im Affekt spricht, wie seine «Seele» in einer mächtigen «Wallung des Bluts» in Aufruhr gerät. Statt moralischer Entrüstung ein ungestümer, barbarischer

---

38, 48; auch Mann, S. 93, 106–107; v. Wiese, S. 145; Koopmann, *Friedrich Schiller*, München u. Zürich 1988, S. 18: das gestörte Verhältnis zum Vater als gemeinsamer Bezugspunkt der Brüder.
31 v. Wiese, S. 152.
32 Wolfdietrich Rasch in *Annalen der deutschen Literatur*, hg. v. Heinz Otto Burger, 2. Aufl., Stuttgart 1962, S. 494.
33 Reinhard Buchwald, *Schiller*, 4. Aufl., Wiesbaden 1959, S. 260.
34 Fricke, S. 7.

Drang zum Chaos in infantil-egomaner Zerstörungswut: «in wilder Bewegung» stürzt Karl auf die Bühne:

> Menschen! falsche, heuchlerische Krokodilbrut! Ihre Augen sind Wasser! Ihre Herzen sind Erz! Küsse auf den Lippen! Schwerder im Busen! [...] wenn Vaterliebe zur Megäre wird; o so fange Feuer männliche Gelassenheit, verwilde zum Tyger sanftmüthiges Lamm [...]. Ich möchte ein Bär seyn, und die Bären des Nordlands wider dis mörderische Geschlecht anhezen – [...] keine Gnade! – Oh ich möchte den Ocean vergiften, daß sie den Tod aus allen Quellen saufen! [...] oh daß ich durch die ganze Natur das Horn des Aufruhrs blasen könnte, Luft, Erde und Meer wider das Hyänen-Gezücht ins Treffen zu führen! [...] Mein Geist dürstet nach Thaten, mein Athem nach Freyheit, – *Mörder, Räuber!* – mit diesem Wort war das Gesez unter meine Füsse gerollt [...] Blut und Tod soll mich vergessen lehren, daß mir jemals etwas theuer war! [...] Glück zu dem Meister unter euch, der am wildesten sengt, am gräßlichsten mordet, denn ich sage euch, er soll königlich belohnet werden – (I,2)

Statt philanthropischer Reformgesinnung drängt sich hier explosiv ein Wille zur Macht hervor, der keinesfalls als idealistisch zu verstehen ist.[35] Überraschend ist das nicht, wenn man sich an das erinnert, was man bereits in I, 2 über die impulsiven Exzesse des Studenten Karl Moor von Spiegelberg gehört hat. Aus Revanche für die Verwundung seiner Dogge hat er damals die ganze Stadt Leipzig tyrannisiert (III, 357–358); und wenn man Karls vorausgehenden gewalttätig-adoleszenten Großmäuligkeiten im Ohr hat, glaubt man Spiegelberg aufs Wort. Auch später kommt diese nihilistische Regression ins Barbarische wieder und wieder zum Vorschein.

Selbst in II, 3, wo Karl Moor, assistiert von den Räubern, die Robin-Hood-Version zelebriert, geschieht ein solcher haltloser Rückfall, wie einer der Räuber über Karls Reaktion auf die (falsche) Nachricht von der Hinrichtung des Räubers Roller berichtet: «Er schäumt wie ein Eber. [...] izt hat er einen Eid geschworen, daß es uns eiskalt über die Leber lief, er wolle ihm eine Todesfackel anzünden, wie sie noch keinem König geleuchtet hat», was er denn auch tut. Eine ähnliche Regression ins destruktiv Barbarische geschieht in der Wiederbegegnung mit seinem Vater und mit Amalia. Ein Vernichtungsrausch überkommt ihn: «Blut, Blut! [...] Blut mus ich saufen». Kaum hat er den Vater kaltblütig «vom Geist her» getötet, ermordet er Amalia mit dem gleichen Vorbedacht (V, 2).

Solche Reaktionen auf die Unzulänglichkeit der Welt, auf die «Scharten» am Schwert der Vorsehung, konstituieren die Bühnenwirklichkeit allzu eindrucksvoll und überwältigend, als daß die entgegengesetzten, die Robin-Hood-Reaktionen, ausschlaggebend ins Gewicht fallen könnten. Das er-

---

35 Wie auch Beck bemerkt (S. 174).

wähnte Gespräch mit dem Pater in II,3 findet überdies elf Monate nach der vermeintlichen Verstoßung und Karls brutaler Reaktion darauf statt. Und selbst eine Stelle wie Karl Moors Rage über seinen Bruder, der den Vater, der die falsche Nachricht über Karl überstanden hat, in den Hungerturm gesteckt hat, die Stelle, wo der Räuber Moor den Kumpanen versichert, sie seien «der Arm höherer Majestäten», eine unsichtbare Macht habe ihr Handwerk geadelt, fällt eher durch die schäumende Wut des Terroristen gegen den Bruder auf: «Ja! und bey allen schröklichen Seufzern derer, die jemals durch eure Dolche sturben, derer, die meine Flamme fraß und mein fallender Thurm zermalmte, – eh soll kein Gedanke von Mord oder Raub Plaz finden in eurer Brust, bis euer aller Kleider von des verruchten Blute scharlachroth gezeichnet sind» (IV, 5). Auch die Ermahnungen an Kosinski in der Donaus-Szene: sich zu «besinnen» und nicht zu den Mordbrennern zu stoßen, wo er, angetrieben von der «tollen Sucht zum grosen Mann», «gleichsam aus dem Kreise der Menschheit» trete, bringen die idealistische Motivation nur zur Sprache, um sie als Illusion zu entlarven: «Man kann sich täuschen – Glaube mir, man kann das für Stärke des Geistes halten, was doch am Ende Verzweiflung ist – Glaube mir, mir! und mach dich eilig hinweg» (III, 2).

«Man kann sich täuschen» – ist der oft bemerkte Widerspruch zwischen den beiden Versionen von Karl Moors Wendung zum Räuberdasein (sittliche Empörung aus «Stärke des Geistes» oder destruktive Rache aus «Verzweiflung») etwa so aufzulösen? Die Verirrung geschähe also in der Form der Selbsttäuschung? Dafür spricht sicher mehr als für die unbelegbare Deutung im Sinne einer «Läuterung»[36] oder nachträglichen «moralischen Rechtfertigung»,[37] während der Hinweis auf die sprunghafte Entstehung des Dramas natürlich nichts zur Deutung beiträgt. Oder aber möchte Schiller nicht eher darauf hinaus, daß die «Wallung[en] des Bluts» (XX, 118), denen Karl Moor so stark unterworfen ist, das Handeln in derart doppelter Weise determinieren können? Was geschieht in solchen Krisensituationen? Durch die Nachricht von der Verstoßung, die Nachricht von der Hinrichtung Rollers und andere Impulse «vom Geist aus» geraten die «Leidenschaften» sichtlich in Aufruhr; die Seele wird affiziert, wie es in der Sprache der Karlsschule heißt, wo man einen «Standardkatalog pathogener Leidenschaften» kannte (Schreck, Furcht, Zorn, Erstaunen usw.).[38] Diese Leidenschaften der Seele wirken also ihrerseits auf den Körper ein. So hatte es der Mediziner Schiller gelernt. Den Dramatiker scheint ein anderes Problem mehr zu in-

---

36 Buchwald, S. 260: «sittliche Empörung»; S. 259: «läutern».
37 Rolf N. Linn, *Schillers junge Idealisten*, Berkeley, Los Angeles u. London 1973, S. 6.
38 Riedel, S. 33.

teressieren, das sich zwar seinerseits von den medizinischen Lehren her ergibt: *Wie* bestimmen solche affektiven Seelenzustände (zugleich «Wallung[en] des Bluts»), denen Karl Moor *wiederholt* ausgeliefert ist, das Handeln? Offenbar in zweifacher Weise, einmal als Anstoß zur reinen Negativität des Zerstörungsrausches, dann als Anstoß zur Robin-Hood-Rolle als «Arm höherer Majestäten». Was immer man Karl Moor an idealistischer Handlungsweise zuschreiben mag, wird dadurch doppelt fragwürdig. Nicht nur beruht der Idealismus auf einer affektiven Ursache statt auf einer freien und besonnenen philosophischen Willensentscheidung, nicht nur ist er zwanghaft determiniert und insofern ohne das Verdienst, von dem Karl Moor noch in seinen letzten Worten spricht. Darüber hinaus ist diese emotionale Verursachung ambivalent: es bleibt unberechenbar, unvoraussehbar, unbeeinflußbar, ob die Leidenschaften den ihnen unterworfenen Menschen der sittlichen Empörung oder der destruktiven Barbarei zuwerfen, ausliefern. Der Mensch ist ein Spielball, sein Handeln ist bedingt in einer so oder so vom Zufall bestimmten Richtung. Die idealistische Geistesverfassung der «großen und guten Menschen», wie Philosophie und Dichtung sie schildern, «diese Veredlung des Geistes ist bei vielen nur ein unnatürlicher Zustand, durch eine lebhaftere Wallung des Bluts, einen rascheren Schwung der Phantasie gewaltsam hervorgebracht, der aber auch eben deswegen so flüchtig wie jede andre Bezauberung dahin schwindet, und das Herz der despotischen Willkühr niedriger Leidenschaften desto ermatteter überliefert» (XX, 118). Das entsprechende gilt von der Barbarisierung des Geistes: «die schröklichste Ideen leben wieder auf» im Tumult der körperlichen Organe und der Leidenschaften (XX, 65–66).

Der Mediziner Schiller hat dieses Problem, die unberechenbare Ambivalenz, nicht eigentlich bei den Hörnern gepackt. Doch lassen sich in seinen Schriften die Momente ausmachen, die diesen Sachverhalt, der den Dramatiker offensichtlich beunruhigt, bewirken. Die medizinischen Dissertationen kennen tatsächlich nicht den einfachen anthropologischen Dualismus von Körper und Seele. Schon daß für den dem Körper entgegengesetzten Bereich außer «Seele» auch das Wort «Geist» verwendet wird, weist darauf hin. Die «Leidenschaften» und der Ursprung der «Handlungen» sind in der «Seele» lokalisiert (XX, 46). Zugleich aber situiert Schiller in dem der Physis entgegengesetzten Bereich die «Vernunft», den «Verstand», die «Denkkraft», das «Denken», das «Denkorgan» als «Instrument des Verstandes» – Kontrollinstanzen also, die die vom Geist aus (etwa durch eine Nachricht) in Aufruhr gebrachten Leidenschaften wie Haß, Zorn, Furcht oder Verzweiflung *beherrschen* können oder auch nicht, ja: von ihnen *beherrscht werden* können, offenbar je nach dem Grad dessen, was Karl Moor die Stärke des Geistes nannte (XX, 60). Zwischen Denken und Leidenschaften der Seele besteht also eindeutig eine Interaktion zusätzlich zum wechselseitigen Einfluß von Körper und Geist (oder Seele). «Wirkung der Seele auf das Denkorgan» lautet die Überschrift von § 10 der ersten Dissertation, «Philosophie der Physiologie» (1779). Kraft der «Aufmerksamkeit» kann die Seele «die geistigen Ideen stärker mach[en]», und zwar «nach Willkühr» (XX, 26). Und umgekehrt hat der «Verstand», das Denken, «die Philosophie» «Gewalt» über die «Leidenschaften» (XX, 46). Was Karl Moor geschieht – daß er mal in diese, mal in jene Richtung geworfen wird, hängt sichtlich damit zusammen, wenn auch auf begrifflich nicht deutlich bestimmbare Weise; Schiller gibt ja unumwunden zu, daß er manches an der «Thätigkeit der menschlichen Seele [...] noch nicht begreiffe» (XX, 41–42). «Thierische Fühlungen» mögen «Vernunft» und «Geist» machtlos machen, «übertäuben» (XX, 47); aber auch das Umgekehrte kommt vor, die absolute Herrschaft des «Verstandes» (XX, 40). Anderseits kann derselbe «Verstand», die Besonnenheit, statt von körperlicher Schwäche von einer Leidenschaft wie seelischer Angst «überrumpelt» werden (XX, 60). Der Fall Grammont war Schiller jedenfalls in dem Sinne klar, daß ein undurchdringliches Miteinander von körperlichen, affektiven und philosophisch-geistigen Verursachungen und Wirkungen zu beobachten war. «Der freie und vernünftige Geist» ist offenbar nicht immer frei oder vernünftig (XX, 67–68), aber manchmal doch: nicht, wenn Karl sich durch die Nachricht von der Verstoßung in leidenschaftliche Brutalität stürzen läßt, wohl aber, wenn er sich am Schluß dem göttlichen und weltlichen Gericht unterstellt. Sollten also *Die Räuber* nicht auf ihre Weise auch den erstaunten Blick des mit seinem eigenen Thema nicht zu Rande kommenden Mediziners bekunden, der vom verwirrenden Terrain des «weiten Lands» der Seele ebenso verblüfft wie fasziniert ist?

4.

Greifen wir den Faden wieder auf: durch seinen «Hang zum Terror»[39] oder besser: seine Anfälligkeit für Regression in Barbarei, erweist sich Karl Moor seinem kaltblütig gewalttätigen Bruder (der zwar der philosophischere Verbrecher bleibt) verwandter, als es zunächst den Anschein hat. Doch offenkundig hat Schiller dieselbe Geschichte nicht zweimal auf die Bühne gebracht. Zu den ungleichen Brüdern werden Karl und Franz nicht erst am Ende. Auf der einen Seite steht dort der reuige Sünder, der sich auf den Anspruch des Gewissens zurück«besinnt», wenn auch nicht in makelloser

---

39 Hinderer, S. 63.

idealistischer Reinheit, da seine theatralische Geltungssucht und Egozentrik selbst im Insichgehen, in der Konversion, unverändert bleiben. Doch auf der anderen Seite? Noch einmal: wie ist Franz Moor dargestellt, dessen kriminelle Existenz viel konsequenter als die seines Bruders auf das Ende zuläuft? Auf das Ende, das sein gewaltsamer Tod ist. Zunächst sein Leben und die Grundsätze, nach denen es geführt wird.

In Franz Moors Redepartien sind die beunruhigenden Konsequenzen der Mediziner-Philosophie noch herausfordernder auf die Spitze getrieben als im Handeln seines Bruders. Soweit Franz in seinen Monologen den dualistischen Mechanismus von Seele und Körper vertritt, wie er in der Karlsschule gelehrt wurde, interessiert ihn nur die eine Möglichkeit der psychophysischen Wechselwirkung: die Zerstörung des Körpers vom Geist aus, die Lähmung der «Lebenskraft» durch die aufgestörten «Leidenschaften» (II,1), wie er sie an seinem Vater praktiziert, indem er ihm durch die falsche Nachricht von Karls Tod einen vermeintlich tödlichen Schreck induziert. Seine Grundüberzeugung jedoch ist der monistische Materialismus französischer Observanz (La Mettrie, Helvétius), der die Existenz der Seele, des Geistes überhaupt bestreitet, vielmehr Gefühle, Leidenschaften, Denken als Modifikationen der Materie erklärt und auf Grund dessen Mensch und Welt der physikalisch-physiologischen Determination (nicht zuletzt durch den Zufall) überantwortet.

> Ist die Geburt des Menschen das Werk einer viehischen Anwandlung, eines Ungefährs, wer sollte wegen der *Verneinung seiner Geburt* sich einkommen lassen an ein bedeutendes etwas zu denken? Verflucht sey die Thorheit unserer Ammen und Wärterinnen, die unsere Phantasie mit schröklichen Mährgen verderben, und gräßliche Bilder von Strafgerichten in unser weiches Gehirnmark drücken, daß unwillkührliche Schauder die Glieder des Mannes noch in frostige Angst rütteln, unsere kühnste Entschlossenheit sperren, unsere erwachende Vernunft an Ketten abergläubischer Finsternis legen – [...] der Mensch entsteht aus Morast, und watet eine Weile im Morast, und macht Morast, und gährt wieder zusammen in Morast, bis er zulezt an den Schuhsohlen seines Uhrenkels unflätig anklebt. Das ist das Ende vom Lied – der morastige Zirkel der menschlichen Bestimmung. (IV,3)

Mechanismus und Materialismus in Franz Moors philosophischen Monologen – das ist nur oberflächlich gesehen ein Widerspruch,[40] sofern schließlich auch der dem Karlsschüler bekannte La Mettrie, als Materialist par excellence, konventionell von der Seele und dem Einfluß des Körpers auf sie spricht.[41]

---

40 Dies gegen John Neubauer, «The Freedom of the Machine: On Mechanism, Materialism, and the Young Schiller», *Eighteenth Century Studies*, XV (1982), 275–290.
41 Riedel, S. 25–26.

Paradoxerweise glaubt aber Franz, ähnlich wie La Mettrie, an seine Willensfreiheit, an seine Unabhängigkeit vom «eisernen Joch des Mechanismus» und der «Materie» (II, 1). Doch während diese Willensfreiheit, als sie sich ebenso paradox bei Karl Moor einstellt, diesen zum Bekenntnis zur göttlichen Weltordnung bestimmt, übt Franz mit gleicher «Kraft» eine Willensfreiheit aus, die sich *expressis verbis* an das Böse bindet. Er pervertiert die (von Schiller in den medizinischen Dissertationen durchaus zugestandene) Willensfreiheit zynisch zum sadistisch brutalen Willen zur persönlichen Macht, angetrieben vom Ressentiment des Schlechtweggekommenen. Als er glaubt, den Bruder und den Vater endgültig aus dem Weg geräumt zu haben, wirft er die Maske weg; die egomane Herrschsucht bricht durch:

> Nun sollt ihr den nakten Franz sehen, und euch entsetzen! Mein Vater überzuckerte seine Forderungen, schuf sein Gebiet zu einem Familienzirkel um, sas liebreich lächelnd am Thor, und grüßte sie Brüder und Kinder. – Meine Augbraunen sollen über euch herhangen wie Gewitter-Wolken, mein herrischer Name schweben wie ein drohender Komet über diesen Gebirgen, meine Stirne soll euer Wetterglas seyn! Er streichelte und küßte den Naken, der gegen ihn störrig zurükschlug. Ich will euch die zakichte Sporen ins Fleisch hauen, und die scharfe Geisel versuchen. – In meinem Gebiet solls so weit kommen, daß Kartoffeln und dünn Bier ein Traktament für Festtage werden, und wehe dem, der mir mit vollen feurigen Backen unter die Augen trit! Blässe der Armuth und sclavischen Furcht sind meine Leibfarbe: in diese Liverey will ich euch kleiden! (II, 3)

Die Freiheit des Willens, die Willkür der Seele, sagt Schiller in der «Philosophie der Physiologie», ist nicht an die Moral, nicht an einen ethischen Wert gebunden; sie kann sich für «gutes» oder «böses» Handeln entscheiden (XX, 26–27). Kraft solcher Entscheidungsfreiheit denkt und lebt Franz Moor also das krasse Gegenteil der «Theosophie des Julius», die den optimistischen Vernunftglauben der Aufklärung formulierte. Indem er, der extrem rationale Aufklärer, als den Schiller selbst ihn charakterisiert hat (XXII, 123), die kritische Ratio bis zum logischen Extrem vorantreibt, sie «mißbraucht» (wie Mendelssohn sagte),[42] indem er den «Verstand» auf Kosten des «Herzens» so «verfeinert», daß ihm das Heiligste nicht mehr heilig ist (III, 6), verkehrt sich Aufklärung in ihren eigenen Alptraum: es geschieht die «Auflösung aller Moralität durch radikal aufgeklärtes Denken.»[43]

Damit ist Franz Moor als Vertreter des wertneutralen, ja: wertfeindlichen Rationalismus das Gegenbild zu jenem Idealismus, den, wie man so oft lesen kann, sein Bruder jedenfalls zuletzt makellos vertritt. Nach dieser

---

42 Dazu Hinderer, S. 19.
43 Harald Steinhagen, «Der junge Schiller zwischen Marquis de Sade und Kant: Aufklärung und Idealismus», *Deutsche Vierteljahrsschrift für Literaturwissenschaft und Geistesgeschichte*, LVI (1982), 140.

Überzeugung lebt Franz Moor. Die Frage ist, ob sie ein Credo ist, nach dem er sterben kann: ob er in seinem letzten Stündlein bei dieser zynisch destruktiven, egomanen Philosophie beharrt. Die Antwort gibt die Sterbeszene. Wird durch die Art, wie Franz Moor stirbt, sein Leben und sein Lebensprinzip widerlegt, so daß also die sittliche Weltordnung, an die selbst der Schiller der medizinischen Dissertationen glaubt (XX, 10) und der Karl Moor sich am Ende unterstellt, auch durch seinen «Fall» bestätigt würde?

Die seinem Tod unmittelbar vorausgehenden Szenen präzisieren die Frage. Franz kommt im Schlafrock auf die Bühne gestürzt, von einem Alptraum aus dem Schlaf geschreckt, und nicht von irgendeinem, sondern von einer Angstvision des Jüngsten Gerichts, in dem ihn eine Locke vom Haupt seines Vaters verdammt in alle Ewigkeit. Die Voraussetzung des Traums ist also: es ist ein Gott und ein Jenseits nach dem Tode, und der Mensch hat eine unsterbliche Seele – eine Voraussetzung, die für Franz Moors Philosophie unannehmbar ist; für ihn ist «unser Wesen nichts [...] als Sprung des Geblüts, und mit dem lezten Blutstropfen zerrinnt auch Geist und Gedanke» (V, 1). Ob er noch im Sterben an diesem Materialismus festhalte, darum geht die Wette mit dem eilends herbeizitierten Pastor Moser, der die Angst des Atheisten nur noch schürt durch Bekräftigung seiner eigenen christlichen Vorstellungen. Nun ist interessant, *wie* diese plötzliche Todesangst des Materialisten im Stück selbst *erklärt* wird. Im Gespräch mit dem Bedienten schiebt Franz sie auf ein «Fieber»; er sei «krank», sagt ihm Daniel, worauf Franz: «Ja freylich, freylich! das ist alles. – Und Krankheit verstöret das Gehirn, und brütet tolle und wunderliche Träume aus – Träume bedeuten nichts». Diese Stelle zitiert Schiller in seiner Dissertation *Über den Zusammenhang der thierischen Natur des Menschen mit seiner geistigen*, aber als Beispiel nicht für den Einfluß des Körpers auf den Geist, sondern dafür, daß «geistiger Schmerz das Wohl der Maschine untergräbt» (XX, 59–60). Doch will er dort darauf hinaus, daß «Seelenleiden» und körperliches «Fieber» in einer innigen Wechselwirkung stehen, ohne daß klar würde, wo die erste Ursache zu suchen sei. Daß also eine physiologische Störung die Ursache der Angst ist, kann nicht unangefochten behauptet werden (und im Drama selbst greift Franz Moor ja auch allzu bereitwillig nach diesem, von Daniel angebotenen Strohhalm). Der Logik der Situation nach ist es umgekehrt: in Franz meldet sich das Gewissen, die Angst vor der Vergeltung. Unverkennbar ist zwar, daß die Traumvision, die «gleichsam den ganzen Grund des Denkorgans aufrüttelt», «die Seele in ihren Tiefen erschüttert» (XX, 60–61), physische Folgen hat («Ihr seyd todenbleich, eure Stimme [...] lallet», Franz wird ohnmächtig, ist «matt»). Aber folgt, daß die seelische Angst die körperliche Maschine zugrunderichtet? Natürlich nicht; Franz wird durch Selbstmord enden: durch eigene mentale Entscheidung, nicht durch Körperschwäche. Also würde er «von der ‹aus dem Kern der Maschine aufgedrungenen Empfindung› (NA 20,60) *geistig* zerstört»?[44] In körperlich bedingter geistiger Verstörung also beginge er seinen Selbstmord? Doch davon kann eben darum nicht die Rede sein, weil die körperliche Primärursache nicht plausibel ist. So wäre Franz vielleicht umgekehrt ein Beispiel für die Zerstörung vom Geist aus, wie er sie selbst an seinem Vater zu praktizieren suchte, genauer: Moser töte Franz durch seinen «mentalen Terror», indem er ihm buchstäblich die Hölle heiß macht?[45] Das aber setzte voraus, daß der Selbstmord wirklich ein Akt der besinnungslosen Verzweiflung wäre, gegen die Vernunft, Geist, Denkorgan nicht ankommen (XX, 60–61). Es erlahmte also Franz Moors bereits zitierte Überzeugung (die als vorübergehende Anwandlung auch sein Bruder teilt [IV, 5]): solche visionäre Todesfurcht, solche «gräßliche Bilder von Strafgerichten» seien nur das unwillkürliche Nachwirken von Ammenmärchen aus der frühen Kindheit, «abergläubische» Außerkraftsetzung der Vernunft (IV, 2). Seine Philosophie verlasse ihn also, er lasse sich durch den orthodoxen Eiferer kopfschön machen.

Aber stirbt Franz Moor wirklich im Zustand solcher Verzweiflung, stirbt er den unphilosophischen Tod des Zukreuzekriechenden? Wird die Gewissensstimme, als abergläubisches Ammenmärchen entwertet, wirklich dadurch wieder aufgewertet, daß sie in Momenten der nicht zuletzt auch physischen Schwäche Macht über den Menschen gewinnt? «Aber wer weißt es nicht, daß eben diese Spuren der ersten Erziehung immer unvertilgbar sind?» schreibt Schiller in der Selbstrezension zu Franz Moors Entlarven des Gewissens als Reminiszenz von Ammenmärchen (XXII, 123). «Alle die Bilder zukünftiger Strafgerichte, die er vielleicht in den Jahren der Kindheit eingesaugt, und als Mann obsopiert hatte, haben den umnebelten Verstand unter dem Traum überrumpelt», bemerkt er in der dritten Dissertation zu Franz Moors Alptraum (XX, 60). Schiller sagt nicht, daß das Gewissen damit auch als ethischer Anspruch legitimiert sei! Vielmehr liegt es eher nahe, daß er hier von einer unrechtmäßigen Macht spricht, und das ist ja die explizite Deutung im Stück selbst (IV, 2). Jedenfalls sollte man das in Rechnung stellen, bevor man unbesehen vom Sichmelden eines idealistisch konzipierten Gewissens spricht, noch dazu eines, das sich zunächst im christlichen Schrecktraum geltend machte. Wenn Schiller in diesem Punkt moralistische Klarheit beabsichtigt hätte, wäre es ihm kaum schwergefallen, das Gewissen von solchen Begleitumständen auszuklammern.

Immerhin hat es zunächst den Anschein, als sterbe Franz Moor einen jämmerlich unphilosophischen Tod. Als Moser ihm Angst macht mit seinen

---

44 Hinderer, S. 26. Hervorhebung von mir.
45 Dewhurst, S. 321.

Reden von Höllenstrafen und dann die Nachricht kommt, daß die Räuber Mordio schreiend anrücken, der Tumult schon hörbar wird, gerät Franz zwar in Panikstimmung und betet zu Gott, aber, wie Daniel es ausdrückt, «gottloß»: Franz versichert Gott, es sei das erste Mal, daß er bete, und es werde «auch gewiß nimmer geschehen»; und wenig später sozusagen von gleich zu gleich: «Ich bin kein gemeiner Mörder gewesen mein Herrgott – hab mich nie mit Kleinigkeiten abgegeben mein Herrgott». Das Gebet, das, wie Daniel bemerkt, zur Sünde wird, ist ein Bekenntnis zur amoralischen Größe.

> Gott sey uns gnädig. Auch seine Gebete werden zu Sünden. *Es fliegen Steine und Feuerbrände. Die Scheiben fallen. Das Schloß brennt.*
> FRANZ. Ich kann nicht beten – hier hier! *Auf Brust und Stirn schlagend.* Alles so öd – so verdorret *steht auf.* Nein ich will auch nicht beten – diesen Sieg soll der Himmel nicht haben, diesen Spott mir nicht anthun die Hölle –
> DANIEL. Jesus Maria! helft – rettet – das ganze Schloß steht in Flammen!
> FRANZ. Hier nimm diesen Degen. Hurtig. Jag mir ihn hinterrrüks in den Bauch, daß nicht diese Buben kommen und treiben ihren Spott aus mir. *Das Feuer nimmt überhand.*
> DANIEL. Bewahre! Bewahre! Ich mag niemand zu früh in den Himmel fördern, viel weniger zu früh *er entrinnt.*
> FRANZ *ihm graß nachstierend, nach einer Pause.*
> In die Hölle wolltest du sagen? – Wirklich! ich wittere so etwas – Sind das ihre hellen Triller? hör ich euch zischen ihr Nattern des Abgrunds? – Sie dringen herauf – Belagern die Thüre – warum zag ich so vor dieser bohrenden Spize? – die Thüre kracht – stürzt – unentrinnbar – Ha! so erbarm du dich meiner! *er reißt seine goldene Hutschnur ab, und erdrosselt sich.*
> (V,1)

Geläufig sind seit langem zwei Deutungen dieses Endes. Sie heben sich gegenseitig aus den Angeln – ein Indiz, daß an beiden etwas nicht stimmt. Einmal: Franz sterbe «in voller Verzweiflung»,[46] was sich kaum unterscheidet von dem Verdikt der Nationalausgabe: «Als das Gewissen schließlich die Gegenrechnung präsentiert, wählt er die feige Ausflucht des Verantwortungslosen» (III, xi), stirbt er also als verächtlicher Schwächling. Solchem germanistischen Pharisäertum[47] steht die Deutung gegenüber, die, wenn sie nicht gerade Gott als siegreichen Gegenspieler des Atheisten bemüht, was in der älteren Forschung gang und gäbe war,[48] doch immerhin von einem Selbstgericht spricht, das nicht ganz verächtlich ist.[49] So oder so ist Franz

---

46 Paul Böckmann, «Die innere Form in Schillers Jugenddramen», *Euphorion*, XXXV (1934), 449.
47 Weitere Stimmen: Koopmann, 1988, S. 17: «das Schändliche dem Abscheu der Welt überliefert»; Neubauer, S. 285, verweist auf Strich, Ernst Müller, Staiger, Korff. Vgl. auch Steinhagen, S. 142: Franz «bricht zusammen.»
48 Storz, S. 48; v. Wiese, S. 164; Rasch, *Annalen*, S. 494.
49 So v. Wiese, S. 162–163; Koopmann, 1977, I, 14.

Moors Philosophie ein abgelehntes Paradigma, eine verurteilte Irrlehre, in der die Aufklärung sich selbst zerstört.[50] Das entspricht Schillers Vorrede und der Selbstrezension und sicherlich seiner philosophischen Überzeugung.

Doch spricht nicht schon der Kritiker Schiller eine andere Sprache? Fast «ein großer Mann» sei Franz Moor doch im Sterben, stellt er zur Diskussion (XXII, 124) – groß durch die dort bemerkte Übereinstimmung mit sich selbst (XXII, 123), die eine Art Schillerscher Adelsbrief ist. Und wird diese nicht durch den Selbstmord besiegelt? Das Ende Franz Moors ist, wie erwähnt, nicht die einzige Selbstmord-Szene in den *Räubern*. Als Karl Moor mit dem Gedanken spielte, brachte er nicht nur das Übereinstimmen mit sich selbst zur Sprache («Sei wie du willt *namenloses Jenseits* – bleibt mir nur dieses mein *Selbst* getreu»); er sah den Freitod auch als einen Akt der «Freyheit» gegenüber dem sonst alles bestimmenden Gott (IV, 5). Freiheit assoziert sich also mit Selbstmord. Die Vorrede weiß: «Unmoralische Karaktere [...] mußten von gewissen Seiten glänzen, ja oft von Seiten des Geistes gewinnen, was sie von Seiten des Herzens verlieren» (III, 7). Das scheint geradezu gemünzt auf Franz Moor, der seinen Verstand auf Kosten des Herzens verfeinert hat, wie Schiller sagte (III, 6). Die Vorrede spricht immerhin von den bewunderten Kräften des großen Bösewichts (der sich nicht mit Kleinigkeiten abgibt? [III, 7]). Hatte Schiller also zu Recht zu fürchten, das Stück könne als «Apologie des Lasters» verstanden werden (III, 8)? Als er am 24. August 1784 an den Mannheimer Intendanten Wolfgang Heribert von Dalberg schreibt, er habe einen zweiten Teil der *Räuber* vor, in dem sich alle «Immoralität» auflöse, bemerkt er auch: der zweite Teil stelle «eine völlige Apologie des Verfaßers» dar (XXIII, 155). Die ist also nötig! Das kann sich nicht so sehr auf den am Ende Buße tuenden Karl wie auf Franz beziehen, der Vernunft und Moral so eklatant voneinander trennt, ja die Vernunft an die Anti-Moral bindet. Aber wirklich bis zuletzt?

Wenn Franz Moor in seinen letzten Momenten nicht beten *will* und erläutert: «Diesen Sieg soll der Himmel nicht haben, diesen Spott mir nicht anthun die Hölle», so werden dem Zuschauer die Worte aus Karl Moors Selbstmordmonolog in Erinnerung gerufen: «*Ich* bin mein Himmel und

---

50 Koopmann, 1988, S. 16; Neubauer, S. 285, 287; Hinderer, S. 35, 63 u.v.a. Wolfgang Riedel trägt die erstaunliche Entdeckung bei, daß in Franz Moors «Panik» bis ins Wörtliche hinein die in der Karlsschule durch Abel vermittelte auf Leibniz basierende Affektenlehre insbesondere Sulzers anklingt. Daß der Affektgewichtung dieser Lehre entsprechend auch Franz Moors Tod als «Triumph der Affektnatur» über den Intellekt (S. 218) zu lesen sei, folgt jedoch nicht unbedingt. Denn mit seinen letzten Worten reagiert Franz auf das vermeintlich triumphierende «Unbewußte» und bewältigt es, wenn auch tragisch. Vgl. Riedel, «Die Aufklärung und das Unbewußte: Die Inversionen des Franz Moor», *Jahrbuch der Deutschen Schillergesellschaft*, XXXVII (1993), 198–220.

meine Hölle» (IV, 5). Da dies aber gesagt wurde als Illustration seiner Zuversicht, daß ihm sein Selbst noch im Sterben und im Tod getreu bleibe, er weiterhin übereinstimme mit sich selbst, stellt sich auch von hier aus die Frage, ob die gleiche Größe nicht auch für Franz beansprucht werden könne. Die Frage kann nicht verneint werden. Und nur konsequent ist es, daß Franz gleich anschließend Daniel veranlassen möchte, ihn zu erstechen, damit nicht «diese Buben kommen und treiben ihren Spott aus mir». Wohl hört er, als Daniel ihm dies verweigert, die hellen Triller der Hölle, das Zischen der «Nattern des Abgrunds»; aber das sind eben wieder nur die Nachwirkungen der längst entwerteten abergläubischen Ammenmärchen. Entscheidend bleibt der Wille zum Tod. Und als Franz sich den dann mit der goldenen Hutschnur eigenhändig beibringt, spricht nichts dagegen, dieses Ende tatsächlich als «Sieg» über den Himmel oder auch als «Spott» auf die Hölle zu verstehen. Denn mit Recht ist plädiert worden: das geistige Format Franz Moors sei dem Karls entschieden überlegen, Franz führe die Klischees konventionellen Denkens *ad absurdum*, stelle eine tiefere und größere Frage nach der Weisheit und Gerechtigkeit eines (angenommenen) Gottes als Karl, und dadurch verleihe Schiller ihm nichts Geringeres als heroisches Ausmaß, das im Stück unangemessener Weise nach dem Maßstab eines «relativ engstirnigen Moralismus» gerichtet werde. «The answer is considerably smaller than the question.»[51]

Aber wird Franz Moor wirklich gerichtet, verurteilt, wie auch von weniger verständnisvollen Voraussetzungen aus behauptet wird? Das ist die Crux der Interpretation. Die eben versuchte Lesung des Textes gibt solchem Urteil keinen Boden unter die Füße. Vielmehr könnte sie erklären, wieso manche kritisch wache Leser der *Räuber*, Schillers Selbstdeutung zum Stichwort nehmend (ob zugestanden oder nicht), ihre Bewunderung oder doch Anerkennung oder «Sympathie» dem sterbenden Franz Moor nicht versagen. Obwohl Schiller Franz' Materialismus verurteile (wofür kein textlicher Beleg beigebracht wird), habe er Franz doch nicht ganz schändlich sterben lassen: «While he despairs like Marlowe's Faustus, he rejects humility before killing himself: ‹I cannot pray ... no, I do not even want to pray – heaven should not have such victory, hell not mock me that way› [...]. Properly staged, this scene should leave the spectators in a divided state of mind, so that even those who cannot muster any sympathy for Franz's ideas are forced to admire him for clinging to them.»[52] Oder ebenso halbherzig und *en passant*: «Das einzige Zugeständnis, das Schiller ihm macht, besteht darin, ihn nicht am Ende noch zu Kreuze kriechen zu lassen [was allerdings

---

51 Israel Stamm, «The Religious Aspect of *Die Räuber*», *Germanic Review*, XXVII (1952), 5–9.
52 Neubauer, S. 286, vgl. S. 287.

in der älteren Deutung fast regelmäßig behauptet worden war]: in der Unbußfertigkeit seines Freitods darf er wenigstens an der *Größe* teilhaben, die den Guten auszeichnet.»[53]

Gleich nach dem Zweiten Weltkrieg war es möglich, nachdrücklicher und textnäher in solchem Licht zu urteilen: luziferische «Größe», Erfüllung des «eigenen Gesetzes» im Trotz gegen Gott zu erkennen.[54] In neuerer Zeit kommt Peter Michelsen darauf zurück.[55] Der «große Mann» der Selbstrezension wird hier ernstgenommen. Ja, der dortige Nachsatz «die kleine kriechende Seele» (die dem Franz Moor des «Trauerspiels» gegolten hatte, der eben nicht stirbt, sondern von den Räubern gefangen genommen wird, nachdem er in seinem Selbstmord-Monolog unterbrochen wurde [V, 4]), verblaßt in der Beurteilung der «Schauspiel»-Fassung. Franz' Weigerung, im letzten Moment zu Kreuze zu kriechen, wird als «Treue gegen sich selbst» gesehen, die ihm eine eigene Größe und Kraft sichert, die sich nicht an die Moral binden wie die seines Bruders am Schluß. Dieser Franz ist also Shakespeares in der Selbstrezension angeführtem Richard III. («I am determined to be a villain») um so mehr vergleichbar. Doch folgt daraus, daß man die Sympathie des Zuschauers für Franz in Anspruch nehmen kann? Schiller «müßte [seinen Worten in der Selbstrezension entsprechend: wir sympathisierten um so lieber, «je weniger wir Gehilfen darin haben», und besonders mit dem, «den die Welt ausstößt»] ihn besonders in sein Herz schließen, da Vereinsamung und Ausgestoßenheit in einem tieferen, sehr radikalen Sinne ja viel mehr das Los Franz' sind als Karls» (S. 103). Das ist, bei Michelsen und bei Schiller, eher eine Denkform des *bürgerlichen* Trauerspiels: Rührung als beabsichtigte Wirkung auf das Publikum. Angemessener als Zuschauerreaktion auf das Ende Franz Moors ist die seit Lessings Briefwechsel mit Mendelssohn und Nicolai über das Trauerspiel übliche Alternative zur Rührung: Bewunderung, wie sie der barocken heroischen Tragödie entspricht, ob sie nun den großen Helden oder den großen Bösewicht darstellt. (So führte Lessing in der *Hamburgischen Dramaturgie* [75.-76. Stück] die beiden Möglichkeiten an Hand von Corneille vor.) Die Nähe der *Räuber* zum französischen Barockdrama ist ja durch die Studien zu den opernhaften Elementen des Stücks erneut in den Blick gerückt; und Schiller selbst mag indirekt darauf hinweisen, wenn er in der unterdrückten Vorrede, wie erwähnt, Corneille zitiert (III, 243).

Der «kalte Affekt» der Bewunderung paßt denn auch ungleich besser zu Schillers Deutungshinweisen nicht nur zum «Trauerspiel» (das großenteils auf Rechnung von Dalbergs Wünschen geht), sondern auch zum «Schau-

---

53 R.M. Müller, S. 641, ohne jeden weiteren Hinweis oder Beleg.
54 May, S. 30.
55 Michelsen, S. 100–102.

spiel». In der Vorrede zum «Schauspiel», vor allem in der unterdrückten, ist die Rede von «Bösewichtern, die Erstaunen abzwingen» (III, 244), von «schauderndem Erstaunen» und selbst «Bewunderung» (III, 7).

Das ist der Fall Franz Moors. Wenn Schiller es gewollt hätte, wäre es ihm ein leichtes gewesen, Franz in seinem letzten Augenblick Worte in den Mund zu legen, die, statt Bewunderung *contre cœur*, Rührung, Sympathie mit dem zur «Menschheit» zurückfindenden konsequenten Bosheit suggeriert hätten. Das tut er jedoch nicht. Vielmehr tut er alles oder doch einiges, um der «Bewunderung», und ginge sie dem Zuschauer noch so sehr gegen den Strich, Raum zu geben. Darin aber erweist er sich – statt ausschließlich als Buhler um die Gunst des zahlenden Publikums und des rührstückseligen Gönners Dalberg – als loyaler Vertreter seiner eigenen dramaturgisch-anthropologischen Anschauungen.

Und zwar redet Schiller in der Vorrede dem amoralisch Großen nicht nur «aus einer ästhetischen Theorie heraus» das Wort, sondern auch aus «innerster Überzeugung», was selbst die Nationalausgabe anerkennt (XXI, 195). Schillers Eintreten für die Bewunderung für Franz Moor hat durchaus realistisch-lebenspraktische Parallelen. Nur an die eklatanteste braucht noch einmal erinnert zu werden: «Er wird», schreibt er am 29. August 1787 an seinen Freund Körner über den Jenaer Philosophieprofessor Reinhold, «sich nie zu kühnen Tugenden oder Verbrechen [...] erheben, und das ist schlimm. Ich kann keines Menschen Freund seyn, der nicht Fähigkeit zu einem dieser beiden, oder zu beiden hat» (XXIV, 144). Ein derartiges Urteil schließt natürlich nicht aus, daß Schiller solche lebenspraktische Erfahrung auch ästhetisch fruchtbar fand, sobald er sich im Zusammenhang der intensiven Beschäftigung mit Kant, seit Anfang 1791, in mehreren Abhandlungen der Theorie der Tragödie zuwandte. Obwohl also ein Jahrzehnt und mehr nach den *Räubern* entstanden, enthalten diese Schriften doch Stellen, die wie auf dieses Drama gemünzt scheinen. Sie dürften auch in dem Sinne zu lesen sein, daß sie durchblicken lassen, wie sehr der von Kant angeregte Theoretiker auch aus dem Erfahrungsfonds schöpft, den der Dramatiker, übrigens nicht nur in der *Räubern*, bereits begründet hatte. In den theoretischen Schriften der neunziger Jahre werden diese Erfahrungen jedoch stärker auf ihre ästhetische Brauchbarkeit und Zweckmäßigkeit hin visiert.

Dabei ist Schillers Ausgangspunkt die Überzeugung, daß Moral und Ästhetik, moralische und ästhetische Betrachtungsweise grundsätzlich dissonant sind (XX, 244). Ja, «ein Objekt [wird] zu einem ästhetischen Gebrauch gerade um so viel weniger taugen, als es sich zu einem moralischen qualifiziert», heißt es 1793 in «Über das Pathetische» (XX, 217; vgl. 221). Gerade der Zusammenstoß beider Wertungssysteme interessiert aber den Theoretiker des tragischen Dramas. Was im Theater an der Tugend reizt, ist nicht das, was sie im Leben empfiehlt: ihre «Gesetzmäßigkeit», sondern die Kraft, die zu ihrer Ausübung erforderlich ist. Kraft ist alles, was den Dramatiker interessiert. Dann folgt aber, daß auch eine lasterhafte Handlung, solange sie eben nur Kraft erfordert, für den Dramatiker vielversprechend ist. Denn «um die Richtung der Kraft bekümmert er sich nichts», nur um «die vorgestellte Möglichkeit eines absolut freyen Wollens», die «unserm ästhetischen Sinn gefällt» (XX, 217–218). Und tatsächlich: es «kann uns eine teufelische That, sobald sie nur Kraft verrät, *ästhetisch* gefallen» (XX, 245). Die «Zerstreuten Betrachtungen über verschiedene ästhetische Gegenstände» (1792/93 entstanden, 1802 veröffentlicht) formulieren den Gedanken in einer pikant herausfordernden Weise, die schon die «beauté du diable» der Generation von Schillers Enkeln und Urenkeln vorwegzunehmen scheint, indem sie von der Schönheit und dem Bewundern des «moralisch Verwerflichen» und «Empörenden», von der Konsequenz der amoralischen «Grundsätze», sprechen.[56] «Über das Pathetische» hingegen rückt in einigen Wendungen das Ästhetische schon wieder derart in den Hintergrund oder wertet es nur als Bestätigung des lebenspraktisch «Wahren» (XX, 220), daß die Bewunderung des Bösen zugleich auch lebenspraktischen Situationen angenähert wird: Bewundert wird nicht eine ästhetisch vergegenwärtigte unbestimmte Kraft, sondern die im alltäglichen Leben erfahrene praktische Freiheit des Willens; und hier läßt sich nicht verhindern, daß die Gedanken zu den zehn Jahre älteren *Räubern* zurückschweifen; so genau passen die (z. T. bereits im ersten Kapitel wegen ihrer übergreifenden Bedeutung herangezogenen) Bemerkungen auf das Stück:

> Die ästhetische Kraft, womit uns das Erhabene der Gesinnung und Handlung ergreift, beruht also keineswegs auf dem Interesse der Vernunft, daß recht gehandelt *werde*, sondern auf dem Interesse der Einbildungskraft, daß recht Handeln *möglich sey*, d. h. daß keine Empfindung, wie mächtig sie auch sey, die Freyheit des Gemüths zu unterdrücken vermöge. Diese Möglichkeit liegt aber in jeder starken Aeusserung von Freyheit und Willenskraft, und wo nur irgend der Dichter diese antrifft, da hat er einen zweckmäßigen Gegenstand für seine Darstellung gefunden. Für *sein* Interesse ist es eins, aus welcher Klasse von Karakteren, der schlimmen oder guten, er seine Helden nehmen will, da das nämliche Maaß von Kraft, welches zum Guten nöthig ist, sehr oft zur Consequenz im Bösen erfodert werden kann. Wie viel mehr wir in ästhetischen Urtheilen auf die Kraft als auf die Richtung der Kraft, wie viel mehr auf Freyheit als auf Gesetzmäßigkeit sehen, wird schon daraus hinlänglich offenbar, daß wir Kraft und Freyheit lieber auf Kosten der Gesetzmäßigkeit geäußert, als die Gesetzmäßigkeit auf Kosten der Kraft und Freyheit beobachtet sehen. (XX, 220)

---

56 XX, 224. Vgl. Karl S. Guthke, *Die Mythologie der entgötterten Welt*, Göttingen 1971, S. 180–189.

Anschließend wiederholt Schiller, was er bereits in der *Räuber*-Vorrede über den kleinen Schritt gesagt hatte, der den «grossen Bösewicht» vom «grossen Rechtschaffenen» trenne (III, 7): «Offenbar kündigen Laster, welche von Willensstärke zeugen, eine größere Anlage zur wahrhaften moralischen Freyheit an, als Tugenden, die eine Stütze von der Neigung entlehnen, weil es dem consequenten Bösewicht nur einen einzigen Sieg über sich selbst, eine einzige Umkehrung der Maximen kostet, um die ganze Consequenz und Willensfertigkeit, die er an das Böse verschwendete, dem Guten zuzuwenden» (XX, 220–221). Das ist keine *bloß* ästhetische Argumentation mehr.

Und auch hier, wie im Kommentar zu den *Räubern*, der Ausdruck «schaudernde Bewunderung» für den «ganz schlimmen» Charakter (XX, 221). In der Terminologie der Abhandlung *Über naive und sentimentalische Dichtung* (1795/96) wäre also Franz Moor kraft der Freiheit seiner Selbstbestimmung zumindest eine Annäherung an den Realisten als Gegenbild des Idealisten.[57]

Karl Moor anderseits ist mühelos als eine Variation des dort so genannten Idealisten zu erkennen. Nur ist im Auge zu behalten: was Schiller interessiert, ist nicht der schematische Typus. So wie er in der Darstellung des Verbrechers Franz Moor in der Schluß-Szene nicht so sehr aus der moralistischen Perspektive visiert, vielmehr aus der, die er später die ästhetische nennen wird, ohne sie auf das Ästhetische zu beschränken, wie er also gegen seine intellektuell-moralische Überzeugung nicht die menschliche Erbärmlichkeit, sondern den amoralischen Glanz des in seiner Willensfreiheit und Willensstärke konsequenten großen *Verbrechers* herausstreicht, der in der Stunde der Wahrheit *nicht* kniefällig wird, so hat er auf der Gegenseite auch Karl Moor nicht als den ungebrochenen Idealisten dargestellt.[58] Wohl scheint eine Bemerkung wie die folgende in «Über den Grund des Vergnügens an tragischen Gegenständen» (1792) auf keinen besser gemünzt als auf Karl Moor: «Reue, Selbstverdammung, selbst in ihrem höchsten Grade, in der Verzweiflung,» seien «moralisch erhaben», erwecken moralische «Zufriedenheit», denn sie enthüllen «tief in der Brust des Verbrechers ein unbestechliches Gefühl für Recht und Unrecht». Doch wenn der Theoretiker fortfährt: dieses Gefühl für das «Sittengesetz» als «höchste Instanz» mache seine «Aussprüche [Ansprüche?] selbst gegen das feurigste Interesse der Selbstliebe geltend» (XX, 142), dann sagt ihm der frühe Dramatiker eben an dieser Stelle seine Gefolgschaft auf. In *Über den Zusammenhang der thierischen Natur des Menschen mit seiner geistigen* stellt Schiller klipp und klar fest, daß damit ein unrealistisches Menschenbild gezeichnet wäre:

---

57 Vgl. XX, 500; Steinhagen, S. 157.
58 Vgl. Koopmanns nicht näher ausgeführte summarische Bemerkung in *Friedrich Schiller*, 1988, S. 22: «daß es mit schematischen Schwarz-Weiß-Setzungen nicht mehr getan war».

> Wer bewundert nicht den Starksinn eines Kato, die hohe Tugend eines Brutus und Aurels, den Gleichmuth eines Epiktets und Seneka? Aber dessen ungeachtet ist es doch nichts mehr als eine schöne Verirrung des Verstandes, ein wirkliches Extremum, das den einen Theil des Menschen allzuenthusiastisch herabwürdigt, und uns in den Rang idealischer Wesen erheben will, ohne uns zugleich unserer Menschlichkeit zu entladen; ein System, das allem, was wir von der Evolution des einzelnen Menschen und des gesammten Geschlechts historisch wissen und philosophisch erklären können, schnurgerade zuwiderläuft, und sich durchaus nicht mit der Eingeschränktheit der menschlichen Seele verträgt. (XX, 40)

Die ist in der Entstehungszeit der *Räuber* formuliert, die Schiller selbst kurz darauf mit der allgemeinen erfahrungsseelenkundlichen Beobachtung kommentierte: es liege in der menschlichen Natur, daß man am scheinbar untadeligen «Heiligen» Makel suche (XXII, 119). Und in den kurz nach den *Räubern* erschienenen «Philosophischen Briefen» (1786), in denen es um einen mit realistischer Menschenkenntnis vereinbaren Idealismus geht, heißt es programmatisch in der Vorerinnerung: es solle aufmerksam gemacht werden auf gewisse «Irrthümer» oder «Ausschweifungen» der Vernunft, «welche sich an die Moralität anschließen», auf die «verborgenen Klippen [...], an denen die stolze Vernunft schon gescheitert hat» auf ihrem Weg zu «Weisheit», «Wahrheit» und «Gesundheit» (XX, 107–108). Noch in *Über naive und sentimentalische Dichtung* sind es solche Gebrechlichkeiten und Verfälschungen, die Schiller am Idealisten faszinieren, nicht die stilreine Verwirklichung, die er in der medizinischen Dissertation als unrealistisch abtut: als unvereinbar mit einem Menschenbild, wie es seinem in der psychologisch orientierten Medizin der Zeit geschulten Blick vertraut ist.

Das ist, wie dargestellt, der Fall Karl Moors. Er ist der erste von vielen Schillerschen Idealisten (nicht alle jung), die, wenn sie nicht Blut an den Händen haben wie Karl Moor, doch gerade im Namen ihres Idealismus anfällig sind für jene Bewunderung suchende Ichbesessenheit oder andere menschliche Verirrungen, Regressionen und Unzulänglichkeiten, die die «Reinheit» von Karl Moors idealistischem Wollen beeinträchtigen und ihn zur tragischen Gestalt machen.[59]

---

59 Vgl. dazu noch summarisch E. L. Stahl, *Friedrich Schiller's Drama: Theory and Practice*, Oxford 1961, S. 11–12 (zuerst 1954).

5.

Damit aber tritt endlich auch der menschliche und künstlerische Sinn des Nebeneinanders von Karl und Franz Moor ins Licht. Es ist keineswegs, wie in der Nationalausgabe zu lesen, «unfruchtbar» (III, xiv). Der Lebensweg des Idealisten führt von der menschlich-allzumenschliche Kontamination seines Credos durch hemmungslose Brutalität, die sich nur verbal mit dem Robin-Hood-Evangelium von der Einrenkung einer aus den Fugen geratenen Welt vereinbaren läßt, bis hin zum Aufschwung zur Opferbereitschaft, wie die «Theosophie des Julius» sie in der gleichen Zeit beschreibt. Doch wie in diesem Glaubensbekenntnis (XX, 123), so hat Schiller auch in der Gestaltung von Karl Moors Opfer für die «mißhandelte Ordnung» noch die aus dessen Leben nur allzu bekannten egomanen Motive anklingen lassen, die sein Bekenntnis zur «sittlichen Welt» beeinträchtigen – und ihn zugleich als Menschen glaubwürdiger, realistischer machen. Der Lebensweg des Realisten hingegen (wir nehmen also den Begriff aus *Über naive und sentimentalische Dichtung* vorweg als Kennwort für den Gegentyp) führt dem Wort und der Tat nach durch die Niederungen des Verbrechens, wie es abstoßender nicht gedacht werden kann. Doch gelingt es am Schluß, die Konsequenz des dezidiert amoralischen Verhaltens dieses deutschen Richard III. oder Jago (beide werden von Schiller berufen [XXII, 121]) derart zu steigern, daß den untergehenden Verbrecher noch ein Glanz der großen Verruchtheit umspielt. Die beiden Lebenswege halten sich, so gesehen, in der Balance der Gegensinnigkeit, die gipfelt in Karl und Franz Moors Stunde der Wahrheit. Dort umgibt beide ein Zwielicht, das den Menschenkenner Schiller ehrt gerade in seiner Unbereitschaft, klare Entscheidungen zu treffen: die Kleinheit der «verirrten großen Seele» (XX, 88) und die Größe der «kleinen kriechenden Seele» (XXII, 124).

Die Verschwörung des Fiesko zu Genua
Schwierigkeiten beim Schreiben der Geschichte

1.

Der Räuber Moor war nicht die einzige in Schillers Dissertation *Über den Zusammenhang der thierischen Natur des Menschen mit seiner geistigen* (1780) erwähnte Gestalt, die bald darauf in einem Drama des jungen Mediziners zu literarischem Eigenleben gelangen sollte. Schiller projiziert seine Psycho-Anthropologie dort in die Geschichte zurück: «Ein durch Wollüste ruinirter Mensch wird leichter zu Extremis gebracht werden können als der, der seinen Körper gesund erhält. [...] Doria hatte sich gewaltig geirrt, wenn er den wollüstigen Fiesko nicht fürchten zu dörffen glaubte» (IV, 244). Gemeinsam ist Karl Moor und dem Grafen Fiesko von Lavagna das erhabene Verbrechertum, wie man damals sagte. «Rousseau rühmte es an dem Plutarch», schreibt Schiller 1782 in der Selbstrezension der *Räuber* im *Wirtembergischen Repertorium*, «daß er erhabene Verbrecher zum Vorwurf seiner Schilderung wählte», und verweist dazu als Beleg auf Helferich Peter Sturz' «Denkwürdigkeiten von Johann Jakob Rousseau» (IV, 247). Schlägt man dort nach, so stößt man auf ein übersetztes Rousseau-Zitat, das als Beispiel für den «erhabenen Verbrecher [...] in der neuen Geschichte» keinen anderen als den Grafen Fiesko namhaft macht, «der eigentlich dazu erzogen wurde, um sein Vaterland von der Herrschaft der Doria zu befreien. [...] In seiner Seele war kein anderer Gedanke, als der, den Usurpator zu stürzen» (IV, 244). Das ist manchen Worten Karl Moors mehr als verwandt. Kein Wunder, daß der angehende Dramatiker sich den Stoff merkte für sein nächstes Stück.

In der Tat ist die Kontinuierlichkeit vom Erstling zum zweiten Versuch (der ja so oft den Erfolg des ersten zu wiederholen strebt) nicht nur in den stilistischen Exzessen grellster Sturm-und-Drang-Diktion und in den handlungsmäßigen Kraßheiten und Blutrünstigkeiten handgreiflich. Trotz Schillers eigener Beteuerung in der *Fiesko*-Vorrede, er habe in diesem Stück das Gegenteil der *Räuber* versucht, nämlich statt des «Opfers einer ausschweifenden Empfindung [...] ein Opfer der Kunst und Kabale» auf die Bühne zu bringen, reizt die Darstellung des «großen Ich» (Emil Staiger) wiederum zur Problematisierung der Moorschen Großmannssucht als Hang zur theatralischen Selbstbewunderung in der allseits geachteten Mittelpunktstellung: Genuß der eigenen Größe hier wie dort. «Wenn ich nicht der Souverain der Verschwörung bin, so hat sie auch ein Mitglied verloren» (III, 5) ist ein Satz, den auch Karl Moor hätte sagen können und eigentlich auch gesagt hat. Dasselbe gilt von der bis ins Theologische ausgreifenden Aggression der privaten Enttäuschung gegen den ganzen Weltbau: «Hätt' ich nur *Seinen* Weltbau zwischen diesen Zähnen – Ich fühle mich aufgelegt, die ganze Natur in ein grinsendes Scheusaal zu zerkrazen» (V, 13), und schließlich und vor allem ist die Ähnlichkeit unverkennbar in der grandiosen Übersteigerung der Ambition über Gut und Böse hinaus zu einer «schwindlichten» Verkehrung der Wertwelt: «Es ist schimpflich eine Börse zu leeren – es ist frech, eine Million zu veruntreuen, aber es ist namenlos gros eine Krone zu stehlen. Die Schande *nimmt ab* mit der *wachsenden* Sünde» (III, 2). Dies allerdings hätte auch in eine Redepartie Franz Moors gepaßt, der stolz darauf war, sich nie mit Kleinigkeiten abgegeben zu haben. So wird schon im ersten Überblick deutlich, daß ein Reiz des Fiesko-Stoffes für Schiller nicht schon in der Chance bestand, das Karl-Moor-Thema wiederholend zu variieren, sondern in der Herausforderung zu einem darüber hinausgehenden, viel anspruchsvolleren Gedankenexperiment. Hatte er nicht in seinen Bemerkungen zu den *Räubern*, in der unterdrückten Vorrede, in der Vorrede zur ersten Auflage und in der Selbstrezension, geschwankt, ob er und der Zuschauer Karl Moor, dem fehlgehenden Idealisten, oder Franz Moor, dem konsequenten Kriminellen und allzu zynisch wissenden Realisten, der dennoch «bald wie ein großer Mann» stirbt (XXII, 124), mehr Verständnis, mehr Interesse, ja mehr Bewunderung entgegenbringen solle? Wobei von vornherein feststand, daß es sich in dem einen wie dem anderen Fall um eine Mischung von «Abscheu», «Anteil» und «Bewunderung» handle (XXII, 118)? Welche Größe also ist die wahrhaft große? In welchem Sinne ist Fiesko, der wie Karl Moor das Gemeinwesen reformieren möchte, der aber wie Franz Moor seine eigene Machtvollkommenheit über alle Menschen seines Umkreises höher stellt, ein «groser Mann», als der er im Stück bezeichnet wird (II, 4 und 18)? Wären in Fiesko vielleicht Karl *und* Franz Moor «aufgehoben»?

Schiller ein solches Denkspiel zuzutrauen liegt nahe, da *Die Verschwörung des Fiesko zu Genua* bereits wenige Wochen nach der Uraufführung der *Räuber*, im Frühjahr 1782, in Angriff genommen wurde und bereits Ende September des Jahres (als Dr. Schiller aus Stuttgart fliehen mußte, um seine schriftstellerische «Bestimmung» gegenüber handfesteren Zukunftsplänen seines Herzogs zu bewahren) so weit gediehen war, daß Schiller den vorläufigen Text dem Mannheimer Theaterdirektor Dalberg mit der Bitte um einen Vorschuß zuschicken konnte. Anfang November ging dann das abgeschlossene Manuskript an Dalberg, im Januar/Februar war es schon in der Druckerei, und zur Ostermesse 1783 erschien das «republikanische Trauerspiel» (vgl. IV, 299–301).

Interessant ist an dieser Entstehungsgeschichte, daß im ersten an Dalberg geschickten Manuskript «der fünfte Act [noch nicht] ganz beendiget» war (wie es in dem Bericht von Andreas Streicher, Schiller Freund und Mitflüchtling aus Stuttgart, heißt [IV, 253]). «*Wie, durch wen,* oder *auf welche Art* das Ende herbei zu führen seye», sei für den Autor eine «schwierige Frage» gewesen (IV, 254). In den folgenden Wochen, unstet, auf der Flucht, bei schwindenden Mitteln, konnte Schiller «so wenig mit sich einig werden, daß er sich vornahm, alles frühere vorher auszuarbeiten, die Katastrophe durch nichts errathen zu lassen, und obige Zweifel, erst wenn das übrige fertig wäre, zuletzt zu entscheiden. Der Monat October neigte sich fast zu Ende, ohne daß Fiesko vollendet gewesen wäre; ja, wäre der Dichter nicht gezwungen gewesen, alles zu versuchen, um sich aus seiner Verlegenheit zu retten, so wäre dieses Stük sicher erst» viel später, nämlich nach dem Abschluß von *Kabale und Liebe,* fertig geworden (IV, 254). «Endlich war in den ersten Tagen des Novembers das Trauerspiel Fiesko für das Theater umgearbeitet, und ihm der Schluß gegeben worden, welcher der Geschichte, der Wahrscheinlichkeit am angemessensten schien. Man darf glauben, daß die letzten Scenen dem Dichter weit mehr Nachdenken kosteten, als das ganze übrige Stük, und daß er den begangenen Fehler, die Art des Schlußes nicht genau vorher bestimmt zu haben, mit großer Mühe gut zu machen, suchen mußte» (IV, 254–255).

Schiller, der Klassiker des Dramenschlusses, hat Schwierigkeiten ausgerechnet mit dem Ende seines republikanischen Trauerspiels. Das war in den *Räubern* anders gewesen, und manche seiner späteren Dramen scheinen geradezu vom Ende her konzipiert zu sein. Mitgespielt hat bei der Schwierigkeit mit *Fiesko,* daß der Bühnenpraktiker hier zum erstenmal einen historischen Stoff aufgegriffen hatte. Der Schluß war damit in gewisser Weise vorgegeben, um so mehr, als Schiller den Stoff aus dem mittleren 16. Jahrhundert nicht nur aufgegriffen hatte: er hatte auch die Quellen ausgiebig und sorgfältig studiert (IV, 245), vor allem Kardinal de Retz' *Histoire de la conjuration du comte Jean-Louis de Fiesque* in der Ausgabe von 1665 oder 1682 oder in beiden (vgl. IV, 241–243). Dennoch kann kein Zweifel sein, daß ihn an diesem Historischen neben dem Fascinosum des «großen Mannes» die aktuelle politische Relevanz interessierte. Denn wenn er auch in der Vorrede den «politischen Helden» insofern etwas zurücknimmt, als er «die kalte unfruchtbare Staatsaktion aus dem menschlichen Herzen herauszuspinnen» verspricht, so deutet der Untertitel doch auf ein zeitgenössisch akutes Thema. Das bezeugt Schiller selbst, wenn er über die erfolglose Mannheimer Aufführung am 5. Mai 1784 an Wilhelm Reinwald schreibt: «Den Fiesko verstand das Publikum nicht. Republikanische Freiheit ist hier zu Lande ein Schall ohne Bedeutung, ein leerer Name – in den Adern der Pfälzer fließt kein römisches Blut» (IV, 277). Um aktualisierbare republikanische Freiheit ging es im Prinzip schon in den Quellen: um eine Verschwörung gegen Herzog Andrea Doria, den Dogen der aristokratisch geprägten genuesischen Senatoren-Republik, der im hohen Alter die Zügel locker läßt, so daß es zu korrupten Übergriffen namentlich seines zum Nachfolger ausersehenen Neffen Gianettino Doria kommt. Angeführt wird die Verschwörung, die die Wiederherstellung der republikanischen Rechte und Usancen bezweckt, von dem jugendlichen Fiesco, Graf Lavagna, der jedoch seine eigenen machtpolitischen Ambitionen mit dem Putsch verbindet, während in dem zweiten profilierten, doch eindeutig untergeordneten Verschwörer, dem bejahrten Verrina, schon eher, aber auch nicht unvermischt mit anderen, weniger noblen Motiven, das «römische Blut» eines Brutus fließt. Die Revolution gelingt, doch ihr Anführer kommt auf dem Höhepunkt des Umsturzes durch einen Unfall ums Leben, als er von einem Landungssteg in den Hafen stürzt und, schwer gerüstet, ertrinkt. Andrea Doria kehrt an die Macht zurück.

Ob Weltgeschichte hier das Weltgericht war oder nicht: fest stand für Schiller, daß ein solcher Schluß für ein Drama nicht brauchbar war. Der Zufall war, nicht zuletzt aus theologischen Gründen, verpönt im Drama der Zeit, wie auch Lessing erinnert hatte, auf den Schiller in der Vorrede im scheinbar entgegengesetzten Sinn zu sprechen kommt mit der Bemerkung, dieser werde «Freiheiten, welche ich mir mit den Begebenheiten herausnahm, [...] entschuldigen». Aber einen Eideshelfer brauchte Schiller in dieser Frage eigentlich nicht; das sinnlose Ungefähr widersprach zu sehr dem eigenen intellektuellen und dramatischen Naturell. Für ihn mußte sich ein Schluß folgerichtig, aus der Notwendigkeit des Charakters und des Handlungsablaufs, ergeben. Andernfalls spräche die dramatische Anordnung dem Sinn des von der Vorsehung bestimmten Weltlaufs Hohn; und als dessen erläuternden, verkürzenden Spiegel oder Abbild konzipiert Schiller das Drama generell: es soll den Zuschauer mit dem Menschen unter dieser göttlichen Weltregierung bekannt machen. Um das zu erreichen, soll der Dramatiker auch für Schiller, wie für Lessing, «Herr über die Geschichte» sein, wenn sie von sich aus in diesem Sinne zu versagen scheint.[1] «Es konnte ihn nicht wenig kränken», berichtet dementsprechend Streicher, der Augen-

---

1 Lessing, 63. *Literaturbrief.* Vgl. dazu neuerdings Helmut Koopmann anläßlich von *Don Karlos* in *Schillers Dramen,* hg. v. Walter Hinderer, Stuttgart 1992, S. 168–179.

Schwierigkeiten beim Schreiben der Geschichte 69

und Ohrenzeuge der Entstehung des *Fiesko*, «daß ein solcher Mann, gerade in demselben Augenblik wo er seine großen Anstrengungen mit dem glüklichsten Erfolge belohnt sehen sollte, durch einen unwürdigen Zufall das Leben, und was ihm noch theurer war, den HerzogsHut von Genua verlohr» (IV, 246). «Daß dieser Ausgang *nicht* so seyn dürfe, wie er durch die Geschichte angegeben wird, wo ihn ein unglüklicher Zufall herbei führt, blieb für immer ausgemacht. Daß er tragisch, daß er der Würde des Ganzen angemessen seyn müsse, war eben so unzweifelhaft» (IV, 254).

Bestätigt werden diese Zeugnisse Streichers durch Schillers Vorrede, die ohne Umschweife auf eben diesen kritischen Punkt kommt:

> Die wahre Katastrophe des Komplotts, worinn der Graf durch einen unglüklichen Zufall am Ziel seiner Wünsche zu Grunde geht, muste durchaus verändert werden, denn die Natur des Dramas duldet den Finger des Ohngefährs oder der unmittelbaren Vorsehung nicht. Es sollte mich sehr wundern, warum noch kein tragischer Dichter in diesem Stoffe gearbeitet hat, wenn ich nicht Grund genug in eben dieser undramatischen Wendung fände. Höhere Geister sehen die zarten Spinneweben einer That durch die ganze Dehnung des Weltsystems laufen, und vielleicht an die entlegensten Gränzen der Zukunft und Vergangenheit anhängen – wo der Mensch nichts, als das in freien Lüften schwebende Faktum sieht. Aber der Künstler wählt für das kurze Gesicht der Menschheit, die er belehren will, nicht für die scharfsichtige Allmacht, von der er lernt. (IV,9)

Mit seinem Anspruch auf den höheren Wahrheitsgrad dichterischer Intuition stellt Schiller sich sichtlich und bis zum Wörtlichen in die Tradition der *Hamburgischen Dramaturgie* (vgl. 19. u. 89. Stück) und damit in die Tradition der aristotelischen Abwertung der empirischen Wahrheit der Geschichte gegenüber der philosophischen Wahrheit der Tragödie. Aber so zuversichtlich der Dramatiker sich hier gibt mit seinem Anspruch, eingeweiht zu sein in die Weisheit der «scharfsichtigen Allmacht» und kraft solcher Initiation selbst einer der seherischen «höheren Geister» zu sein – in der Bemühung um die Geschichte des Fiesko hat dieser hochgemute Anspruch der säkularierten Bildung seine Klippe gefunden. Nicht nur erwies sich für die Schiller das geschichtlich vorgegebene Ende als das schwierigste Problem der Dramatisierung des Stoffes, es erwies sich auch als intraktabel. Indem aber die thematischen Linien des ehrgeizigen republikanischen Trauerspiels konsequent auf den Schluß zulaufen, von woher allein der Beweis des Geistes und der Kraft für die Qualität der Umsetzung des historischen Rohstoffs und seines Problemgehalts in künstlerische Gestalt angetreten werden kann, erweist sich der Ausgang des Stücks als die Crux des ganzen Unternehmens. Bekanntlich hat Schiller 1784 für die Mannheimer Bühne mit einem dem Anschein nach radikal abweichenden Schluß experimentiert, den er jedoch als endgültige Gestalt des Werks dann doch nicht anerkannt hat; nur die Erstfassung hat er als letztwillige in sein selbsterklärt authentisches Œuvre aufgenommen, während die Mannheimer Version nur ohne Schillers Autorisierung erschien (IV, 336). Darüber hinaus liegt eine weitere Fassung, von 1785, mit wiederum grundlegend verändertem Schluß vor, die zumindest unter Schillers Beteiligung zustande gekommen sein dürfte. Wenn Art und Ausmaß seiner Beteiligung auch nicht verläßlich ermittelt werden können (IV, 305–308), weist diese Bearbeitung jedoch von sich aus zurück auf die dem Vorwurf inhärente Problematik des Schlusses. Nicht zuletzt diese aber dürfte es gewesen sein, die Schiller allererst und dann wieder und wieder am Fiesco-Stoff fasziniert oder doch herausgefordert hat.

Erst recht hat sich in der seit den sechziger Jahren stark intensivierten Zuwendung zur *Verschwörung des Fiesko zu Genua* der Dramenausgang als Crux der Interpretation herausgestellt, als der Punkt nämlich, an dem jede Deutung ihre Schlüssigkeit zu erweisen hätte. Da sich die Deutungen jedoch auf diesen Test in der Regel nicht einlassen, haben sie sich in einem unfruchtbaren Gegeneinander festgefahren. Auf der einen Seite stehen die politischen Interpretationen, die das Stück als Diskussion eines staatsrechtlichen Themas lesen, denen es also um das Schicksal des republikanischen Gedankens in der vorgestellten Wirklichkeit des öffentlichen Lebens geht (Republikanismus gegen Despotie); auf der anderen stehen die auf Fiesko konzentrierten Interpretationen, die das Drama als Charakterstudie eines ichbesessenen Menschen ohne politische Ideologie sehen, sei es im Sinne der Psychologie des «erhabenen Verbrechers» und «großen Mannes» im Koordinatensystem von Gut und Böse, sei es als Analyse des schauspielerischen Künstlertypus, sei es unter dem existentialistischen Vorzeichen von Fieskos Chance, im Tumult der inneren und äußeren Handlung authentisch Person zu werden oder aber seine Eigentlichkeit zu verfehlen.[2] Versucht man jedoch, über dieses Entweder-Oder von Staatsdrama und Charakter-

---

2 Vgl. den Forschungsbericht von Helmut Koopmann, *Friedrich Schiller*, 2. Aufl., Stuttgart 1977, I, 29–39, und *Schiller-Forschung 1970–1980*, Marbach 1982, S. 67–74, sowie den ersten Abschnitt von Walter Hinderers gleich zu nennender Studie. Politische Deutung: Paul Michael Lützeler, ««Die große Linie zu einem Brutuskopfe»: Republikanismus und Cäsarismus in Schillers *Fiesco*», *Monatshefte* (Wisc.), LXX (1978), 15–28; vgl. Reginald Phelps, «Schiller's Fiesco – A Republican Tragedy?», *PMLA*, LXXXIX (1974), 442–453, über den zeitgemäßen statt modernen politischen Sinn des Republikanischen, das ohnehin überschattet werde von sehr persönlichen Machtambitionen der drei Hauptakteure. Erhabener Verbrecher: z. B. Benno von Wiese, *Friedrich Schiller*, Stuttgart 1959, Kap. 9. Künstler: Frank M. Fowler, «Schiller's *Fiesco* Re-Examined», *Publications of the English Goethe Society*, n.s. XL (1970), 1–29. Existenzproblematik: Walter Hinderer, ««Ein Augenblick Fürst hat das Mark des ganzen Daseins verschlungen»: Zum Problem der Person und der Existenz in Schillers *Die Verschwörung des Fiesko zu Genua*,» *Jahrbuch der Deutschen Schillergesellschaft*, XIV (1970), 230–274.

drama, Politik und «Gemählde des [...] Ehrgeizes» (IV, 255) hinauszukommen, indem man in einer tieferen Schicht den wahren Konflikt als den von Macht und Moral und insofern von Politik und Moral erkennt, gelangt man in neuester Zeit zu entgegengesetzten Auffassungen: einmal daß alles als politisch zu verstehende Handeln, also auch und besonders das Fieskos, am Maßstab der bürgerlichen Moral als der einzigen legitimen Macht gemessen und damit relativiert und untergeordnet werde,[3] oder daß umgekehrt das eigentliche Thema das politische, nämlich «republikanische Verfassung und Despotie» sei, so daß es also «durchaus nicht um moralische Fragen [gehe], und ein moralisches Gericht findet im Drama nirgendwo statt.»[4] So heben sich die Deutungen gegenseitig auf.

Angesichts dieses Dilemmas spricht vielleicht einiges für den Versuch, einen neuen Zugang zu diesem sich so gegen die Geschichte sperrenden Geschichtsdrama *von seinem Ende her* zu gewinnen: welche Deutungen legitimieren sich vom Ausgang her, der Schiller über Jahre hin solche Mühe gemacht hat? Mit einem solchen Fokus wäre auch der grundsätzlichen, nur auf den ersten Blick simplistischen, die bisherigen Antinomien transzendierenden Fragestellung wieder etwas abzugewinnen: wie sich denn das Stück, in seinen zwei oder drei Hauptfiguren, Fiesko, Verrina und Andreas Doria, zu jenem Idealismus und seinem Gegenbild verhalte, die für Schiller von den medizinischen Dissertationen bis zu den nach seinem Tod auf seinem Schreibtisch gefundenen *Demetrius*-Zeilen «O warum bin ich hier geengt, gebunden, / Beschränkt mit dem unendlichen Gefühl!» in vielen Variationen und Metamorphosen bestimmend gewesen sind. Mit anderen Worten: wie nimmt sich vom Ende her die Bindung des Menschen an das mehr als Mundane, die Verpflichtung auf das mehr als persönliche, mehr als menschlich-allzumenschliche Interesse aus, das für den mit der Physis vertrauten Dr. med. den *homo sapiens* definiert?

2.

In der Buchfassung fällt es schwer, den Grafen Fiesko, den das Personenverzeichnis als «jungen schlanken blühendschönen Mann von 23 Jahren – stolz mit Anstand – freundlich mit Majestät – höfischgeschmeidig, und eben so tükisch» beschreibt, in seiner Eigenschaft als Anführer der republikanischen Verschwörung gegen die Korruption des regierenden Hauses, geschweige denn als einen Sachwalter von «des Ideales Reich» zu sehen. Dank seiner charismatischen Persönlichkeit dominiert er im gesellschaftlichen wie

---
3 Rolf-Peter Janz, «*Die Verschwörung des Fiesco zu Genua*», Schillers Dramen, S. 68–104.
4 Helmut Koopmann, *Schiller*, München u. Zürich 1988, S. 36, 35.

im öffentlichen Leben Genuas. In beiden Bereichen liebt er die Kabale, das Rollenspiel, die Intrige, die kaltblütige Verstellung, die ihm erlaubt, sein Ich triumphal zu steigern. So spielt er sein erotisches Spiel mit der ihm auch in dieser Hinsicht mindestens ebenbürtigen Gräfin Julia Imperiali im Grunde aus Selbstherrlichkeit. Ähnlich ist es um seine Beteiligung an der Verschwörung bestellt, die er zunächst mit frivolen Redensarten von sich gewiesen hatte (I, 7). Als er jedoch bei wachsender Unzufriedenheit von Volk und Adel eine persönliche Macht-Chance darin sieht – «Aber die *Verschwörung* muß meine seyn» (II, 7), nämlich die des Löwen der Tierfabel, die er den Genuesern anspielungsvoll erzählt (II, 8; vgl. II, 18) –, ergreift er von sich aus mit typischer Hinterlist und Spielerkalkulation die Gelegenheit zum persönlichen Machtkampf mit den Dorias: «Alle Maschinen des grosen Wagestüks sind im Gang. Zum schaudernden Konzert alle Instrumente gestimmt. Nichts fehlt, als die Larve herabzureissen, und Genuas Patrioten den Fiesko zu zeigen» (II, 16). Praktisch läuft das darauf hinaus, daß nicht er sich den seit geraumer Zeit Verschworenen um Verrina anschließt, sondern daß diese sich umgekehrt um den Löwen scharen, der, während sie nur planten, insgeheim bereits gehandelt hat. Er hat, wie er den versammelten Verschwörern erklärt, die Minen gelegt, die Tyrannen «in die Luft zu sprengen». «Die Republik ist zu einem Umgusse zeitig» (II, 18). Mit der «Larve», der Maske, die nun fallen soll, ist hier, wie Fiesko selbst es darstellt, der «Weichling» Fiesko gemeint. «Ganz Genua fluchte über den verbuhlten Schurken Fiesko, Genueser! Genueser! Meine Buhlerei hat den arglistigen Despoten betrogen. [...] In den Windeln der Ueppigkeit lag das erstaunliche Werk der Verschwörung gewikelt. Genug. Genua kennt mich in Euch. Mein ungeheuerster Wunsch ist befriedigt» (II, 18). Unverkennbar ist aber in diesen Worten der Genuß des selbststeigernden Überraschungseffekts, der Verrina, dem bisherigen Anführer der Verschwörung, die Sprache verschlägt. Gerade deswegen ist aber auch der Verdacht der Schauspielerei hier, ähnlich wie in Fieskos erotischem Spiel, nicht unangebracht. Denn wenn auch gleich der Monolog folgt, in dem Fiesko die Versuchung, die Herzogswürde an sich zu reißen, zurückweist und statt dessen die Rolle des «*glüklichsten* Bürgers» wählt, deuten alle Zeichen auf die skeptische Frage, ob diese Rolle nicht eben bloß das sei: ein Schauspieler-Part. Erscheint das Gesicht des Republikaners, wenn die Larve des «verbuhlten» Frauenhelden fällt? Oder das des Machtbesessenen – der das Republikanertum seinerseits als Maske trüge?

«Aufruhr in meiner Brust» diagnostiziert Fiesko selbst in seinem Introspektions-Monolog (II, 19), indem er «nachdenkend auf und nieder geht». Die «üppigen Phantome», die ihn in Versuchung führen, sind ihm nur zu bekannt: «Ha! ich kenne euch!» Es sind die Gaukeleien des Teufels, der

Schwierigkeiten beim Schreiben der Geschichte 73

Menschen «mit Gold, Weibern und Kronen» ködert. Ihnen widersteht Fiesko «*nach einer nachdenkenden Pause, vest*: Ein Diadem erkämpfen ist *gros*. Es wegwerfen ist göttlich. *entschlossen.* Geh unter Tyrann! Sei frei Genua, und ich *sanftgeschmolzen* dein *glüklichster* Bürger!» Das sieht endgültig und eindeutig aus – wenn nicht die erwähnten vorausgegangenen Momente der Selbstberauschung am Gedanken der eigenen Machtvollkommenheiten wären, und selbst in diesem Monolog, der zwar mit den zitierten Worten endet, drängt diese Seite Fieskos wieder in der Vordergrund, wenn er sich «lebhafter» fragt: «*Republikaner Fiesko? Herzog Fiesko?* – Gemach – Hier ist der gähe Hinuntersturz, wo die Mark der Tugend sich schließt, sich scheiden Himmel und Hölle – Eben hier haben Helden gestrauchelt, und Helden sind gesunken, und die Welt belagert ihren Namen mit Flüchen – Eben hier haben Helden gezweifelt, und Helden sind stillgestanden, und Halbgötter geworden – *rascher.* Daß sie *Mein* sind die Herzen von Genua? Daß von *meinen* Händen dahin, dorthin sich gängeln läßt das furchtbare Genua?»

Es geht also in Fieskos Selbstvergewisserung um zwei Vorstellungen von Heldentum und Größe. Beide faszinieren ihn. Wenn der Monolog *expressis verbis* mit einer Entscheidung gegen den Herzog und für die moralische Größe des idealistischen Republikaners endet, so ist das tatsächlich kein entschiedenes Senken oder Heben einer Waagschale, eher ein bebendes Gleichgewicht. Ist nicht gerade der Verzicht – auf den die Mannheimer Bühnenfassung in ihrer Version des *Schlusses* zurückkommen wird – nur eine andere Erscheinungsweise der Selbstberauschung dessen, der unter allen Umständen «groß» sein will, und insofern ohne idealistischen Inhalt?

Durchschaut hat kein anderer als Verrina diesen Fiesko, der sich, Minuten vor diesem Monolog, noch zur Verschwörung bekannte. «*Fiesko mus sterben!*» eröffnet Verrina Bourgognino noch in derselben Nacht in romantisch «furchtbarer Wildniß». «Den Tyrannen wird Fiesko stürzen, das ist gewis! Fiesko wird Genuas gefährlichster Tyrann werden, das ist gewisser!» (III, 1). Fiesko bestätigt das wortwörtlich im auf diese Szene folgenden Monolog in seinem Palast, durch «eine große Glasthüre [...] den Prospekt über das Meer und Genua [...] vom Morgenroth überflammt» vor Augen (III, 2). Die Waagschale hat sich nun eindeutig auf der anderen Seite gesenkt: Herzog Fiesko. Die Versuchung zur republikanischen Tugend am Abend zuvor war nur eine Anwandlung, der Idealismus eine Maske, die Fiesko selbst nicht recht durchschaute. Der Wille zur Macht, zur Größe im Gegensinn macht sich geltend in Worten, mit denen sowohl Karl wie Franz Moor sympathisieren könnten; «Herrschen» ist die einzige Form zu «seyn»:

> Daß ich der gröste Mann bin im ganzen Genua? und die kleineren Seelen sollten sich nicht unter die Große versameln? – aber ich verleze die Tugend? *steht still.* Tugend? – der erhabene Kopf hat andre Versuchungen als

der gemeine – Solt er Tugend mit ihm zu theilen haben? – Der Harnisch, der des Pygmäen schmächtigen Körper zwingt, solte *der* einem Riesenleib anpassen müssen? [...] Zu stehen in jener schröklich erhabenen Höhe – niederzuschmollen in der Menschlichkeit reissenden Strudel, wo das Rad der blinden Betrügerin Schiksale schelmisch wälzt – den ersten Mund am Becher der Freude – tief unten den geharnischten Riesen *Gesez* am Gängelbande zu lenken – schlagen zu sehen unvergoltene Wunden, wenn sein kurzarmiger Grimm an das Geländer der Majestät ohnmächtig poltert – die unbändigen Leidenschaften des Volks, gleich soviel strampfenden Roßen, mit dem weichen Spiele des Zügels zu zwingen – den emporstrebenden Stolz der Vasallen mit *einem* – einem Athemzug in den Staub zu legen, wenn der schöpfrische Fürstenstab auch die Träume des fürstlichen Fiebers ins Leben schwingt. – Ha! welche Vorstellung, die den staunenden Geist über seine Linien wirbelt! – *Ein* Augenblik: *Fürst*: hat das Mark des ganzen Daseins verschlungen. [...] Der Monarchische Laut wird den ewigen Himmel bewegen – Ich bin entschlossen! *heroisch auf und nieder.*

Ob man hier vom Verlust der authentischen Existenz spricht oder vom Verfallen an das theologisch Böse, von Verrat an der republikanischen Staatsidee oder, im Rückblick auf Abels und Schillers medizinische Karlsschul-Psychologie, vom amoralisch großen Genie, das seine idealistische Bindung verwirft – dieser Fiesko ist es, der von jetzt an, ohne Rückfall,[5] ohne Bedenklichkeit, auf eigene Faust und nur zum Schein Mitverschwörer, das Komplott strategisch überlegen zu seinen eigenen Zwecken «gängelt», den Gang der Ereignisse unaufhaltsam in Präzipitation setzend, wie Schiller gesagt hätte. «Da seid ihr, wo ich euch wollte» (III, 5). «Es ist zu spät, Republikaner» (III, 6), zu spät für die Republik, für die angestrebte erneuerte wie für die gegenwärtige mißbrauchte. «Das Unternehmen ist gerecht, denn Genua leidet» ist da nur eine floskelhafte Finte, die sich im anschließenden Satz – er könnte aus den *Räubern* entlehnt sein – bereits als solche zu erkennen gibt: «Der Gedanke macht uns unsterblich, denn er ist gefährlich und ungeheuer» (IV, 6).

Tumultuös gelingt das Spektakelstück der Revolution. Schiller zieht alle Triumph- und Schauer-Register der Haupt- und Staatsaktion. Nicht nur wird Gianettino auf offener Bühne von Bourgognino, dem Verlobten von Verrinas Tochter Bertha, die der junge Doria entehrt hat, erstochen («*fällt mit Gebrülle.* Mord! Mord! Mord! Räche mich Lomellino» [V, 3]). «Wüthend» erstochen wird auch Fieskos Gemahlin Leonore, irrtümlich und von Fiesko selbst, als sie ihm, Gianettinos scharlachroten Rock übergeworfen, im Getümmel begegnet: «Leonore fällt mit einem gebrochenen Laut. Man hört einen Siegesmarsch. Trommeln, Hörner und Hoboen» (V, 11). Fiesko

---

5   Zu IV, 9 vgl. unten Anm. 9. Zur Bedeutung des «Rückfalls» s. das Kapitel über *Maria Stuart*.

(dem eben noch das Volk im «Fahnenmarsch» gehuldigt hat mit *«Heil, Heil dem Herzog von Genua!»*): «*hinauswüthend in einem gräßlichen Schrei.* Spiegelfechterei der Hölle! Es ist mein Weib. *sinkt durchdonnert zu Boden»* (V, 12).

Eine Krise jagt die andere. Ominös unvergessen bleibt im lawinenartigen Abrollen der Rebellion (ähnlich wie später in *Wallenstein*, wo auch Fieskos strategisches, täuschendes *Spielen* mit Freund und Feind wiederaufgegriffen wird) das geheime *Gegenspiel* der ursprünglichen republikanischen Verschwörer (das Schiller übrigens seinen Quellen nicht entnehmen konnte, obwohl später Vernehmungsakten auftauchten, die seine Erfindung der Doppelrolle Verrinas bestätigten).[6] In der ersten Szene des dritten Aktes hatte Verrina Fiesko den Tod geschworen, sobald dessen Anschlag auf die Staatsgewalt gelänge; und später noch hatte er bekräftigt: «Wann Genua frei ist, stirbt Fiesko!» (IV, 5). Am Ende des fünften Aktes ist es so weit. Verrina stellt Fiesko im Hafen von Genua zur Rede, erinnert den in der vollen Pracht seines Purpurs dastehenden Herzog an die republikanisch-freiheitlichen Ideale, die «römische Tugend» der patriotischen Gesetzestreue. Fiesko kommt ihm allenfalls mit dem Versprechen brüderlichen Wohlwollens, fürstlicher Gunst entgegen. Verrina, der «Starrkopf», droht in blühender Barockrhetorik mit dem Karl-Moorschen Weltgericht, aber Fiesko weist, selbst als Verrina auf den Knien vor ihm liegt, das Ansinnen, den herzoglichen Purpur, das Insignium seines Willens zur Tyrannei, wegzuwerfen, weit von sich. Mittlerweile hat sich der Schauplatz der Konfrontation während der letzten Minuten des Gesprächs gewandelt: nicht weniger tückisch als der im Personenverzeichnis so beschriebene Fiesko hat Verrina den Herzog unter einem Vorwand dem Meer zu dirigiert, während er zugleich noch – seltsamer Zwiespalt in seiner Seele – «mit Wehmut» und «heftig an Fieskos Halse weinend» ihn im Namen der Freundschaft, ja des Freundschaftskults des 18. Jahrhunderts, beschwört, auf seine republikanische Mahnung zu hören:

VERRINA [...] Wirf diesen Purpur weg.
FIESKO. Steh auf, und reize mich nicht mehr!
VERRINA *entschlossen*. Ich steh auf, reize dich nicht mehr! *sie stehen an einem Brett, das zu einer Galeere führt. Der Fürst hat den Vortritt. gehen über das Brett.*
FIESKO. Was zerrst du mich so am Mantel? – *er fällt!*
VERRINA *mit fürchterlichem Hohn*. Nun wenn der Purpur fällt, mus auch der Herzog nach. *er stürzt ihn ins Meer.*
FIESKO *ruft aus den Wellen*. Hilf Genua! Hilf! Hilf deinem Herzog! *sinkt unter.*

---

6 Ernst Müller, *Der Herzog und das Genie*, Stuttgart 1955, S. 310.

[...]
KALKAGNO *schreit.* Fiesko! Fiesko! Andreas ist zurük, halb Genua springt dem Andreas zu. Wo ist Fiesko?
VERRINA *mit vestem Ton.* Ertrunken.
ZENTURIONE. Antwortet die Hölle oder das Tollhaus?
VERRINA. Ertränkt, wenn das hübscher lautet – Ich geh zum Andreas.
Alle bleiben in starren Gruppen stehn. Der Vorhang fällt. (V, 16–17)

Der Dramatiker korrigiert die Geschichte, die er erst später, als Jenaer Professor, vom Katheder herab zu vertreten hatte, durch ein Wortspiel – literarisch, philologisch beinah: «Hilf deinem Herzog!» ist natürlich das Echo des Entscheidungsmonologs *«Republikaner Fiesko? Herzog Fiesko?»* und damit Formel dessen, was Fieskos ganzes «Seyn» ausmacht.

Die Nachwelt, die germanistische und die theaterliebende, hat Schiller diese Korrektur der Geschichte nicht gedankt. Beifall hat der Schluß lediglich auf seiten einer strikt politischen Interpretation linker Observanz gefunden. Für diese handelt der Republikaner Verrina, da es «um die Sache des Vaterlandes geht», durchaus im Sinne der heroischen Tugend, was Schiller Gelegenheit gäbe, «das objektive Recht zum Tyrannenmord herauszustellen», wie man es in der DDR auch im Falle Tells gegeben sah.[7] Allerdings werde so nicht der Titelheld, mit seiner «Verstrickung in objektiv-gesellschaftliche Schuld», sondern die heroische Nebenfigur zur tragischen Gestalt: Verrina ist es, der einen Kampf auszustehen hat zwischen seiner «moralisch-politischen» republikanischen Pflicht und der persönlichen Neigung zu seinem Freund und in der Folge aus der Vernunfteinsicht in die «objektive Notwendigkeit» handelt. Demgegenüber fällt die Aufopferung der «republikanischen Idee» durch Verrinas schließliche Resignation und Kapitulation («Ich geh zum Andreas») offenbar kaum ins Gewicht.

Eben hier aber hat die Kritik immer wieder eingehakt. Verrinas Verhalten geht dem Publikum, vertreten durch seine Kritiker, von jeher gegen den Strich. Wenig ernstzunehmen ist sicherlich der Einwand, die heimtückische Ermordung Fieskos komme unerwartet und wirke daher unmotiviert.[8] Schließlich hatte Verrina seine Absicht bereits zweimal vorher unter denkwürdigen Umständen, in atmosphärisch dichten Szenen, klipp und klar ausgesprochen (III, 1 u. IV, 5). Wenn dagegen argumentiert wird, man vergesse das, dann ist offensichtlich nicht von einem Versäumnis Schillers zu reden.

Aber auch wenn, wie üblich und sei es auch nur stillschweigend, zugestanden wird, daß die Handlungsweise des republikanischen «Starrkopfs»

---

7   Ursula Wertheim, *Schillers «Fiesko» und «Don Carlos»*, Weimar 1967, S. 102; eine Anm. verweist auf Thalheims *Tell*-Deutung, die im *Tell*-Kapitel dieses Buchs zur Sprache kommt.
8   Ernst Müller, S. 311 (auch zum letzten Satz dieses Absatzes); William F. Mainland, *Schiller and the Changing Past*, London 1957, S. 23.

pragmatisch und psychologisch nicht überraschend ist, ergibt sich von hier aus eine ziemlich verstörende Antwort auf die sich aufdrängende Frage, in welchem Licht folglich der Republikanismus in diesem «republikanischen Trauerspiel» erscheine und damit der staatspolitische Idealismus mit seinem Eintreten für Gesetzestreue, Menschenrechte und Würde der Person. Denn wenn der Republikanismus innerhalb des Stückes überhaupt annähernd akzeptabel vertreten wird, dann durch Verrina. Die übrigen Verschwörer handeln aus wenig noblen Motiven: Kalkagno erhofft sich erotische Freibeute, Sacco braucht Geld (I, 3), das Volk läuft jedem zu, der die Macht hat. Aber auch Verrina selbst handelt kopfscheu: beim ersten Anschein eines Rückschlags des revolutionären Unternehmens läßt er sich grotesk ins Bockshorn jagen, indem er sich ohne Besinnen lieber von der Torwache umbringen lassen will, als der Regierung in die Hände zu fallen.[9] Noch fragwürdiger ist, wie er seine Tochter Bertha als Mittel zum revolutionären Zweck mißbraucht. In den immer wieder mit Kopfschütteln quittierten Szenen am Schluß des ersten Akts kommt ihm die Entehrung seiner Tochter durch Gianettino gerade recht, um die Mitverschwörer damit zur Tatbereitschaft aufzustacheln. Überdies bringt er es fertig, darin einen Wink der Vorsehung zu sehen. So findet er auch nichts dabei, das Opfer fürstlicher Libertinage einzukerkern als Opfer seines eigenen Wahnwitzes – als Pfand des erhofften politischen Erfolgs und als leibhafte Verkörperung des von den Dorias gebrochenen Gesetzes zugleich: «Freue dich, des Vaterlands groses Opfer zu seyn» (I, 12). Eine ähnliche Instrumentalisierung des Menschen praktiziert er am Ende mit seiner Ermordung des Rivalen. Hatte er bereits vorher durch seine Doppelrolle Fiesko hinterhältig manipuliert als den einzigen, der imstande ist, einen Putsch zum gewünschten Ende zu bringen, und war er damit im Grunde nicht anders verfahren als der Spieler Fiesko mit ihm, so entpuppt Verrina sich in der Schluß-Szene als der wörtlich über Leichen gehende Despot der republikanischen Idee. Das ist ein Spielen mit der autonomen Freiheit des anderen, ein Handeln, das bei Schiller zutiefst verpönt ist. Man denke an Ferdinand in *Kabale und Liebe*, an Marquis Posa, selbst an Wallenstein und Leicester sowie an theoretische Schriften wie die «Briefe über *Don Karlos*» und die *Briefe über die ästhetische Erziehung*. Der Anti-Tyrann Verrina verschmäht also nicht die tyrannischen Mittel; er ist der Idealist mit blutbefleckten Händen. Über ein (an De Quinceys «Murder Considered as One of the Fine Arts» orientiertes?) Urteil wie Mainlands:

---

9 IV, 7. Demgegenüber macht Fiesko nicht nur in dieser Szene eine bessere Figur, sondern auch in einer späteren, IV, 9, als er sich eben nur momentan erschüttern läßt von Andreas Dorias seinen eigenen Ehrgeiz übertrumpfender Selbstgewißheit: er schwingt sich vielmehr dazu auf, «Größe mit Größe wett» zu machen, also Doria zu übertrumpfen (V, 1).

«Attack from behind is a gesture which does not assort well with the alleged idealism of the old republican» (S. 17), mag man nicht viel Worte verlieren wollen. Doch daß man von Verrina, diesem höchst zweifelhaften Vertreter des republikanischen Idealismus, nicht etwa im politisch linken, sondern im sogenannten bürgerlichen Lager als dem «unbeugsamen Diener der Ideale» sprechen konnte, dessen Handeln «sittlichen Wert» habe,[10] das gibt zu denken – weniger über Idealismus, als über den selbsterklärten Sachwalter des Idealismus, dessen Buch eine Art «Schiller fürs Volk» sein sollte.

Den größten Anstoß hat man aber zu allen Zeiten und in allen politischen Lagern an Verrinas letztem Wort genommen, «Ich geh zum Andreas.» Es schien, daß er damit die Flinte ins Korn werfe, die republikanischen Ideale verrate, kapituliere vor dem zurückgekehrten konstitutionellen Herrscher, dessen Gerichtsbarkeit er sich nun unterstellt, obwohl er ihm doch ausdrücklich den Tod geschworen hatte (III, 5: «Andreas Doria falle!»). Diese Wendung bedeute

> die moralische Bankerotterklärung seiner politischen Idee. Die bestehende Welt renkt sich wieder ein, und das Gericht Verrinas an Fiesko verliert damit seinen sittlichen Wert, die Revolution richtet sich selbst. Die republikanische Tragödie wird damit zum Trauerspiel der Republik und des Republikaners, die Tragödie des Fiesko beinahe zu einer Tragödie des Verrina, wozu der Dichter aber nicht die künstlerischen Voraussetzungen geschaffen hat. Mit anderen Worten: der Abschluß der *Buchfassung* bringt keine Lösung des aufgeworfenen Problems.[11]

Schon Hettner bemängelte die «Ergebnislosigkeit» dieses Schlusses, der die Konzeption verwische; ähnlich Erich Schmidt: «Eine Bankrotterklärung der ganzen Revolution liegt in seinem letzten dumpfen Wort: ‹Ich geh' zum Andreas› – zum Andreas, [...] für dessen Tod gerade Verrina als eines Henkers stimmte! So führt denn das ‹republikanische Trauerspiel› schließlich zu der bloßen Resignation, daß alles beim alten bleibt, nur ohne Gianettino und Fiesko.» So geht die Litanei bis hin zu v. Wiese, Storz und Staiger.[12] 1959: «Aber diese Tat bleibt im Grunde ohne moralisch-tragische Rechtfertigung; denn der gleiche Verrina kehrt am Schluß des Dramas zum ‹Tyrannen› Andreas Doria zurück, obwohl er auch für diesen in der großen Verschwörerszene (III, 5) ausdrücklich die Vernichtung gefordert hatte.»[13] Und noch 1992: durch die Rückkehr zum bekämpften Herrscher gerate Verrina und damit das Stück «ins Zwielicht»; daß er zum Status quo zurückkehre, zeige, wie prekär es um seinen Republikanismus bestellt sei, der

---

10 Reinhard Buchwald, *Schiller*, 4. Aufl., Wiesbaden 1959, S. 336.
11 *Theater-Fiesko*, hg. v. H. H. Borcherdt, Weimar 1952, S. 9.
12 Vgl. die Übersicht bei Hinderer, S. 233, woher auch die Zitate übernommen wurden.
13 Benno von Wiese, *Friedrich Schiller*, Stuttgart 1959, S. 174.

bestehendes Gesetz und legitime Ordnung anbete, auch wenn sie nicht bürgerliche Freiheiten garantieren, um die es ihm doch gehe – ein formalistisch entleerter Republikanismus, der also schon von Anfang an auf tönernen Füßen gestanden haben müsse.[14]

Hier ist offenbar der wunde Punkt. Die plötzliche Änderung der politischen Überzeugung von Putschbereitschaft zu Hinnahme des Status quo überzeugt die Kritiker nicht. Nun ist zwar zu erinnern, daß Verrinas immer wieder als Zeugnis für seinen Tyrannenhaß angeführtes «Andreas Doria falle!» in einer Situation gesprochen wurde, in der von Verrina keine Aufrichtigkeit zu erwarten war: die Äußerung fiel, nachdem er bereits klar ausgesprochen hatte, daß er Fiesko nach dem Fall Genuas beseitigen werde (III, 1). Hier hat er keine andere Wahl, als Fiesko, der die Abstimmung inszeniert, nach dem Munde zu reden. Das wird um so deutlicher, als er auf die Frage, wer fallen solle, «bedeutungsvoll» antwortet: «Die Tyrannen» – als «Tyrannen» hatte er ja eben Fiesko bezeichnet, als er Bourgognino seine Absicht anvertraute, Fiesko nach dem Gelingen des Putsches zu ermorden. Aber mit solcher Erinnerung ist wenig erreicht. Gewiß, Verrina ist damit der groben Inkonsequenz nicht schuldig, die man ihm – psychologisch und politisch – vorwirft. Aber heißt das, daß Verrina folglich zu Andreas Doria zurückkehren kann, ohne sein Republikanertum aufzugeben, wie man neuerdings behauptet hat?[15] Wohl ist Andreas Doria ein aufgeklärter Landesvater, für dessen eine Schwäche, die von dem alten Moor vertraute übergroße Milde seinem Erben gegenüber (II, 13), seit dem Tod Gianettinos nicht mehr zu fürchten ist; aber daß er auch nur die geringste Sympathie mit Republikanertum, sei es Rousseauscher, sei es Plutarchscher Prägung hätte, liegt jenseits der Möglichkeiten dieses Monarchen, der den Vorsitz über die Republik Genua führt.[16] Daher muß es auch fragwürdig bleiben, die abrupte Rückkehr Verrinas zum verfassungsmäßigen Herrscher geradezu als Akt der staatspolitischen Weisheit zu feiern statt sie, wie üblicher, als Resignation, Kapitulation, Geste der Hoffnungslosigkeit zu beklagen: Verrina, heißt es in einer neueren Deutung, erweise sich gerade mit seiner Rückkehr zu Andreas als einer der «großen Tugendhaften» der *Don Karlos*-Briefe, als Mann der «Größe», und das Drama als ganzes folglich als Gestaltung der Überzeugung Schillers, daß entschiedener Widerstand der Despotie ein Ende zu machen imstande sei – ein republikanisches Trauerspiel als Ver-

---

14 Janz, S. 96.
15 Dorothea E. von Mücke, «Play, Power and Politics in Schiller's *Die Verschwörung des Fiesko zu Genua*», *Michigan Germanic Studies*, XIII (1987), 4; vgl. 2–3.
16 Vgl. Jean Delinière, «Le personnage d'Andreas Doria dans *Die Verschwörung des Fiesko zu Genua*», *Etudes Germaniques*, XL (1985), 31–32.

herrlichung des Brutus *redivivus*.[17] Das ist, im Mittleren Westen zu Papier gebracht, im Grunde eine noch radikalere Rechtfertigung des Tyrannenmörders als die der DDR-Germanistik, die immerhin noch ein tragisches Dilemma in Verrinas Entscheidung gegen Fiesko erkannte. Zugleich ist das eine Rechtfertigung des Status quo – um so unbefriedigender, als von Anfang an dem Publikum zu verstehen gegeben wird, wie sehr eine Neuerung zu wünschen sei.[18]

Andere Versuche, die verblüffende Korrektur der Geschichte durch die literarische Intuition des «höheren Geistes» zu rechtfertigen, laufen auf ähnliche Zumutungen hinaus. Gerhard Storz' rettender Einfall, Verrina rede am Schluß («Ich geh zum Andreas») als «völlig Verstörter» und sei daher nicht weiter ernst zu nehmen, ist der Verwirrung letzter Schluß und ein Armutszeugnis für den Klassiker der Schlußzeile.[19] B. v. Wieses Gedanke: «Ähnlich wie später im *Demetrius* ist hier ein Kreislauf der Geschichte angedeutet, in dem am Ende alles wieder von vorn beginnen kann» (S. 174), ist verlockend, aber kaum plausibel beim frühen Schiller, um so weniger (und das gilt gleicherweise gegen die Rechtfertigung des Status quo), als von einem Neuanfang im Namen Dorias nicht die Rede sein kann. Doria ist ein achtzigjähriger Greis, der weiß, daß seine Tage gezählt sind. Eher ergäbe sich ein Ausblick nicht in einen Kreislauf, sondern ins völlig unberechenbare Chaos nach Dorias Tod, und das wäre in jeder Hinsicht, in dramatischer und ideologischer, unbefriedigend; ein solches offenes Ende ist Schillers Dramatik grundsätzlich fremd. Da böte auch die Idee keinen Ausweg, daß die (heute weniger gefragte) «Dialektik» des republikanischen Idealismus ins Licht trete, der nämlich die reale Macht, die er befürchte, seinerseits benötige.[20]

Als vollends unbefriedigend gibt sich der Schluß überdies durch seine betonten Hinweise auf das genuesische Volk zu erkennen, dem der republikanische Umsturz schließlich zugute kommen soll. Denn dieses Volk ist ein wetterwendischer Pöbel ohne menschliche Signifikanz – ob es Gerechtigkeit oder Despotie verdient, ist ohne Belang. Um das zu zeigen, ließ Schiller Fiesko seine Tierfabel erzählen (II, 8): das Volk jubelt jeder Regierung zu, die ihr demagogisch schmackhaft gemacht wird, und genau das

---

17 Lützeler, S. 22–25; Kritik bei Koopmann, 1982, S. 68, auch bei v. Mücke *en passant* und inkonklusiv: der Republikanismus bliebe nicht «unquestioned» (S. 4). Vgl. Hinderer, S. 272: «In dieser letzten Szene erreicht Verrina Größe.» Ins Absurde gesteigert wird die Aufwertung Verrinas von Dagmar C. Stern, «Schiller's *Die Verschwörung des Fiesko zu Genua*: A Blueprint of Democratic Evolution», *Michigan Germanic Studies*, XVII (1991), 95–96.
18 Vgl. Lesley Sharpe, *Friedrich Schiller*, Cambridge 1991, S. 44.
19 *Der Dichter Friedrich Schiller*, Stuttgart 1959, S. 70.
20 Wolfdietrich Rasch in *Annalen der deutschen Literatur*, hg. v. Heinz Otto Burger, 2. Aufl., Stuttgart 1962, S. 496.

bestätigt der Verlauf des Putsches. Zwei Drittel Genuas laufen sofort zu Fieskos Fahnen über (V, 12), und mit Bedacht hat Schiller am Höhepunkt der Enttäuschung der Hoffnung auf Verwirklichung republikanischer Ideale Kalkagno mit der Nachricht auf die Bühne stürzen lassen: «Andreas ist zurük, halb Genua springt dem Andreas zu» – bevor noch bekannt ist, daß Fiesko ums Leben gekommen ist (V, 17).

Aber wie, wenn die Diskreditierung des politisch-menschheitlichen Idealismus in der Gestalt seines Hauptvertreters trotz des Wortlauts nicht das letzte Wort wäre? Die Verlagerung des Interesses auf Verrina in der Schluß-Szene wird oft als kompositorischer Mangel bewertet, da das Werk nicht von vornherein auf eine Verrina-Tragödie angelegt sei. Kompositorischer Mangel dieser Art kann ein Wink mit dem Zaunpfahl sein, ein Rückverweis auf den Gegenspieler der Republikaner unter den Verschwörern, auf Fiesko selbst, der in den letzten Momenten ja verstummt. Wirkt seine Größe – und um die ging es schließlich dem Grafen und Schiller selbst mehr als um alles andere – im Vergleich mit der sich jetzt bei und nach seinem Tod enthüllenden Kleinheit seines Widersachers und Überspielers nicht um so größer, leuchtender? Dann wäre das Verweilen bei Verrina am Schluß statt kompositorischer Mangel ein sinnvolles Strukturelement, eingesetzt nach dem Prinzip der Abstechung. Dieses Prinzip war Schiller ja nicht fremd, besonders am Dramenausgang nicht. An *Wallenstein* wäre zu denken, der mit der kaiserlichen Ehrung des bei aller Korrektheit infamen Gegenspielers endet («Dem *Fürsten* Piccolomini»), an *Maria Stuart* auch, wo Elisabeth das letzte Wort zugestanden wird, aber nur, um sie ihrer menschlichen Erbärmlichkeit zu überführen, die die Größe ihrer Gegenspielerin um so stärker profiliert. Schon in *Kabale und Liebe* ist es ähnlich.

Hier ist noch einmal zu erinnern, daß der effektbewußte Bühnenpraktiker dem Ertrinkenden das Wort «Herzog» als sein letztes in den Mund gelegt hat. Als einer der großen Könner der Kunst des vielsagenden letzten Worts[21] hat Schiller die Funktion dieses Kompositionsgriffs fast überdeutlich gemacht: Fiesko, im Gegensatz zu Verrina, stirbt wie er gelebt hat, mit dem Kennwort «Herzog» ist seine eigentliche und einzige Existenz-Möglichkeit signalisiert: die amoralische Größe, zu der er sich mit eben diesem Stichwort am Anfang des dritten Aktes entschlossen hatte, ohne daß dies ein eigentlicher Entschluß gewesen wäre – eher Bekenntnis zu sich selbst. Um es mit einem Lieblings- und Wertwort Schillers zu sagen: noch im Tod stimmt Fiesko mit sich selbst überein. Darin bestand schon Franz Moors vom Höllenfeuer umflammte Größe; ähnlich wird Marquis Posa sterben, auch Maria Stuart, Johanna von Orleans und andere. «Denn Recht hat jeder

---

21 Vgl. Guthke, *Letzte Worte*, München 1990, S. 50–55.

eigene Charakter, / Der übereinstimmt mit sich selbst» (*Wallensteins Tod*, 600–601).

So bliebe Fiesko sich bis zuletzt treu, jenseits aller politischer Problematik des Stücks. (Der Monolog in II, 19, das Bekenntnis zum Gemeinwohl, war der kaum kaschierten Selbststeigerung zumindest verdächtig, sprach keine echte Charaktermöglichkeit aus.) Die republikanische Revolution unternahm Fiesko nicht um der Sache, sondern um seiner selbst willen. Noch einmal: «Der Gedanke macht uns unsterblich, denn er ist gefährlich und ungeheuer» (IV, 6), nicht etwa «gerecht». Schiller selbst, der sich in der *Räuber*-Vorrede seiner «Jago's» gerühmt und Miltons Satan und Shakespeares Richard III. als vergleichbare Charaktere angeführt hatte («Auch der Lasterhaffteste hat noch viele [...] Triebe die gut, viele Thätigkeiten, die edel sind» [III, 244]), kann seine Bewunderung für diese, die amoralische Größe nur schlecht verbergen – für ihren Glanz und ihre ins Kosmische hinausgreifende Tragik. Warum sonst legte er seinem Helden den auch von Karl Moor und Wallenstein her bekannten Gedanken in den Mund: der groteske Tod seiner Gemahlin sei ein Wink der Vorsehung: sie «schlug mir diese Wunde nur, mein Herz für die nahe Größe zu prüfen?» (V, 13). Selbst in der «Erinnerung an das Publikum», der offiziellen Erklärung zur Mannheimer Bühnenfassung (die *expressis verbis* den Triumph der amoralischen Größe zurücknimmt, indem Fiesko die Versuchung zur Alleinherrschaft zurückweist und sich zur moralischen Größe des «glücklichsten Bürgers» bekehrt), nimmt Schiller zwischen den Zeilen, und gegen den Wortlaut, Partei für Fiesko als Machtmenschen, für die «Herrschsucht» des «grosen Mannes» (IV, 271):

> Heilig und feierlich war immer der stille der grose Augenblick in dem Schauspielhaus, wo die Herzen so vieler Hunderte, wie auf den allmächtigen Schlag einer magischen Ruthe, nach der Fantasie eines Dichters beben [...] – wo ich des Zuschauers Seele am Zügel führe, und nach meinem Gefallen, einem Ball gleich dem Himmel oder der Hölle zuwerfen kann – und es ist Hochvertrath an dem Genius – Hochverrath an der Menschheit, diesen glücklichen Augenblick zu versäumen, wo so vieles für das Herz kann verloren oder gewonnen werden. (IV, 272)

Von seiner eigenen Ekstase des Herrschens sprechend, drückt sich der Dramatiker in Sätzen aus, die wörtlich die Selbstberauschung des «grosen» Fiesko, des *Herzogs*, nicht des *Republikaners*, aufgreifen (vgl. II, 19; III, 2).

Verweist also der Umschwung des Fokus am Schluß zu Verrina und seiner Unzulänglichkeit nach dem Prinzip der Abstechung zurück auf die Größe Fieskos, die Größe des amoralischen Machtmenschen? Wortwörtlich hätte Schiller einen solchen Triumph – trotz seiner Liebäugelei mit Shakespeares Richard III. – kaum verantworten können. Einen bis ans Lebensende konsequenten Bösewicht wie Franz Moor als (zwar prominente) Nebenfigur auf die Bühne zu bringen war eins, einen Franz Moor *redivivus*[22] zur alles dominierenden Hauptgestalt zu machen war ein anderes, dem Publikum kaum zuzumuten. Und doch ist Schiller in der keineswegs zu überzeugender Klarheit gediehenen Buchfassung[23] von 1783 einem solchen Drama mindestens nahegekommen. Das mag einer der Gründe gewesen sein, die ihn veranlaßten, für die Mannheimer Inszenierung vom Januar 1784 eine neue Fassung vorzulegen, die den Schluß radikal abänderte. Oder schien das nur so?

3.

Auffällig ist, wie ausweichend und nichtssagend Schiller selbst sich in der erwähnten, auf dem Mannheimer Theaterzettel gedruckten «Erinnerung an das Publikum» über die Motivation der Schluß-Revision äußert:

> Warum ich aber jezt meiner eigenen Ersten Schilderung widerspreche, die den Grafen durch seine Herrschsucht umkommen läßt, ist eine andere Frage. Es mag nun seyn, daß ich zur Zeit, wo ich jenen entwarf, gewissenhafter oder verzagter gewesen – Vielleicht aber auch, daß ich für den ruhigen Leser, der den verworrensten Faden mit Bedacht auseinander löst, mit Fleis anders dichten wollte, als für den hingerissenen Hörer, der augenblicklich geniesen muß – und reizender ist es nun doch mit einem *grosen Manne* in die Wette zu laufen, als von einem gestraften Verbrecher sich belehren zu lassen. (IV, 271)

Die Aufführungen der Buchfassung in Bonn und Frankfurt waren nicht eben erfolgreich gewesen (IV,265,267,275); daran wird nicht zuletzt der Schluß schuld gewesen sein. Fieskos «unedler» Tod habe einen «widrigen Effekt», meinte ein zeitgenössischer Rezensent, der sich einen angemesseneren Ausgang wünschte.[24] Spätestens nach der Mannheimer Neufassung wird sich das herumgesprochen haben. Im August 1784 kam in Mannheim Friedrich Wilhelm Gotters Posse *Der schwarze Mann* auf die Bühne, die in einer Szene Schillers Schwierigkeiten mit dem *Fiesko*-Schluß verulkt; sie zeigt den Dichter Flickwort bei der Arbeit:

> Aber der fünfte Akt? – O, du unseeliger Fünfter! – Klippe meiner schiffbrüchigen Kollegen, soll auch ich an dir scheidern? – (nachdenkend) Zwey Wege liegen vor mir – beide von Aristoteles gezeichnet. – Die Verschwörung wird

---

22 Kurt May, *Friedrich Schiller*, Göttingen 1948, S. 33, sieht Fiesko in der Franz-Moor-Nachfolge.
23 Vgl. William Witte, *Schiller*, Oxford 1949, S. 125: «without a convincing total gesture».
24 Julius W. Braun, *Schiller und Goethe in Urtheile ihrer Zeitgenossen*, 1. Abt., I, Leipzig 1882, S. 177.

entdeckt – der König – ein zweiter August – siegt über sich selbst – Die Verräther erhalten Gnade – (Pause.) – Nein! das sieht zwanzig andern Stücken so ähnlich. – Ich stehle nicht. – Ich bin ein Original. – Ich laße die Tugend unterliegen. Je unmoralischer, desto schrecklicher! – Ich kann nicht helfen. – (Springt in der Begeistrung auf, sein Manuscript in der Hand haltend.) – Der König muß sterben. Gift oder Dolch! gleich viel! Der König muß sterben. (NA, IV, 279)

Vor allem aber war die Mannheimer Theaterintendanz mit dem Schluß der Buchfassung unzufrieden. Als Schiller im August 1783 dort mit Dalberg zusammentraf und ein «langes Gespräch» über seine Dramenpläne führte im Zusammenhang seiner vorgesehenen Anstellung als Theaterdichter, brachte Dalberg auch *Fiesko* zur Sprache; und obwohl nicht feststeht, was Dalberg im einzelnen gewünscht oder verlangt hat, vielleicht auch im Hinblick auf Ifflands Schiller zugänglich gemachtes kritisches Gutachten über die Buchfassung, das allerdings auf den Schluß nicht zu sprechen kommt (IV, 303), so läßt sich doch aus Schillers Brief an Dalberg vom 29. September 1783 schließen, daß der abzuändernde Schluß ein Thema des Gesprächs war: «Der Vte Akt wird eine Hauptveränderung leiden», heißt es da.[25] Bestätigt wird die Vermutung, daß die Revision des Ausgangs, wenn auch nicht die genaue Art der Revision, auf Mannheimer Wünsche zurückging, durch Andreas Streicher. Er schreibt über die damaligen Mannheimer Anregungen zu Schillers Bearbeitung (die in der zweiten Novemberhälfte 1783 fertig wurde): «Am meisten wurde gegen den Schluß eingewendet weil er weder den ersten Schauspielern noch dem Publikum Genüge leisten könne», «dem Schauspieler keinen glänzenden Abgang gewährte, so wie auch für die Zuschauer zu kurz abgebrochen, oder nicht befriedigend genug schien.» So habe Schiller «wider seinen Willen einen Theater Helden machen [müssen], der alles fein ordentlich und sittlich ausgleicht, nur damit die Schauspieler beklatscht, die Zuhörer gerührt, und vielleicht noch einmal bewogen werden konnten, die Sitze wieder auszufüllen» (IV, 268–269).

Die Revision betraf nicht nur den Schluß, doch können hier die stilistischen und bühnenpraktischen Änderungen ebenso wie stehengebliebene handlungsmäßige Inkonsequenzen, die sich aus der Vereinfachung des Geschehensablaufs ergaben, übergangen werden. Wichtig allerdings für den veränderten Ausgang des Stücks – Fiesko als der «große Tugendhafte», der seinen Ehrgeiz überwindet – ist, neben der Streichung von Leonores blutigem Ende und der Kassierung der egoistischen Motivation der Verschwörer Kalkagno und Sacco, die Umstellung von Fieskos beiden großen Monolo-

---

[25] IV, 267; vgl. Ifflands Gutachten bei Gertrud Rudloff-Hille, *Schiller auf der deutschen Bühne seiner Zeit*, Weimar 1969, S. 41–42.

gen.²⁶ Der Verzicht-Monolog (II, 19 in der Buchfassung) wird ersetzt durch den monologischen Entschluß zum Betrug der Verschwörer im Interesse der eigenen Machtergreifung, der in der Buchfassung III, 2 gewesen war (III, 1 in der Bühnenfassung). Der Verzicht-Monolog rückt an die Stelle, wo in der Buchfassung der Entschluß zur Macht gestanden hatte (IV, 15 in der Bühnenfassung). Er bereitet also das öffentliche «Wegwerfen» der Krone am Schluß jedenfalls dramentechnisch-pragmatisch vor, wo denn auch Wendungen aus diesem Monolog wiederkehren. Voraus gehen der abschließenden großen Verzichtgeste vor versammeltem genuesischen Volk dramatische Momente. Als Fiesko nach erfolgreichem Putsch, bejubelt von ganz Genua, «lächelnd» nach dem Purpur greift trotz Verrinas Kniefall in republikanischer Sache, führt Verrina einen Schwertstoß gegen Fiesko. Der fängt den Hieb jedoch auf; das Volk empört sich gegen den versuchten «Fürstenmord» («Verräther stirb!»), Verrina sieht sich schon als ersten Märtyrer des neuen Unrechtsstaats, als Fiesko «mit ruhiger Größe hervortritt»:

> Wie schmeichelhaft ist mir diese Wut, Genueser! Jezt seid ihr da, wo euch Fiesko erwartete. [...] Ein Diadem erkämpfen ist Gros – es wegwerfen, göttlich. Seid *frei, Genueser! er zerbricht das Zepter, und wirft die Stücke unter das Volk* Und die monarchische Gewalt vergehe mit ihren Zeichen!
> DAS VOLK *stürzt jauchzend auf die Knie.* Fiesko und Freiheit!
> VERRINA *nähert sich Fiesko mit dem Ausdruck des höchsten Erstaunens.* Fiesko?
> FIESKO. Und mit Drohungen wolltest du mir einen Entschluß abnötigen, den mein eigenes Herz nicht geboren hat? – Genuas Freiheit war in *diesem* Busen entschiden, ehe Verrina noch dafür zitterte – aber Fiesko *selbst* mußte der Schöpfer seyn – *Verrinas Hand ergreifend, mit Wärme und Zärtlichkeit* Und jezt doch mein Freund wieder, Verrina?
> VERRINA *begeistert in seine Arme stürzend.* Ewig!
> FIESKO *mit grosser Rührung, einen Blick auf das Volk geworfen, das mit allen Zeichen der Freude noch auf den Knien ligt.* Himmlischer Anblick – belonender als alle Kronen der Welt – *gegen das Volk eilend* Steht auf, Genueser! den Monarchen hab ich euch geschenkt – umarmt euren glücklichsten Bürger. (V, 6)

Dieser die Realhistorie souverän hinter sich lassende Rekurs auf die edelmuttriefenden Denkformen des bürgerlichen Rührstücks, wie es damals hoch im Schwange war, kam sicherlich den Erwartungen der Mannheimer Intendanz entgegen. Daß diese Fassung trotzdem sich weder in Mannheim noch sonstwo durchsetzte,²⁷ ja, daß sie «in den achtziger und neunziger

---

26 Zu den Änderungen vgl. Lieselotte Blumenthal, «Aufführungen der *Verschwörung des Fiesko zu Genua* zu Schillers Lebzeiten», *Goethe*, XVII (1955), 66–69. Der Text ist samt kritischem Apparat im vierten Band der Nationalausgabe enthalten.
27 Schiller selbst berichtete über den Mißerfolg der Mannheimer Erstaufführung am 5. Mai 1784 an Reinwald (IV, 277); vgl. die Aufführungsstatistik in der Nationalausgabe, IV, 309–316; Blumenthal, S. 69.

Jahren die am wenigsten gespielte Fassung war»,[28] mag darauf deuten, daß Schillers Entgegenkommen, auch und besonders in der Gestaltung des Schlusses, zu teuer erkauft war. Es bleibe zu hoffen, daß Schiller «einen wahren theatralischen Ausgang» liefere, bemängelte 1787 der Rezensent einer Aufführung.[29] Zwar war dieser Fassung nicht vorzuhalten, daß sie sich am Schluß von der Fiesko-Tragödie einer Verrina-Problematik zuwendete. Doch das Gemälde der uneigennützigen sittlichen Größe mag denn doch etwas zu trivial geraten sein, als daß ein anspruchsvolleres Publikum Gefallen daran hätte finden können. Hinzu kam, daß, wie in der Literatur immer wieder bemängelt wird, der Sinneswandel Fieskos durch den Verzicht-Monolog zwar bühnenpraktisch vorbereitet und insofern nicht überraschend war, aber als «allzu nachdrücklicher Tugendsieg» «zu der ursprünglichen Anlage des Helden nicht recht passen» wollte[30] oder «psychologisch nicht begründet» sei[31] und somit unglaubwürdig wirke: «Eine Umwandlung, die jede Frage offen läßt nach dem Woher. Aus welcher Substanz in Fiesco sollte sie entspringen? [...] Die organische Entwicklung ist am Ende einfach umgebrochen.»[32] Aber läßt Schiller diese Gewaltsamkeit geschehen, um seinem «heroischen Optimismus» zum Sieg zu verhelfen, wie man die Wendung gedeutet hat?[33] Oder aber spricht sich nicht gerade hier ein noch größerer Pessimismus in bezug auf die Möglichkeiten republikanischer Freiheit aus, wenn Fiesko einem «jauchzend» vor ihm auf den Knien liegenden Volk die Freiheit schenkt, das eben noch dem Alleinherrscher gehuldigt hat und «den einzigen wirklichen Republikaner umbringen wollte»?[34] Verrina selbst sagt ja in der Erbitterung über den Fehlschlag seines Attentats auf Fiesko, das genuesische Volk wolle gar nicht «*befreit seyn*» (V, 6).

Daß sich solche Fragen stellen, mag auf Schillers Halbherzigkeit bei der nur ungern übernommenen Umarbeitung deuten, um so mehr, als, wie erst

---

28 Blumenthal, S. 69.
29 Julius W. Braun, 1. Abt., I, 177.
30 v. Wiese, S. 173.
31 Herbert Kraft, *Um Schiller betrogen*, Pfullingen 1978, S. 68.
32 May, S. 41.
33 Borcherdt, S. 10. Rührend ist die DDR-germanistische Deutung durch Ursula Wertheim (S. 104–107): Schiller habe, eingedenk seiner Aufgabe, als «Lehrer des Volks [...] Vorbilder [zu] schaffen, künstlerische Gestalten, die begeistern und wert sind, daß man ihnen nacheifert», tatsächlich, wie es in der «Erinnerung an das Publikum» heißt, das Publikum veranlassen wollen, die Krone wegzuwerfen, die es seinerseits «zu erringen» fähig sei, habe sein Ziel aber nicht erreicht, da auch in dieser Fassung Fiesko noch der Mann der «Pose» sei («eitle Selbstbefriedigung und Selbstherrlichkeit»). Auch habe Schiller sein Ziel gar nicht «in dramatische Praxis umsetzen» können, da das willkürliche Umspringen mit der Geschichte, das Fiesko am Leben ließ, eben doch zu weit gegangen sei, wofür selbst Aristoteles als Eideshelfer herhalten muß.
34 Blumenthal, S. 69; vgl. Kraft, S. 68.

vor wenigen Jahren dokumentiert werden konnte, noch während der Einstudierung der Mannheimer Aufführung Änderungen vorgenommen und dann wieder verworfen wurden, die «auf interessante Weise deutlich mach[en] [«Leonore im Mittelpunkt»], mit welchen Lösungsmöglichkeiten Schiller experimentierte und wie bis zu einem Zeitpunkt kurz vor der Mannheimer Aufführung die Gestaltung des Schlusses offen war» (IV, 304). Kein Wunder, daß Schiller selbst mit dem Resultat nicht recht zufrieden war. Am 8. Februar 1784, also *nach* der Mannheimer Aufführung der neuen Fassung, schrieb er an den Theaterdirektor Großmann: «Ob aber ein Produkt der Begeisterung, durch Theaterconvenienz und kritisches Fliken und Beschneiden auf der einen Seite nicht wieder verliere, was es allenfalls auf der andern mochte gewonnen haben, kann niemand beßer entscheiden als der Mann, der als Dichter und Schauspieler und Schauspieldirektor alle Gränzen der theatralischen Welt umgangen haben mus. Darüber vortreflicher Mann werde ich mir Ihre ausdrükliche ungeheuchelte Meinung erbitten, und Sie erwerben Sich kein geringes Verdienst um mich, wenn Sie mir mit der Offenherzigkeit des Künstlers gegen den Künstler gestehen, wo der Neue Fiesko gegen den Alten in einem Rükstand geblieben ist?» (IV, 275)

Schiller spricht da nicht, als handle es sich um eine ganz neue Konzeption, etwas ganz vom Bisherigen Abweichendes. Sollte der neue Fiesko vom alten wirklich so verschieden sein? Mit andern Worten: ist die so lautstark zelebrierte Konversion am Schluß wirklich, wie in der Regel angenommen wird, eine *echte* Umkehr, ein «Triumph des Sittlichen»[35]? Verrina hatte Fieskos erstem Bekenntnis zur Verschwörung und ihrer Ideologie bemerkenswerterweise keinen Glauben geschenkt (Buchfassung II, 18; Bühnenfassung II, 20). Es ließ ihn vielmehr den Entschluß fassen, Fiesko als Tyrannen aus dem Wege zu räumen (Buchfassung III, 1; Bühnenfassung II, 21). Auch auf die falschen Töne im Verzicht-Monolog wurden wir bereits aufmerksam: es bestand zumindest der Verdacht, daß Fiesko sich an der Entsagung so berauscht, weil ihm gerade diese Rolle den Genuß der eigenen Größe verspricht. In der Bühnenfassung ist der Verdacht noch stärker als in der Buchfassung, weil dieser Monolog hier auf die Begegnung Fieskos mit Andreas Doria folgt: Fiesko fühlt sich von dessen Größe beschämt – die er nun seinerseits übertrumpfen möchte in großer theatralischer Geste: «Vollende deine Gröse, Fiesko!» (IV, 15 – Zusatz der Bühnenfassung). Und sollte es in Fieskos Schlußrede in der Bühnenfassung wirklich anders sein? Das letzte Wort, die Beteuerung, Genuas glücklichster Bürger zu sein, ist wörtlich aus II, 19 der Buchfassung übernommen und ebenso der andere rhetorische

---

35 Gerhard Fricke, «Die Problematik des Tragischen im Drama Schillers», *Jahrbuch des Freien Deutschen Hochstifts*, 1930, S. 14.

Gipfel: «Ein Diadem erkämpfen ist Gros – es wegwerfen, göttlich».[36] Also Selbstvergötterung, nachdem Fiesko in IV, 15 der Bühnenfassung die «Vergötterung» durch die Herrscherrolle von sich gewiesen hatte? Dafür spricht einiges.

Zunächst ist erstaunlich: Fiesko erlaubt sich die Verkündigung seines Verzichts in der Schluß-Szene mit ihrem ganzen theatralischen Aplomb erst, nachdem er die Wonnen des Herrschertums ausgekostet hat: Als das ihm huldigende Volk Verrina als «Majestätsverlezer» hinrichten will, gestattet Fiesko sich zunächst einmal den Genuß seiner Herrschergröße: «Wie schmeichelhaft ist mir diese Wut, Genueser! Jezt seid ihr da, wo euch Fiesko erwartete.» Jetzt, weiß er, ist die Liebe des Volkes zu ihm größer als der Drang nach Freiheit. Erst dann folgt die Großmutsgeste: «Seid *frei*, Genueser!» Ist das nicht eine Steigerung der Selbstvergötterung? Das Volk liegt vor ihm auf den Knien: «Himmlischer Anblick – belonender als alle Kronen der Welt» – aber doch mit allen Kronen vergleichbar!

Jetzt hat Fiesko das Volk wirklich am Gängelband – wie Schiller das Publikum (IV, 272), dem er durch solche Wortwahl eine der offensichtlichen Deutung entgegenlaufende Interpretation suggeriert. Dabei ist wichtig und bisher nie bemerkt worden, daß Fiesko seinen zweiten Triumph durch eine demagogische *Lüge* inszeniert: «Genuas Freiheit war in *diesem* Busen entschieden, ehe Verrina noch dafür zitterte – aber Fiesko *selbst* mußte der Schöpfer seyn.» Das steht im Widerspruch zu dem in der Bühnenfassung in den vierten Akt verlegten Verzicht-Monolog (15. Szene), in dem Fiesko ja erst zu diesem Entschluß kam, gegen die herzogliche Versuchung. Ist die mit einer solchen Lüge operierende «Tugend» also wirklich überzeugend? Oder ändert vielmehr Fieskos Herrschsucht nur die Erscheinungsform? Denn der «glücklichste Bürger» ist ja der, der Genua unwiderruflich in der Hand hat – es liegt vor ihm auf den Knien. Der Gedanke ist Schiller gut vertraut. In der Erzählung «Der Verbrecher aus verlorener Ehre» von 1786 liest man: «Eine und eben dieselbe Fertigkeit oder Begierde kann in tausenderlei Formen und Richtungen spielen, kann tausend widersprechende Phänomene bewirken, [...] und tausend ungleiche Charaktere und Handlungen können wieder aus einerlei Neigungen gesponnen sein» (XVI, 7). Es ist kaum anzunehmen, daß Schiller eine solche Lesung mit der List seiner Vernunft in *Fiesko* nicht im Sinne gehabt haben sollte, daß also die Text-Diagnose «Der Verzicht kommt nicht aus wahrer Sittlichkeit, sondern letztlich aus einer Sucht nach Selbstbewunderung und Selbstgenuß, die zur Pose

---

36 Die Stellen wurden in dem entsprechenden Monolog der Bühnenfassung, IV, 15, ersetzt durch das inhaltlich gleiche «Im Namen Gottes und der gerechten Sache! [...] Fiesko und Freiheit!»

führt» der Intention des Dramatikers zuwiderlaufe.³⁷ Man erinnere sich an Schillers feines Gehör für die falschen Motive der «Aufopferung» in der «Theosophie des Julius», an Karl Moors Glück und Großmannsucht, auch an die *Don Karlos*-Briefe, wo er im zweiten von der «Aufopferungsfähigkeit» als «Inbegriff aller republikanischen Tugend» spricht, aber im elften von der «allgemeinen Hinneigung unsers Gemüts zur Herrschbegierde» anläßlich des selben Marquis Posa (XXII, 141,172) – dem die Königin vorhält, er habe «nur um Bewunderung gebuhlt» (5188).

So hätte Fiesko also der Versuchung gerade nicht widerstanden. Der Verzicht ist nicht echt, Fiesko bleibt der amoralische Machtmensch, der die Verkleidung liebt. Es ist Schiller zuzutrauen, daß er den Schluß so verstanden wissen wollte. Mit schwäbischer Verschmitztheit hätte er also beide Erscheinungsweisen der Größe zugleich gestaltet – je nach dem Bewußtseinsniveau des Zuschauers. Er hätte sich von dem Vorwurf der Liebedienerei gegenüber dem moralfreudigen Publikumsgeschmack salviert in der Hoffnung auf die hellhörigen wenigen unter seinen Lesern und Zuschauern. Von «grober Mißachtung der psychologischen Wahrscheinlichkeit» wäre nicht mehr zu sprechen.³⁸

Wenn daran etwas ist – und das soll hier nicht bezweifelt werden –, dann bereitet auch der Schluß der dritten Fassung keine Schwierigkeiten, der mit Verrinas Erdolchung des selbstherrlichen «Herzogs» Fiesko handlungsmäßig sozusagen zur Buchfassung zurückkehrt. So wie Schiller im Wesentlichen des Charakterporträts also nicht zwischen der ersten und zweiten Schlußversion geschwankt hätte, zwischen verschiedenen Auffassungen der Größe, nämlich der in der «Erinnerung» thematisierten moralischen und amoralischen, so auch nicht zwischen der Mannheimer und der Leipzig-Dresdner Fassung. Diese bietet vielmehr nur eine neue Variante derselben Grundkonzeption, die sich seit 1782 nicht gewandelt hat.

---

37 Adolf Beck, «Die Krisis des Menschen im Drama des jungen Schiller», *Euphorion*, XLIX (1955), 178–179. Vgl. auch Hinderer, S. 242; Helmut Koopmann, Schiller, München u. Zürich 1988, S. 32; Peter Michelsen, «Schillers Fiesko: Freiheitsheld und Tyrann», *Schiller und die höfische Welt*, hg. v. Achim Aurnhammer u. a., Tübingen 1990, bemerkt S. 346, daß «eine Umwandlung des Fiesko im entscheidenden gar nicht vorliegt. Sein Verzicht auf die Herzogwürde erweist sich als eine nur spezielle Variation des Willens zur Größe». Meine Auffassung schon in *Wege zur Literatur*, Bern 1967, S. 68.
38 Albert Meier, «Die Seele des Zuschauers am Zügel», *Jahrbuch der Deutschen Schillergesellschaft*, XXXI (1987), 121.

4.

Allerdings stellt sich hier ein Problem. Während die Mannheimer Bühnenfassung durchaus auf Schillers Konto geht als selbstverantwortete Bearbeitung, bleibt der Authentizitätsstatus der Leipzig-Dresdner Bühnenversion von 1785 umstritten und letztlich undefinierbar.[39] Nicht nur wieviel Anteil Schiller daran gehabt habe, sondern auch, ob überhaupt von seinem Anteil zu reden ist, ist eine unbeantwortbare Frage, obwohl die Authentizität engagiert verteidigt worden ist[40] und diese Fassung nicht selten behandelt wird, als sei sie authentisch.[41] Einerseits hat Schiller die Dresdner Aufführung vom 13. März 1786 heftig kritisiert, u.a. weil sie «den Ausgang eigenmächtig abändert» (IV, 283; aber es ist nicht bekannt, *wie* der Ausgang in Dresden gegeben wurde). Andererseits gibt es einen Brief von Ludwig Ferdinand Huber an Schiller, der berichtet, die Leipziger Aufführung komme nicht zustande, da dem Schauspieler Johann Friedrich Reinecke der von Schiller geänderte Schluß nicht gefiele: «Er wollte nicht gern sterben», Verrina behielte die Oberhand.[42] Die Leipzig-Dresdner Bühnenfassung kann hier also nur als weitere Illustration der Schwierigkeiten beim Schreiben der Geschichte des Grafen Lavagna herangezogen werden.[43]

---

39 Auch war sie «keinesfalls die meistgespielte Theaterfassung zu Schillers Zeit» (NA, IV, 306), wie der Wiederentdecker des «Theater-*Fiesko*», Borcherdt, 1952 noch behauptet hatte. Die meistgespielte Fassung war die «Verhunzung» (Schiller: IV, 281) durch Carl Martin Plümicke, die zwei Wochen nach der Mannheimer Aufführung in Wien aufgeführt wurde (IV, 275). Auch hier war am Schluß eine eingreifende Veränderung geschehen, die jedoch in diesem Zusammenhang nicht weiter zu interessieren braucht. Vgl. Albert Meier, S. 118: «Verrina versucht zunächst, den bereits die herzoglichen Gewänder tragenden Fiesko doch noch zum Verzicht auf die Herzogswürde zu bewegen; als dieses Bemühen ohne Erfolg bleibt, will er Fiesko erstechen, wird von diesem aber mühelos abgewehrt. Fieskos anschließende Bereitschaft, sich von Verrina die ungeschützte Brust durchbohren zu lassen, nötigt diesem zwar höchste Bewunderung ab, versöhnt ihn jedoch nicht als Freund. In der Zwischenzeit kehrt der eigentliche Gegner Andreas Doria scheinbar siegreich in die Stadt zurück und bietet Fiesko, den vorher auch noch die in ihrer Frauenehre gekränkte Julia Imperiali hatte ermorden wollen, die Adoption an Sohnes Statt sowie die Überlassung der Herzogswürde an; in dem Augenblick, in dem Fiesko dann die Nachricht vom endgültigen militärischen Sieg der Verschwörer erhält, nimmt er zwar die Adoption durch Andreas an, begeht jedoch unmittelbar darauf Selbstmord, um sowohl als Befreier des Vaterlandes wie auch als Andreas' Sohn, vor allem aber als Fürst zu sterben. Plümickes Bearbeitung endet auf diese Weise in zwar tragischer, aber um so umfassenderer Harmonie. Der potentielle Tyrann Gianettino ist tot, Andreas Doria herrscht erneut allein über Genua, wird jedoch nicht mehr lange leben, und Verrina hat sich in seiner Bewunderung von Fieskos Tod mit diesem vollständig wieder versöhnt: ‹Welch eine That! Ha! *nun* sind wir Freunde, Fiesko!›»
40 Wertheim, S. 108–124.
41 Zum Beispiel von Kraft, S. 68.
42 IV, 282; vgl. die Erörterung in IV, 305–308.
43 Vgl. Borcherdt, S. 7–18; Rudloff-Hille, S. 50–65; Blumenthal, S. 69–73; Wertheim, S. 108–124. Kollationierung in der Nationalausgabe, IV, 380–416.

Diese Version ist eine Annäherung an die Buchfassung insofern, als Fiesko sich nicht zum glücklichsten Bürger bekehrt, sondern bei seiner Herrscherrolle bleibt, die denn auch wie in der Buchfassung vorprogrammiert ist durch genau denselben Standort der beiden Monologe: der Verzicht-Monolog wird also rückgängig gemacht durch den späteren, der die Entscheidung für das Herzogtum und gegen den Tugendsieg ausspricht. Fiesko bleibt bei seiner Herzogsidentität (szenisch: beim Purpur) bis zuletzt, trotz Verrinas Mahnung zur republikanischen Umkehr. Daraufhin springt Verrina auf, zieht den Dolch und ersticht Fiesko.

> KALKAG., SACCO, EDELLEUTE, VOLK (zugleich) Mörder! Mörder! was hast Du gethan?
>
> VERRINA *tritt mit Hoheit vor das Volk.* Es war mein Busenfreund und mein Bruder, mein Wohlthäter und der größte Mann seiner Zeit, aber das Vaterland war meine erste Pflicht *indem er den Dolch unter das Volk wirft.* Fordert sein Blut von mir Genueser, ich stelle mich als ein Mörder vor Euer Gericht. Mein Proceß ist verloren auf dieser Erden, aber ich habe ihn gewonnen vor dem Allmächtigen. *Indem er eine Bewegung macht dem Volk entgegen zu gehen, fällt der Vorhang.* (IV, 416)

Wenn Huber, wie plausibel anzunehmen, recht hat mit seiner Feststellung in seinem Brief an den Duzfreund Schiller, daß dieser und kein anderer jedenfalls den Tod Fieskos und die damit gegebene «Oberhand» Verrinas verfügt habe, der folglich den «lezten Eindruk» mache (IV, 282), was ist dann von *Schillers* Entscheidung für die Ermordung Fieskos durch Verrina zu halten? Die englische Schiller-Kritik hat hier besonders zu würdigen gewußt, daß Verrina, der im Prinzip anerkennenswerte Idealist und Republikaner, nun nicht mehr hinterrücks mordet, sondern mit größerer «Würde».[44] Sie hat in ihrer weltnah-praktischen Art auch nicht übersehen, daß der Dolchstoß ferner insofern eine Verbesserung ist, als der Schubs ins Hafenwasser, in der Buchfassung, auf den Theaterbrettern statt eines realistischen Aufklatschens nach den Möglichkeiten damaliger Inszenierung nur einen dumpfen Aufprall akustisch vermittelt hätte, der grundsätzlich nicht dazu angetan sei, tragisches Mitleid zu erregen.[45] Das größte Verdienst der neuen Fassung sei jedoch, so wird uns von dieser Seite versichert, daß sie Verrina die Gelegenheit gibt, das Ideal zu verkünden statt lediglich seiner Verwirklichung die Bahn zu ebnen wie in der Buchfassung.[46]

Ist damit wirklich «die einzig mögliche Lösung des Fiesko-Problems» gefunden? «Erst hier siegt die republikanische Idee und damit die Idee der Menschheit» oder der Idealismus.[47] Die republikanische Position werde so

---

44 Mainland, S. 18.
45 Fowler, S. 10.
46 Mainland, S. 18.
47 Borcherdt, S. 11.

«zum Vorbild gesetzt»[48] und lasse optimistisch eine «künftige Verwirklichung» des republikanischen Ideals aufleuchten.[49] So heißt es in schöner Einmütigkeit in (ehemals) Ost und West. Übersehen wird dabei nicht nur, daß der als Sieger aus dem Tumult hervorgehende Republikaner, menschlich problematisch schon in der Buchfassung, hier noch fragwürdiger geworden ist. Während Verrina seine Tochter noch, wie in der Buchfassung, als Pfand der Revolution einkerkern läßt, hat er hier aber nicht mehr den dortigen Anlaß dazu, daß sie nämlich durch den Vertreter der korrupten Herrschaftsclique entehrt wurde.[50] Schwerwiegender und nie zur Sprache gebracht ist folgendes. Bezeugt Verrina, indem er sich der Gerichtsbarkeit nicht des Andreas Doria, wie in der Buchfassung, sondern des Volks von Genua stellt – «Fordert sein Blut von mir Genueser, ich stelle mich als ein Mörder vor Euer Gericht» –, tatsächlich republikanische Weisheit oder auch nur politischen Verstand? Nur in der Mannheimer Fassung zwar hatte er selbst sich zynisch über diesen Pöbel geäußert, der die Freiheit nicht verdiene, nicht «*befreit* seyn will» (V, 6). Aber in der Leipzig-Dresdner ist der Pöbel durchaus nicht urteilsfähiger und würdiger. Was kann Verrina sich davon versprechen, daß er sich jetzt dem Gericht jenes Pöbels stellt, der noch kurz zuvor, in V, 7, entblößten Hauptes dem «Herzog von Genua» auf den Knien gehuldigt hatte – und (die Regieanweisungen sind nicht eindeutig) vielleicht eben jetzt noch im Hintergrund kniet? Und wer käme ans Ruder in einer solchen Wiederherstellung der Republik durch Verrina? Von Andreas Doria, dem Achtzigjährigen, ist im Gegensatz zur Mannheimer Fassung nicht die Rede. Auf der Bühne versammelt sind die Verschwörer – und nicht einer von ihnen ist ein leuchtendes Vorbild menschenwürdigen Verhaltens. Der Triumph entpuppt sich unwillkürlich als Zynismus!

Möglich, daß damit indirekt zurückgewiesen ist auf die von Schiller nicht verachtete Größe des großen Ich Fieskos, des einzigen Menschen von Format, der soeben ein erschütterndes Ende gefunden hat. Im Rückblick von Verrina aus erschiene Fiesko dann um so tragischer. So oder so bleibt die republikanische Idee nicht nur unrealisiert, sondern (nach den in der dramatischen Gestaltung des geschichtlichen Stoffes gegebenen menschlichen Voraussetzungen) auch unrealisierbar, während der einzige potentiell geschichtsmächtige «grose Mann» zur Strecke gebracht wird von eben jener unzulänglichen historischen Realität und der eigenen Unzulänglichkeit. Angelegt in solcher Konstellation wäre, jedenfalls potentiell, eine Tragik jenseits alles «Republikanischen», die Schiller nicht schlecht ansteht, sofern er

---

48 Kraft, S. 68.
49 Blumenthal, S. 72.
50 Fowler, S. 12.

Hubers unverdächtigem Zeugnis zufolge immerhin für eine Schlußversion verantwortlich sein dürfte, in der Fiesko stirbt und Verrina triumphiert.

5.

Ein letztes Wort zu der in den verschiedenen Versionen versuchten Sinngebung der Geschichte haben wir von Schiller nicht, wohl aber das Zugeständnis, daß ein solches letztes Wort nötig wäre. Nach den mittleren achtziger Jahren hat er keinen weiteren Versuch unternommen, der seinen literarisch-anthropologischen Konzeptionen widerstreitenden Fiesko-Geschichte Herr zu werden, wohl aber seine Unzufriedenheit mit dem Geleisteten zu erkennen gegeben. Der Weimarer Schauspieler Eduard Genast berichtet:

> Ueberhaupt widerstrebte Schiller stets, wenn Goethe ein Stück seiner frühern Periode zur Darstellung bringen wollte, und namentlich war ihm der «Fiesko» widerwärtig, der denn auch bei Schiller's Lebzeiten nicht mehr auf der weimarschen Bühne erschien. Er selbst sprach einst die Absicht aus, denselben umzuarbeiten und zu versificiren; aber er gab diesen Gedanken wieder auf und wandte seine Zeit neuen Werken zu. (IV, 296)

Goethe vertraute Eckermann an, Schiller habe seine «ersten Stücke nicht leiden» können, er hätte an Revision gedacht, «es wollte aber nicht gehen, es war alles zu sehr mit einander verwachsen, so daß Schiller selbst an dem Unternehmen verzweifelte» (IV, 297). Spezifischer hat Karl August Böttiger vom «Uebelstand» des *Fiesko*-Schlusses wissen lassen, Schiller habe geäußert, hier hätte nur eine «gänzliche Umformung» Remedur geschaffen, in der nämlich Gianettino und Fiesko von Andreas Doria «überwunden» würden (IV, 297). Bekanntlich ist es zu keiner Revision irgendwelcher Art gekommen.

So bleiben die verschiedenen vorliegenden Fassungen in ihrer je eigenen intellektuellen Problematik wie auch in ihrer unentschiedenen Konkurrenz miteinander statt ein letztes Wort ein Gewirr von undeutlichen Stimmen. Zusammengenommen bieten sie ein Schauspiel von eigenem Reiz. In seiner letztlichen Antwortlosigkeit weist dieses zurück auf einen klugen und wachen Kopf, der sich in einer Zeit, die herkömmliche philosophische und politische Positionen auf ihre Legitimation befragt, ernsthaft und aufrichtig bemüht, ein Bild von den Möglichkeiten des Menschen zu gewinnen – des Menschen, der einerseits den Gewissensanspruch auf das «gerechte» und «würdige» Sein und Handeln vernimmt, andererseits aber immer erneut die dem widerstreitenden menschlich-allzumenschlichen Realitäten in sich und in anderen erfährt. In dieser Spannung verwirklicht sich in Schillers übrigen Dramen Menschsein auf tragische Weise, scheiternd und aufleuchtend zugleich. In der *Verschwörung des Fiesko zu Genua* hingegen kommt der Denker und Dramatiker zum einzigen Mal (vielleicht mit der Ausnahme des unvollendeten *Demetrius*) *nicht* zu Rande mit seinem wiederholten Versuch, in dem Lebensstoff, der den Anreiz zur Gestaltung bot, eine verschüttete Sinnstruktur zu intuieren, wie es seine Literaturauffassung verlangte. Aber auch der wiederholte Versuch ist aufschlußreich. Er zeigt, wie die Fragen geartet sind, um die Schiller sich bemüht. Daß sie ihn nicht in Ruhe gelassen haben, bezeugen seine anschließenden Dramen, in denen ihm eine schlüssigere, wenn auch nicht im entferntesten didaktische Sicht auf den Menschen *sub specie* des idealistischen Anspruchs gelingt.

Kabale und Liebe
Evangelium der Liebe?

1.

«Sieh doch nur erst die prächtigen Bücher an, die der Herr Major ins Haus geschafft haben» (I, 1) – in der häuslichen Szene, über der sich der Vorhang zu *Kabale und Liebe* hebt (1784),[1] hält die Frau des Stadtmusikanten Miller diesen Trumpf ihrem Mann entgegen, als dieser mit Kraftausdrücken von Lutherscher Drastik bezweifelt, daß es dem seiner Tochter Luise den Hof machenden jungen Baron Ferdinand von Walter «pur um ihre schöne Seele zu tun» sei. Wenn Schiller die gute Frau dann aber noch hinzufügen läßt: «Deine Tochter betet auch immer draus», so schlägt er ein Thema an, das vielleicht das dominante des ganzen Stücks ist, ohne daß es in den ungewöhnlich weit auseinandergehenden Deutungen bisher als solches erkannt worden wäre.[2] Was in dem Satz der Frau Miller durch die pointierte Einführung eines Wortes aus dem Bereich der religiösen Devotion in einen an sich nicht-religiösen Kontext signalisiert wird, ist bei aller Komik jene – nicht zuletzt in der Literatur betriebene – Sakralisierung des Profanen, speziell des Eros, die im deutschsprachigen Raum das entscheidende geistesgeschichtliche Ereignis der zweiten Hälfte des 18. Jahrhunderts darstellt, für das sich das Kennwort Säkularisation eingebürgert hat. Eine ausgefallene Vermutung? Wohl kaum, wenn man sich etwa erinnert, daß Goethe eins der literarischen Hauptdokumente eben dieser erotischen Sonderform der Säkularisation, seinen *Werther*, brieflich einmal anstandslos ein «Gebetbuch» genannt hat.[3] Und sinnfälliger als durch die einander entsprechenden Stellen in Schillers Drama und Goethes Brief könnte nicht in die Augen springen, daß die Bedeutung dieses Säkularisationsvorgangs nicht darin be-

---

1 Zur Entstehungsgeschichte vgl. V, 192–199. Ich vereinheitliche Schillers Schwanken zwischen «Louise» und «Luise» zu «Luise».
2 Ein knapper Hinweis darauf findet sich bei Ludwig W. Kahn, *Literatur und Glaubenskrise*, Stuttgart 1964, S. 83–84. Für den größeren geistesgeschichtlichen Zusammenhang vgl. auch Walther Rehm, *Experimentum medietatis*, München 1947.
3 Brief an Charlotte Kestner, 27. August 1774 (*Goethes Briefe*, Hamburger Ausgabe in vier Bänden, 2. Aufl., Hamburg 1968, I, 168).

steht, daß das Profane einfach das Sakrale, im Bereich der Literatur also die weltliche Dichtung einfach die religiöse ablöste, sondern darin, daß das Profane die Funktionen des Sakralen, die weltliche Literatur die Funktionen der Erbauungsliteratur übernimmt und weiterführt: man liest jetzt Romane wie früher die Bibel; eben das imponiert der Millerin, während ihr Mann es für «gottlos» hält (I, 3).

Denn von was für Büchern ist doch die Rede? Von jener säkularen Belletristik offenbar, die in der Zeit, als Schiller schreibt, auf dem Buchmarkt einen ungeheuren Aufschwung nimmt in dem Maße, wie die Erbauungsschriftstellerei zurückgeht.[4] Gegen das Lesen an sich hat der alte Miller sicherlich nichts; die Bibel, das Gesangbuch, der fromme Traktat wären ihm schon recht; die weltlichen Bücher – aus «der höllischen Pestilenzküche der Bellatristen» – sind es, die er verdammt, und das deswegen, weil sie, in seinem Haus wie auf der Buchmesse, die christlichen verdrängen und so die Werte der christlichen Lebensführung unterminieren. «Ins Feuer mit dem Quark. Da saugt mir das Mädel – weiß Gott was als für? – überhimmlische Alfanzereien ein, das läuft dann wie spanische Mucken ins Blut und wirft mir die Handvoll Christentum noch gar auseinander, die der Vater mit knapper Not soso noch zusammenhielt» (I, 1). Mit dem Hinweis auf die aphrodisischen Spanischen Fliegen wird vollends deutlich, was für Bücher es sind, durch die der kleinbürgerliche Hausvater die kirchlich behütete Wohlanständigkeit seiner Tochter so akut gefährdet sieht. Gefährlich werden sie nicht etwa oder doch nicht in erster Linie durch die krasse Sexualität, an die die derbe Bildlichkeit seiner Rede denken läßt, sondern durch ihre «überhimmlischen Alfanzereien». Was kann das aber anderes bedeuten als die – wie man damals sagte – «enthusiastische» Überhöhung des Eros zum quasi-religiösen Erlebnis? Auch diese Stelle bedeutet daher nicht so sehr, daß die orthodoxe Gläubigkeit, in der Luise als Tochter ihres Vaters aufgewachsen ist, verdrängt würde durch eine diesseitige Lebensorientierung, sondern daß sie ersetzt und sogar übertrumpft wird durch eine weltliche Anschauung, die sich ihrerseits alle Weihen der Religion gibt, ja die Weihen einer höheren Religion – nicht nur himmlisch, sondern «überhimmlisch». So ungefähr muß der Alte es aus dem Mund seiner Tochter vernehmen, wenn sie, aus der Kirche kommend, ihn mit seinen eigenen Denkformen von der religiösen Dignität des Profanen, nämlich von ihrer Liebe zu Ferdinand, zu überzeugen versucht: «Wenn meine Freude über sein Meisterstück mich ihn selbst übersehen macht, Vater, muß das Gott nicht ergötzen?» (I, 3). Woraufhin Miller, die Scheinlogik der säkularen Frömmigkeit

---

4 Rudolf Jentzsch, *Der deutsch-lateinische Büchermarkt nach den Leipziger Ostermeßkatalogen von 1740, 1770 und 1800 in seiner Gliederung und Wandlung*, Diss. Leipzig 1912.

Evangelium der Liebe? 97

durchschauend, sich mit einem «Da haben wirs!» unmutig in den Stuhl wirft: «Das ist die Frucht von dem gottlosen Lesen.»

Luise scheint ihre Belletristik gut zu kennen. Welche Werke es genauer sind, die Ferdinand ihr mitgebracht hat, verrät Schiller zwar nicht. Aber seine eigene Lektüre, Arbeitslektüre sozusagen, während der Entstehungszeit von *Kabale und Liebe* darf man als Fingerzeig auffassen, der uns, wenn wir ihn nur recht verstehen, direkt in das Sinnzentrum des Dramas weist (was man andrerseits von den eigentlichen «Vorlagen», von *Emilia Galotti* bis zu Gemmingens *Deutschem Hausvater* und J. C. Brandes' *Landesvater*, nicht behaupten kann). Mitten aus der Arbeit an *Luise Millerin*, wie das «neue Trauerspiel», das 1784 als *Kabale und Liebe* erscheinen wird, damals noch heißt, schreibt Schiller am 9. Dezember 1782 aus Bauerbach bei Meiningen (wo er nach der Flucht aus dem Herrschaftsbereich des nur unvollkommen aufgeklärten Despoten Karl Eugen ein Refugium gefunden hatte) dem Meininger Bibliothekar Wilhelm Reinwald einen Brief, in dem er unter anderem um Shakespeares *Othello* und *Romeo und Julia* bittet (XXIII, 56). Offensichtlich sieht er einen Zusammenhang zwischen diesen Stücken und dem Liebes- und Eifersuchts-Drama, das er unter der Feder hat; für das zweite bestätigt er das ausdrücklich, wenn er zwei Wochen später Reinwald mahnt: «Sie werden mir einen Dienst erzeigen, wenn Sie mir die Romeo *und* Juliette mit dem bäldisten verschaffen, weil ich etwas daraus zu meinem Stük zu schlagen gedenke» (XXIII, 58). Etwas – aber was? Vielleicht dasselbe, was er in *Othello* brauchbar fand, da er die beiden Stücke doch im gleichen Atem nennt und beide unverkennbar ihre Spuren hinterlassen haben im thematischen Gefüge von *Kabale und Liebe*? Was ihn an *Othello* interessierte, deutet er in den «Philosophischen Briefen» in dem spätestens gleichzeitig mit *Kabale und Liebe* entstandenen Abschnitt über die «Theosophie des Julius» unmißverständlich an: «*Eine* Regel leitet Freundschaft und Liebe», lesen wir dort. «Die sanfte *Desdemona* liebt ihren Othello wegen der Gefahren, die er bestanden; der männliche Othello liebt sie um der Träne willen, die sie ihm weinte.»[5] Der Passus, in dem dies steht, ist «Liebe» überschrieben; Liebe aber bedeutet im Zusammenhang der dort entwickelten Philosophie des Enthusiasmus nichts Geringeres als säkularisierte Religion. Liebe ist eine Beziehung zu jenem Göttlichen, das die Welt im Innersten zusammenhält, ist ein «himmlischer Trieb», «die Quelle der Andacht und der erhabensten Tugend», und «wenn sie nicht ist», ist «die Gottheit» aufgegeben und mit ihr alles, was der Religion heilig ist, einschließlich der Unsterblichkeit. Um solche Liebe – die säkularisierte Religion der Liebe – geht es auch in Shakespeares *Othello*, meint Schiller, und sicher nicht zu

---

5 XX, 121. Schiller las Shakespeare bereits in der Karlsschulzeit (XLII,12).

unrecht. Sind die Liebenden in dieser Tragödie doch überzeugt, «der Himmel» habe sie füreinander «gemacht» (I, 8),[6] und ist die Liebe dort doch der einzige und absolute Wert, der als solcher zugleich mit der Aura des Transzendenten umgeben wird.

Ein besseres Beispiel noch für diese Thematik der «Theosophie des Julius» wäre die Tragödie der «star-crossed lovers» gewesen, die Schiller für *Kabale und Liebe* offenbar noch wichtiger war als *Othello* und deren Beziehung zu *Kabale und Liebe* denn auch sichtlich noch enger ist. Nicht zufällig ist *Romeo and Juliet* ja eins der frühen Kardinalbeispiele für jene Thematik der Sakralisation der Liebe,[7] die in *Kabale und Liebe* zwar im verborgenen, aber desto mächtiger wirkt. Das spürt man selbst noch in der Wielandschen Übersetzung, die Schiller (mit dessen Englisch es nicht weit her war) benutzt hat (XLII, 12). Gleich als Romeo und Juliette sich begegnen, klingt dieser Ton der erotischen Ersatz-Religion auf, die Petrarca die Renaissance gelehrt hatte: Romeo verwendet betontermaßen religiöses Vokabular, um sein Entzücken über die junge Capulet in Worte zu fassen: «Wenn meine unwürdige Hand diesen heiligen Leib entweiht hat, so laß dir diese Busse gefallen: Meine Lippen, zween erröthende Pilgrimme, stehen bereit den Frefel, mit einem zärtlichen Kuß abzubüssen.» Juliette antwortet im gleichen Stil: «Ihr thut eurer Hand unrecht, mein lieber Pilgrim; sie hat nichts gethan, als was die bescheidenste Andacht zu thun pflegt; Heilige haben Hände, die von den Händen der Wallfahrenden berührt werden, und Hand auf Hand ist eines Pilgrims Kuß.» Und weiter wird dies Motiv des säkularen «Betens» – Luise Millerin «betete» aus den weltlichen Büchern, die Ferdinand ins Haus des kirchenchristlichen Musikus Miller brachte – ausgestaltet mit der anschließenden Wechselrede: *«Juliette.* Heilige rühren sich nicht, wenn sie gleich unser Gebet erhören. *Romeo.* O so rühre du dich auch nicht, indem ich mich der Würkung meines Gebets versichre – *(Er küßt sie.)*» (I, 6). Mag das noch nach concettistischer Spielerei klingen, so präludiert dieses preziöse Wortgefecht doch schon ganz entschieden das alles andere als spielerisch gemeinte religiöse Vokabular der Balkonszene, das dort ebenfalls das Weltliche, die Liebe, sakralisiert, wenn Romeo seine «theure Heilige» anredet: «O, rede noch einmal, glänzender Engel! Denn so über meinem Haupt schwebend scheinst du diesen Augen so glorreich als ein geflügelter Bote des Himmels den weitofnen emporstarrenden Augen der Sterblichen» (II, 2). Dem korrespondiert Juliettes spätere Bemerkung:

---

6 Alle Shakespeare-Zitate nach der Übersetzung von Christoph Martin Wieland in *Gesammelte Schriften*, hg. v. der Deutschen Kommission der Preußischen Akademie der Wissenschaften, 2. Abt.: *Übersetzungen*, III, Berlin 1911.
7 Vgl. Kahn, S. 64–66.

Evangelium der Liebe?

«Jede Zunge, die meines Romeo Namen ausspricht, ist die Zunge eines Engels für mich» (III, 4). «Der Himmel ist da, wo Juliette lebt» – ausgerechnet dem Bruder Lorenz, dem Mönch, sagt Romeo dies, wodurch die Säkularisation effektiv Blasphemie wird (III, 5).

Fällt es uns da nicht wie Schuppen von den Augen: das Vokabular der Sakralisierung des Erotischen in Shakespeares Liebes- und Eifersuchtsdramen stimmt wörtlich überein mit dem in *Kabale und Liebe* bevorzugten. Versuchen wir das als einen Wink aufzufassen, daß Schiller, indem er eine Affinität zwischen der *Romeo and Juliet*-Tragödie und seinem Ferdinand-und-Luise-Drama wahrnahm, in seinem eigenen Werk (das ihm übrigens bei den frühsten Rezensenten den Titel des «Shakespeare der Deutschen» einbrachte)[8] die Sakralisierung des Profanen oder die Säkularisation des Religiösen am Paradigma der Liebe thematisiert habe. Eine gewisse Ermutigung, dem zunächst hypothetischen Gedanken etwas weiter nachzugehen, finden wir in dem Umstand, daß das zeitgenössische Publikum *Kabale und Liebe* nicht zuletzt darum mit hochgezogenen Augenbrauen aufnahm, weil es sich an den «gotteslästerlichen Ausdrücken» stieß.[9] Und das nicht von ungefähr, denn die Sakralisierung des Eros zum «heiligen Gefühl»[10] war ja die besondere Form der Säkularisation oder der Vergöttlichung des Menschen,[11] die in der deutschen Literatur der siebziger und achtziger Jahre bei der rebellisch shakespearisierenden jungen Generation geradezu Mode geworden war.[12] Ein Stichwort für diese Heiligsprechung der Liebe hatte Rousseau gegeben, als er die *Nouvelle Héloïse* dahin interpretierte, daß «der Liebesenthusiasmus sich der Sprache der religiösen Andacht bedient. Er sieht nur noch das Paradies, Engel, die Tugenden der Heiligen, die Seligkeiten des himmlischen Aufenthaltes.»[13] Alle diese religiösen Metaphern für die weltliche Liebe (dazu noch Heiligtum, Reliquie, Segen, Gebet usw.)

---

8 *Schiller und Goethe im Urtheile ihrer Zeitgenossen*, hrsg. von Julius W. Braun, 1. Abt., II, Leipzig 1882, S. 130. Vgl. 1. Abt., I, 1, 94, 116.
9 Karl Philipp Moritz (1784), zit. nach NA, V, 228.
10 Goethe, «Ganymed».
11 Vgl. Kahn, Kap. 2: «Homo homini deus: Die Selbstvergötterung des Menschen».
12 August Langen, «Zum Problem der sprachlichen Säkularisation in der deutschen Dichtung des 18. und 19. Jahrhunderts», *Zeitschrift für deutsche Philologie*, LXXXIII (1964), Sonderheft, S. 33–35; Kahn, Kap. 4; Paul Kluckhohn, *Die Auffassung der Liebe in der Literatur des 18. Jahrhunderts und in der deutschen Romantik*, 3. Aufl., Tübingen 1966, bes. Kap. 4.
13 Jean-Jacques Rousseau, *Julie ou La Nouvelle Héloïse*, «Seconde préface»: «L'enthousiasme est le dernier degré de la passion. Quand elle est à son comble, elle voit son objet parfait; elle en fait alors son idole, elle le place dans le ciel; et, comme l'enthousiasme de la dévotion emprunte le langage de l'amour, l'enthousiasme de l'amour emprunte aussi le langage de la dévotion. Il ne voit plus que le paradis, les anges, les vertus des saints, les délices du séjour céleste.» (Paraphrase: Kahn, S. 71.)

kehren dann z. B. in der Liebesdichtung und in den Liebesbriefen des jungen Goethe immer wieder. «Heilige Liebe»[14] lautet seine Abbreviatur dieses weltlichen Kults. Die empfindsamen unter den Zeitgenossen wirken daran lebhaft mit; nur an Johann Martin Millers *Siegwart* sei erinnert. Wenn die ältere Generation darüber die Hände über dem Kopf zusammenschlug, es «Schwärmerey»,[15] romanhaft oder auch gotteslästerlich nannte, so entging ihr allerdings, daß die literarischen Werke dieser jungen Leute hier und da selbst schon einen Schritt über das weltliche Hosianna hinausgingen und die *Problematik* der neuen Weltanschauung zum Thema erhoben. Während Novalis noch in schöner Ahnungslosigkeit Liebe als Religion definierte in seiner bekannten Äußerung, er habe «zu» seiner Geliebten «Religion»,[16] so explorierten geniezeitliche Werke schon die Gefahren der Liebesreligion: *Werther* etwa und *Das leidende Weib*, «Lenore» und nicht zuletzt der Roman *Beyträge zur Geschichte der Liebe aus einer Sammlung von Briefen* (1778), dessen anonymer Verfasser sich als Jakob Friedrich Abel herausstellt, der Stuttgarter Philosophielehrer des jungen Schiller, dem dieser weltanschaulich derart Entscheidendes verdankt, daß man ihn seinen Erwecker genannt hat.[17]

Ist nicht auch *Kabale und Liebe* in diese Reihe zu stellen? Weist die rhetorisch übersteigerte, hyperbolische Sprache der Liebenden (die zeitgenössische Kritik spricht von dem «Galimathias» der «überspanntesten Karaktere»)[18] nicht ebenso deutlich auf die exaltierte Liebesmetaphysik der Schwärmer, wie die sich allmählich entwickelnden Spannungen zwischen den Liebenden und der sich daraus ergebende oder doch damit korrelierte Handlungsverlauf auf eine *kritische* Artikulation dieser Liebesmetaphysik deuten?

Kurz vorweggenommen: die in der idealistischen Liebesreligion postulierte Autonomie und selbstgewisse Dignität des Menschen bewährt sich im Verlauf des Dramas gerade nicht; Luise fühlt sich letztlich einem anderen, traditionelleren religiösen Anspruch verpflichtet, während Ferdinand in der Ausübung seiner idealistischen Liebesreligion menschlich eklatant versagt, zur Einsicht in seinen subjektivistischen Irrtum gelangt und sich daraufhin dem Vorstellungsbereich von Luises Religiosität zuordnet.

---

14 Brief an Auguste Gräfin Stolberg, 14.-19. September 1775 (*Goethes Briefe*, I, 195). Zur Motivik von Goethes Sakralisierung der Liebe vgl. Kahn, S. 72–81.
15 V, 228 (*Journal des Luxus und der Moden*, 1792). Vgl. unten Anm. 61.
16 Novalis, *Schriften*, hg. v. Paul Kluckhohn und Richard Samuel, II, 2. Aufl., Stuttgart 1965, S. 395.
17 Reinhard Buchwald, *Schiller: Leben und Werk*, 4. Aufl., Wiesbaden 1959, S. 169. Zu Abels Roman vgl. Kluckhohn, S. 216–217.
18 V, 227–228 (Stimmen aus dem Jahr 1784).

Evangelium der Liebe? 101

Indem die tragische Demonstration des Dramas derart die Möglichkeiten und Grenzen, die Erfüllungen und Gefahren des Anspruchs auf Absolutheit der Liebe und Autonomie des Menschen erkundet und auf diesem Wege zu dem Schluß kommt, daß «die menschliche Natur eines consequenten Idealism gar nicht fähig»[19] sei, erweist sich *Kabale und Liebe* als Zeitstück in einem Sinne, der zugleich erklärt, warum ihm auch heute noch sein Publikum sicher ist. Denn sein Thema, so akut es in Schillers geistesgeschichtlichem Moment war, ist offenbar nicht an diesen Moment gebunden. Um die Natur der Sache und die bis in die Moderne reichende allgemeine Problematik der Säkularisation (des *experimentum medietatis*) aus dem Spiel zu lassen, mag nur erinnert sein an die literarischen Mutationen des Themas der sogenannten absoluten Liebe von Abaelard und Dante über Petrarca, Shakespeare, Rousseau und Goethe bis zu D. H. Lawrence und noch Erich Segal.

2.

Diese Überlegung läßt vermuten, daß es von der bezeichneten Fragestellung aus (*Kabale und Liebe* als Tragödie der Säkularisation) gelingen mag, den toten Punkt jener Antinomie zu überwinden, in der sich die Deutungen des Dramas seit langem festgerannt haben. Die Geister scheiden sich ja gerade an der Frage, ob Schiller ein «zeitlos gültiges» Schauspiel, nämlich das «Drama der unbedingten Liebe»,[20] *oder* ein Zeitstück geschrieben habe, ein Zeitstück noch dazu in einem sozialpolitisch konkreteren Sinne, als soeben angedeutet wurde: eine Tragödie des Klassenkonflikts, ein politisches Tendenzstück. Und nicht ganz unabhängig von diesem Stillstand der Fronten ist die ähnlich festgefahrene Situation der *Wertung* von *Kabale und Liebe*: hier als «reine Tragödie», dort als «melodramatischer Reißer»,[21] denn in solchen pauschalen Urteilen über das Werk als Ganzes ist immer schon ein Verdikt enthalten über den Stellenwert und die Relevanz der aktuellen Gesellschaftskritik, die natürlich *als Faktum* gar nicht aus dem Stück wegzuleugnen ist.

Dieser Stellungskrieg ist hier rasch zu rekapitulieren, um seine Strategien zu kennzeichnen und die Möglichkeiten eines neuen Interpretationsansatzes zu erkunden.

---

19 XX, 496. Vgl. allgemein Käte Hamburger, «Zum Problem des Idealismus bei Schiller», *Jahrbuch der Deutschen Schillergesellschaft*, IV (1960), 60–71.
20 Wolfgang Binder, «Schiller: *Kabale und Liebe*», *Das deutsche Drama vom Barock bis zur Gegenwart*, hg. v. Benno von Wiese, Düsseldorf 1958, I, 248–249.
21 Buchwald, S. 356; Erich Auerbach, *Mimesis*, Bern 1946, S. 387.

Auf der einen Seite wird die ausschlaggebende tragische Substanz des Dramas in der gesellschaftlichen Tatsache der Ständetrennung gesehen, die die Liebesheirat Ferdinands und Luises verhindere. *Kabale und Liebe* – der von Iffland vorgeschlagene Titel für *Luise Millerin* wird in dieser Richtung im allgemeinen als brauchbar verstanden zur Charakterisierung der Positionen – liest sich dann als «Dolchstoß in das Herz des Absolutismus»,[22] als Schillers Verteidigung des «Rechts des Menschen auf Liebe gegen die Standesvorurteile der herrschenden Klasse».[23] Wenn Luise ihrerseits kein Recht auf solche Liebe zu haben glaubt, so wird das kurzerhand aus ihrer «kleinbürgerlichen Klassenbindung» erklärt, aus ihrer «zeitbedingten Klassenlage» also, die ihr Denken (aber bemerkenswerterweise nicht das ihrer töricht aufstiegsfreudigen Mutter, die diese Klassenlage doch teilt) determiniere und in dieser Weise zum modernen Schicksal geworden sei. Daß Schillers Dramengestalten jedoch, dem widersprechend, in einem religiösen Bezugssystem denken, spätestens in der eschatologischen Schlußszene mit ihrem Ewigkeits- und Weltgerichts-Prospekt, ficht auch die subtileren dieser Deutungen nicht an: wichtiger als das, was die «Figuren des Stücks sagen und selbst wohl auch glauben mögen», sei das, was «das Stück objektiv» aussage – woraufhin dann eben diese religiösen Äußerungen quasi aus Prinzip gar nicht erst ernst genommen werden (was zu einem kritischen Hinweis auf die Anreicherung der Sprache mit theologischen Vorstellungskomplexen geführt hat).[24] Allenfalls wird zugestanden, daß z. B. die Bindung Luises an das Christentum ihres Vaterhauses eben eine Begleiterscheinung der Klassenlage sei, sozialhistorisch akkurates Lokalkolorit sozusagen. Wenn Luise daher an dieser Bindung festhalte (statt sich rückhaltlos zu Ferdinands Liebesevangelium zu bekennen) und damit die Tragödie besiegle, so sei das eben die Unfähigkeit, sich von der «Bürgerwelt» loszusagen.[25] So interpretiert, ermöglicht also die Religiosität des Opfers geradezu die Thematik, die man vom sozialkritischen Blickpunkt zu sehen pflegt: «die Verfolgung der unschuldigen Bürgerstochter» durch den feudalen Verführer, und zwar dar-

---

22 Hermann August Korff, *Geist der Goethezeit*, I, 7. Aufl., Leipzig 1964, S. 206.
23 Joachim Müller, «Schillers *Kabale und Liebe* als Höhepunkt seines Jugendwerkes» in J. M., *Wirklichkeit und Klassik: Beiträge zur deutschen Literaturgeschichte von Lessing bis Heine*, Berlin 1955, S. 121. Die Zitate des folgenden Satzes ebda, S. 128 und 137.
24 Rolf-Peter Janz, «Schillers *Kabale und Liebe* als bürgerliches Trauerspiel», *Jahrbuch der Deutschen Schillergesellschaft*, XX (1976), 209. Kritik daran übte R. B. Harrison, «The Fall and Redemption of Man in Schiller's *Kabale und Liebe*», *German Life and Letters*, XXXV (1981), 5–13.
25 Joachim Müller, «Der Begriff des Herzens in Schillers *Kabale und Liebe*», *Germanisch-Romanische Monatsschrift*, XXII (1934), 436. Vgl. Janz, S. 224.

Evangelium der Liebe? 103

gestellt «als exemplarisch für die Bedrohung an Leib und Leben [...], die virtuell alle Bürger vom Fürsten zu gewärtigen haben».²⁶

Widerspricht aber solcher konsequent soziologischen Sicht nicht gerade das, was sie selbst und nur sie selbst so überzeugend in den Blick bekommt: die Ironie nämlich (so würde man es *in parte infidelium* bezeichnen, wo man nicht gleich mit «Dialektik» bei der Hand ist), daß das angeblich «Ständische» des Denkens²⁷ und Handelns *beider* sozialen Parteien, des Adels und des Bürgertums, sich auf Schritt und Tritt ins Gegenteil verkehrt und somit eine wechselseitige Ähnlichkeit an den Tag legt? Das zeigt sich etwa, wenn Ferdinands Idolisierung der unbedingten Liebe, der Liebe in einer gesellschaftsfernen, abstrakten Privatheit, als bürgerliches Phänomen klassifiziert wird, so sehr sie auch noch «die Liebe des Barons» bleibe, nämlich die herrisch über den geliebten «Besitz»-Gegenstand verfügende; und das zeigt sich andererseits, wenn ausgerechnet dieses aristokratische Verfügen über den Menschen (über Luise) doch ebenfalls wieder auf seiten des Bürgertums gesehen wird, auf seiten des alten Miller, der die personale Freiheit seiner Tochter (aus seinem bürgerlich repressiven Moraldenken heraus) ebenso unterdrückt wie Ferdinand (aus aristokratischer Herrschsucht).²⁸ Hebt solche Ironisierung der Klassen nicht die auf den Klassenkonflikt abzielende soziologische Deutung aus den Angeln? Und taucht infolgedessen als der eigentliche, strukturbestimmende Gegensatz hinter dem vordergründigen, sozialen nicht vielmehr der Unterschied auf, der in der Haltung der Dramenfiguren zum zentralen Problem der Sakralisierung der Liebe (als einer zeitgenössisch prominenten Erscheinungsform der Säkularisation) zutage tritt?

---

26 Janz, S. 212; vgl. auch S. 220. Auf die württembergischen Feudalverhältnisse aktualisiert, findet sich diese Sicht noch bei Rainer Gruenter, «Despotismus und Empfindsamkeit: Zu Schillers *Kabale und Liebe*», *Jahrbuch des Freien Deutschen Hochstifts*, 1981, S. 207-227.
27 Daß der Stand zum Faktor des psychologischen Verhaltens internalisiert wird, hat besonders nachdrücklich Fritz Martini betont: «Schillers *Kabale und Liebe*: Bemerkungen zur Interpretation des ‹Bürgerlichen Trauerspiels›», *Der Deutschunterricht*, 1952, H. 5, S. 18-39. Einwände gegen diese Sicht bes. bei Benno von Wiese, *Friedrich Schiller*, Stuttgart 1959, S. 201.
28 Janz, S. 217-220 und 223-224. Dieser Gedanke wird weiter verfolgt und zugleich zur These von der generellen Manipulation der Frauen durch die Männer zugespitzt von Thomas F. Barry in seinem Aufsatz «Love and Politics of Paternalism: Images of the Father in Schiller's *Kabale und Liebe*», *Colloquia Germanica*, XXII (1989), 21-37. Gegen die Identifizierung Ferdinands mit dem Adel wendet sich Hans Peter Herrmann: der junge Baron sei als subjektivistischer Idealist eher Vertreter einer Haltung, die in der Aufklärung als «bürgerlich» zu verstehen sei («Musikmeister Miller, die Emanzipation der Töchter und der dritte Ort der Liebenden: Schillers bürgerliches Trauerspiel im 18. Jahrhundert», *Jahrbuch der Deutschen Schillergesellschaft*, XXVIII [1984], 239-247).

Dieselbe Frage ist im übrigen auch an diejenigen Interpreten zu richten, die die mehr oder weniger marxistisch inspirierte soziologische Deutung von *Kabale und Liebe* als gesellschaftskritisches Zeit- und Anklagestück ablehnen, aber nichtsdestoweniger die zentrale Wendung des Stücks, Luises Entscheidung gegen die Liebesreligion Ferdinands, verstehen als einen Konflikt der unbedingten Liebe und der «Pflicht zur Wirklichkeit» – wobei diese Wirklichkeit denn doch wieder als der Standesgegensatz definiert wird.[29] Demzufolge hätte sich also tatsächlich der Wirklichkeitssinn des alten Miller auf seine Tochter «übertragen».[30] (Wo man in dieser Deutungsrichtung trotzdem das Offensichtliche bemerkt, daß nämlich der Wirklichkeitssinn bei Luise eine ausgeprägte religiöse Dimension hat in der Anerkennung einer traditionell christlichen göttlichen Ordnung [III, 4], sieht man sich zu sonderbar gewundenen Erklärungen gezwungen: der Wirklichkeitssinn führe «im übrigen [!] nur [!] noch auf einen religiösen Bereich, der der eigenen ethischen [!] Haltung den Horizont gibt».[31] Dadurch wird dem Religiösen seine eigene Valenz wieder genommen: die Religion hat sich zu bewähren vor der schon eigenständig, in der Innerlichkeit, getroffen ethischen Entscheidung und nicht umgekehrt – ganz als wäre Luise Millerin eine Iphigenie in Württemberg.)

Merkwürdig ist, wie diese Relativierung des Religiösen auch auf der Gegenseite erscheinen kann: dort, wo die verworfene soziologische Deutung auch nicht durch die Hintertür wieder hereingelassen wird, sondern kategorisch als unerheblich im tragischen Bedeutungsgefüge abgetan wird. Es handle sich statt um ein Zeitstück um eine zeitlose Tragödie der absoluten Liebe, heißt es dort, und Luises ganz natürliche Angst vor dem Sprung ins Ungewisse, ins Abenteuer der Liebe, bediene sich der Frömmigkeit eben nur als eines Vorwands, ja: als einer Rationalisierung.[32] (Wobei zu denken gibt, daß bei den Psychologiefreudigen dasselbe Verhalten, Luises Zurückschrecken vor Ferdinands Liebesphilosophie, auch, ebenso abstrakt zeitlos, aus dem «tieferen Instinkt der Frau» erklärt werden kann, die «um die Gren-

---

29 Paul Böckmann, «Die innere Form in Schillers Jugenddramen», *Euphorion*, XXXV (1934), 469 und 470. Daß die religiösen Positionen des Stückes ihrerseits «sozial vermittelt» seien, betont mit mehr Subtilität und sozialhistorischer Detailkenntnis auch Herrmann, S. 223–239.
30 Wilhelm Grenzmann, *Der junge Schiller*, Paderborn 1964, S. 54.
31 Böckmann, S. 476. Martini, S. 32, versteht Luises Entscheidung sogar in dem Maße als rein ethisch, daß das Religiöse gar nicht mehr zur Sprache kommt.
32 Einführung zu *Kabale und Liebe*, hg. v. Elizabeth M. Wilkinson und Leonard Willoughby, Oxford 1944, bes. S. XXI. Vgl. auch Helmut Koopmanns Referat über diese Richtung: die «Tragödie der Liebe überhaupt, die auch in einer anderen Welt, unter anderen Voraussetzungen und Bedingungen ähnlich geendet hätte» (H. K., *Friedrich Schiller*, 2. Aufl., Stuttgart 1977, I, 46).

Evangelium der Liebe? 105

zen des Menschen in dieser irdischen Wirklichkeit weiß»[33] – ganz als spräche Luise nicht klipp und klar aus, daß sie im Ständegegensatz eine *gott*gewollte «ewige Ordnung» sieht [III, 4].)

Weniger radikale Deutungen dieser Richtung (die also den Widerpart zur soziologischen macht) gestehen der sozialen Problematik allenfalls einen Stellenwert zu, münden dann aber, im Gegensatz zu den psychologisierenden, sofort in die Theologie der Tragödie. Das Problem der Säkularisation und der subjektivistischen Autonomie berühren aber auch sie nicht. In diesen Interpretationen liest sich *Kabale und Liebe* als «Drama der unbedingten Liebe, die an der Welt überhaupt scheitert, wobei der Standesgegensatz nur die zufällige, auswechselbare Form dieser Welt bildet».[34] Welt wäre Zeitlichkeit, die «Schranken des Unterschieds» wären nur der spezielle, mehr oder weniger willkürlich, aber doch zeitgeschichtlich naheliegend gewählte «Ausdruck der Zeitlichkeit überhaupt»,[35] der der Mensch seiner Bestimmung gemäß unterworfen sei. Die Tragödie stellt sich, so gesehen, als die «des endlichen Menschen» dar statt als die des Klassenkonflikts. Diese seine Endlichkeit erfährt der Mensch in dem Moment, wo seine religiöse Utopie, das in der Liebe gegenwärtige Paradies, zerstört wird durch die Gebrechlichkeit und Unzulänglichkeit der «Wirklichkeit», die hier also vergegenwärtigt wird durch die repressive Sozialordnung. «Schließlich gipfelt [...] die religiöse Gesellschaftskritik des Dramas in einem Gericht, das die Verschuldung eines Standes in der allgemeinen des verlorenen Paradieses untergehen läßt.»[36] Schillers Drama wird damit als christliche Tragödie vom Sündenfall entschlüsselt, sei es als fromme Tragödie oder aber als Anklage gegen Gott «im Streit um die Theodizee».[37]

Diese theologischen (anti-soziologischen) Interpretationen gehen von einer Voraussetzung aus, die jener der soziologischen (anti-theologischen) zwar diametral entgegengesetzt, aber nicht weniger problematisch ist als diese. Während die soziologischen Deutungen die Liebe, wie sie im Stück erscheint, ganz als Phänomen und Machtfaktor der Weltlichkeit auffassen, ist für die theologischen selbstverständlich, daß die Liebe Ferdinands und Luises eine christliche Seligkeit sei, die Seligkeit des Paradieses. Die erste Deutung nimmt das religiöse Vokabular, mit dem sich die Liebe in Schillers

---

33 Martini, S. 29; vgl. v. Wiese, S. 193.
34 Binder, S. 249. Vgl. Anm. 32.
35 Binder, S. 259. Das nächste Zitat ebd., S. 267.
36 Wilfried Malsch, «Der betrogene Deus iratus in Schillers Drama *Louise Millerin*», *Collegium Philosophicum: Studien Joachim Ritter zum 60. Geburtstag*, Basel 1965, S. 205.
37 Knut Lohmann, «Schiller: *Kabale und Liebe*», *Germanistik in Forschung und Lehre*, hg. v. Rudolf Henß und Hugo Moser, Berlin 1965, S. 127. Die Auffassung vom «frommen» Schluß vertreten z. B. Malsch, Martini und Binder.

Drama zur Religion stilisiert, nicht ernst; die zweite nimmt es ernst, aber auch zu wörtlich: sie nimmt es für die bare Münze christlichen Lebensverständnisses und übersieht dabei, daß die Erosreligion der beiden enthusiastisch Liebenden zur christlichen Religion in Gegensatz tritt, mit anderen Worten: daß das Liebesevangelium eine Religion im Raum der Säkularisation ist. Mit einem Stichwort: der Gott Ferdinands, zu dem er anfänglich auch Luise bekehrt, ist «der Vater der Liebenden», er ist nicht der «Richter der Welt». Was aber die geistige und historische Substanz des Dramas ausmacht, ist nichts anderes als das Gegeneinander des Gottes der säkularen Religion und des Richtergottes des Christentums. Die Liebenden bekennen sich zunächst zu dem ersten, sie versuchen ihn wohl auch mit dem zweiten zu identifizieren; ihre Tragödie ist indes die des Fehlschlags dieses Versuchs. Luise sagt dem «Vater der Liebenden» nach schwerem Konflikt zugunsten des Gottes ihres Vaterhauses ab; Ferdinand versagt als Bekenner des Gottes der Liebenden und kehrt schließlich zu dem Richtergott Luises zurück. Was aus dieser entgegengesetzten Entwicklung der beiden Protagonisten entsteht, ist eine Doppeltragödie des *experimentum medietatis*, die Tragödie der Säkularisation oder genauer der Sakralisierung der Liebe, die in der zweiten Hälfte des 18. Jahrhunderts ein geistesgeschichtlich hochaktuelles Thema war. Um diese thematische Fragestellung, die in gewisser Weise zwischen den beiden herrschenden, auf Kollisionskurs festgefahrenen Interpretationen vermittelt, ohne bloße Diplomatie zu sein, in den Blick zu bekommen, ist es nötig, im einzelnen auf die Sprachgebung, speziell auf die Wortwahl in den Reden der Liebenden zu achten. Denn Säkularisation im Umkreis der Empfindsamkeit und des Idealismus ist in erster Linie ein sprachliches Phänomen.

«Bis heute ist kein Drama Schillers so umstritten und stellt die Auslegung vor so verwickelte Probleme wie ‹Louise Millerin›», bemerkte Benno von Wiese 1959.[38] Wenn er für das Unbefriedigende dieser immer noch unveränderten Sachlage das ungeschichtliche Vorgehen, das Hineinsehen moderner Problematik in Schillers Text, verantwortlich macht, das die marxistischen Deuter mit ihren Gegenspielern denn doch gemeinsam hätten, so kann jedenfalls dieser Vorwurf dem folgenden Versuch nicht gemacht werden.

Die Schwierigkeiten der Deutung lösen sich durch betont historisches Vorgehen jedoch nicht von selbst auf. Vielmehr stößt es früher oder später auf eine neue Schwierigkeit. Und zwar ist diese gerade in der *Sprache* der empfindsamen Liebenden begründet, besonders in der des «Idealisten der Liebe».[39] Daß diese Sprache in Wortwahl und rhetorischem Duktus für den

---

38 v. Wiese, S. 193. Zum folgenden Satz vgl. S. 194.
39 Ebda, S. 201.

heutigen Leser exaltiert wirkt, ist unbestreitbar. Es fragt sich nur, wie man diese Tatsache bewertet, die schließlich ausschlaggebend ist für die Interpretation des ganzen Stückes. Der konsequente Historiker (Benno von Wiese etwa) stimmt in seiner Interpretation das Überspannte des Vokabulars stillschweigend auf eine Art Normalmaß herab mit der Begründung, daß «das empfindsame Pathos» in seiner Unbedingtheit nach heutigen Begriffen eben regelmäßig, sozusagen normalerweise im Ausdruck zu hoch gegriffen habe. Man dürfe also dieses Vokabular (zum Beispiel: «Das Mädchen ist mein! Ich einst ihr Gott, jetzt ihr Teufel!» [IV, 4], «*Mein* bist du, und wärfen Höll und Himmel sich zwischen uns» [II, 5], «*Mir* vertraue dich. Du brauchst keinen Engel mehr – Ich will mich zwischen dich und das Schicksal werfen» [I, 4]) nicht eigentlich beim Wort nehmen und von ihm Rückschlüsse ziehen auf die Eigenart oder Verfassung der Person, der es in den Mund gelegt wird.[40] Das sei unhistorischer Psychologismus, Charakteranalyse am falschen Objekt. Also: die erstaunliche Erschütterlichkeit von Ferdinands hybrid-religiösem Liebespathos durch seine alles andere als erhabene Eifersucht und seine nicht weniger erstaunliche Herabwürdigung der Geliebten zum Objekt seiner Rache – das dürfe man nicht als Hinweis auf eine psychologisch kritische Sicht des Dramatikers verstehen, sondern eben nur als extreme Bekundung der idealistischen Unbedingtheit des Liebenden, die als solche unantastbar bleibe, makellos und vorbildhaft, nicht etwa ins Licht des Fragwürdigen gezogen würde. Die Dinge *so* betrachten, werden wir belehrt, hieße vielmehr sie zu genau betrachten; der junge Schiller wäre darüber «gewiß sehr erstaunt gewesen».[41] Aber hat der junge Schiller selbst denn seine Dramenfiguren nicht gerade in dieser Weise genau betrachtet: psychologisch genau? Seinen Ferdinand zwar nicht (er hat sich kaum über ihn geäußert), wohl aber den ihm in vielfacher Hinsicht ähnlich absoluten Idealisten Marquis Posa (in den «Briefen über *Don Karlos*»), ferner Karl Moor (in der Selbstrezension und den Vorreden) und schließlich auch, in unmittelbarster Nähe zu *Kabale und Liebe*, den Julius der «Theosophie» (vgl. unten S. 124–125). In all diesen Äußerungen bekundet sich Schillers Neigung zur psychologischen Deutung gerade der exaltiertesten seiner Dramenfiguren, und er sieht da gewiß nichts Falsches. Denn mit dem menschenkennerisch geschulten Blick des Dr. med., der er war, fragt der Dramatiker Schiller doch gerade in seinen frühen Dramen tatsächlich mit unbestechlicher Insistenz nach den menschlichen, sagen wir ruhig: den psychologischen Möglichkeiten, Risiken, Chancen und Gefahren jenes Idealismus, den er

---

40 Ebda, S. 195 und 199; polemisch gegen Martini und Adolf Beck, «Die Krisis des Menschen im Drama des jungen Schiller», *Euphorion*, XLIX (1955), 163–202.
41 v. Wiese, S. 195.

theoretisch bevorzugt oder bevorzugen möchte. Und was er dabei immer wieder findet und gestaltet, ist die menschliche Unzulänglichkeit oder Gefährdung seiner Idealisten; so auch bei dem «Idealisten der Liebe» Ferdinand. Die skizzierte historisierende, nämlich ganz in den Bahnen des Idealismus denkende Deutung neigt in ihrer immanenten, aber textfernen Logik dazu, diese psychologisch akzentuierte Problematik zu ignorieren – in merkwürdiger Einmütigkeit mit der von ihr bekämpften marxistischen, der die Brüchigkeit von Ferdinands Haltung auch nicht ins Konzept paßt, weil durch sie der Angriff auf die gesellschaftlichen Verhältnisse seine geballte Kraft verlöre.

Richtiger als beide urteilten da schon einige zeitgenössische Rezensenten, die die «verstiegene Einbildungskraft», die «überspannten» oder «himmelanschleudernden» Empfindungen und «schwülstigen Ausdrücke» kopfschüttelnd vermerkten und etwa eine Stelle wie «Das Mädchen ist mein!» für «Bramarbasieren» hielten. Das sind Urteile des psychologischen Commonsense.[42] Sie fragen aber nicht, ob dieser psychologische Commonsense nicht etwa in Schillers Gestaltungsabsicht liege, die Kritik also zugleich Schillers Kritik sei. Stellen wir jedoch diese Frage, so leisten wir damit nicht nur Schillers eigenem Wink (in seinen Bemerkungen zu seinen frühen Dramen) Folge, sondern erblicken darin auch die Möglichkeit einer zugleich historischen und psychologischen Interpretation. Diese könnte darüberhinaus auch speziell die theologische und die soziologische Deutung auf einen gemeinsamen Nenner bringen, da sie historisch wäre im Sinne der *Geistesgeschichte* (Säkularisation) und psychologisch auch im Sinne der Determination des Psychischen durch die *ständische* Umwelt.[43]

Versuchen wir zu sehen, in welcher Weise diese Fragestellung den Text zum Sprechen bringt. In welchem Sinne ist *Kabale und Liebe* eine Tragödie der Säkularisation, ein Trauerspiel vom Evangelium der Liebe?

3.

Daß das Liebesevangelium des jungen Barons und der Geigerstochter mit den Lehren der Kirche in Konflikt steht, wird – wir erinnern uns – gleich in der ersten Szene ausgesprochen und damit das, wie es scheint, übergreifende Thema der Tragödie angeschlagen. Zwar geschieht das hier nur aus der Sicht eines Außenstehenden, des Musikus Miller, der im Gegensatz zu seiner kaffeetrinkenden, tabakschnupfenden, sich im Negligé gefallenden

---

42 Vgl. *Zeitschrift für den deutschen Unterricht*, XII (1898), 286–287; Braun, 1. Abt., I, 130, 181 und 220.
43 Vgl. Martini zu dieser Determination. Eine Forschungsgeschichte skizziert auch Bernd Fischer, *«Kabale und Liebe»: Skepsis und Melodrama*, Bern 1987, S. 36–74.

Evangelium der Liebe? 109

Frau klare Verhältnisse liebt: hier «überhimmlische Alfanzereien» der «Bellatristen», dort «Christentum». Aber Luise selbst nimmt, kaum daß sie, ein Buch in der Hand, vom morgendlichen Gottesdienst zurückkehrend, die Bühne betreten hat, die für das ganze Drama konstitutive Entgegensetzung wieder auf, wenn sie nach flüchtiger Begrüßung sofort zur Sache kommt und ihre Liebe als Vergehen gegen die Religion begreift: «O ich bin eine schwere Sünderin, Vater – War er da, Mutter?», nämlich Ferdinand (I, 3). Nicht zufällig richtet sie ihr Sündenbekenntnis an den Vater, dessen Denken sie teilt, auch wenn ihre Gefühle ihrem Denken jetzt nicht mehr zu folgen imstande sind: «Ich hab keine Andacht mehr, Vater – der Himmel und Ferdinand reißen an meiner blutenden Seele, und ich fürchte – ich fürchte –». In dieser Konfliktsituation faßt sie den Gedanken, von dem sie sich die Überbrückung des Gegensatzes zwischen der Welt der Liebe und der Welt des Millerschen «Herrgotts» (I, 2) verspricht und damit die Lösung der Säkularisationsproblematik, wie sie sich ihr stellt: «Wenn meine Freude über sein Meisterstück mich ihn selbst übersehen macht, Vater, muß das Gott nicht ergötzen?» (I, 3). In solcher Hoffnung stilisiert sie den Gott des väterlichen Christentums um zu dem Schöpfer und Garanten des menschlichen Glücks, der der aufgeklärten Säkularisationstheologie ebenso geläufig ist, wie er Luises Vater («Gott ist mein Zeuge») fremd ist und bleibt. Wenn dieser in liebevoller Erschütterung die Gefahr ahnt, die seiner Tochter von ihrer desperaten theologischen Sophistik droht, so ahnt er, daß Luise in Wirklichkeit von einem ganz anderen Evangelium spricht als dem, das sie soeben von der Kanzel vernommen hat.

Zum Vokabular dieses, des eigenen, des neuen Evangeliums wechselt Luise in demselben Gespräch denn auch schon bald ganz unzweideutig über, wenn sie fortfährt: «Er wird nicht wissen, daß Ferdinand mein ist, mir geschaffen, mir zur Freude vom Vater der Liebenden.» Nein, davon weiß das orthodoxe Christentum allerdings nichts. Luises Äußerung ist etwas ganz anderes, als wenn ihre Mutter, deren Hoffart Miller soeben ohne Erfolg mit einem Tritt «vor den Hintern» zur Raison zu bringen versucht hat, dem um ihre Tochter anhaltenden Sekretär Wurm «dumm-vornehm» bedeutet, «der liebe Gott» wolle ihr Kind «barrdu zur gnädigen Madam» machen (I, 2). Luises Äußerung nimmt vielmehr wörtlich genau die säkularisierte Liebestheologie auf, die damals bei Klopstock und den Empfindsamen im Schwange war. Derzufolge sind die Liebenden von Gott füreinander «bestimmt»,[44] die Geliebte hat Gott «geschaffen zu meiner Liebe»,[45] und

---

44 Kluckhohn, S. 177 und 187.
45 Joseph August Graf von Törring, *Agnes Bernauerinn: Ein vaterländisches Trauerspiel*, München 1780, I, 2.

die ganze Weltordnung ist, wie später auch Ferdinand sagen wird, auf nichts anderes angelegt als auf das Glück der Liebe, die den Menschen erhebt zum Innewerden aller wahren Werte. Wohl versucht man, jedenfalls hier und da in der Übergangszeit, diese zur Religion gesteigerte Liebe wieder oder noch «in Verbindung mit der [christlichen] Religion»[46] zu sehen und so zu legitimieren, ähnlich wie Luise es ja auch tut. Aber das ist dann schon ausdrücklich eine Verwahrung gegen den Vorwurf der Unchristlichkeit. Und wenn z. B. Klopstock in seiner «erhabenen Zärtlichkeit» (Lessing) nichts dabei findet, in einer Ode in horazischem Silbenmaß den Herrgott um seine Geliebte anzuflehen, «die du mir gleich erschufst», so muß er sich von dem Pastorensohn Lessing sagen lassen: «Was für eine Verwegenheit, so ernstlich um eine Frau zu bitten!»[47]

Solche mehr oder weniger orthodoxen Bedenken gegen die Identifikation der zum säkularen Heil gesteigerten Liebe mit der christlich erlaubten werden, durch väterliche Liebe gemildert und tragisch getönt, auch dem Musikus Miller durch den «alten mürben Kopf» gehen, als sein einziges «teures – herrliches Kind» ihm in der gleichen empfindsamen Bekenntnisszene schwärmerisch erklärt, sie habe, als sie Ferdinand zum erstenmal begegnete, «von keinem Gott mehr» gewußt, «und doch hatt ich ihn nie so geliebt» (I, 3). Im Grunde ist das schon keine theologische Vermittlung zwischen den beiden Evangelien mehr, sondern eine Usurpation des christlichen durch das empfindsame. Luise scheint das, kaum daß sie die an Blasphemie grenzenden kühnen Worte ausgesprochen hat, selbst zu spüren, wenn sie, von der eignen Unbedingtheit erschrocken, um den Vater zu beschwichtigen, gleich einschränkend hinzufügt, sie erwarte diese Seligkeit ja erst im Jenseits. (In Wirklichkeit ist aber auch das keine Rückkehr zu christlichen Vorstellungsformen; vgl. unten S. 123–124)

Ferdinand, der in diesem Moment auf der Bühne erscheint, kennt derartige Einschränkungen keineswegs. Die empfindsame Liebestheologie trägt für ihn ihren Rechtsanspruch unzweideutig in sich selbst; des rechtfertigenden Seitenblicks auf die christliche Heilslehre bedarf es für ihn nicht. Im «Riß zum unendlichen Weltall» ist ihre Liebe vorgesehen, versichert er Luise, die durch die Meinungsverschiedenheit mit dem Vater in ihrem Gewissenszwiespalt etwas kleinmütig geworden ist, und «die Handschrift des Himmels in Luisens Augen» lautet für ihn unmißverständlich: «Dieses Weib ist für diesen Mann». Dieser Himmel ist nicht mehr der christliche, an den

---

46 Johann Martin Miller, *Beytrag zur Geschichte der Zärtlichkeit*, zit. nach Kluckhohn, S. 187.
47 Gotthold Ephraim Lessing, *Sämtliche Schriften*, hg. v. Karl Lachmann, 3. Aufl., bes. v. Franz Muncker, IV, Stuttgart 1889, S. 376.

Evangelium der Liebe? 111

Luise dachte, als sie «für dieses Leben» zu entsagen bereit war. Das christliche Vokabular ist bei Ferdinand dem säkularen Sinn dienstbar gemacht, im Effekt sogar parodiert, und soweit er die christliche Vorstellungswelt überhaupt noch als *sui generis* in den Blick bekommt, so nur im Sinne ihrer Übertrumpfung durch die eigene: «*Mir* vertraue dich. Du brauchst keinen Engel mehr [...]. An diesem Arm soll meine Luise durchs Leben hüpfen; schöner als er dich von sich ließ, soll der Himmel dich wiederhaben und mit Verwunderung eingestehn, daß nur die Liebe die letzte Hand an die Seelen legte –» (I, 4).

Indem Schiller auf diese Weise die geistigen Fronten noch einmal klar umreißt, hat er aber zugleich schon den Verlauf des Konflikts vorprogrammiert und damit den Ausgang des *experimentum medietatis* Ferdinands und Luises, das die thematische Substanz der Tragödie ausmacht. Nicht nur hat er Luises Gewissenskonflikt – durch ihre, wenn auch noch wenig genau artikulierten, so doch zuversichtlich als christlich zu bezeichnenden Bedenken gegen die Liebestheologie – ins Spiel gebracht, und zwar auf spezifisch dramatische Weise, sofern es doch diese Bedenken sind, die Ferdinand zu dem zitierten Bekenntnis zu seiner säkularen Theologie, zu seiner Sakralisierung der Liebe, gleichsam herausfordern. Darüber hinaus hat Schiller in der Gestaltung Ferdinands zugleich auch schon die interne Problematik dieses Glaubens an die Liebe präludiert. Und zwar geschieht das hier noch ganz im Medium der Sprache. Sicherlich gehört der sprachliche Höhenflug zur Ausdrucksweise des empfindsamen Schwärmers so selbstverständlich wie die Fremdwörterei zu der des Höflings von Kalb und die derbe Direktheit zu der des Kleinbürgers Miller; Nüchternheit des Ausdrucks wird man von Ferdinand nicht erwarten. Da aber die Exaltiertheit seines Sprachstils sich in den Reden über die Liebe so auffällig und triumphierend eines von Haus aus theologischen Vokabulars bedient, ist es gerechtfertigt, Ferdinand beim Wort zu nehmen. Tut man das, so hört man eine subjektivistische Hybris aus dieser rhetorischen Selbststeigerung heraus, die selbst bei Karl Moor kaum ihresgleichen hat. Die Theologen nennen sie Superbia. Superbia war die Sünde Satans, der sich zum Gegengott aufzuschwingen suchte, und wie bezeichnet sich doch Ferdinand später selber? «Ich einst ihr Gott, jetzt ihr Teufel» (IV, 4). Schon in der sprachlichen Hyperbolik also pervertiert sich der Idealismus ins Problematische. Um eine weitere Dimension wird diese Problematik bereichert, wenn Ferdinand, von Luises Kleinmütigkeit befremdet, bereits in der eben besprochenen vierten Szene des ersten Aktes einen Anflug von jener Eifersucht und Erschütterlichkeit seiner Liebe und zugleich von seiner «aristokratischen» Arroganz an den Tag legt, die ihn später zu Fall bringen werden: «Du bist meine Luise. Wer sagt dir, daß du noch etwas sein solltest? [...] Wärest du ganz nur Liebe für mich, wann hättest du Zeit gehabt, eine Vergleichung zu machen?» [I, 4.] Solche Unsicherheit ist, psychologisch plausibel, die Kehrseite der theologischen Hybris.

Mit dieser zweifachen Akzentuierung des auf die Sakralisierung der Liebe und damit auf die Selbstvergottung des Menschen hinauslaufenden *experimentum medietatis* hat Schiller schon in der Mitte des ersten Aktes die Weichen gestellt für den Fortgang jedenfalls der inneren Handlung; Ferdinands hybrider Autonomieanspruch und Luises christliche Bedenken gegen diesen Anspruch sind die beiden sich gegenseitig anziehenden und abstoßenden Pole, um die die tragische Demonstration sich bewegen wird.

Tragen Ferdinand und Luise daher von Anfang an bereits den Keim ihrer – sehr verschiedenen – Tragik in sich, so bedarf es dennoch des Anstoßes von außen, um die fatale Entwicklung herbeizuführen. Das ist die Funktion der Kabale. Konsequent wendet sich Schiller ihr in dem Moment zu, als die – doppelte – innere Gefährdung der sakralisierten Liebe unüberhörbar signalisiert ist. Mit dieser Wendung tritt die höfische Welt ins Rampenlicht. Von jener Liebe weiß diese ebensowenig wie die bürgerliche Welt, aber sie versteht sich auf sie, und damit bringt sie den tragischen Ablauf ins Rollen.

Der Plan des alten Walter, als «Präsident» offenbar des Fürsten rechte Hand, seinen Sohn Hals über Kopf an Lady Milford zu verheiraten, die Mätresse des Herzogs, die im Hinblick auf «die Ankunft der neuen Herzogin» eben nur «zum Schein den Abschied erhalten» soll (I, 5), gibt Ferdinand zunächst noch einmal Gelegenheit, sein kompromißloses hohes Ethos in Worte zu fassen, seine «Begriffe von Größe und Glück» denen des Vaters und der höfischen Welt entgegenzusetzen. «Mein Ideal von Glück zieht sich genügsamer in mich selbst zurück. In meinem *Herzen* liegen alle meine Wünsche begraben» (I, 7). Gewiß wird damit die elegante Verderbtheit der Hofwelt ins Unrecht gesetzt, die mit ihrem Verkuppelungsmanöver unter die moralische Norm des «Menschen» gesunken ist. Zugleich aber gelingt es Schiller auch wieder, die tiefe Fragwürdigkeit des unbedingten Idealisten durchscheinen zu lassen: wer seine Autonomie (die des Herzens, der Liebe) derart rigoros nicht nur, wie vorher, gegen Gott, sondern auch gegen die Wirklichkeit seiner Lebenswelt behauptet, ist tatsächlich nicht «genügsam», sondern vermessen in der arroganten Illusion seiner Unerreichbarkeit und Unverletzlichkeit und daher ironischerweise überaus anfällig für die Anschläge dieser Wirklichkeit, die sich nicht einfach die Tür weisen läßt. Der Erfolg der Intrige wird das rasch genug zeigen.

«Einen Spiegel» will Ferdinand anschließend an die Konfrontation mit seinem Vater auch der Lady Milford vorhalten (I, 7). Das kann aber schon darum nicht in der beabsichtigten Weise gelingen, weil die Lady entgegen allen höfischen Spielregeln wirklich in Ferdinand verliebt ist und weil Schiller ihr einleitend, in der Kammerdienerszene (II, 2), die Chance gibt, ihren nicht weniger untypischen Sozial- und Edelsinn zu bekunden. Was geschieht, ist vielmehr, daß dieser Spiegel Ferdinands eigene Züge ins Problematische verzerrt wie in der Szene mit dem Vater auch. Volltönend nimmt er zwar eingangs wieder die «Gesetze der Menschheit» für sich in Anspruch und läßt seine Selbstgewißheit auftrumpfend gipfeln in dem theatralischen Fanfarenstoß seines idealistischen Liebesbekenntnisses: «Wir wollen sehen, ob die *Mode* oder die *Menschheit* auf dem Platz bleiben wird» (II, 3). Aber wenn sich in diesem Zusammenhang das Ideal der Selbstgenügsamkeit des Liebenden noch einmal artikuliert, dann wird damit nicht allein seine schon berührte Problematik erneut in Erinnerung gerufen: «*Sie* [können] einen Mann von dem Mädchen reißen, das die ganze Welt dieses Mannes ist?» Diese Problematik erhält dazu noch einen höchst ironischen Akzent, wenn Ferdinand jetzt dieselbe Selbstgenügsamkeit des Herzens auch für Luise behauptet: «Sie [können] einem Mädchen den Mann entwenden, der die ganze Welt dieses Mädchens ist?» – ironisch klingt diese rhetorische Frage, weil wir mittlerweile wissen, daß Ferdinand keineswegs die ganze Welt Luises ist. Ferdinands sogenannte Unbedingtheit der Liebe wirkt daher auch hier eher wie Selbstüberschätzung und gestörtes Wirklichkeitsverhältnis.

Noch sehr viel fragwürdigere Züge erhält der «Idealist der Liebe» jedoch in der Rückspiegelung dieser Szene, als Ferdinand seiner Geliebten anschließend darüber berichtet (II, 5). Deutlicher als je zuvor stehen sich da der theologisch formulierte hybride Autonomie- und Totalitätsanspruch und die tatsächliche Erschütterlichkeit, ja Hohlheit dieser selbstherrlichen Liebe gegenüber. Mit dem «*Mein* bist du, und wärfen Höll und Himmel sich zwischen uns» beginnt es in einem vertrauten Ton. Um so überraschender aber Ferdinands gleich darauffolgendes Bekenntnis, er komme «aus dem gefährlichsten Kampf zurück». «Eine Stunde, Luise, wo zwischen mein Herz und dich eine *fremde* Gestalt sich warf – wo meine Liebe vor meinem Gewissen erblaßte – wo meine Luise aufhörte, ihrem Ferdinand *alles* zu sein». Wenn man den einleitenden Satz in seiner rhetorischen Hyperbolik nur als übersteigernden Ausdruck einer über alle Fragwürdigkeit erhabenen Unbedingtheit der Liebe liest, wie der «Historiker» es pointiert tut,[48] so ist es allerdings schwer, den sofort anschließenden Bericht über die Erschütterung dieser Liebe von solchen Voraussetzungen aus zu erklären. Wie könnte ein seiner selbst angeblich so sicherer Liebesidealismus sich ins Wanken bringen lassen durch die vom Publikum mit angehörte Lebensgeschichte der Lady Milford, aus der hervorgeht, daß sie, dem Anschein entgegen, mit «stiller Tugend», ja mit Menschlichkeit an dem korrupten Herzogshof ge-

---

48 v. Wiese, S. 195 und 203.

wirkt hat. Bei Gellert verliebt, verlobt und verheiratet man sich, wenn man die Tugend des Partners erkennt, aber in *Kabale und Liebe*? Wieso sollte nach allem, was wir über Ferdinands Liebe zu Luise erfahren haben, Lady Milfords tugendhaftes Wirken («ich habe Kerker gesprengt – habe Todesurteile zerrissen, und manche entsetzliche Ewigkeit auf Galeeren verkürzt» [II, 3]) einen Anspruch auf die Hand Ferdinands begründen, noch dazu in Ferdinands Augen? Warum sollte die Konfrontation mit der wahren Lady Milford in Ferdinand einen «gefährlichsten Kampf» entfachen, in dem er «erschrocken und außer Atem» selbst noch in der Szene mit Luise begriffen ist, wenn er hervorstößt: «Unmöglich, Lady! *Zuviel* verlangt! Ich kann dir diese Unschuld [Luise] nicht opfern»? (II, 5) Verständlich wird diese allzu leichte Erschütterlichkeit des unbedingt Liebenden hingegen, wenn man sich den kritischen Akzenten nicht verschließt, die Schiller eben gerade in Ferdinands Bekenntnissen zur absoluten Liebe gesetzt hat. Es ist kein unangebrachtes und unhistorisches Psychologisieren, sondern ein Vorgehen in den von Schiller als Deuter seiner eigenen Dramen vorgezeichneten Bahnen, wenn man an diesen Bekenntnissen die ans Absurde streifende theologische Vermessenheit («und wärfen Höll und Himmel sich zwischen uns») und die am Vorstellungsbild der eigenen Größe sich berauschende Unsicherheit betont («Frei wie ein Mann will ich wählen, daß diese Insektenseelen am Riesenwerk meiner Liebe hinaufschwindeln» [II, 5]). Die Unsicherheit oder innere Haltlosigkeit äußert sich nicht zuletzt auch in Ferdinands exklusiver Besitzsucht, im egozentrischen Für-sich-haben-wollen des geliebten Menschen, das diesen zum Gegenstand degradiert[49] («*Mein* bist du» [II, 5]; und schon vorher, in I, 4: «Du bist meine Luise! Wer sagt dir, daß du noch etwas sein solltest?»). Vermessene Herausforderung an Gott, vermessene Selbststeigerung, vermessener Besitzanspruch – das sind im Grunde alles nur rhetorische Kraftakte aus Schwäche – und natürlich leicht zu erschüttern.

Bezeichnenderweise muß Ferdinand sich denn hier auch, als sei er doch nicht Manns genug, durch die Berufung auf jene Fremdinstanz bestätigen, die er eigentlich schon disqualifiziert hatte, auf den Gott Luises: «Ich will sie führen vor des Weltrichters Thron, und ob meine Liebe Verbrechen ist, soll der Ewige sagen» (II, 5). Das ist keine Konversion, sondern Rekrutierung Gottes für den eigenen Zweck. Gleich darauf fällt ja das imposante selbstherrliche Wort von den Insektenseelen, denen es am Riesenwerk seiner Liebe schwindeln soll; und wenig später in derselben Szene – Ferdinand berichtet Luise über die Begegnung mit der Lady – nimmt Ferdinand, immer noch unsicher im Glauben an die unbedingte Liebe, die theologische Aggression denn auch wieder auf: die Aggression gegen den soeben – scheinbar

---

49 Vgl. Janz, S. 216.

Evangelium der Liebe?

– noch als höchste Autorität verehrten Richtergott des Alten Testaments, mit Worten noch dazu, die ähnlich schon am Anfang der Szene standen: «Der Augenblick, der diese zwo Hände trennt, zerreißt auch den Faden zwischen *mir* und *der Schöpfung*.» Auch diese Drohung ist nicht zu verharmlosen als bloße Wortgebärde. Sie ist, wie die Herausforderung an Himmel und Hölle am Anfang des Auftritts, vielmehr eine Übertrumpfung des üblicherweise mit Himmel, Hölle und Schöpfung assoziierten Herrgotts des Christentums im Namen des eigenen Liebesevangeliums, das allenfalls noch einen «Vater der Liebenden» als Weltinstanz zuläßt. Die Vermessenheit dieser blasphemischen Aggression ist nicht weniger deutlich als die der Besitzsucht und des Selbstherrlichkeitswahns. Und sie fällt besonders dadurch in den Blick, daß Schiller Ferdinand in dieser Szene den Weltrichter einen Augenblick lang akzeptieren läßt («Ich will sie führen vor des Weltrichters Thron») – bevor er es auch mit ihm aufnimmt.

Wer es mit dem Weltrichter aufnimmt, wird auch vor dem Stellvertreter seines Stellvertreters auf Erden nicht zurückschrecken. Der Schluß des zweiten Aktes – Ferdinand gerät mit seinem Vater aneinander, der von der brutalen Verhaftung Luises nur durch die Drohung seines Sohns abgebracht wird, er werde der Residenz eine Geschichte erzählen, «*wie man Präsident wird*» (II, 7) – dieser Schluß ist handfestes Theater, aber geistig mehr die Konsequenz aus gegebenen Voraussetzungen, die ihrerseits schwerer wiegen. Nichtsdestoweniger gibt Schiller auch mit diesem turbulenten Schluß dem Zuschauer eine Frage in die Pause mit. Es ist die Frage des kritischen Menschenkenners, des Doktors der damals noch recht philosophischen Medizin: die Frage nach der Substanz, aus der heraus Ferdinand handelt. Ist es die Unbedingtheit des sogenannten Idealisten der Liebe, oder bezeugt Ferdinand, der «Schwärmer» (III, 1), nicht auch in diesem äußerlich triumphalen Finale vielmehr seine *unsichere* Beheimatung in jener hochfliegenden Philosophie und Theologie der Liebe? Denn würde *die* ihn wohl, wenn er wirklich auf sie verpflichtet wäre, Zuflucht nehmen lassen zu den verachteten, aber wirksamen Praktiken der höfischen Welt, zur Erpressung in ihrer ganzen Banalität, die dadurch um nichts nobler wird, daß sie gegen den Vater gerichtet ist? Dem Idealisten mit seiner Prätention der «Seelengröße» (III, 1) steht sie eigentlich schlecht zu Gesicht. Wohl aber wird durch diese Regression in die Denk- und Handlungsweisen seines geistigen und gesellschaftlichen Milieus vorbereitend und sozusagen realistisch verständlich,[50]

---

50 Kritiker wie F. W. Kaufmann und Benno von Wiese betonen zum folgenden statt dessen, daß es gerade der weltfremde Idealist sei, der getäuscht werde (F. W. Kaufmann, *Schiller: Poet of Philosophical Idealism*, Oberlin, Ohio, 1942, S. 45; v. Wiese, S. 205–206). Das Moment des «höfischen» Verdachts ist nicht weniger wichtig.

wieso der angeblich unbedingt Liebende gleich darauf auf die an sich doch überaus unglaubwürdige intrigante Täuschung hereinfallen kann, die die Peripetie des Dramas ausmacht. Denn höfischem Denken, wie es in *Kabale und Liebe* erscheint, kann es von vornherein nicht unplausibel sein, daß die Geliebte falsch spielt. Daß sie es noch dazu mit einem schon zur Karikatur des Höflings geratenen Kammerherrn tut, ist dann auch vielleicht eher einleuchtend als unwahrscheinlich.

Keiner weiß das besser als der Sekretär Wurm, der die Intrige, die die Liebenden trennen soll und wird, mit dem von Luise erpreßten Liebesbrief (Erpressung auch auf der Gegenseite also!) an den geckenhaften Hofmarschall von Kalb in die Wege leitet. Auf die Psychologie der Schwärmer versteht der in Hofkreisen verkehrende Bürger sich nicht weniger gut als auf die der «Menschenart» des eigenen Standes, dem Luise angehört. Folgerichtig ist es Wurm, der, im dritten Akt, die Briefintrige ausheckt, sie dem Präsidenten als einzig gangbaren Weg einredet und schließlich auch inszeniert, indem er Luise den Liebesbrief an den Hofmarschall diktiert.

Auf diese Weise fungiert die äußere Handlung des dritten Aktes, die die Machenschaften des Hofs dramatisch-spannend in den Vordergrund rückt, als Vorbereitung der schließlichen Überspielung Ferdinands durch die Hofkabale: Ferdinand wird in eine Situation manövriert, in der er, der Phantast der Liebe (III, 1),[51] seiner Schwäche unfehlbar verfallen muß. Bevor Schiller es aber dazu kommen läßt, fügt er jedoch noch eine Szene ein, die im voraus den letzten Zweifel daran beseitigt, daß es im Grunde Ferdinand selbst ist, der für den Erfolg der Intrige und damit das anschließende Debakel verantwortlich ist. Es ist mit andern Worten eine Szene, die den von Iffland vorgeschlagenen und von Schiller mit seinem unbestreitbaren Sinn für das theatralisch Zugkräftige akzeptierten Titel *Kabale und Liebe* der Unangemessenheit überführt, sofern dieser an einen allzu planen und äußerlichen dramatischen Konflikt zwischen dem Hof und den Liebenden denken läßt. In dieser für die innere Handlung entscheidenden Szene – es ist die vierte des dritten Aktes – beleuchtet der Bühnenpraktiker mit aller wünschenswerten Klarheit (die nur den auf die Klassenkampfthematik fixierten Interpreten nicht deutlich ist) die tatsächliche Bedingtheit des «unbedingt» Liebenden: Ferdinands Unsicherheit gerade in der Liebe, die ihn dann in der Krise um so leichter in gewohntes höfisches Denken und Handeln zurückfallen läßt. Damit aber bestätigt sich nicht nur, was in früheren Szenen schon mehr zwischen den Zeilen, sozusagen im Sinne eines Verdachts, zu spüren gewesen war. Vielmehr ist diese Szene geradezu ironisch darauf angelegt,

---

51 Vgl. auch XX, 503, über den «Phantasten» (*Über naive und sentimentalische Dichtung*). *Kabale und Liebe*, III, 1: «phantastische Träumereien von Seelengröße».

zu zeigen, wie der extreme Subjektivist der Liebe sich in seiner realitätsblinden Phantasie selbst die Falle stellt, in die er hineintappen wird – wie er sie selbst stellt, noch bevor seine höfischen Gegenspieler sie ihm stellen: er verfällt der Eifersucht, noch bevor ihm die Briefintrige dazu einen greifbaren Anlaß zuspielt.

Um zu demonstrieren, daß diese Anfälligkeit für den falschen Schein sich aus nichts anderem ergibt als aus Ferdinands hochgespanntem säkularen Liebesidealismus, legt Schiller ihm zu Anfang dieses Auftritts (III, 4) noch einmal hyperbolische Worte in den Mund, in denen die Selbststeigerung bis zur blasphemischen Ersetzung des christlichen Gottes durch die eigene Göttlichkeit getrieben wird: «Der Sohn wird den Vater in die Hände des Henkers liefern – Es ist die *höchste* Gefahr – und die höchste Gefahr mußte da sein, wenn meine Liebe den Riesensprung wagen sollte.» (Wir erinnern uns an das selbsterklärte Riesenwerk seiner Liebe als einen desperaten Akt der rhetorischen Selbstbestätigung in dem Moment, als Ferdinand von Selbstzweifeln verfolgt war [II, 5]). «Höre, Luise – ein Gedanke, groß und vermessen [!] wie meine Leidenschaft, drängt sich vor meine Seele – *du*, Luise, und *ich* und die *Liebe!* – Liegt nicht in diesem Zirkel der ganze Himmel? oder brauchst du noch etwas Viertes dazu?» Was Luise noch dazu braucht, ist ihr Gott, der ihre Welt von der Wiege im Vaterhaus bis zum christlichen Jenseits bestimmt. Ferdinands *experimentum medietatis* könnte nicht deutlicher sein. Die Sakralisierung der Leidenschaft in einer Welt, die für ihn sonst ohne Gott wäre, machen seine religiösen Metaphern unmißverständlich, wenn er, seinen Plan einer Flucht aus der gesellschaftlichen Öffentlichkeit in ein idyllisches Nirgendwo ausmalend, fortfährt: «Werden wir Gott in keinem Tempel mehr dienen, so ziehet die Nacht mit begeisternden Schauern auf, der wechselnde Mond predigt uns Buße, und eine andächtige Kirche von Sternen betet mit uns. [...] Deine Ruhe ist meine heiligste [Pflicht].» Das ist das geläufige Vokabular der Säkularisation;[52] Ferdinand zelebriert den Gottesdienst des Eros, zu dem die Empfindsamen sich in diesen Jahren allenthalben bekennen. Man verkennt den Sinn dieser Rhapsodie, wenn man, befangen in gesellschaftlichen Vorstellungen, kommentiert: die hier genannten «Orte des Rückzugs in die Natur» seien «bezeichnenderweise immer noch als öffentliche Institutionen (eben Tempel, Kirche) charakterisiert. An ihnen bereits erweist sich Ferdinands Intention auf bürgerliche Privatheit als problematisch», nämlich sofern diese Intention durch die Sprache der Metaphern (Tempel, Kirche) evident mache, daß Ferdinand «den Zwängen *seines* Standes» dennoch verhaftet bleibe, daß gerade das Abenteuer der Flucht aus dem gesellschaftlich-ständischen Dasein hin-

---

52 Vgl. Langen (s. o. Anm. 12).

aus öffentlich-aristokratischen Zuschnitts bleibe.[53] Im Gegenteil wird durch Luises Repliken vollends offensichtlich, daß es hier jedenfalls primär noch einmal um den bereits im ersten Akt konstituierten geistesgeschichtlichen Gegensatz geht: den von Ferdinands «Himmel» und Luises «Himmel». (Nicht zufällig läßt Schiller in dieser Szene beide dieses Wort gebrauchen, um die Kontrapunktik der jeweils intendierten Bedeutung hervorzuheben.) Säkularisation und Orthodoxie, Erhebung der Liebe zur Religion und Rückhalt am Christentum stehen sich noch einmal gegenüber. Was für Ferdinand höchste Frömmigkeit ist, ist für Luise «Frevel», Verstoß gegen das Gebot des Herrgotts.[54]

Wiederholt wird dieser für das ganze Drama grundlegende Gegensatz hier, um zu zeigen, daß Ferdinand ihm nicht gewachsen ist. Als er sich vorher damit konfrontiert sah, in der vierten Szene des ersten Aktes und in der fünften Szene des zweiten Aktes, war Luises weltanschauliche Position Ferdinands «Träumen» (I, 4; II, 5) gegenüber noch unartikuliert und blieb ihm (wenn auch nicht dem Zuschauer) mehr verborgen unter Luises konkreter und von der Situation her gegebener Ängstlichkeit («Man trennt uns!» [I, 4]; «Sprich es aus, das entsetzliche Urteil. Deinen *Vater* nanntest du? Du nanntest die *Lady*?» [II, 5]). Jetzt aber, in III, 4, wird der Gegensatz in äußerster Schärfe als ein ideologischer artikuliert: Luise sagt sich in festem Ton von Ferdinand los, weil sie – man beachte wieder die wohlüberlegte kontrapunktierende Wortwahl – eine andere «Pflicht» kennt als die, die Ferdinand die «heiligste» ist. Das ist die Verpflichtung auf die von Gott, einem sehr lutherisch gesehenen Gott, geschaffene weltliche Ordnung, in die sie hineingeboren ist. Mit dieser menschlichen Realität konfrontiert, versagt der «Idealist der Liebe». Noch viel stärker und nachhaltiger wird seine Liebesreligion jetzt erschüttert als durch die Erfahrung der Realität der tugendhaften Kurtisane. Sein rhetorisch zum einzigen Lebensinhalt übersteigertes säkularisiertes Evangelium hat ihn blind und verständnislos gemacht für jede Wirklichkeit außerhalb seiner «phantastischen Träumereien von Seelengröße» (III, 1). Der Idealist enthüllt sich als im Grunde naiver «Schwärmer» (III, 1), der maßlos Selbstsichere als der Unsichere, seine Gewißheit als Selbsttäuschung. Daß Ferdinand in dieser radikalen Desorientierung nach dem nächstliegenden Halt greift, ist nur zu natürlich: er fällt zurück in die Vorstellungsformen seiner höfischen Welt, wenn er Luise der Untreue verdächtigt, an die er flüchtig schon in der ersten Krise gedacht hatte («Wärest du ganz nur Liebe für mich, wann hättest du Zeit gehabt,

---

53 Janz, S. 217–218.
54 Johann Christoph Adelung, *Versuch eines vollständigen grammatisch-kritischen Wörterbuches der hochdeutschen Mundart*, II, Leipzig 1775, S. 282.

eine Vergleichung zu machen?» [I, 4]). Jetzt heißt es brutaler: «Schlange, du lügst. Dich fesselt was anders hier. [...] Kalte Pflicht gegen feurige Liebe! – Und mich soll das Märchen blenden? – Ein Liebhaber fesselt dich, und Weh über dich und ihn, wenn mein Verdacht sich bestätigt!» (III, 4). Ironisch ist wieder die Wortwahl: Ferdinand glaubt eine Blendung zu durchschauen, wo keine ist, und erweist sich eben dadurch als der Verblendete.

Ein solcherart gestörtes Wirklichkeitsverhältnis, das die engste Vertrauensbeziehung durch Eifersucht zerstört, macht es dann, wie gesagt, durchaus begreiflich, daß Ferdinand das tatsächliche Täuschungsmanöver seiner Gegenspieler nicht durchschaut: indem er den falschen Liebesbrief Luises an den Hofmarschall für bare Münze nimmt, wird er im Grunde mehr durch sich selbst getäuscht als durch die vorgespiegelte Realität. Interessant ist dabei, daß er in dem Moment, als er, das Billet durchfliegend, die prätendierte Selbstgewißheit seiner Liebe unwiderruflich verliert, sich sofort in eine neue, aber entgegengesetzte Selbstgewißheit flüchtet, die sich nun genau so blasphemisch-autonom bezeugt wie die ursprüngliche: «Wenn Himmel und Erde, wenn Schöpfung und Schöpfer zusammen träten, für ihre Unschuld bürgten – es ist ihre *Hand* – ein unerhörter ungeheurer Betrug, wie die Menschheit noch keinen erlebte!» (IV, 2). Gegen den Schöpfer, ja als Übertrumpfung des Schöpfers konzipiert Ferdinand auch jetzt seine Autonomie noch, konzipiert er auch diese Selbstgewißheit noch – obwohl er dem «Herrgott» doch jetzt nicht mehr seine Liebesreligion entgegensetzen kann mit ihrem «Vater der Liebenden» als Gegengott und obwohl er auch sich selbst nicht mehr, wie vorher als Liebhaber, als «einen *Gott* fühlen» kann (IV, 3). Seine Auffassung, daß er und Luise füreinander geschaffen seien, ihre Liebe im Plan der Weltordnung vorgesehen sei, kann nun nicht mehr gelten; seine Autonomie, die er auch in der Enttäuschung seines Idealismus paradoxerweise noch mit der vertrauten Maßlosigkeit behauptet, ist desavouiert, der Substanzlosigkeit überführt. Was ihm «himmlisch» schien, hat sich als «teuflisch» enthüllt – so äußert er selbst (IV, 2). Aber in Wirklichkeit sagt er damit, daß sein säkularisierter Glaube, seine Religion der Liebe, sich als nicht tragfähig enthüllt hat: als «glücklicher Wahnsinn» (IV, 2).

Aufrechterhalten kann sich seine Autonomie jetzt nur noch durch den nur allzu verständlichen Umschlag der Liebe in eine Zerstörungswut, wie sie Karl Moor in seiner Enttäuschung nicht schlimmer kannte: «Tod und Rache!» (IV, 2)[55] – nur daß sie hier die Raserei der Selbstzerstörung mit einschließt. Der Bankrott der durch sich selbst zu Fall gebrachten theologischen Vermessenheit könnte nicht offenkundiger sein. Kein Wunder, daß Ferdinand sich in diesem Moment des Verlustes des eigenen Glaubens, der

---

55 Vgl. *Die Räuber*, I, 2.

im Grunde ein Glaube an sich selbst war und an die Tragfähigkeit der Liebe als der Projektion dieses Selbst, an *den* Gott klammert, den er bisher nur genannt hatte, um ihn selbstherrlich zu übertrumpfen, den Richtergott des Christentums, den Gott Luises und ihres Vaters. Allerdings ist auch das – noch – keine echte Konversion, keine echte Unterwerfung unter diesen Gott; denn noch ordnet Ferdinand sich ihm nur zu, um – nicht weniger selbstherrlich als zuvor – sein Zerstörungswerk zu vollenden: um sich und Luise (statt des Himmels wie bisher) nun die Hölle zu schaffen:

> Richter der Welt! Fodre sie mir nicht ab. Das Mädchen ist mein. [...] Mich laß allein machen, Richter der Welt! [...] Das Mädchen ist mein! Ich einst ihr Gott, jetzt ihr Teufel! [...] Eine Ewigkeit mit ihr auf ein Rad der Verdammnis geflochten – Augen in Augen wurzelnd – Haare zu Berge stehend gegen Haare – Auch unser hohles Wimmern in *eins* geschmolzen – Und jetzt zu wiederholen meine Zärtlichkeiten, und jetzt ihr vorzusingen ihre Schwüre – Gott! Gott! Die Vermählung ist fürchterlich – aber ewig! (IV, 4)

Statt Sakralisierung der Liebe Dämonisierung des Hasses – krasser könnte sich das Experiment der Säkularisation nicht selbst verurteilen und auch stilreiner nicht. Denn indem Ferdinand hier seine bisherige Anmaßung der Autonomie, der Autonomie der Liebe, als Irrtum brandmarkt, maßt er sich mit eben diesen Worten dennoch wieder die Autonomie an: im Namen des jetzt als Richter konzipierten Gottes wirft er sich selbst zum Richter (über Luise) auf und usurpiert dessen Recht («Mein ist die Rache») – Karl Moor *redivivus*!

So gesehen, ist Ferdinands Vollzug seines Verdikts über Luise im fünften Akt in erster Linie ein Verdikt über sich selbst und seinen vermessenen Anspruch, sich selbst zur Mitte zu machen, in zweiter Linie auch ein Rückfall in standestypisches Verhalten, in aristokratisches Verfügen über den anderen Menschen.

Wie wenig sicher Ferdinand aber aller donnernden Rhetorik zum Trotz auch in seiner teuflischen Gewißheit ist (nicht sicherer als in der himmlischen Gewißheit der Liebe), das hat Schiller eigens hervorgehoben an einer erstaunlicherweise kaum je beachteten Stelle, die die Tragfähigkeit auch *dieser* säkularisierenden Anmaßung in Zweifel zieht. Als Luise ihm auf seine Frage bekennt, sie habe den Brief an den Hofmarschall geschrieben, was Ferdinand, sollte man denken, doch bereits unerschütterlich glaubt, bleibt Ferdinand «erschrocken stehen». Er kann es entgegen allen entrüsteten Tiraden offenbar immer noch nicht glauben: «Luise – Nein! So wahr meine Seele lebt! du lügst – [...] Ich fragte zu heftig – Nicht wahr, Luise – du bekanntest nur, weil ich zu heftig fragte?» (V, 2). Und dann «mit scheuem, bebenden Ton» noch einmal: «Schriebst du diesen Brief?» (V, 2). Erst als Luise auch diese Frage «Bei Gott! Bei dem fürchterlich wahren», bei dem sie Wurm den Eid zu schwören gezwungen hatte, bejaht, setzt Ferdinand seine Rache ins Werk und damit – unwissentlich – das Gericht über sich selbst. Superbia fast bis zuletzt: sein Entschluß, Luise und sich den Tod zu geben, ist gefaßt, und «die obern Mächte», mit denen sich schon Karl Moor in verhängnisvoller Verblendung bei seinem Zerstörungswerk im Bunde zu wissen glaubte, «nicken mir ihr schreckliches *Ja* herunter, die Rache des Himmels unterschreibt» (V, 6).[56] Noch gesteigert und damit vollends in ihrer inneren Hohlheit und Unsicherheit enthüllt wird diese theologische Hybris, wenn Ferdinand, scheinbar im Gegensatz zu der eben zitierten Äußerung, gerade diesen «Himmel» auch wieder «angreift» mit den Worten: «Ich will dich nicht zur Rede stellen, Gott Schöpfer – aber warum denn dein Gift in so schönen Gefäßen? [...] Tränen um die Gottheit, die ihres unendlichen Wohlwollens hier verfehlte» (V, 7).

Der Gott, von dem Ferdinand hier spricht, ist – statt des «Vaters der Liebenden» – wieder der Gott Luises und ihres Vaters, der Gott der christlichen Orthodoxie. Diesmal aber ordnet Ferdinand sich ihm bei aller Hybris schon in authentischerer Weise zu als noch kurz zuvor, und erst recht tut er das, wenn er gleich anschließend seine Rache an Luise nicht «in *jene* Welt hinaus treiben» will und Luise «in fürchterlicher Bewegung» warnt, daß sie, ehe die Kerze noch ausbrenne, vor Gott stehen werde. An rechtgläubigen Denkformen, die er früher nicht für verpflichtend gehalten hatte, orientiert er sich auch, wenn er, wie Luise ihrerseits, Gott um Erbarmen bittet (V, 7). Sein Gott, der Gott der säkularen Liebesreligion, hat abgedankt. Zwischen den Zeilen erklärt Ferdinand den Bankrott seiner Liebestheologie, seines *experimentum medietatis*.

Nun aber geschieht etwas Erstaunliches, was wiederum bisher nicht aufgefallen ist. Indem Ferdinand nämlich in diesem Augenblick von der sterbenden Luise – «der Tod hebt alle Eide auf» – die Wahrheit erfährt: daß der Brief erzwungen und diktiert war, Luise ihm nicht untreu wurde, kehrt er nicht etwa zu dem Gott seiner Liebesphilosophie zurück, der durch diese Enthüllung doch eigentlich vindiziert wäre, sondern bekennt sich erneut zu Luises Richtergott und das mit mehr Nachdruck als je zuvor: «Mörder und Mördervater! – *Mit* muß er, daß der Richter der Welt [!] nur gegen den Schuldigen rase» (V, 7). Und noch pointierter, an Luises Leiche: «Gott meiner Luise! Gnade! Gnade dem verruchtesten der Mörder! Es war ihr letztes Gebet!» Auch in der letzten Szene (V, 8), die sich ganz zum mehr als nur weltlichen Tribunal gestaltet (wie Schiller es wenige Monate nach der Uraufführung von *Kabale und Liebe* in seiner Rede über «Die Schaubühne als moralische Anstalt betrachtet» für das Theater forderte), kehrt Ferdinand

---

56 Vgl. *Die Räuber*, IV, 5.

nicht zu «seinem» Gott zurück, ordnet sich vielmehr zu wiederholten Malen dem christlichen Herrgott zu, wenn er mit seinen letzten Worten dem Drama seinen Weltgerichts-Prospekt gibt. Jetzt «zittert» er vor jenem Jüngsten Gericht, das zu den geläufigen Vorstellungen der traditionsgebundenen Frömmigkeit Luises (III, 6) gehört, aber bis vor kurzem nicht zu den seinen. Vor den «Richter der Welt» sieht er sich mit seiner Schuld treten, und dem Vater beschwört er schauerliche Schreckvisionen herauf für den Tag, an dem «Gott» *ihn* «richtet». Ganz unmißverständlich wird diese neue Orientierung Ferdinands (die seine frühere, die wir mit dem Stichwort Säkularisation umschrieben, desavouiert) schließlich noch dadurch, daß der «Richter der Welt», den er soeben angerufen hat, nun auch vom Präsidenten apostrophiert wird, der die früheren Schwärmereien seines Sohnes nicht einen Augenblick ernst genommen hatte, wohl aber den «Richter»-Gott (I, 7): «Von mir nicht, von mir nicht, Richter der Welt, fodre diese Seelen von *diesem! Er geht auf Wurm zu*» (V, 8). Ironischerweise – das wird durch die Wiederholung des Worts pointiert – finden sich also Vater und Sohn, die durch das ganze Stück hindurch auch und besonders in weltanschaulicher Hinsicht Antagonisten gewesen waren, in ihrem Bekenntnis zum alttestamentlichen Richter der Welt. Ohne solche ironische Pointierung, dafür aber am Rand des theatralischen Kitsches (in den Schiller auch in der Namengebung abgeglitten ist), finden sich Vater und Sohn ganz am Schluß noch einmal in jener Geste der Vergebung, mit der Ferdinand stirbt. Auch das ist ein Hinweis auf die neue, nun mehr neutestamentlich gefaßte und sehr «bürgerliche» Christlichkeit Ferdinands: vergebend war auch Luise gestorben, die sich damit in die Nachfolge ihres Gottes stellte: «Sterbend vergab mein Erlöser» (V, 7).

Nichts also deutet darauf hin, daß Ferdinand nach seiner «Konversion» zum Gott Luises noch einmal zu seinem säkularen Liebesevangelium zurückgefunden hätte. Seine Worte «Laßt mich an diesem Altar verscheiden» (auf die die Bühnenanweisung folgt: «Der Major wird neben Luisen niedergelassen» [V, 8]) sind kein solches Indiz: nicht nur, weil Ferdinand gleich darauf neutestamentlich-orthodox von «Gott dem Erbarmenden» spricht, sondern auch weil er kurz vorher Luise «eine Heilige» genannt hatte in einem Kontext, der den Gedanken an eine Übertragung der religiösen Vokabel in das Sinnfeld der säkularisierten Religion verbietet. Auch findet sich in den Schlußreden nichts von einer Verklärung der Liebe und der Liebenden übers Grab hinaus, von einer Re-Sakralisierung der Liebe also, schon gar nicht in der von Ferdinand anfangs in seiner Vermessenheit vorausgesehenen Weise («schöner als er dich von sich ließ, soll der Himmel dich wiederhaben und mit Verwunderung eingestehn, daß nur die Liebe die letzte Hand an die Seelen legte» [I, 4]). Für die folgende Deutung des Dramen-

Evangelium der Liebe?

schlusses etwa gibt es im Text tatsächlich keinen Anhalt: «In diesem Tode erfüllt sich das Unbedingte dieser Liebe – jenseits der gänzlich bedingten, in heilloser Gebrechlichkeit ins Tragische hineinzwingenden realen Welt [...]. Im Tode erst wird die Freiheit gewonnen – als Freiheit der Liebenden zu ihrer Liebe [!?] und – so darf man wohl [!] interpretieren: als ihre Freiheit in Gottes Willen und Gerechtigkeit.»[57] Über einen «gütigen Vater im Himmel, der die Liebenden [...] verzeihend empfängt», von dem ein anderer Deuter spricht,[58] schweigt der Text selbst sich aus. Der Text selbst bekundet vielmehr die Besiegelung des Zusammenbruchs des Versuchs, die Liebe zu sakralisieren, bekundet die Enttäuschung der hybriden Liebes-Metaphysik Ferdinands. Das heißt: weder ist die Welt, die der Schluß vorführt, die eines «Vaters der Liebenden», der die Schöpfung auf das Liebesglück angelegt hat, noch läuft dieser Schluß auf eine Apotheose der Liebe im Jenseits hinaus.

Nur eine einzige Stelle könnte die Gedanken in diese Richtung lenken. Sterbend spricht Ferdinand unter anderen auch die Worte: «Luise – Ich komme» (V, 8). Darin könnte man einen Hinweis sehen auf die Vorstellung von der Vereinigung der auf Erden unglücklichen Liebenden im Himmel. Diese Vorstellung gehört allerdings zur säkularisierten Liebestheologie der Aufklärungszeit;[59] für sie ist der Himmel der Ort weltlicher Glückserfüllung, nicht aber ist er das für das Christentum, das solcher Erotisierung des Todes und des Jenseits eher ablehnend gegenübersteht und statt dessen den Aspekt des Gerichts und der Läuterung betont. (In *Pilgrim's Progress* sehen sich die Liebenden im christlichen Jenseits nicht wieder, und Dantes Liebende, Paolo und Beatrice, finden sich nach dem Tod charakteristischerweise nicht im Himmel, sondern in der Hölle wieder.) Als Luise am Anfang des Dramas in ihrem Liebesrausch die Vollendung ihrer Liebe zu Ferdinand auf das Leben nach dem Tode vertagte (I, 3), näherte sie sich, wie ihr Vater

---

57 Martini, S. 38–39.
58 Kurt May, *Friedrich Schiller: Idee und Wirklichkeit im Drama*, Göttingen 1948, S. 44.
59 Vgl. zum folgenden Eudo C. Mason, «‹Wir sehen uns wieder!› Zu einem Leitmotiv des Dichtens und Denkens im 18. Jahrhundert», *Literaturwissenschaftliches Jahrbuch der Goerres-Gesellschaft*, N. F., V (1964), 79–109. Bei Mason wird (S. 103) der *Kabale und Liebe*-Schluß im Zusammenhang der säkularisierten Liebestheologie gesehen; dagegen schon Robert R. Heitner, «Luise Millerin and the Shock Motif in Schiller's Early Dramas», *Germanic Review*, XLI (1966), 43: «The imminence of death itself, while breaking the power of the oath, brings no return, however fleeting, to the former relationship existing between the lovers. Luise tells the truth before expiring and asks for forgiveness, but no word of hope is expressed for union in the afterlife and there is no pledge of eternal devotion, not so much as a parting kiss. Ferdinand's dying whisper, ‹Luise – Luise – Ich komme –› (V, viii), if taken as a hope of reunion, belongs to him and his unorthodox concepts of the hereafter, not to Luise.»

genau spürte, also gerade nicht christlichen Vorstellungen wieder an, sondern blieb im Raum ihres von Ferdinand gelernten säkularisierenden Denkens. In diesem Raum bewegte sie sich auch, als sie später – unchristlich, wie ihr Vater ihr vorhielt – vorübergehend an Selbstmord dachte, wobei nicht von ungefähr die gleiche Vorstellung wieder auftauchte: der Tod als «Brautbette» (V, 1), wie ihn sich ja auch Werther, Rousseaus Julie und schon Haller in der berühmten «Trauer-Ode» gedacht hatten. Die Luise der Schlußszenen ist von der empfindsamen Liebestheologie jedoch denkbar weit entfernt, und mit Bedacht wird Schiller Ferdinands Äußerung, die an den «Wir sehen uns wieder»-Topos anklingen mag, an einer Stelle der dramatischen Entwicklung angebracht haben, an der Luise ihrem Liebhaber diese säkulare Utopie nicht mehr bestätigen kann. Natürlich hätte sie sie nicht bestätigt, sondern abgelehnt. Da Schiller sich durch die Ereignisfolge folglich der Möglichkeit beraubt hat, diese Ablehnung dramatisch vorzuführen, stellt sich um so mehr die Frage, ob das bloße «Luise – Ich komme» tatsächlich in den Vorstellungsraum der Säkularisation deutet oder nicht. Bezieht sich das Wort nicht viel eher auf das Jüngste Gericht, das doch die ganze Szene hindurch und schon seit dem Ende der vorhergehenden das eigentliche Thema ist, besonders für Ferdinand – im Unterschied zu Clavigo, der mit einem identischen «Ich komme» stirbt? Daß er in kurzem vor den Weltrichter treten werde, ist Ferdinands alles beherrschende – christliche – Zwangsvorstellung in seinen letzten Lebensminuten. Nicht allein wird er zu dieser großen Abrechnung erscheinen: sein Vater «muß *mit*» vor den Richter der Welt (V, 7) und Luise, die Unschuldige, nicht minder: «für *sie*», ruft er Miller zu, «muß ein anderer rechten», keine weltliche Instanz (V, 8). In diesem Zusammenhang also gewinnt das «Luise – Ich komme» seinen Sinn. Ferdinand kehrt in den Schlußminuten nicht zu der säkularisierten Liebestheologie der Empfindsamkeit zurück, und diese wird nicht gerechtfertigt; sie bleibt desavouiert.

An Plausibilität gewinnt dieses Verständnis des Schlusses als eines endgültigen Verdikts über Ferdinands Liebestheologie schließlich noch durch einen Seitenblick auf die «Philosophischen Briefe», die gleichzeitig mit *Kabale und Liebe* entstanden sind.[60] Die darin enthaltene «Theosophie des Julius» wurde bereits eingangs herangezogen als Dokument jenes überschwenglichen Enthusiasmus der zweiten Jahrhunderthälfte, der auch Ferdinands Sakralisierung des Erotischen inspiriert. Zu ergänzen ist jetzt, daß Schiller diese zunächst unabhängig entstandene bekenntnishafte Abhand-

---

60 Vgl. NA XXI, 151, und Helmut Koopmann, «Schillers *Philosophische Briefe* – ein Briefroman?», *Wissen aus Erfahrungen: Festschrift für Herman Meyer*, hg. v. Karl Robert Mandelkow u. a., Tübingen 1976, S. 192–216.

Evangelium der Liebe? 125

lung durch ihre Aufnahme in die «Philosophischen Briefe» ins kalte Licht der Kritik gerückt hat. Die «Theosophie des Julius» wird nämlich mit den Worten des Julius eingeführt als «entworfen in jenen glüklichen Stunden meiner stolzen Begeisterung. Raphael, wie ganz anders finde ich jezo das alles! [...] Mein Herz suchte sich eine Philosophie, und die Phantasie unterschob ihre Träume. [...] Ein kühner Angriff des Materialismus stürzt meine Schöpfung ein. [...] Mein Stolz ist so tief gesunken» (XX, 115). Ähnlich wird auch die Begeisterung, die Träumerei des Phantasten Ferdinand ernüchtert, des Irrtums überführt. Was Schiller in der «Vorerinnerung» zu den «Philosophischen Briefen» von solchem «Irrtum» (auch «Unsinn», «Ausschweifungen», «überspannte Behauptungen») sagt, darf auch auf Ferdinand bezogen werden: «Die Kenntnis der Krankheit mußte der Heilung vorangehen» (XX, 108).

Wie gesagt: die Krankheit war eine Zeitkrankheit, und Rezepte gegen das Schwärmen sind in der Literatur der Zeit an der Tagesordnung. Die Kritik konnte aus zwei Richtungen kommen: von der rationalistischen Philosophie (wie in Kants *Träumen eines Geistersehers* und «Über Schwärmerei und die Mittel dagegen») und von der christlichen, besonders protestantischen Orthodoxie.[61] Mit dem Schluß von *Kabale und Liebe* dürfte Schiller sich kaum in das erste Lager stellen, aber auch im zweiten wäre er nicht recht am Platz. Denn das hieße, daß er sich rückhaltlos auf die Seite der Orthodoxie schlüge: Musikus Miller als Räsoneur?! *Kabale und Liebe* ist offensichtlich alles andere als ein doktrinäres Drama der protestantischen Apologetik. Denn schließlich läßt der Dramatiker (der ähnlich wie der Verfasser der «Philosophischen Briefe» in Gegensätzen denkt, aber nicht in der Absicht, die eine Position als die richtige triumphal gegen die andere auszuspielen)[62] Ferdinands Widerpart, Luise mit ihrem orthodoxen Christentum, ja keineswegs als unproblematische Figur erscheinen. Im Gegenteil! Wohl beruht die geistige Struktur des Dramas auf dem Gegeneinander von Ferdinand und Luise, aber ebenso wie der kritische Menschenkenner den Schwärmer ins Licht des Fragwürdigen rückt, umgibt er auch die gläubige Christin mit der Aura des Problematischen. Und nur so gelingt es ihm, beide in die tragische Gesamtoptik einzuschließen, die seine Artikulation des Säkularisations-Themas hier bestimmt.

---

61 Victor Lange, «Zur Gestalt des Schwärmers im deutschen Roman des 18. Jahrhunderts», *Festschrift für Richard Alewyn*, hg. v. Herbert Singer und Benno von Wiese, Köln 1967, bes. S. 154.
62 Hier sei an die Gegenüberstellung der Idealisten und der Realisten am Schluß von *Über naive und sentimentalische Dichtung* erinnert.

4.

Ferdinands und Luises Tragödie stehen in komplementärem Verhältnis zueinander. Ferdinand erfährt die Unhaltbarkeit seines *experimentum medietatis*, Luise die Qualen der Bindung an das orthodox-traditionelle Lebensverständnis angesichts der Versuchung durch Ferdinands säkularisiertes Liebesevangelium. Am Ende bekräftigen beide den Glauben an den Herrgott des Christentums und sein Jüngstes Gericht. Sehr verschieden jedoch waren ihre Wege dahin: der Umschlag des säkularen Glaubens in den Offenbarungsglauben bei Ferdinand, die Überwindung der säkularen Anfechtung des Offenbarungsglaubens bei Luise.

Die Tragödie Luises ist von klarerer Linienführung als die Ferdinands (deren Eigenart sich erst dem zwischen den Zeilen lesenden Blick zu erkennen gab). Daher kann Luises Dilemma, soweit es nicht schon im Hinblick auf Ferdinands Entwicklung zur Sprache kam, wesentlich knapper nachgezeichnet werden.

Luise selbst formuliert dieses Dilemma mit den Worten: «Der Himmel und Ferdinand reißen an meiner blutenden Seele» (I, 3). Als sie dies sagt, in der ersten Auseinandersetzung mit dem Vater, und noch in dem gleich anschließenden Gespräch mit Ferdinand erscheint sie zwar in einer seelischen Konfliktsituation, aber den Gegenpol Ferdinands bildet darin nur ein paar Augenblicke lang «der Himmel», der christliche Imperativ. Stärker als die Furcht vor dem Anspruch des Himmels ist hier noch Luises Furcht vor der Vereitelung ihrer Liebe durch die höfische Macht, die Ferdinands Vater verkörpert: «Ich seh in die Zukunft – [...] – dein Vater – mein Nichts. [...] Ferdinand! ein Dolch über dir und mir! – Man trennt uns! [...] O wie sehr fürcht ich ihn – Diesen Vater!» (I, 4). *Diese* Befürchtungen (nicht aber orthodoxe Selbstvorwürfe, wie man erwarten müßte) bedrängen Luise hier und andererseits Ferdinands «Hoffnungen», die ihr Herz «wie Furien anfallen» (I, 4). Daran hat sich auch beim nächsten Auftreten Luises noch nichts geändert, als sie zur Zeugin von Ferdinands Erregung durch die Aussprache mit Lady Milford wird: «Sprich es aus, das entsetzliche Urteil. Deinen *Vater* nanntest du? Du nanntest die *Lady*? – Schauer des Todes ergreifen mich – Man sagt, sie wird heuraten» (II, 5). Das heißt also, daß Luises Dilemma *zunächst* nur momentan durch das von ihr selbst bezeichnete *ideologische* Koordinatensystem definiert ist («der Himmel und Ferdinand») – es sei denn, man wolle ihre Verstörtheit durch die Ahnung einer unglücklichen Wendung umdeuten zur verschleierten Äußerung ihres Schuldbewußtseins gegenüber ihrem Himmel. Dafür jedoch gibt es im Text selbst keinen Anhaltspunkt. Vielmehr ist es so, daß die eingangs eindeutig benannte ideologische Artikulation ihres Dilemmas sich erst in *dem* Augenblick geltend macht, als – bei Karl Moor geschieht ähnliches, gesehen aus ähnlicher «medizinischer» Optik[63] – der Aufruhr der Affekte sich gelegt hat, der sie zu keiner klaren Einsicht in die eigene Lage kommen ließ.

Dieser Augenblick ist die Wiederbegegnung der Liebenden nach der Turbulenz des zweiten Aktes (der damit endete, daß Ferdinand seinen Vater hochdramatisch erpreßte, Luise nicht an den Pranger zu stellen). Als sie sich in Millers Haus wiederbegegnen, ist Luise gefaßter als Ferdinand. «Alle meine Hoffnungen sind gesunken» (III, 4). Mit wiedergekehrter Besonnenheit hat sie ihr Dilemma als das ideologische *wieder*erkannt (mit Rationalisierung hat das nichts zu tun in Schillers Denkformen), und damit hat sie zugleich ihr Schwanken – vorerst – überwunden in der Entscheidung *für* den «Himmel» und *gegen* Ferdinands Evangelium vom «Vater der Liebenden». Wenn Schiller in dieser Szene Ferdinand einleitend mit charakteristisch pointierender Wortwahl vom Himmel sprechen läßt («*Du*, Luise, und *ich* und die *Liebe!* – Liegt nicht in diesem Zirkel der ganze Himmel?»), so wird rasch klar, daß Luise diesem Himmel zugunsten *ihres* Himmels entsagt hat, von dem sie denn auch gleich spricht. Zunächst aber entgegnet sie: «Und hättest du sonst keine Pflicht mehr als deine Liebe?»

Hier gilt es genau zu lesen. Das Bewußtsein ihrer Pflicht macht die Crux von Luises Tragödie aus; welche Pflicht aber hat sie im Sinn? Die Kindespflicht gegen den Vater? So scheint es zunächst, wenn sie nämlich den «Vater, der kein Vermögen hat als diese einzige Tochter», als Hinderungsgrund für die gemeinsame Flucht mit Ferdinand nennt. Man hat tatsächlich davon gesprochen, daß das Hauptthema des Stückes die possessive Liebe des alten Miller sei, deren Recht und Macht Luise hier mit Selbstverständlichkeit anerkenne.[64] Dem steht aber jedenfalls an dieser Stelle entgegen, daß Ferdinand sich sofort bereit erklärt, Luises Vater auf die Flucht mitzunehmen, – damit aber Luises Bedenken keineswegs entkräftet! Denn jetzt hält sie der Fluch *seines* Vaters vor dem abenteuerlichen Unternehmen zurück, dieser aber nur, weil dadurch der Himmel, *ihr* Himmel, ins Spiel gebracht würde: Gott würde einen solchen väterlichen Fluch unfehlbar erhören, «die Rache des Himmels» würde die Flüchtigen verfolgen. Warum? Weil sie sich mit diesem Schritt ins Abenteuer gegen Gottes Gebot vergehen würden. Hier von den «engen *moralischen* Bindungen [auch «Vorurteilen»] des Kleinbürgermädchens»[65] zu sprechen, ist marxistisch linientreu, aber interpretato-

---

63 Vgl. *Die Räuber*, I, 2 und II, 3.
64 Ilse Appelbaum-Graham, «Passions and Possessions in Schiller's *Kabale und Liebe*», *German Life and Letters*, n.s., VI (1952), 16–20.
65 Siegfried Streller in einem Diskussionsbeitrag in *Weimarer Beiträge*, V (1959), Sonderheft, S. 37.

risch textfern. Der Text spricht von «Himmel» (dem Wort, das geradezu Schlüsselbedeutung besitzt für die Deutung der inneren Handlung und des Gehalts von *Kabale und Liebe*); und als wenn auch das noch nicht genug wäre, läßt Schiller Luise noch gleich hinzufügen: «Nein, mein Geliebter! Wenn nur ein Frevel dich mir erhalten kann, so hab ich noch Stärke, dich zu verlieren» (III, 4). Frevel – Adelungs Wörterbuch definiert das Wort 1775 in erster Linie als «vorsätzliche Beleidigung *Gottes* und der Menschen», wofür Stellen aus dem Alten Testament als Belege genannt werden.[66] In diese religiöse Bedeutungssphäre weist auch Luise selbst, wenn sie an dieser Stelle Frevel mit «Kirchenraub» gleichsetzt und beides mit ihrem Anspruch auf Ferdinand.

Worin aber bestünde der Frevel der gemeinsamen Flucht aus der Gesellschaft in ein standesloses Idyll? Die Antwort wird in aller Klarheit gegeben: Luise will «einem Bündnis entsagen, das die Fugen der Bürgerwelt auseinandertreiben, und *die allgemeine ewige Ordnung zu Grund* stürzen würde»[67] (III, 4). An diesen Worten (mit denen Luise Ferdinand entsagt und die dieser als Untreue auffaßt) scheiden sich die Geister der Deuter der Tragödie.

Auf der einen Seite hört man aus Luises Worten nur die Anerkennung der Standesschranken heraus, also konservatives Sozialdenken rein diesseitiger Prägung, sei es, daß man, dem zustimmend oder doch dem Ton nach unengagiert, von «Konflikt von [‹bürgerlicher›] Sitte und Liebe» spricht,[68] sei es, daß man solches Denken mit marxistisch erhobenem Zeigefinger als kleinbürgerliche Untertanenmentalität abkanzelt und seine Empörung darüber auch Schiller zuschreibt. Nimmt man andererseits die *religiöse* Artikulierung dieses Bekenntnisses ernst, so heißt es zur Linken: «Diese christliche Ergebenheit in die ‹gottgewollten Abhängigkeiten›: das ist der tiefste Grund der politischen Unfreiheit, gegen die Schillers Drama zu empören sucht»,[69] zur Rechten hingegen: es müsse Luises «Bindung an die väterliche Welt als eine positive Seite ihres Charakters verstanden werden», die zugleich auch Schiller Ehre mache.[70]

Ein unfruchtbarer Streit. Der Tragiker nimmt nicht Partei, er stellt dar. Aber was? Augenscheinlich dies, daß Luise (zeitgenössischem, besonders

---

66 Vgl. Anm. 54. Hervorhebung von mir. Vgl. den Gebrauch des Wortes in dem Wieland-Zitat, oben S. .
67 Hervorhebung von mir.
68 Heinz Otto Burger, «Die bürgerliche Sitte: Schillers *Kabale und Liebe*» in H. O. B., «*Dasein heißt eine Rolle spielen*»: *Studien zur deutschen Literaturgeschichte*, München 1963, S. 209; vgl. S. 203–204.
69 Korff, S. 207; zustimmend zitiert von Streller, S. 36.
70 v. Wiese, S. 213.

lutherischem Sozialdenken entsprechend) die weltliche Gesellschaftsordnung als von Gott instituiert begreift. Gott hat nicht die Liebenden füreinander bestimmt (wie die empfindsame Säkularisationstheologie meinte), sondern die Menschen für ihre gesellschaftliche Ordnung. Nicht aus ständischer Gebundenheit sagt Luise Ferdinand und seiner Vorstellungswelt ab, sondern aus dem Grund, der sie zugleich die ständische Bindung anerkennen läßt: Kaum erwachsen, hat sie zurückgefunden in die religiösen Denkformen ihrer Kindheit.

Daß sie darin aber dennoch nicht ganz zu Hause ist, zeigt der folgende Verlauf; das Dilemma, das von Anfang an Luises geistige (und geistesgeschichtliche) Signatur war, erneuert sich nur zu bald in seiner früheren Dringlichkeit. In der gleich folgenden Szene mit Wurm allerdings (III, 6), in der dieser ihr den fingierten Liebesbrief in die Feder diktiert und sie (hinter der Bühne) das Sakrament darauf nehmen läßt, «diesen Brief für einen freiwilligen zu erkennen», in dieser Szene findet Luise zwar noch *expressis verbis* bei ihrem Himmel eine Stütze. Aber schon in der wenig späteren theatralischen Konfrontation mit Lady Milford ist Luise offenbar wieder ins Schwanken geraten (IV, 7). Als die Lady sie auffordert, Ferdinand zu entsagen, antwortet sie zunächst: «*Freiwillig* tret ich Ihnen ab den Mann, den man mit Haken der Hölle von meinem blutenden Herzen riß» (der Anklang an die «blutende Seele» als Ort ihres Dilemmas [I, 3] ist unüberhörbar). Das entspricht den wiedergewonnenen christlichen Denkformen; nicht aber entspricht es diesen, wenn sie fortfährt: «Vielleicht wissen Sie es selbst nicht, Mylady, aber *Sie* haben den Himmel zweier Liebenden geschleift, voneinandergezerrt zwei Herzen, die *Gott* aneinanderband; zerschmettert ein Geschöpf, das ihm *nahe* ging wie Sie, das er zur Freude schuf wie Sie, das ihn gepriesen hat wie Sie, und ihn nun nimmermehr preisen wird» (IV, 7). *Dieser* Ton überrascht: die typische Metaphorik der empfindsamen Liebestheologie ist wieder da, selbst der säkularisierte Himmel – nur daß Luise den «Vater der Liebenden» nun nicht mehr, wie noch im ersten Akt (I, 3), «preisen» kann. Halben Herzens mindestens hat sie hier dem eben wiedergefundenen Gott ihres christlichen Vaterhauses bereits wieder abgesagt, nicht zuletzt mit der anschließenden Drohung ihres Selbstmordes.

Wie sehr sie sich durch diese Absicht, Hand an sich zu legen, von den Geboten ihres Herrgotts, kaum daß sie ihn wiedergefunden hat, entfernt, das führt ihr in der Eingangsszene des fünften Akts nicht nur ihr Vater vor Augen in seiner liebevollen Besorgnis: Luise selbst spricht von ihrem Tod, vom «dritten Ort» des Jenseits, in Ausdrücken, die statt ihrer Geborgenheit im christlichen Denken ihre erneute Faszination von Ferdinands «Träumereien» unmißverständlich an den Tag legen. Denn dieser «dritte Ort» ist für Luise ja – es war schon die Rede davon – «ein Brautbette», der Ort der

Wiedervereinigung mit Ferdinand, nicht aber das christlich Jenseits. Polemisch geradezu betont Luise dies, wenn sie im selben Atemzug versichert: «Nur ein heulender Sünder [als «Sünderin» hatte sich die Liebende früher, in I, 3, bezeichnet!] konnte den Tod ein Gerippe schelten; es ist ein holder, niedlicher Knabe, blühend, wie sie den Liebesgott [!] malen, aber so tückisch nicht – ein stiller, dienstbarer Genius, der der erschöpften Pilgerin Seele den Arm bietet über den Graben der Zeit, das Feenschloß der ewigen Herrlichkeit aufschließt, freundlich nickt, und verschwindet» (V, 1). Natürlich drückt sich Millers Bestürzung über solches Sichhinwegsetzen über die Sünde in Wendungen aus, die ebenso pointiert christlich sind, wie es die Luises nicht sind: «Selbstmord ist die abscheulichste [Sünde], mein Kind – die einzige, die man nicht mehr bereuen kann, weil Tod und Missetat zusammenfallen.» Für ihn ist Lieben eindeutig Frevel, *dieses* Lieben, das Luise hier in ihrer berühmten rhetorischen Frage («Ist *Lieben* denn Frevel, mein Vater?») offenbar nicht für Frevel hält, wiewohl sie es vorher – dasselbe Schlüsselwort benutzend (III, 4) – so bezeichnet hatte!

Damit ist Luises Dilemma also wieder akut geworden; sie ist an ihre Ausgangssituation zurückgelangt. Nur für den Augenblick allerdings. Wenig später läßt sie sich von ihrem Selbstmordvorsatz wieder abbringen. Den Ausschlag dafür gibt die Aufforderung des Vaters: «Wenn die Küsse deines Majors heißer brennen als die Tränen deines Vaters – stirb!» (V, 1) – den Ausschlag, aber auch die Schwierigkeit für die Deutung. Denn die Interpreten, die das zentrale Thema von *Kabale und Liebe* in der possessiven Liebe des Vaters sehen, weisen natürlich triumphierend auf diese Stelle.[71] Aber zu Recht? Ordnet Luise sich hier wirklich ihrem Vater unter? Der alte Miller sieht es natürlich so. Aber Luise? Dreht sich das ganze vorausgehende Gespräch mit dem Vater denn nicht vielmehr um die Rechte des christlichen Gottes an Luise? Wenn Luise durch die Herausforderung Millers ihrem Vater wiedergewonnen ist, so ist sie damit nicht zuletzt auch dem christlichen Herrgott wiedergewonnen, gegen den sie sich zu versündigen versucht war. Sie selbst deutet das an in ihrer Antwort: «Vater! Hier ist meine Hand! Ich will – Gott! Gott! was tu ich? was will ich? Vater, ich schöre – Wehe mir, wehe! Verbrecherin, wohin ich mich neige! – Vater, es sei! – Ferdinand – Gott sieht herab!» (V, 1). Luises Gott ist jetzt wieder der christliche Herrgott ihres Vaterhauses.

So also hat sie ihre letzte Schwankung zwischen dem Gott der Christen und dem «Vater der Liebenden» vollzogen. In der folgenden Verhörsszene mit Ferdinand («Schriebst du diesen Brief?» [V, 2]) fühlt sie sich folgerichtig durch den auf das Sakrament geschworenen Eid gebunden. War sie in der

---

71 Appelbaum-Graham, S. 19; Janz, S. 223.

ersten Bewährungsprobe der Qual des Gehorsams gegenüber dem christlichen Imperativ nicht gewachsen gewesen (Konfrontation mit Lady Milford), so besteht sie in der zweiten, schwereren Krise durchaus vor ihrem Gott. Wie auch später, in der *Maria Stuart* besonders, streift Schiller hier die Märtyrertragödie. Wie eine Märtyrerin stirbt Luise: «Ich sterbe unschuldig, Ferdinand.[...] Sterbend vergab mein Erlöser – Heil über dich und ihn [Ferdinands Vater, den *fabricator doli*]» (V, 7). Der Nachruf bekräftigt es: «Das Mädchen ist eine Heilige» (V, 8).

5.

Es ist Ferdinand, der dies sagt. Damit hat sich der Kreis geschlossen. Ferdinand und Luise haben sich gefunden – nicht im Himmel des empfindsam säkularisierten Denkens (der vielmehr desavouiert bleibt), sondern in der gemeinsamen Anerkenntnis jenes Richtergottes, zu dem sie beide zurückgefunden haben.

Das heißt bei aller Nähe der Schlußmomente zur Märtyrerdramatik keineswegs, daß Schiller mit der gemeinsamen Konversion der Liebenden nun doch ein frommes Thesenstück geschrieben habe. Ein *fabula docet* fehlt nicht nur; es wäre auch fehl am Platz, weil inkonsequent. Denn aller Nachdruck liegt in der dramatischen Menschengestaltung auf der *Frage* – der Frage «Was ist der Mensch?» in der spezifischen Form, in der sie sich in Schillers Zeit, dem Zeitalter der eben erst einsetzenden Säkularisation, stellte: Ist der Mensch das Geschöpf des Herrn der Heerscharen und als solches bedingt durch seine Endlichkeit, Unvollkommenheit und Erlösungsbedürftigkeit, *oder* ist er vom «Vater der Liebenden» bestimmt, Herr seiner selbst zu sein, und als solcher befähigt, sein «Glück» zu realisieren, das diese Zeit mit einer Besessenheit gesucht hat wie kaum eine andere vorher und nachher. Indem Schiller diese, seiner Generation auf den Nägeln brennende Frage stellt, beantwortet er sie zugleich im Medium der Menschengestaltung, die «das Problem» wenn nicht «erledigt» (Hofmannsthal), so doch klärt. Nur allzuklar läßt Schillers Antwort – alles andere als eine Patentformel – die Sorge um die Gefahren *beider* möglichen Entscheidungen durchblicken: die Erkenntnis, daß *beide* den Menschen um sein Glück bringen, sei es, daß er es sich aus religiöser Bindung versagen zu müssen glaubt, sei es, daß er es verwirkt, indem er seinen Anspruch darauf zur Religion steigert.[72] Gerade

---

72 Zwei neuere grundsätzliche Interpretationen von *Kabale und Liebe* sind durchaus vereinbar mit meiner Deutung: Peter Michelsen, «Ordnung und Eigensinn: Über Schillers *Kabale und Liebe*», *Jahrbuch des Freien Deutschen Hochstifts*, 1984, S. 198–222 (vgl. dort die Anm. zur Überschrift), und Gerhard Kaiser, «Krise der Familie: Eine Perspektive auf Lessings

so aber, in diesem Schwebezustand zwischen Nicht-mehr und Noch-nicht, zwischen Zweifel an der herkömmlichen Orientierung und Bedenken gegen die aktuelle, neue, profiliert sich *Kabale und Liebe* als zeitgeschichtliches Dokument von eindringlicher Unmittelbarkeit. Und wer wollte sagen, daß es sich – *mutatis mutandis* – überlebt hätte? Die Theaterspielpläne unseres Jahrhunderts belehren uns eines Besseren.[73]

Emilia Galotti und Schillers *Kabale und Liebe*», *Recherches Germaniques*, XIV (1984), 7–22. Helmut Koopmann setzt bei grundsätzlicher Zustimmung zu der hier herausgestellten Konstellation den Akzent anders: der Schluß sei aufzufassen als aufklärerische Kritik an der Religion, die jene Selbstbestimmung und -verwirklichung der beiden Hauptgestalten verhindere, die in Schillers geistesgeschichtlichem Zeitpunkt an der Zeit sei, insofern sei also *Kabale und Liebe* als «Tragödie der bürgerlichen Aufklärung» zu sehen («*Kabale und Liebe* als Drama der Aufklärung», *Verlorene Klassik?*, hg. v. Wolfgang Wittkowski, Tübingen 1986, S. 286–303). Die anschließende Kritik (referiert ebda, S. 304–308) erhob durchweg Einwände gegen diese für Schiller immerhin überraschende religionskritische Akzentsetzung.

73 Vgl. etwa Dietrich Steinbach, «Der Lektürekanon des Dramas in der Perspektive des Theaterspielplans», *Der Deutschunterricht*, XIX (1967), H. 1, S. 72.

Don Karlos
Der Künstler Marquis Posa:
Despot der Idee oder Idealist von Welt?

1.

Das Pendeln zwischen deutscher Gegenwart und südländischer Geschichte des 16. Jahrhunderts, das von den *Räubern* zu *Fiesko* und zurück zu *Kabale und Liebe* führte, setzt sich fort mit *Don Karlos* (1787, damals noch *Dom Karlos*). Auch die Motivik der Liebe im Konflikt mit der Intrige, die in den vorausgehenden Stücken eine Rolle spielte, wirkt in *Don Karlos* weiter. Und ähnlich wie *Kabale und Liebe* ein Rand-Motiv des *Fiesko*, nämlich das der verführten Unschuld wiederaufgriff und in den Mittelpunkt rückte, läßt sich *Don Karlos* zunächst ganz als eins jener damals beliebten Familiengemälde mit furchteinflößender Vaterfigur an, wie es *Kabale und Liebe* gewesen war – als «Familiengemählde aus einem königlichen Hause» oder «in einem fürstlichen Hauße» jedoch (VI, 495; VII/2,16). Genau das hatte ihm die Hauptquelle, Abbé de Saint-Réals *Histoire de Dom Carlos* (1672), so reizvoll erscheinen lassen. Stellt sie doch romanhaft verbrämt die Eifersuchtstragödie im Hause Philipps II. dar, dessen Sohn Carlos in seine gleichaltrige Stiefmutter Elisabeth, die Tochter Heinrichs II. von Frankreich, verliebt ist, die ihm vor der Eheschließung seines Vaters zur Gemahlin bestimmt gewesen war; das geheime Einverständnis der Liebenden kommt an dem intrigenreichen Habsburger-Hof ans Licht; Carlos wird der Inquisition übergeben, die ihm nur die Wahl seiner Todesart überläßt. «Die schrekliche Situazion eines Vaters», schreibt Schiller am 7. Juni an Dalberg, «der mit seinem eigenen Sohn so unglüklich eifert, die schreklichere Situazion eines Sohns, der bei allen Ansprüchen auf das gröste Königreich der Welt ohne Hoffnung liebt, und endlich aufgeopfert wird, müßten denke ich höchst intereßant ausfallen» (VII/2,16).

Das liefe nun allerdings auf eine Variation von *Kabale und Liebe* hinaus, auf eine Verteidigung «des natürlichen Rechts auf Empfindung und Liebe gegen die Konventionen der Gesellschaft».[1] Aber warum sollte Schiller eine

---

1 Benno von Wiese, *Friedrich Schiller*, Stuttgart 1959, S. 242.

solche «Wiederholung» seines bürgerlichen Trauerspiels in Angriff nehmen, noch dazu mehr oder weniger gleichzeitig? Ein Unterschied ist schon damit signalisiert, daß in dieses Familiengemälde die Politik der großen Welt hineinspielt, der Kampf der niederländischen Provinzen um ihre Unabhängigkeit von der spanischen Krone. Und wenn Schiller in dem eben zitierten Brief Dalberg beschwichtigt, das Drama «würde nichts weniger seyn, als ein politisches Stük», gibt er einen Wink auf das, was daraus nur allzu natürlich werden konnte, wenn es auch zu diesem Zeitpunkt aller Wahrscheinlichkeit nach noch nicht so konzipiert war: eine politische Tragödie. In diese Richtung ist die Entwicklung des Stoffes im Verlauf der nächsten Arbeitsphasen jedoch ganz ohne Zweifel gegangen, und das bedeutete, daß sich eine *dramatis persona* in den Vordergrund schob, die sich in der frühesten Konzeption (greifbar in dem Entwurf, den Schiller nach seiner Flucht aus Stuttgart im frühen Sommer 1783 während seines Aufenthalts in Bauerbach in Franken ausarbeitete) noch in den Grenzen eines Confidents gehalten hatte, zwar eines bis zur Selbstaufopferung treu ergebenen Confidents: Marquis Posa. Kennzeichnenderweise wurde Posa in einem aufschlußreichen Brief aus der Bauerbacher Zeit, vom 27. März 1783 an den Meininger Bibliothekar Wilhelm Reinwald, noch überhaupt nicht erwähnt in der Übersicht über die Hauptgestalten: «Der Karakter eines feurigen, grosen und empfindenden Jünglings, der zugleich der Erbe einiger Kronen ist, – einer *Königin* die durch den Zwang ihrer Empfindung bei allen Vortheilen ihres Schiksals verunglükt, – eines eifersüchtigen Vaters und Gemals – eines grausamen heuchlerischen Inquisitors, und barbarischen Herzogs von Alba und *so fort* solten mir, dächte ich, nicht wol mislingen» (VII/2,12). Im Lauf der mehr als vierjährigen Entstehungsgeschichte tritt Posa, der Jugendfreund Karlos' aus der gemeinsamen Studienzeit in Alcalá, dann jedoch immer mehr in der Vordergrund und wird zur «beherrschenden Gestalt des Dramas».[2] Das bestätigt Schiller selbst aus der Rückschau in den «Briefen über *Don Karlos*» (1788): «Karlos selbst war in meiner Gunst gefallen, vielleicht aus keinem andern Grunde, als weil ich ihm in Jahren zu weit vorausgesprungen war, und aus der entgegengesetzten Ursache hatte der Marquis Posa seinen Platz eingenommen» (XXII, 138; vgl. XXII, 154).

Durch Posa gewann die Liebestragödie in einem königlichen Hause, zwar nicht ohne kleine Widersprüche und Brüche, eine ganz neue Dimension, die auf Schillers eigener Erfindung beruht, in den Quellen nicht angelegt war. (Schon die Selbstaufopferung Posas im Bauerbacher Entwurf war

---

2   Karl Berger, *Schiller*, I, München 1906, S. 511. Zur Entstehungsgeschichte vgl. NA, VII/2, 71–108, und Helmut Koopmann, *Friedrich Schiller*, 2. Aufl., Stuttgart 1977, I, 49–57. Zitate nach der Erstausgabe (NA, VI).

Der Künstler Marquis Posa: Despot der Idee oder Idealist von Welt? 135

dort nicht vorgegeben.) Posa ist also ganz Schillers eigene «Kreation», nicht nur charakterlich, sondern auch handlungsmäßig jedenfalls von der Mitte des dritten Akts an, wo die Würfel fallen. Die höfische Welt wurde infolgedessen in gesteigerter Weise eine Welt der Kabale, der Verstellung und Intrige und des Politikmachens, sofern der junge Marquis, ähnlich dem in der Quelle vorgegebenen Grafen Egmont von Oranien, sich im Einvernehmen mit der Königin zum Anwalt der unterdrückten Niederlande macht, deren Freiheitskampf er insgeheim mit Tatkraft und politischem Geschick betreibt in der Hoffnung, den Thronfolger für diese «gute Sache» zu gewinnen. Überdies kommt aber mit Posa (der bereit ist, allerlei undurchsichtige und Verwirrung stiftende Manöver zu inszenieren, um sein Ziel zu erreichen) der Schillersche Idealist ins Spiel, der in keinem der frühen Dramen fehlt: der leidenschaftliche Verfechter des Menschenrechts auf Würde, Glück und Freiheit des Denkens und Handelns. Mit dieser Konzeption Posas ergibt sich zugleich ein gegenüber dem ursprünglich vorgesehenen Familiengemälde neues Thema, das in keiner der Quellen auch nur angedeutet war. In den «Briefen über *Don Karlos*» ist Posa, sein Charakter und seine Handlungsweise, denn auch der eigentliche und im Grunde einzige Gegenstand der Diskussion.

Daß es da jedoch überhaupt etwas zu diskutieren, zu erklären, plausibel zu machen gab, mag im Nachhinein verwunderlich sein. Denn obwohl die frühe Kritik gewisse Inkonsequenzen oder doch Unverständlichkeiten in Posas Verhalten bemängelte, die Schiller daraufhin zu erläutern versuchte, hat doch gerade Posa in den mehr als zwei Jahrhunderten seiner Bühnenlaufbahn sich immer wieder als eine eindeutige *dramatis persona* erwiesen, die das Zeug zu geflügelten Worten hatte: Posa war eminent aufrufbar als auf Figur gebrachte Lebenseinstellung, sei es als Vorbild, sei es als Warnbild. Als Idol verehrte die Generation der Befreiungskriege den Marquis; als Vorbild – Männerstolz vor Königsthronen: «Geben Sie Gedankenfreiheit!» – brachten ihn die Intellektuellen der fehlgeschlagenen deutschen Revolution von 1848 mit nach Amerika; den Brustton der Überzeugung läßt im Schiller-Jahr 1905 der Philosophieprofessor Eugen Kühnemann vernehmen: «Solang es deutsche Jünglinge gibt», mögen sie sich in diesem ihren Gedicht erkennen», nämlich in der «echten deutschen Jünglingsgesinnung» des spanischen Idealisten der Freiheit – Posa als unproblematischer Jugendheld.[3]

---

3 *Schiller*, München 1905, S. 285. So oder ähnlich unproblematisch sehen Posa viele andere im 19. und frühen 20. Jahrhundert; vgl. die Forschungsberichte in den Arbeiten von A. v. Gronicka (s. u. Anm. 4) und Malsch (s. u. Anm. 8). Übrigens noch Friedrich Braig, «Schillers ‹Philosophische Briefe› und *Don Carlos*», *Forschungen und Fortschritte*, XXXIV (1960), 106–111. Fast wörtlich wie Kühnemann auch Jakob Wychgram, *Schiller*, 7. Aufl., Bielefeld u. Leipzig 1922, S. 204–205.

Andererseits stand gleich nach dem Ersten Weltkrieg Paul Ernsts *Don Karlos*-Essay in seiner Aufsatzsammlung, die er ominös *Der Zusammenbruch des deutschen Idealismus* (1918) betitelte. Hier erschien Posa als der «Tyrann», der Menschen für seine Zwecke wie Schachfiguren einsetzt. Am Ausgang der Weimarer Republik klang es wie ein Echo in Max Kommerells Buch *Der Dichter als Führer in der deutschen Klassik*, wo der Marquis als einer der großen Verführer und Verräter figuriert, vor dessen pervertiertem Idealismus nicht genug gewarnt werden könne; und genau so wurde noch kurz nach dem Zweiten Weltkrieg vor dem rücksichtslosen politischen Ideologen ohne Humanität gewarnt: in der konkreten existentiellen Situation versage er menschlich – ein abschreckendes Beispiel des unmenschlichen Fanatikers in der damaligen weltgeschichtlichen Stunde.[4] Wie das mutige Eintreten für Menschenwürde und Gedankenfreiheit den Marquis zur Idealfigur des säkularen Heiligen qualifizierte, so ist es hier sein despotisches Vorgehen im Dienst eben seines Idealismus, sein Nichtachten der Freiheit anderer, die er selbstherrlich zu seinem Zweck manipuliert, was ihn problematisiert bis zur negativen Beispielhaftigkeit. Das wäre ein Zug, den er im Prinzip mit Ferdinand in *Kabale und Liebe*, aber auch mit Karl Moor, Fiesko und später Wallenstein und dem Grafen Leicester in *Maria Stuart* teilt.

Allerdings geht Posa bereits bedenklich weit in dieser Praktik. Er setzt andere gewissenlos aufs Spiel, sein Spiel, so die Königin mit seinem absichtlich irreführenden Brief am Schluß, der sie in den Verdacht der Liebesbeziehung, wenn nicht zu Karlos, so doch zu Posa selbst bringt. Damit beschwört er Verwirrung, Mißverstehen und mindestens im Falle Philipps auch eine bittere menschliche Enttäuschung herauf: «Der König hat geweint» (5267–5268), als er von Posas, des innig geglaubten Freundes, Falschheit erfährt, die ihn zum Werkzeug subversiver Politik degradierte. Offen greift er brutal in die Rechte anderer ein, sogar in ihr Recht auf Selbstbestimmung (in der Absicht, seinen Endzweck, die Selbstbestimmung der Niederländer, zu verwirklichen), wenn er den Brief des Königs an die Mätresse Eboli, den Karlos ihm zeigt, zerreißt, um diesen zu hindern, das *corpus delicti* in seiner Weise hofpolitisch zu gebrauchen (II, 17). Die Eboli ihrerseits ist er bereit zu erwürgen, um seine politischen Pläne nicht zu gefährden. Vor allem aber *verheimlicht* er seine intriganten und zweideutigen Eigenmächtigkeiten im Manipulieren anderer, vor allem Karlos', der an seinem Freund irre wird. Er läßt sich Karlos' Brieftasche, seine persönliche Korre-

---

4   Max Kommerell, *Der Dichter als Führer in der deutschen Klassik*, Berlin 1928, S. 218: «warnende Lehre»; André von Gronicka, «Friedrich Schiller's Marquis Posa: A Character Study», *Germanic Review*, XXVI (1951), 198–214, bes. S. 214. Ähnlich E. L. Stahl, *Friedrich Schiller's Drama: Theory and Practice*, Oxford 1961 (zuerst 1954), S. 34–40; Graham Orton, *Schiller: Don Carlos,* London 1967, S. 17–36.

Der Künstler Marquis Posa: Despot der Idee oder Idealist von Welt? 137

spondenz, aushändigen und verfährt empörend eigenmächtig und indiskret mit ihr, ohne Karlos auch nur anzudeuten, was er im Sinn hat. Er läßt Karlos «im Namen des Königs» verhaften, in der hier noch keineswegs ausgesprochenen Zuversicht, ihm später alles befriedigend erklären zu können. In all das spielt als Nebenmotiv sicher auch mit hinein, was die Königin, die zwar ihrerseits nicht das Modell der Gediegenheit ist, zu dem sie oft stilisiert wird, ihm vorwirft: «Sie haben / nur um Bewunderung gebuhlt» (5187–5188). Das heroische Selbstopfer Posas für die Sache der Niederlande hat Schiller selbst kritisch abgewertet in den «Briefen über *Don Karlos*»: «Er hüllt sich in die Größe seiner Tat, um keine Reue darüber zu empfinden» (XXII, 177).

Über diese spezielle Kritik hinaus hat Schiller zweifelhafte Züge an Posa bekanntlich mit erstaunlicher Bereitwilligkeit herausgestellt. Vielleicht hat er den Despoten in Posa sogar überbetont. Verbreitet ist die Ansicht, daß das kritische Bild, das er in den «Briefen über *Don Karlos*» von seinem «Helden» (XXII, 160) entwirft, eine Weiterdichtung des im Drama selbst Vorgestellten sei, eine nachträgliche Neukonzeption. Im Drama sei Posa nicht so negativ präsentiert wie in den «Briefen», meinte etwa Thomas Mann 1951 kritisch zu A. v. Gronickas gegenteiliger These.[5] Selbst in der Nationalausgabe ist zu lesen: im Verfolg seiner Rechtfertigung der Handlungsweise Posas, der Karlos auf so inhumane Weise auf seine welthistorische Aufgabe der Befreiung der Niederlande und der Verbreitung humaner Gesinnung vorzubereiten sucht, werde Schiller «der schwärmerische Idealismus Posas [...] in zunehmendem Maße [...] fragwürdig und sittlich anfechtbar» (XXII, 389). Denn wohl sucht Schiller in den ersten «Briefen» Posas rücksichtsloses Handeln seinem Freund und Schützling gegenüber verständlich zu machen als realistischen Zug im Bild des Idealisten, der eben kein auf Figur gebrachter Begriff, nicht «zu idealisch», sondern menschlich fehlbar, folglich auch entschuldbar sei (XXII, 139). Doch in die späteren «Briefe», vor allem den elften, mischt sich ein gerüttelt Maß Kritik in den Nachweis, daß der tatkräftige Idealist der Freiheit zum gewalttätig-despotischen «Sichvergreifen» an der «Freiheit» anderer sozusagen naturgemäß neige: das entschuldige ihn *nicht*, mache ihn vielmehr zum warnenden Beispiel (XXII, 169–172).

---

5 *Briefe 1948–1955*, hg. v. Erika Mann, Frankfurt 1965, S. 232 (Brief an A. v. Gronicka). Ähnliche Stimmen, die Posa gegen Schiller in Schutz nehmen, sind z. B. die von Herbert Cysarz, *Schiller*, Halle 1934, S. 135: der Journalist Schiller «verleumde» den Dramatiker Schiller; Gerhard Storz, «Die Struktur des *Don Carlos*», *Jahrbuch der Deutschen Schillergesellschaft*, IV (1960), 137; Koopmann, 1977, I, 57; Dieter Borchmeyer, «Rhetorische und ästhetische Revolutionskritik: Edmund Burke und Schiller», *Klassik und Moderne*, hg. v. Karl Richter u. Jörg Schönert, Stuttgart 1983, S. 65: «Es versteht sich, daß [...] der Marquis Posa der Briefe ein anderer ist als im Schauspiel», nämlich ein Robespierre *ante portas*. Vgl. unten Anm. 9.

Es liegt nahe, Schillers Urteil, das seinerseits derart ins Schwanken gerät, sozusagen experimentell am Text selbst zu verifizieren, also zu entscheiden, ob und wo und inwiefern Schiller als Deuter seines eigenen Werks in Bezug auf Posas Charakter recht habe oder nicht. Aus Ungenügen an den vorliegenden widerspruchsvollen Interpretationen ist dieses Spiel gerade in neuster Zeit mit nie dagewesener Intensität gespielt worden – und mit verschiedenen Ergebnissen. Einmal meldet sich die Lesung zum Wort, die kritische Bewertung Posas durch Schiller (nämlich als nicht so «idealisch», wie manche Rezensenten meinten) bewahrheite sich in allen Punkten und auf das genaueste am Text. Wenn man nur imstande sei, Schillers «tiefenpsychologischem Blick in das Innere Posas» zu folgen, werde deutlich, daß der Dramatiker, so positiv er zu den Ideen Posas stehe, ihren Vertreter als menschlich unzulänglich zeichne, als jakobinischen Despoten der Idee, der überdies um Bewunderung buhlt. Schiller zeige also «die Gefahr der Ideologie auf [...], die, um ihren allgemeinen menschenbeglückenden Zweck zu erreichen, sich rücksichtslos über den lebendigen Mitmenschen hinwegsetzt und ihn auch vernichtet», seine Freiheit (die nach den *Briefen über die ästhetische Erziehung* sakrosankt ist) gerade im Namen der Freiheit antastet.[6]

Wird das Stück als Posa-Drama in solcher Sicht wieder, wie etwa gleich nach dem Zweiten Weltkrieg, ein «abschreckendes Beispiel», eine zeitgemäße «Warnung», diesmal vor der «Ideologie der Freiheit», so hat man es andererseits nicht weniger möglich gefunden, Übereinstimmung zwischen dem Drama und Schillers «Briefen» in entgegengesetzter Weise zu sehen: weder der Spieltext noch die Selbstdeutung gelangten zu einer Verurteilung des Marquis als «terroristisch gewordenen Revolutionärs»; vielmehr gehe die Belehrung über praktische Moralphilosophie oder über die Moral des Handelns in der konkreten Lebenssituation in die entgegengesetzte Richtung. Doch diese Lesung ist keine Rückkehr zu der naiven, vor allem des 19. Jahrhunderts, im Sinne eines moralischen Musters, das etwa Kuno Fischer sah.[7] Nicht der Idealist ohne Fehl und Tadel ist es, den Schiller, vornehmlich im elften seiner «Briefe», im Posa der zweiten Dramenhälfte sähe, auch nicht der zweifelhafte Mittel anwendende, Don Karlos «regierende» «Intrigant», sondern ein Idealist von Welt, der sich darauf versteht, sein hohes menschheitliches Ziel in der rauhen Wirklichkeit der praktischen Politik durchzusetzen, mit «weltkluger Sorgfalt», wie er selbst sagt (5336). Und zu solcher Weltklugheit gehöre eben auch, wie Schiller selbst in den «Briefen

---

6   Karl Konrad Polheim, «Von der Einheit des *Don Karlos*», *Jahrbuch des Freien Deutschen Hochstifts*, 1985, S. 64–100, bes. S. 94–100; Zitate: S. 75, 99; die gleich folgenden Zitate: ebda. S. 99, 100.
7   *Schillers Jugend- und Wanderjahre in Selbstbekenntnissen*, 2. Aufl., Heidelberg 1891, S. 244–246.

über *Don Karlos*» erkenne (XXII, 170–172), der Zug zum Manipulieren anderer. Wenn man an solcher «Despotie» das «Fürsorgliche» betont, also den «guten» Zweck der «schlimmen Mittel» (4096), mit denen Karlos irregeführt, als unfrei behandelt und beleidigt wird, dann rettet man den Idealisten also auf Grund seiner realistisch lebensklugen Politik. Schillers Ansicht, daß «man sich in moralischen Dingen nicht ohne Gefahr von dem natürlichen praktischen Gefühl entfernt» (XXII, 172), sei folglich «nicht absolut» zu verstehen. Politische Klugheit habe samt ihren schlimmen Mitteln situationsbedingt auch ihr Recht, besonders wenn sie «im Vertrauen aufs Wiederherstellenkönnens des Vertrauens» ausgeübt werde, wie im Falle Posas, der darin schließlich auch nicht irre. Was Schiller in den «Briefen» und im Drama «lehre», sei also, daß die unbedingte private Moral nicht unbesehen und kompromißlos als Maßstab auf bedingtes politisches Handeln angewendet werden könne. Denn dort gelten «die ‹praktischen Gesetze› der politischen Klugheit und Lebenserfahrung» gemäß Schillers elftem «Brief». So habe Schiller in Posa «einen zwar kritischen [...], aber nicht negativen, sondern wegweisenden Spiegel für aufgeklärte Fürsten aufgestellt».[8]

Das ist sicher die umsichtigste und hellhörigste aller Verteidigungen Posas.[9] Doch es ist ein Plaidoyer; hier wird Partei genommen, der «Fall» vom Angeklagten her gesehen. Kein Wunder also, daß sich die Anklage sogleich

---

8 Wilfried Malsch, «Robespierre ad portas? Zur Deutungsgeschichte der *Briefe über Don Karlos* von Schiller», Houston German Studies, VII (1990), 69–103, Zitate: S. 84, 95, 96, 97, 98.

9 Eher unabhängig von der Frage nach der Anwendbarkeit der «Briefe über *Don Karlos*» auf *Don Karlos* hat Malsch diese Deutung entwickelt in dem Aufsatz «Moral und Politik in Schillers *Don Karlos*», Verantwortung und Utopie, hg. v. Wolfgang Wittkowski, Tübingen 1988, S. 207–235; vgl. dazu die Diskussion S. 235–237, wo Malsch gegen Borchmeyer wiederholt: weder im Stück noch in den «Briefen» sei Posa «ein Robespierre ante portas», S. 235. Naiv auf allgemeine Lebensweisheit gestützt, dazu textfern und interpretatorisch irrig ist Frances Ebstein, «In Defense of Marquis Posa», Germanic Review, XXXVI (1961), 205–220. Eine kuriose, indirekte Verteidigung Posas bietet Ronald L. Crawford, «*Don Carlos* and Marquis Posa: The Eternal Friendship», Germanic Review, LVIII (1983), 97–105: Schiller habe in den «Briefen» unrecht mit der Behauptung, Posa ordne seine politischen Ideale der Freundschaft unter; im Gegenteil lasse Posa sich stets von seiner Freundschaft zu Karlos leiten, indem er ihm dazu verhelfe, seine Leidenschaft für die Königin zu überwinden und seiner politischen Aufgabe zu entsprechen; niemals benutze er ihn als «Werkzeug»; Karlos seinerseits wird nicht nur Egoismus, sondern auch mangelndes Vertrauen auf den Freund, ja Verrat an Posa angelastet, der ihm in allen seinen unerklärten Manövern unbedingt vertraue – als sei Posa durch seine Heimlichkeiten und Mißverständlichkeiten nicht schuld daran, daß ihm mißtraut wird! Sogar Karlos' Deutung von Posas Tod, daß er für ihn gestorben sei, wird unbesehen akzeptiert, ohne daß des Königs Deutung: Posa habe sich für die Zukunft der Menschheit geopfert, auch nur erwähnt würde. Lesley Sharpe, *Friedrich Schiller*, Cambridge 1991, schließt sich Malsch an (S. 92–93).

wieder mit ihren Gegenargumenten gemeldet hat, die im Grunde nur wieder aufgreifen, was seit der Rezension in der *Allgemeinen Literatur-Zeitung* von 1788 und seit Schillers «Briefen über *Don Karlos*» und dann besonders seit dem Ersten Weltkrieg gegen Posa zur Sprache gebracht worden ist.[10] Der Hauptvorwurf gegen Posa bleibt seine Herabwürdigung von Menschen zu Werkzeugen seiner Pläne, die Heiligung der Mittel durch den Zweck, sein Lügen und Verschweigen seiner fragwürdigen Taktiken: Verrat am Menschen. Dieses Hin und Her der Deutung hat etwas Unbefriedigendes, dessen Ursache der Verteidiger Posas unversehens bloßlegt, wenn er als selbstverständlich voraussetzt: «Die ‹Gefühle von Recht und Unrecht›, deren Befolgung sich allenfalls in geschützter Privatsphäre bewährt, helfen so wenig wie abstrakte moralische ‹Vernunftideen› aus der ‹Schlinge› der politischen Verantwortung. Für die Abwägung der ‹Mittel›, die diese verlangt, gibt es kein bei allen gleiches ‹Gefühl›».[11] Damit wird Interpretation zum Rohrschach-Test für den Interpreten. Nicht nur das: es wird auch aus den Augen verloren, daß man es mit einem literarischen Werk zu tun hat, mit einer Tragödie zumal. Statt dessen geht es in solcher Diskussion der Gestalt Posas, selbst bei Schiller in den «Briefen», um Fragen der persönlichen wie auch politischen Moral. So oder so erwartet man von dem Stück, wie angedeutet, Belehrung; *Don Karlos* ist eine Warnung oder ein Lehrstück, moralische Verurteilung oder um Verständnis werbende Aufklärung über die Bedingungen öffentlichen Handelns in den Verhältnissen des Absolutismus des 18. Jahrhunderts: Exempel so oder so. Am Rande kommt allenfalls die Tragödie nicht Posas, sondern Philipps in Sicht, das Leiden des Alternden, der, enttäuscht in seinem Sohn und in seiner Gemahlin, seiner Einsamkeit durch die Begegnung mit Posa entkommen zu sein glaubt – nur um desto bitterer enttäuscht zu werden und infolgedessen in die staatliche und persönliche Barbarei zurückzufallen. Posas Tragik bleibt unbeachtet.[12] Stellte man die Frage nach ihr und nicht nach einer moralischen Lehre oder politischen Philosophie, wäre es denkbar, daß man über das unfruchtbare Hin und Her

---

10 Vgl. oben S. 136. Die Kritik der *Allg. Lit.-Ztg.* ist in NA, VII/2, 527–536, abgedruckt. Auf Malschs These folgte nicht nur Diskussion (*Verantwortung und Utopie*, S. 235–237), sondern auch der Vortrag von Stephanie Kufner, «Utopie und Verantwortung in Schillers *Don Carlos*», ebda, S. 238–251, dazu wiederum Diskussion, S. 251–255; eine einzige Polemik gegen Malsch ist der Don Karlos-Teil von Wolfgang Wittkowskis Aufsatz «Höfische Intrige für die gute Sache: Marquis Posa und Octavio Piccolomini», *Schiller und die höfische Welt*, hg. v. Achim Aurnhammer u. a., Tübingen 1990, S. 378–397.
11 Malsch, 1988, S. 234.
12 Bemängelt von Lawrence Ryan in *Verantwortung und Utopie* im Anschluß an den Vortrag von Malsch, S. 237, und von Hans Jürgen Schings ebda, S. 255, im Anschluß an Stephanie Kufners Gegenthese. Vgl. Helmut Koopmann, 1977, I, 57: «im Grunde» sei nur Philipp «tragische Figur», keinesfalls Posa.

Der Künstler Marquis Posa: Despot der Idee oder Idealist von Welt? 141

der (zugestanden subjektiven) Ermessensurteile hinauskäme. Schließlich gibt es bei einem so dezidiert auf die Tragödie eingespielten Dramatiker wie Schiller die Möglichkeit des erhellenden Seitenblicks auf seine anderen Dramen, auf die Denkformen und Gestaltungsgewohnheiten des Autors.

Allerdings wäre eine neue Bahn nur von einem neuen Ansatzpunkt einzuschlagen. Und zwar müßte man von ihm aus auch hinauskommen über die seit langem anhängige Kontroverse über die Frage, ob *Don Karlos* in der Fassung von 1787 trotz der Erweiterung der Perspektive auf das Politische im Grunde immer noch das ursprüngliche «Familiengemälde» geblieben oder aber ein «politisches Stück» geworden sei (was Schiller 1784 in seinem eingangs zitierten Brief an Dalberg vom 7. Juni 1784 entschieden abstritt, aber drei Jahre später, als das Drama fertig war, nicht mehr mit dieser Entschiedenheit hätte abstreiten können und auch nicht abgestritten hat).[13] Dieser Gegensatz verlangt schon von sich aus nach einer transzendierenden Konzeption aus dem einfachen Grunde, daß weder auf der einen noch auf der anderen Seite, weder bei heutigen Vertretern des politischen Stücks noch bei denen des Familiengemäldes, Posa als Charakter von eigenem Interesse und eigener Problematik eine signifikante Rolle spielt.

Natürlich ist Posa in beiden Richtungen nicht einfach zu übersehen. In der Politisierung des Dramas, wie sie in der DDR üblich war, hat er sogar eine prominente Funktion, die prinzipiell nicht verschieden ist von der Verherrlichung des «deutschen Jünglings» um 1900. Posa lebt und stirbt, so Joachim Müller 1955, «für seine Idee einer glücklichen Menschheitszukunft und einer Gesellschaft der befreiten Völker»; sein Untergang ist «der Sieg der Menschheitsidee, der freilich noch nicht die Menschheitsbefreiung bringt, aber dramatisch vergegenwärtigt, daß sie geschichtlich möglich ist». Daß Posa sich seiner menschlichen Umwelt gegenüber höchst fragwürdig verhält, ist in solcher Perspektive nicht weiter überlegenswert: solche Züge betonen nur «die realistische Kompliziertheit der Posa-Gestalt», die nicht von Interesse ist.[14] Ähnlich noch Ursula Wertheim in einer Zeit, als die sozialistische Utopie in der DDR sich bereits konsolidiert glaubt: was zählt, ist Posas «konstruktive politische Konzeption»; zwar werde er «durch die Umstände zu einem zeitweiligen Lavieren genötigt» (für westliche Interpreten dieser Zeit war das eher ein unverzeihlicher Verrat an der Selbstbestimmung anderer Menschen), doch solche Mängel der Konzeption würden voll ersetzt durch Posas «über-mutigen Tod»; schließlich müsse er ja

---

13 Zur Kontroverse über den Stellenwert des Politischen bzw. Familiären oder Privaten siehe Helmut Koopmann, *Schiller-Forschung 1970–1980*, Marbach 1982, S. 81–91.
14 «Die Humanitätsidee in der Geschichte: Eine Betrachtung zu Schillers *Don Carlos*», *Wissenschaftliche Annalen*, IV (1955), 10. Zu dieser Interpretation siehe auch die Kritik von Helmut Koopmann, 1977, I, 59.

scheitern «wie alle Apostel des Neuen, die zu früh kommen, denen noch die Massenbasis der Volksbewegung fehlt».[15] Ähnlich einfach noch kurz vor dem öffentlichen Bankrott solcher Heiligsprechung dubioser Mittel: Posa könne zwar den Familienkonflikt im königlichen Hause nicht lösen, aber er bleibe der republikanisch-revolutionäre «Wortführer eines Staatsentwurfs, in dem die unvernünftigen und widernatürlichen Ursachen des aktuellen Erleidens aufgehoben sind», unproblematisch als Person und Mitmensch.[16]

Aber auch die entgegengesetzte Interpretation, die bei allen Konzeptionswandlungen die unverändert dominante Gestaltungsidee im Familiengemälde sieht, weiß nicht viel mit Marquis Posa anzufangen. «Die politischen Konnotationen» und damit Posas Ideal nehmen sich in solcher Sicht als «nichts als Steigerungen der Familienproblematik», also des um die Familie zentrierten gesellschaftlichen Anliegens aus, gemäß dem zeittypisch weiteren Begriff des Politischen. Die Problematisierung der Gestalt Posas kommt dementsprechend nicht ins Gespräch; Posa «unterwirft» den Thronfolger lediglich «einem Erziehungsprozeß», bleibt seinerseits ohne Fragwürdigkeit.[17]

Alle Deutungsrichtungen,[18] ob sie pro Posa oder contra Posa sind, ob sie das Familiengemälde oder das politische Thema sehen, bekommen *Don Karlos* also nicht als tragisches Charakterdrama um Posa in den Blick, der gegenüber der Quelle und dem ersten Arbeits-Stadium in der Ausgabe von 1787 zur Mittelpunktsfigur, zum «Helden des Stückes» avanciert ist.[19] Daß

---

15 *Schillers «Fiesko» und «Don Carlos»*, Berlin und Weimar 1967, S. 211–212.
16 Klaus-Detlev Müller, «Die Aufhebung des bürgerlichen Trauerspiels in Schillers *Don Carlos*», *Friedrich Schiller: Angebot und Diskurs*, hg. v. Helmut Brandt, Berlin-Ost 1987, S. 231; dies ist übrigens eine Stimme aus dem Westen. Auch Paul Böckmann, der im Gegensatz zu v. Wiese und Koopmann (vgl. die folgende Anm.) die Ansicht vertritt, daß das Familiengemälde von Anfang an als Familiengemälde in einem *königlichen* Haus ein politisches ist, geht über die Posa-Problematik hinweg (*Don Karlos: Edition der ursprünglichen Fassung und entstehungsgeschichtlicher Kommentar*, Stuttgart 1974). Interessant ist, daß Posas politisches Programm neuerdings im Zusammenhang des Illuminatentums des 18. Jahrhunderts gesehen wird: Hans-Jürgen Schings, «Freiheit in der Geschichte: Egmont und Marquis Posa im Vergleich», *Geschichtlichkeit und Gegenwart: Festschrift für Hans Dietrich Irmscher*, hg. v. Hans Esselborn und Werner Keller, Köln 1994, S. 174–193.
17 Helmut Koopmann in *Schillers Dramen*, hg. v. Walter Hinderer, Stuttgart 1992, S. 159–199, bes. S. 190 ff.; auch Koopmann, *Friedrich Schiller*, Zürich u. München 1988, S. 39–48, wo Posa überhaupt nicht in seiner eigenen Problematik zur Sprache kommt. Vgl. Wolfgang Düsing, «‹Das kühne Traumbild eines neuen Staates›: Die Utopie in Schillers *Don Karlos*», *Geschichtlichkeit und Gegenwart*, S. 196: «Eine solche Interpretation muß allerdings von Marquis Posa absehen».
18 Eine Geschichte der Posa-Deutung bieten v. Gronicka, S. 196–199, und Malsch, 1990.
19 XXII, 160 (Zitat). Zur graphischen Verdeutlichung der Mittelstellung Posas vgl. Polheim, S. 93, im Anschluß an frühere Forschung. Vgl. auch Stahl, S. 34: «Posa is, in effect, the hero of the tragedy.»

Der Künstler Marquis Posa: Despot der Idee oder Idealist von Welt? 143

man sich in dieser Entscheidung gegen Schillers Versuch, in den «Briefen über *Don Karlos*», in der Posa-Handlung eine Charaktertragödie zu sehen, wendet,[20] ist eins; ein anderes, daß man sich damit zugleich gegen *das* dramatische Genre wendet, das Schillers eigenstes Terrain ist: eben die Charaktertragödie, und zwar speziell die, die den Charakter von der Frage nach den Verwirklichungschancen des Idealismus in der menschlich-geschichtlichen Realität her ins Auge faßt. Es käme auf den Versuch an, bisherige Interpretationsgewohnheiten von daher zu transzendieren. Ein neuer Ansatz, der dazu geeignet wäre, bietet sich in der Kernszene des Dramas, in der Audienz Posas bei Philipp im dritten Akt. Posa gibt sich hier als «Künstler» zu erkennen. Faßt er damit etwa den Kern seiner Persönlichkeit ins Wort?

2.

Der König ist seelisch am Tiefpunkt, als er den Marquis Posa zu sich bestellt. Die Eboli hat ihm einen Brief zugespielt, der ihm das erotische Einverständnis seiner Gemahlin mit seinem Sohn beweist; die Armada, Symbol seiner Weltmacht, haben «englische Geschütze» und «Sturm und Klippen» versenkt. Nicht nur im bühnenpraktischen Sinn ist er «allein» in der fünften Szene des dritten Akts. Um «einen Menschen», «einen Freund» bittet er die Vorsehung, und der Zufall will es, daß er in seinem Notizbuch auf den Namen eines Granden stößt, den er noch nicht kennt, Marquis Posa, ungewöhnlich schon dadurch, daß er unter den drei Höflingen, bei denen Philipp sich nach ihm erkundigt, «nicht einen einz'gen Neider hat» (3428), vollends ungewöhnlich dadurch, daß er «der einz'ge Mensch» am Hof zu sein scheint, der sich nicht um die Sonne der königlichen Gnade drängt. «Wer mich / entbehren kann, wird Wahrheit für mich haben» (3338, 3341–3342). Die daraufhin verfügte Audienz ist also nicht eben brillant motiviert, doch gehört gerade der Zufallscharakter der Situation zu ihrem Gehalt und ihrem Sinn. Als Zufall sieht Alba die Konstellation:

> Ich übergebe
> Sie Ihrem guten Stern. Der König ist
> in Ihren Händen. Nützen Sie, so gut
> Sie können, diesen Augenblick, und Sich,
> Sich selber schreiben Sie es zu, geht er
> verloren. (3470–3475)

Indem Posa die Gelegenheit ergreift, erweist er sich als derselbe Höfling, als den er Alba hier beschreibt – und auch nicht:

---

[20] *Expressis verbis* z. B. Koopmann, 1977, I, 56.

> Wahrlich dieser Höfling giebt
> mir eine gute Lehre, wenn auch nicht
> in seinem Sinne gut, doch in dem meinen. (3477–3479)

Der Unterschied ist für Posas Gesamtbild entscheidend. Worin besteht er? Höfling ist Posa nicht oder nicht allein im Sinne Castigliones und auch Machiavellis, als der auf den eigenen Vorteil bedachte Intrigant oder auch Gunsterschmeichler; die ihm eigene, neue Nuance ist sein *Künstlertum* im Hof-Milieu. So nennt er es, als er die Lehre sich selbst erläutert. Doch welche – eventuell später wiederkehrende – Assoziationen, auch sprachliche, vokabelmäßige, hat dieses Künstlertum?

Zufall nennt auch Posa, gleich dreimal, die Konstellation, in die er nichtsahnend geraten ist, «aus einer Million gerade» er, der «Unwahrscheinlichste»:

> Ein Zufall nur? – Vielleicht auch mehr – Und was
> ist Zufall anders, als der rohe Stein,
> der Leben annimmt unter Bildners Hand?
> Den Zufall giebt die Vorsehung – Zum Zwecke
> muß ihn der Mensch gestalten – Was der König
> mit mir auch wollen mag, gleich viel! – Ich weiß
> was ich – ich mit dem König soll – Und wär's
> auch eine Feuerflocke Wahrheit nur,
> in des Despoten Seele kühn geworfen –
> Wie fruchtbar in der Vorsicht Hand! – So könnte,
> was erst so grillenhaft mir schien, sehr zweckvoll
> und sehr besonnen sein. Sein oder nicht –
> Gleich viel! In diesem Glauben will ich handeln. (3486–3498)

Nicht besonders bemerkenswert ist, daß Posa Zufall und Wink der Vorsehung identifiziert; das taten auch frühere Dramenfiguren seines Schlags: Karl Moor, Fiesko, Ferdinand. Interessant ist vielmehr, daß Posa, ähnlich zwar wie Fiesko,[21] die Zufallssituation mit dem Instinkt des Künstlers wahrnimmt, als den er sich wenig später wörtlich bezeichnet (3577) – des Künstlers, den Schiller in den historischen Schriften, die auf *Don Karlos* folgen, denn auch gelegentlich als den Archetypus des politischen Menschen sieht (VII/2, 425). Aber als was für ein Künstler erweist sich Posa so? Schließlich fällt das Wort ja auch – polemisch – zur Kennzeichnung seines Antipoden Philipp: «O seht auch hieher – *Das* hat er / gethan, der große Künstler!» ruft später Karlos an der Leiche Posas aus, den Philipp soeben hinterrücks hat erschießen lassen (5579–5580). Der von Posa gemeinte Künstler ist nicht ein Meister aus dem Spanien der Inquisition («Sie wollen pflanzen für die Ewigkeit, / und säen Tod?» [3824–3825]), sondern ein neuer Pygmalion.

---

21 Vgl. Frank M. Fowler, «Schiller's *Fiesko* Re-Examined», *Publications of the English Goethe Society*, n. s., XL (1969–70), 1–29.

Der Künstler Marquis Posa: Despot der Idee oder Idealist von Welt? 145

Auf ihn dürfte in Posas eben zitiertem Monolog vor der Audienz-Szene angespielt werden. Nicht nur, daß «der rohe Stein / Leben annimmt unter Bildners Hand»; bedeutungsträchtig ist auch das Wort «fruchtbar» in diesem Zusammenhang: wie Heinrich Heine und andere später gern betonten, wurde Pygmalions Statue zwar zum Leben erweckt, aber die Sage weiß nicht zu berichten, daß sie fruchtbar gewesen, Kinder geboren hätte. Ein mythologisch verschlüsselter Hinweis schon hier auf die Tragik dieses Künstlers, der *expressis verbis* für die Generationen lebt, die «kommen werden»? (3672)

Der Künstler, als den die Audienz-Szene Posa präsentiert, ist ein Künstler im Medium der Politik, der Menschenführung, Menschenbehandlung. Was der König von ihm will, ist ihm «gleich viel»; was er selbst mit ihm vorhat, weiß er, und das genügt ihm. Also: Kunst oder auch Manipulation? Höchste schöpferische Freiheit oder «Gewalttätigkeit gegen fremde Freiheit», gegen die Autonomie des anderen? (XXII, 171) Ästhetische Perfektion oder Lüge und Betrug? Gestaltung des interesselos Schönen oder Verfolgung philosophischer oder gar praktisch-politischer «Zwecke»? Solche Fragen stellen sich in *Wallenstein* (wo der Spieler sein Metier im Sinne der künstlerischen Souveränität der *Briefe über die ästhetische Erziehung des Menschen* betreibt, aber doch als *politischer* Spieler in der Arena der wirklichen Welt, spielend nämlich mit menschlichen Spielfiguren, die ihr eigenes Recht auf Selbstbestimmung besitzen); sie stellen sich ebenso in der Kern-Szene des Posa-Dramas, aber nicht nur dort, sondern auch im Verlauf des ganzen Stücks, im Vor- und Nachspiel zur Audienz, die dem Zuschauer allerdings die Augen dafür öffnet.[22]

Das Stichwort zu Posas Selbstcharakteristik in der Audienz-Szene, die seine Handlungsweise vorher und nachher plausibel macht, ist das sprichwörtlich gewordene «Ich kann nicht Fürstendiener sein» (3548 und 3610). Unfrei ist der Fürstendiener, überspitzt gesagt, weil er nicht der souveräne Künstler sein kann. Als der spricht Posa, wenn er erläutert, daß die Leistung des Fürstendieners («was ich leiste») in absolutistischen Zeiten, wie Schiller selbst sie in Württemberg unter Karl Eugen erlebt hatte, dem Fürsten gehört; der Mensch ist zum Bestandteil einer «Maschine» instrumentalisiert, zum «Arm» oder zum «Muth im Felde» (3556) reduziert. Weder ist der Mensch *ganz* (so wie in den *Briefen über die ästhetische Erziehung* der Mensch «ganz Mensch» sein soll) noch ist er Herr und Genießer seines Werks, und zwar charakteristischerweise seines *schönen* Werks: «Die

---

22 Unergiebig war für meine Deutung Posas und der Tragödie Friedrich Carl Scheibe, «Schöpfer und Geschöpf in Schillers Frühwerk», *Germanisch-Romanische Monatsschrift*, N. F., XVI (1966), 119–138.

Schönheit meines Werks, / das Selbstgefühl, die Wollust des Erfinders» geht ihm verloren (3558–3559), wenn er nur ein Teilchen einer Maschine ist, «besoldet mit Maschinenglück»:

> Nicht meine Thaten – ihr Empfang am Throne
> soll meiner Thaten Endzweck sein. Mir aber,
> mir hat die Tugend eignen Werth. (3563–3565)

Es genügt nicht, diese Zeilen lediglich im Zusammenhang der zeitgenössischen Staats- und Moralphilosophie zu lesen, wie es in den Erläuterungen der Nationalausgabe geschieht: «Posas Tugendbegriff ist [...] orientiert an Montesquieus Begriff der politischen Tugend. Es sind die Tugenden des ‹homme de bien›, des rechtschaffenen Menschen» (VII/2, 428). Ausschlaggebend ist vielmehr das «Selbstgefühl» des souverän *schöpferischen* Menschen, eben des Künstlers, der seine eigenen Visionen in die Wirklichkeit überträgt – nicht ohne dabei, «gesättigt / von dem Bewußtsein meiner That» (3571–3572), zugleich einem Egoismus oder gar einer Eitelkeit zu verfallen, die der um Bewunderung buhlende Posa nur zu gut kennt:

> Mir aber,
> mir hat die Tugend eignen Werth. Das Glück,
> das der Monarch mit meinen Händen pflanzte,
> erschüf' ich selbst, und Freude wäre mir
> und eigne Wahl, was mir nur Pflicht sein sollte.
> Ich würde schwelgen von dem Königsrecht
> der innern Geistesbilligung – (3564–3570)

Statt Instrumentalisierung und Selbstentfremdung geschieht in der künstlerischen Betätigung jene Vereinigung von Pflicht und Neigung, in der Schiller in seinem anschließenden kantischen Jahrzehnt den Inbegriff des Menschlichen sehen wird. Und wie der Mensch für Schiller in dieser Zeit nur und erst da ganz Mensch ist, wo er Künstler ist, so folgt auch hier schon, wie erwartet:

> Können Sie
> in Ihrer Schöpfung fremde Schöpfer dulden?
> Ich aber soll zum Meißel mich erniedern,
> wo ich der Künstler könnte sein? (3574–3577)

Vom berauschenden Selbstgefühl des eigenmächtigen, ja selbstherrlichen Künstlers ist die Rede. Das ist gegenüber allen Kommentaren festzuhalten, die nur auf die Substanz von Posas menschheitlicher Mission hinauswollen. Diese kommt vielmehr nur als eine Art Nachgedanke zur Sprache, abgetrennt durch zwei Gedankenstriche: «Menschenglück» *nach* Künstlerfreude:

> Ich liebe
> die Menschheit, und in Monarchieen darf
> ich niemand lieben als mich selbst. (3577–3579)

Der Künstler Marquis Posa: Despot der Idee oder Idealist von Welt? 147

Interessant ist diese Selbstvorstellung Posas noch aus einem anderen Grunde: es wird in seinen Worten schon das Kriterium geboten für die *Beurteilung* des Kunstwerks, das ein solches des Lebens oder des Staates ist, ein Kunstwerk mit und für Menschen, wie Posa es im Sinn hat. Die Autonomie des Künstlers darf die Autonomie des Menschen in seinem Kunstwerk nicht antasten, muß sie vielmehr zu seinem Gestaltungsziel, zum Sinn seiner Schöpfung machen. Eben das tut der Pseudo-Künstler Philipp ja nicht, der nur mit Maschinenglück besoldet statt jedem sein eignes Recht und auch seinen «eignen Werth» zu lassen; was *er* versprechen kann, ist nicht «Menschenglück» (3587). Das verspricht hingegen der Künstler Posa: «Darf meine Bruderliebe / sich zur Verkürzung meines Bruders borgen?» lautet seine rhetorische Frage (3601–3602). Das ist deutlich genug; ähnlich hatte Max Piccolomini Wallenstein gerühmt:

> Und eine Lust ists, wie er alles weckt
> Und stärkt und neu belebt um sich herum,
> Wie jede Kraft sich ausspricht, jede Gabe
> Gleich deutlicher sich wird in seiner Nähe!
> Jedwedem zieht er seine Kraft hervor,
> Die eigentümliche, und zieht sie groß,
> Läßt jeden ganz das bleiben, was er ist,
> Er wacht nur drüber, daß ers immer sei
> Am rechten Ort[.] (*Picc.*, 424–432)

Doch wie Max schon gleich im nächsten Satz die Problematik solchen künstlerisch-spielerischen Verhaltens nichtsahnend signalisiert («so weiß er aller Menschen / Vermögen zu dem seinigen zu machen»), so ist Posa seinerseits nicht von dem Verdacht freizusprechen, daß er als ein solcher Künstler in der wirklichen Welt Menschen nach seinem statt nach ihrem eigenen Bilde schafft; *er* führt schließlich den Meißel. Der herrisch souveräne Schöpfer zeigt sich denn auch sofort, wenn er gegen seinen politischen Herrn behauptet: der Mensch nach seinem Sinn sei einer, der sich unter Philipps Szepter «elend», nämlich rebellisch, fühle, und hinzufügt: «So will ich ihn» (3606). Verstößt Posa da, mit solchem Wollen des anderen, nicht schon selbst gegen seinen eigenen Standard? Dem Regenten hält er gleich darauf vor, er verletze seinen, Posas, Standard: *er* schwelge in seinem Staatswerk, *er* dränge voran auf «des Ruhmes Bahn».

> Menschen
> sind Ihnen brauchbar, weiter nichts; so wenig
> als Ohr und Auge für sich selbst vorhanden.
> Nur für die Krone zählen sie. In ihr
> ging ihres Wesens Eigenthum, ihr Selbst
> und ihres Willens hohes Vorrecht unter.
> Zu einer Pflanze fiel der Geist. (3629–3635)

Aber ist so sicher, daß der Ankläger seinerseits gerade als der Künstler, als den er sich versteht, so anders handeln würde – und wird? Hier ist also im Stück selbst das Kriterium formuliert, nach dem auch Posa zu beurteilen wäre. Entfremdet auch er das Ich des anderen sich selbst, macht er es zum Werkzeug seiner Konzeption? Ist auch seine Kunst ein «Kaufen»? (3644)

Ja, gibt Posa nicht gleich anschließend, in der Weiterführung seiner Selbstcharakteristik, bereits eine Demonstration solcher Manipulation seines Gegenübers? Die Audienz hatte er eingangs ja als Gelegenheit zur Betätigung seiner Kunst bezeichnet, als Chance für «des Bildners Hand». Und wenn der König ihm jetzt seinen Verdacht «Sie sind / ein Protestant?» auf den Kopf zusagt (3657–3658), antwortet Posa in einer ausweichenden Weise, die «nicht ganz aufrichtig» ist, wie die Nationalausgabe versichert (VII/2, 431). Er spricht aus, was der König hören will, und behält ihn dadurch fest in der Hand. Zur Lüge steigert er das Ausweichen, wenn er gleich darauf unaufgefordert, «die Hand auf die Brust gelegt», beteuert: «Meine Wünsche / verwesen hier» (3666–3667). Das tun sie keineswegs: zu diesem Zeitpunkt hat Posa längst mit realpolitischem Feldherrngeschick seinen (zwar erst später eröffneten und dann von Alba anerkennend als diabolisch bezeichneten) verschwörerischen Plan einer multinationalen Aktion gegen Spanien mit Truppen- und Flottenbewegungen unwiderruflich in Gang gebracht (V,8). Posas Worte zu Philipp über seine Diskretion sind also eine «grobe Lüge» (5637). Er benutzt sie um Philipp zu manipulieren, nach seiner Absicht zu gängeln. Kennzeichnend ist aber, daß er gerade an dieser Stelle wieder zu einer Kunstmetapher greift, um sein Wunschbild einer menschheitlichen Zukunft zu beschreiben, der er mit dem Lügenmanöver dienen will: es ist sein «Gemälde»; «Ihr Atem löscht es aus» (3673–3674). Eine verlogene, zweckgeleitete Schmeichelei auch dies. Kraß, für jeden Zuschauer mit Händen zu greifen wird die Lüge, wenn Posa auf die Frage des menschlich tief betroffenen Monarchen: «Bin ich der erste, / dem Sie von dieser Seite sich gezeigt?» antwortet: «Von dieser – Ja» (3674–3676).

Der Künstler, als den Posa sich speziell auch für diese Begegnung konzipierte, dürfte gegen seinen eigenen Standard verstoßen. Um nur im königlichen Haus selbst zu bleiben: von dieser Seite kennt ihn Karlos, kennt ihn die Königin. Es ist zwar versucht worden, Posas Lügen sophistisch zu beschönigen: er könne als verantwortungsbewußter Politiker ja nicht gut seine geheime Mission preisgeben und erst recht nicht die Komplizen im Königshaus selbst; auch seine Antwort auf die Frage nach seinem religiösen Bekenntnis sei «situationsbedingt» zu verstehen und sogar wahr «sub specie ideae».[23] Solche Schachzüge der Argumentation finden bei anderen, eben-

---

23 Malsch, 1988, S. 227.

Der Künstler Marquis Posa: Despot der Idee oder Idealist von Welt? 149

falls von Moralvorstellungen her argumentierenden Deutern keinen Anklang.[24] Hinauszukommen ist über solche Subjektivität des moralischen Urteils nur, wenn man Schillers eigenes Stichwort versteht und Posas Handlungsweise nach dem Standard der Kunst und des Künstlers beurteilt, der in der Audienz-Szene selbst geboten wird.

Zur Ironie pointiert Schiller die Zwielichtigkeit der Künstlerexistenz noch, indem er Philipp in Posas intellektueller und persönlicher Kühnheit vor seinem repressiven Souverän ein hofübliches Liebkindmachen (mit andern Mitteln) wittern und Posa darauf antworten läßt: man höre, der König sähe «selbst in des freien Mannes Sprache nur / den Kunstgriff [!] eines Schmeichlers» (3697–3698). Damit beschreibt Posa natürlich sein eigenes Verhalten in dieser Begegnung, nämlich seine Wahrnehmung der zufälligen Chance, Karlos als Werkzeug seiner Mission fallen zu lassen und den König selbst seinen Zwecken dienlich zu machen. Später wird er rückblickend der Königin gegenüber zugeben, er habe vorübergehend statt auf Karlos als Garanten des Menschenglücks in den Niederlanden auf den König gesetzt – und dann wieder auf Karlos (5096–5115). Das heißt, Posa tut in der Audienz genau das, was er gerade in dieser Gesprächsphase dem König noch einmal, seine menschliche Betroffenheit und Verwundbarkeit kaltblütig ausbeutend («Sie brauchen Mitgefühl»), vorwirft: er instrumentalisiert ihn; er tauscht ein Werkzeug gegen ein anderes aus, wenn auch nur in «großer Uebereilung» (5460), im Gefühlsüberschwang des Schwärmers, und nur auf Augenblicke. Das sei eine «offenbare Untreue» gegenüber Karlos, meint Schiller in den «Briefen über *Don Karlos*»: Posa, der Freund, sei «schuldig», aber dem Weltbürger Posa könne «vergeben» werden (XXII, 156–157). Doch da ist im Auge zu behalten: Schiller will hier darauf hinaus, daß das Drama Einheit besitze dadurch, daß Posas, des Weltbürgers, Mission das übergreifende Thema des Dramas sei; sein Urteil über Posas Charakter ergibt sich also aus dieser höchst problematischen angeblichen Intention der «Briefe», in denen er, wie er wußte, «eine schlimme Sache zu verfechten» hatte (XXII, 389). Tatsächlich ist an Posas «Verrat» an Karlos[25] nicht zu zweifeln. Posa wäre also durch sein Manipulieren anderer Menschen der *falsche* Künstler, wie Philipp.

Dennoch brandmarkt er gerade an dieser Stelle der Audienz-Szene Philipp als den falschen Künstler, ähnlich wie später (und bereits zitiert) Karlos es tun wird. Das Kunstwerk des absolutistischen Monarchen ist eine Maschine: «So drängend auch die leidende Natur» sich in Philipps Herzen melde, das sich nach menschlicher Nähe sehne: «die Uhr schlägt fort, wie

---

24 Wittkowski, 1990, z. B. S. 386–387; vgl. auch v. Gronicka, S. 205.
25 v. Gronicka, S. 205.

sie der Künstler lehrte. / Mehr lehrte sie der Künstler nicht» (3724–3727). Mehr lehrte sie *dieser*, der falsche Künstler nicht: «Da Sie den Menschen / zu Ihrem Saitenspiel herunterstürzten, / wer theilt mit Ihnen Harmonie?» (3745–3747). Indem Posa mit solcher Thematisierung des falschen Künstlers, der «Millionen» nicht bleiben läßt, «was sie gewesen sind» (3756–3757), sich selbst stillschweigend zum Gegenbild, zum wahren Künstler, stilisiert, der jedem Menschen seine eigene Entelechie lasse, provoziert er natürlich die Frage, ob er in eben diesen Momenten seinem von ihm selbst ausgesprochenen Leitbild entspricht! Wird er im Gegensatz zu Philipp ein «Werk» schaffen können, das «seines Schöpfers Geist überdauert»? (3825–3826) Am Ende des Dramas – Posa erschossen, Karlos in den Händen der Inquisition – sieht es nicht so aus. Und doch ist ein definierendes Kennzeichen des Kunstwerks für Schiller seine Dauer, seine Transzendierung der Zeit.

Mit der Dauer gewönne das künstlerische Werk etwas, das dem göttlichen «Werk» der Schöpfung vergleichbar wäre. Der Künstler, das ästhetisch kreative Genie, ist in der Philosophie des 18. Jahrhunderts ein Analogon Gottes, des großen Künstlers, des großen Genies. Berühmte Worte Lessings kommen in Erinnerung, und nicht nur Lessings.[26] Tatsächlich steuert das Gespräch des Königs mit Posa mit der Logik der Sache auch gleich anschließend diesem Thema zu. Nach dem Appell an den König, «Geben Sie Gedankenfreiheit!», fordert Posa Philipp auf, seine «Schöpfung» mit der des Weltschöpfers zu vergleichen: «Wie reich ist sie / durch Freiheit!» *Ihre* Schöpfung, / wie eng und arm!» (3865–3870). Und sofort fällt wieder das Wort Künstler: Gott gestattet in seiner Welt Freiheit, «er läßt des Uebels grauenvolles Heer / in seinem Weltall lieber toben», als Zwang auszuüben; «ihn, / den Künstler, wird man nicht gewahr, bescheiden / verhüllt er sich in ewige Gesetze» (3874–3877). Wenn der Vorwurf Posas gegen Philipp also darin besteht, daß das Weltreich, in dem die Sonne nicht untergeht, diesem Ideal nicht entspricht, so muß (wie Philipp in seiner Replik es denn auch unumwunden ausspricht) Posa zwischen den Zeilen wieder dieses Ideal für sich selbst als den wahren Künstler in Anspruch nehmen. Jetzt muß er dabei aber zugleich beanspruchen, daß *seine* Künstler-Schöpfung, wenn sich ihm die Gelegenheit böte, seine Menschheitsträume zu verwirklichen, der Gottes analog sei – und er Gott! Die Analogie ist damals nicht blasphemisch zu verstehen. Doch Posa «bescheiden» zurücktretend vor seiner Schöpfung – nachdem er nur kurz zuvor vom selbstbewundernden Hochgefühl des Schöpfers gesprochen hatte? Man spürt, wie Schiller hier das Thema dieser Tragödie *in nuce* formuliert und schon probeweise durchexerziert.

---

26 *Hamburgische Dramaturgie*, 34. St.

Der Künstler Marquis Posa: Despot der Idee oder Idealist von Welt? 151

Posa «malt» (3919) kurz darauf noch einmal, diesmal mehr *en detail*, ein Bild der idealen Welt, die ihm als die eigene Kreation oder die Philipps unter seiner Anleitung vorschwebt. Doch Punkt für Punkt provoziert er schon durch die Wahl seiner Worte die Frage, ob denn er selbst das Zeug zu einem solchen Künstler-Schöpfer habe. Den Bürger würde in einem idealen Staatskunstwerk keine Pflicht binden «als seiner Brüder gleich ehrwürd'ge Rechte» (3892) – aber hat Posa bisher Karlos so behandelt, wird er ihn so behandeln, behandelt er den König so, selbst in dieser Szene? Behandelt er sie nicht vielmehr als Figuren seines Spiels, die er belügt, im Dunkel läßt? Kann der «Mensch» in seiner Schöpfung, «sich selbst zurückgegeben, zu seines Werths Gefühl erwach[en]»? (3906–3907) Der Künstler würde sich im idealen Staat «in seiner Werkstatt [...] / zum Bildner einer schönern Welt» «träumen» (3895–3896) – aber wäre ein Posa mit dem bloßen Traum in der Abgeschiedenheit seiner Werkstatt zufrieden, Posa, der als Künstler die halbe militärische Welt in Bewegung setzt, um in den Niederlanden eine Staatsveränderung herbeizuführen? Und noch einmal: wäre Posa der Künstler, der «belohnt durch eignen Beifall» sich hinter der eigenen Schöpfung, der «angenehm [!] betrogenen», verbirgt? (3903–3905) Dies als Beschreibung des Mannes, dem nicht ohne Recht vorgeworfen wird, er habe nur um Bewunderung gebuhlt? (5187–5188) Und ohne Worte auf die Waagschale zu legen: wenn Philipp in seinem Königreich eine solche ideale Welt der Freiheit und Menschenwürde geschaffen habe, dann sei es seine «Pflicht, die Welt zu unterwerfen» (3916), sagt Posa. Über den brutalen oder benevolenten oder schon irren Sinn von «unterwerfen» ist neuerdings wieder getritten worden,[27] je nach der Auffassung, die man von Posa hat. Klingt Philipps Antwort nicht wie die leise Ironie des Menschenkenners: er seinerseits wolle Posa – das Kriterium des idealistischen Handelns klingt wieder an – «fremdem Maßstab nicht unterwerfen»? (3920) Wer ist hier der Befürworter von Gewalt?! Wie nimmt sich das im Licht der folgenden Ereignisse aus? Philipp unterwirft sein Reich der grausamsten Vergeltung, nachdem es Posa mißlang, die Mitglieder der königlichen Familie *seinen* «Zwecken» zu unterwerfen – Posa, der in dieser Szene das Angebot einer Hofstellung ausschlägt mit den Worten: «Lassen Sie mich, wie / ich bin!» (3967–3968).

Und noch ein Motiv des vierten und fünften Akts nimmt Philipp in seiner Replik auf Posas Aufruf zur Weltunterwerfung im Namen der Humanität vorweg. Der König, angetan von Posas Offenheit, dem er garantiert, «fortfahren [zu] dürfen, Mensch zu sein» (3944), will es ihm, wieder mit einem Anflug von Ironie, nicht nachtragen, daß er «solche Meinungen / mit

---

27 Vgl. auch NA VII/2,436; Malsch, 1988, S. 214; Berghahn und Wittkowski, ebda, S. 254; Orton, S. 25.

solchem Feuer doch umfaßt, verschwiegen / [habe] bis auf diesen Tag». Wenn er dies Verhalten «bescheidne Klugheit» nennt statt Lüge (3924–3927) – nicht ohne Anspielung auf Posas Wort vom «bescheidenen» Künstler-Schöpfer (3876) –, dann legt er, ohne es seinerseits zu ahnen, den Finger auf den wunden Punkt: der Zuschauer weiß, daß Posa selbst in dieser Unterredung von Mann zu Mann, von Herz zu Herz gelogen hat, und zwar über den entscheidenden Punkt dieses neuen Vertrauens, daß nämlich der König der einzige sei, dem er sich eröffnet habe. Er macht durch diese Lüge, wie Karlos später sagen wird, aus dem König «ein folgsam Werkzeug seiner höhern Plane» (5625). Ist Posa also hier, und im vierten und fünften Akt, wenn er sich wieder im Verschweigen, um nicht zu sagen im Lügen übt, noch *der* Künstler, als den er sich in dieser Szene darstellt? Ist es nicht auch merkwürdig, daß der Marquis, der soeben noch erklärt hat, warum er kein Fürstendiener sein könne, und dies am Ende der Audienz noch wiederholt, sich dennoch als königlicher Kammerherr, ja: als Spion in Dienst stellen läßt? Der Grund dürfte sein, daß er darin eine unvermutete Chance sieht, seine politischen Pläne im Schutz einer gegenläufigen Intrige zu fördern. Immerhin läßt er sich widerspruchslos vom König befehlen, sich zu dem von Philipp verdächtigten Prinzen zu «drängen» und die ebenso verdächtigte Königin zu «erforschen» (4032–4033). Ein Doppelspiel beginnt hier, das die Posasche Definition des «Künstlers» als Gestalter des Schönen bereits kompromittiert. In einem höchst sinistren Sinn also nennt Posa den Tag der Audienz den «schönsten meines Lebens» (4037–4038).

Das Thema des Dramas ist in der Audienz-Szene unmißverständlich angeschlagen, und das Kriterium, von dem aus Posa zu beurteilen ist, ist klar ausgesprochen. Dem Zuschauer, der Posas Manöver in dieser vertraulichen Zwiesprache verfolgt hat, schwant nichts Gutes. Selbst die Vorgeschichte der Audienz-Szene verschattet sich im Rückblick ins Zwielicht. Was für ein Künstler ist Posa bis dahin gewesen? Und als was für ein Künstler wird er sich erweisen, sobald die Handlung in den beiden Schlußakten sich überstürzend in Gang kommt?

3.

Schiller ist ein viel zu erfahrener Dramatiker, als daß er mit dem Standard der Kunst und des Künstlers, an dem Posas Handlungsweise zu messen wäre, gleich beim ersten Auftreten des Marquis, als er soeben aus den Niederlanden zurück ist, mit der Tür ins Haus fiele. Wenn es aber die bestimmende Eigenschaft des Künstlers ist, daß er schöpferisch gestaltet, etwas nach seiner Vorstellung von Seinsollendem bildet, realisiert, dann verhält sich Posa gleich von Anfang an als Künstler. Und gleich von Anfang an

Der Künstler Marquis Posa: Despot der Idee oder Idealist von Welt? 153

stellt sich die Frage, ob dieses Künstlertum, da es ja mit Menschen statt mit materiellen Objekten arbeitet, nicht die Grenzen des Humanen, Menschenwürdigen überschreite. Ganz wie Posa in der Audienz-Szene sagen wird: so und nicht anders *wolle* er den Menschen im spanischen Weltreich, so hat er auch von vornherein ein Bild von seinem Jugendfreund. Karlos, der früher im Einklang mit ihm von Menschenbeglückung schwärmte, begegnet ihm, jetzt durch die verbotene Liebe zu seiner Stiefmutter wie gelähmt, im Garten der königlichen Sommerresidenz Aranjuez wieder. «Das ist / der löwenkühne Jüngling nicht, zu dem / ein unterdrücktes Heldenvolk mich sendet» (160–162). Als löwenkühnen Jüngling aber *will* Posa ihn, denn so *braucht* er ihn, um seine Befreiungspläne in den Niederlanden und schließlich im ganzen Reich ins Werk zu setzen. Und als Karlos gegen Ende des ersten Akts umgestimmt ist zur tatbereiten Begeisterung für den Freiheitskampf der flandrischen Provinzen, erklärt er ihm: «Jetzt sind Sie wieder ganz Sie selbst» (1056). Das aber kann wieder nur heißen: der Karlos, der dem Bild entspricht, das Posa sich von ihm gemacht hat. Posa ist ja der Mann, der, mit aufschlußreicher Kunstmetaphorik, ein «Gemälde» (1108) macht, sei es vom Monarchen, sei es von Karlos, nämlich von «meinem Karlos» (1055), von Karlos, wie er ihn als Werkzeug seiner Pläne braucht. Und nicht zu übersehen: zu diesem vermeintlichen Selbst verhilft Posa Karlos, indem er dessen Begegnung mit der Königin arrangiert. Karlos sucht diese Begegnung sehnlich, aber aus einem anderen – dem erotischen – Grunde, nicht etwa um sich von Elisabeth für die niederländische Sache begeistern zu lassen. «So viel konnte / der Anblick der Königinn» (1057–1058), jubelt er nichtsahnend. Nicht nur Karlos, den Posa schon von Anfang an, in der Wiederbegegnungs-Szene, in die Hand genommen hatte, als er ihm das Versprechen abforderte, ohne ihn «nichts zu beschließen» (400), auch die Königin also wurde manipuliert und instrumentalisiert, als Werkzeug zu einem Zweck «genutzt», in den Dienst von Posas guter Sache genommen, die «wichtiger» ist als die Liebe Karlos' oder auch das freundschaftliche Vertrauen (XXII, 149–150).

Vielsagend für Posas künstlerisches Verhalten ist, *wie* er das Tête-à-Tête Karlos' mit der Königin arrangiert. Zunächst entwarf er es in der Phantasie («Ich komme / auf ihren Sohn zu reden –»; der habe «auf mein gegebnes Zeichen zu erscheinen» [416–417, 426]). Genau so wird die Begegnung dann herbeigeführt: durch künstlerische Regie realisiert. Bemerkenswert ist dabei, daß Posa ohne das vorherige Einverständnis der Königin handelt (die Begegnung von Stiefmutter und Sohn ist in der Nähe des eifersüchtigen Königs für beide höchst riskant); die Königin wird geradezu überrumpelt; sie reagiert «mit wachsender Verwirrung» (696). Ihr Eigenrecht interessiert den kalkulierenden Puppenspieler Posa ebensowenig wie das Karlos', den er durch diese Begegnung mit Erfolg nach seinem Bild modelt: die Königin lenkt Karlos' Interesse, genau wie Posa erwartete, auf die Aufgaben, die ihn in den Niederlanden erwarten (I, 5). Der Mann, der schon hier, im ersten Akt, das Motiv «Ich kann kein Fürstendiener sein» anschlägt mit seiner die Audienz-Szene vorwegnehmenden Denunziation des höfischen Lebensstils als Kaufen und Sicherverkaufen von Menschen (1094; vgl. 2054, 3644), kommt also in den dringenden Verdacht, seinerseits den Menschen seiner engsten Umgebung raffiniert ihre Selbstbestimmung zu rauben im Interesse seiner «Schöpfung», die er nach allen Regeln machiavellistischer Strategie betreibt.

Überdies versagt Posa, ähnlich wie später in der Audienz-Szene, in diesem strategischen Manöver menschlich. Er begegnet Karlos, der in seiner Verstörung durch die unglückliche Liebe «auf dieser großen weiten Erde niemand» hat (209) und einen «Menschen», ein ansprechbares Du, einen «Freund» (208) braucht wie sein Vater später auch, nicht als Rodrigo, sondern als «ein Abgeordneter der ganzen Menschheit», als Funktionär an einem Hof von lauter Funktionären (163, 165). Das ist ihm oft angekreidet worden.[28] Zu seiner Verteidigung werden andererseits der Zwang der politischen Situation und die gemeinsame Verpflichtung auf das politische Ideal geltend gemacht: Posa *müsse* Karlos zu seinem eigenen Besten zum humanen Regenten erziehen und erweise sich eben dadurch als der wahre Freund.[29] Schiller selbst weicht der Frage wortreich aus (XXII, 142–144, 151–152). Sinnvoller ist es vielleicht, Posas eigenmächtig manipulierendes Handeln, das die Freiheit anderer zu verletzen angetan ist, mit seiner Neigung zum Künstlerischen in Verbindung zu bringen. Die bezeugte sich schon in der Art, wie er die Begegnung Karlos' und der Königin einfädelte, wie er die Sprache auf ihren Sohn brachte. Er fand sich, wie in der Audienz-Szene, in einer unerwarteten Situation, die er als Anreiz zum künstlerischen Improvisieren benutzte, zur artistischen Ummodelung in etwas seinen (allerdings nicht interesselos rein auf das Schöne zielenden) «Zwecken» Dienstbares: Wer so weit gereist sei, werde etwas zu erzählen haben, regt die Eboli an, und schon erzählt Posa in Gegenwart der Königin eine fiktive Geschichte, in die er kunstvolle Anspielungen auf die Liebeskonstellation im Königshaus einflicht, die die Königin versteht. Als Intrigant ist Posa also hier schon zugleich der Künstler, als den er sich selbst im dritten Akt so nachdrücklich zu erkennen geben wird. Wieweit damit das Moralische kompromittiert wird, entsprechend der Warnung in den *Briefen über die ästhetische Erziehung des Menschen*, bleibt hier allerdings noch offen.

---

28 Vgl. v. Gronicka, S. 201–203; Orton, S. 21–22; Wittkowski, S. 389.
29 Malsch, 1988, S. 222–226; Ebstein (s.o. Anm. 9) bringt es sogar fertig, in Posas Verhalten die personale Freundschaft als dominanten Zug zu sehen.

Der Künstler Marquis Posa: Despot der Idee oder Idealist von Welt? 155

Deutlicher wird die Verflechtung von Künstlertum und moralischer Fragwürdigkeit, wenn auch noch nicht Verruchtheit *à la fin de siècle*, im zweiten Akt. Zwar ist gleich entlastend geltend zu machen: dieser Akt führt den Hof als Welt der Intrige und des Falschspiels vor. Karlos empfängt von der Eboli einen Brief seines Vaters an sie, der diesen als deren Liebhaber «entlarvt» (2064); die Eboli, ihrerseits von Karlos zurückgewiesen, errät das Geheimnis seiner Beziehung zur Königin und rächt sich, indem sie dem König kompromittierende Briefe von Karlos an Elisabeth zuträgt. Als Posa dann endlich in der Szene im Kartäuserkloster, der letzten des Aktes, auftritt, kommt es zu einer der eingangs erwähnten theatralisch krassen «künstlerisch» gestaltenden Eigenmächtigkeiten Posas, die die Selbstbestimmung des anderen verletzen, das Vertrauen des Du selbstherrlich überspielen. Die Situation ist mittlerweile insofern gespannter, als der König nicht nur Karlos den Oberbefehl über die Truppen in Flandern verweigert, also Karlos' und Posas politische Mission durchkreuzt hat, sondern auch Alba bereits am nächsten Tag dorthin abreisen soll (2732–2738). Karlos glaubt jedoch jedenfalls im Persönlichen über seinen Vater triumphieren zu können: er zeigt Posa den belastenden Brief, den er von der Eboli erhalten hat und offenbar als Druckmittel benutzen will. Posa zerreißt ihn. «Wirklich – ich gesteh' es – / an diesem Briefe lag mir viel.» «Darum zerriß ich ihn» (2864–2866). Brutaler kreativ als in Aranjuez schafft Posa also eine neue Situation ohne Rücksicht auf das Interesse des Betroffenen; er vergreift sich an dessen Freiheit, ohne eine Erklärung für nötig zu halten. Das ist seit eh und je als unverantwortliches Verfügen über die Autonomie des Mitmenschen verurteilt worden.[30] Es, wie Posas gewalttätiges Verhalten überhaupt, als strategisches Erfordernis der Situation und ein durch «die gute Sache» geadeltes «schlimmes Mittel» (4095–4096) zu verteidigen, das im Vertrauen auf spätere Erklärung geschehe und ja auch zu nur *vorübergehendem* Mißverständnis führe,[31] dürfte angesichts der Bühnenwirklichkeit ebensowenig einleuchten wie die vorbehaltlose Parteinahme für Posas «Unbedingtheit des sittlichen Verhaltens» in dieser Szene.[32] Selbst Schiller ging nicht so weit. In den «Briefen über *Don Karlos*» kommt er auf diese Stelle nicht speziell zu sprechen. Doch hat er sie zweifellos im Auge, wenn er im elften Brief allgemein über die Kritik berichtet: «Viele nämlich haben ihm vorgeworfen, daß er, der von der Freiheit so hohe Begriffe hegt und sie unaufhörlich im Munde führt, sich doch selbst einer despotischen Willkür über seinen Freund anmaße, daß er ihn *blind*, wie einen Unmündigen, leite und ihn eben

---

30 v. Gronicka, S. 203; Orton, S. 22.
31 Das liegt auf der Argumentationslinie von Malsch, 1988; vgl. dort S. 221, 223, 225, 231.
32 Adolf Beck, «Die Krisis des Menschen im Drama des jungen Schiller», *Euphorion*, XLIX (1955), 193.

dadurch an den Rand des Untergangs führe» (XXII, 168–169). Schillers Antwort darauf ist: solche gewalttätige Rücksichtslosigkeit gegenüber «fremder Freiheit», solche Neigung zum «willkürlichsten Despotismus» *ist* «fehlerhaft», doch liegt sie im Charakter des Schwärmer-Typus, den er dargestellt habe; Posa entferne sich «bei den reinsten Zwecken und bei den edelsten Trieben» von dem «natürlichen praktischen Gefühl, um sich zu allgemeinen Abstraktionen zu erheben». Gerade in der Schilderung *dieses* Posa sei er der «Erfahrung» und «der menschlichen Natur zur Seite geblieben» (XXII, 169–172). Damit verurteilt und entlastet er zugleich – und spricht als Tragiker.

Interessanter als das Entweder-Oder von Verurteilung und Entlastung, das die Kritiker in neuester Zeit noch unentwegt praktizieren, scheint jedoch auch hier, daß Posas Handeln aus jenem Drang zum Bildmachen geschieht, der dem Künstler nach Posas Selbstverständnis eigen ist:

> O ich fühle,
> wovon ich mich entwöhnen muß. Ja einst,
> einst war's ganz anders. Da warst du so reich,
> so warm, so reich! ein ganzer Weltkreis hatte
> in deinem weiten Busen Raum. Das alles
> ist nun dahin, von einer Leidenschaft,
> von einem kleinen Eigennutz verschlungen.
> Dein Herz ist ausgestorben. Keine Thräne,
> dem ungeheuern Schicksal der Provinzen
> nicht einmal eine Thräne mehr – O Karl,
> wie arm bist du, wie bettelarm geworden,
> seitdem du niemand liebst als Dich! (2877–2888)

Mit andern Worten: der Künstler fordert seinen menschlichen Marmor auf, sich *seinem* Bild entsprechend meißeln zu lassen. Egoismus, Verletzung der Entelechie des anderen oder berechtigte Fürstenerziehung? Die Meinungen sind geteilt; deutlich aber ist das künstlerische Verfahren, wie Posa es in der Audienz mit Philipp entwickelt hatte. Gleich anschließend demonstriert er es im einzelnen, wenn er Karlos erklärt, was in dessen Innern vorgegangen sei, was er, und mit welchen Gefühlen, mit dem Brief im Sinn gehabt habe – während Karlos «gerührt» abwehrt: sein Denken sei «so edel nicht, bei weitem nicht, als du / mich gerne glauben machen möchtest» (2908–2909). Es geht um Posas Bild von Karlos gegen Karlos' Selbstbild: der Künstler gibt direkt zu, daß er am Bild des Freundes meißele, und dieser stimmt stillschweigend zu (2909–2919); Posa betont seine Künstler-Autonomie: «Weißt du / denn so gewiß, ob nicht geheime Wünsche, / nicht Furcht vielmehr und Eigennutz mich leiten?» [2919–2921] «Ein wilder, kühner, glücklicher Gedanke / steigt auf in meiner Phantasie» (2924–2925). Die Phantasie ist das Organ des Künstlers, wie Posa ihn in der Audienz-Szene entwirft.

4.

Nachdem die Audienz-Szene das Künstlertum als leitende Vorstellung im Selbstbild Posas entwickelt hat (dem er *vor* dieser Szene denn auch bereits entsprach), fällt es in den *folgenden* Akten leichter, den Künstler am Werk zu sehen – zugleich aber auch seine zunehmende moralische Fragwürdigkeit. Dazu gehört zunächst Posas Hang zur Geheimnistuerei als *einer* Erscheinungsweise seiner Eigenmächtigkeit und künstlerischen Diskretion. Wie vor Karlos bewahrt er sein «Geheimniß» auch vor der Königin (4119). Obwohl er politisch mit ihr im Bunde ist, sie seine Pläne zur Befreiung der flandrischen Provinzen teilt, verheimlicht er ihr, daß er in der Audienz mit Philipp dessen Vertrauen gewonnen hat – und wie er dieses Vertrauen bewertet (4215–4217). So behält er alle Fäden in der Hand, bewahrt seine Freiheit der Gestaltung der Zukunft auch derer, die er darüber im Dunkel läßt. Während der Künstler sein eigener Herr bleibt, macht er seine Partner zu Objekten seines Spiels. Dabei rückt er sich selbst noch mehr ins Zwielicht, wenn er ein Einvernehmen mit dem König nur im Modus des Hypothetischen zur Sprache bringt, ohne es je in seiner Faktizität zuzugeben:

> Gesetzt – Wer ist von Eitelkeit so frei,
> um nicht für seinen Glauben gern zu werben? –
> Gesetzt, ich ginge damit um, den meinen
> auf einen Thron zu setzen? (4081–4084).

Daß ein solcher Gedanke als ein spezifisch künstlerischer zu werten ist, deutet Schiller sofort an, wenn er die Königin in ihrer Replik Posa einen Träumer nennen läßt, der Posa nicht sein könne – worauf Posa: «Das eben / wär' noch die Frage, denk' ich» (4087–4089). Man erinnert sich: als Träumer hatte Posa dem König den Künstler beschrieben. Zugleich kommt hier das Thema des Verhältnisses der Kunst zur Moral zur Sprache. Kaum daß sie Posa der «Unredlichkeit» (statt nur «Zweideutelei») verdächtigt hat, spricht Elisabeth den Satz aus, der dem Zuschauer das Wort aus dem Mund nimmt: «Und kann / die gute Sache schlimme Mittel adeln?» (4095–4096). Posas Antwort ist zugleich eine Antwort an die Kritiker, die hier und an anderen Stellen des Dramas über seine Moralität rechten, so oder so: den König gedenkt er nicht zu «betrügen», sondern ihm «dießmal redlicher zu dienen, / als er mir aufgetragen hat» (4100–4103). Was redlich, was Moral ist, entscheidet der Künstler.

Und schon entspricht er dem, wenn er die Hilfe der Königin einspannt in seine Regie von Karlos' Leben. Was er mit ihm vorhat, «klingt etwas rauh» (4157), nämlich unmoralisch; es ist ein «Verbrechen» (4179). So weit wird Wallenstein nicht mit Max gehen:

> Er soll
> dem König ungehorsam werden, soll
> nach Brüssel heimlich sich begeben, wo
> mit offnen Armen die Flamänder ihn
> erwarten. Alle Niederlande stehen
> auf seine Losung auf. Die gute Sache
> wird stark durch einen Königssohn. Er mache
> den Span'schen Thron durch seine Waffen zittern.(4157–4164)

Und wieder hat der Künstler in seiner Phantasie das Szenar genau vorausvisiert, bis zum Wörtlichen genau: der König werde in Brüssel unter dem Druck der neugeschaffenen Situation in aller Form nachgeben (4171–4179).

Wie die Königin trotzdem nicht weiß, woran sie mit Posa ist, der ihr die Umstände des plötzlichen Vertrauens des Königs auf ihre Frage nicht erklärt, so auch Karlos nicht, als der Marquis ihn nach der Audienz trifft. Er wimmelt ihn förmlich ab, und ist sich dabei wiederum nicht für eine Lüge zu schade. Was der König von Posa gewollt habe, will Karlos nur allzu verständlich wissen:

> Nicht viel – Neugierde,
> zu wissen wer ich bin – Dienstfertigkeit
> von unbestellten guten Freunden. Was
> weiß ich? Er bot mir Dienste an.
>
> KARLOS
>   Die du
> doch abgelehnt?
>
> MARQUIS
>   Versteht sich.
> (4283–4287; vgl. 4700: «Und Mir verschwieg er!»)

Den Höhepunkt erreicht Posas selbstherrliche Geheimnistuerei anschließend damit, daß er Karlos seine Brieftasche abverlangt, ohne ihm auch nur anzudeuten, welchen Gebrauch er von ihrem Inhalt zu machen gedenkt. Die Szene (IV, 5) zeigt Karlos wie Wachs in Posas Hand. Daß er zu weit gegangen sei in seiner eigenmächtigen Menschenführung, wird Posa im darauf folgenden Monolog («Warum / dem Schlafenden die Wetterwolke zeigen, die über seinen Scheitel hängt?» [4358–4360]) selbst klar, und die Kritik hat seit Schillers «Briefen über *Don Karlos*» nicht mit Tadel gespart.[33] Schiller selbst deutete den Monolog als selbstbetrügerische Ausrede und warf Posa «Eigendünkel und Stolz» vor; doch will er in seiner Gesamtdeutung auch dieser Gewalttätigkeit, die das Zerreißen des Briefes noch überbietet, entschuldigend auf die tragische «Schlinge» des Idealisten hinaus: seine sozusagen konstitutionelle Anfälligkeit für selbstherrliches Handeln (XXII,

---

33 v. Gronicka, S. 206–207; Orton, S. 27.

Der Künstler Marquis Posa: Despot der Idee oder Idealist von Welt? 159

159, 171–172). Die Erklärung solcher eigenmächtigen «Verletzungen fremder Freiheit» (XXII, 170) als «situationsbedingt»[34] will nicht einleuchten, wenn Posa damit zugleich entlastet werden soll. Ist es nicht eher so, daß Schiller an dieser Stelle spätestens die bereits in der Szene mit der Königin angedeutete Problematik des Übergriffs der Kunst auf das Gebiet der Moral thematisiert? Stellt er nicht die Frage nach den Grenzen der menschlichen Vertretbarkeit von Posas künstlerischem Handeln? Man kann die Frage mit dem Hinweis auf den in der Audienz-Szene gegebenen Standard beantworten. Posas Verhalten Karlos gegenüber erinnert an das, was er dem falschen Künstler Philipp dort vorwirft: «Da Sie den Menschen / zu Ihrem Saitenspiel herunterstürzten, / wer theilt mit Ihnen Harmonie?» (3745–3747). Ironischerweise glaubt Posa seinerseits gerade wie ein Gott zu handeln, der nach seiner eigenen, der Genielehre verpflichteten Darstellung in der Audienz-Szene das Vorbild des Künstlers ist. «Er will ihn [Karlos] retten, wie ein Gott», kommentiert Schiller selbst das Verheimlichen der «Wetterwolke» (XXII, 171). Vollends stellt sich die Frage nach der Moral von Posas Kunst in der wenig späteren Aussprache mit dem König (IV, 12). Posa übergibt Philipp Karlos' Brieftasche, darin den Brief der Eboli, der Karlos zu einem Stelldichein aufforderte. Damit soll Philipps Eifersucht auf Karlos als Rivalen in der Liebe zu Elisabeth beschwichtigt und politisch neutralisiert werden. Weiter manipuliert Posa den König, indem er sich Karlos' Überwachung auftragen und einen vorsorglichen Verhaftsbefehl ausstellen läßt. Karlos, sagt er, würde dadurch «*ganz* in seine Hand» gegeben (4626). In Wirklichkeit ist der König aber auch seinerseits in Posas Hand gegeben, nicht weniger als sein Sohn, der, als er von der Übergabe der Brieftasche an den König erfährt, sich fallen gelassen glaubt und sich seinem Schmerz überläßt (4703–4713). Und handgreiflich überschreitet die Gestaltung des politischen Kunstwerks die Grenze zur Unmoral, wenn Posa die Eboli zu erwürgen bereit ist, um zu verhindern, daß Karlos ihr den Flandern-Plan anvertraut (IV, 17).[35]

Solches Verhalten fordert dazu heraus, Posa an seinem eigenen Standard des Künstlerischen zu messen. Ohne Zweifel verstößt er mit seinen eigenmächtigen, wenn auch im Vertrauen auf spätere Erklärbarkeit und Entschuldbarkeit unternommenen Manövern im vierten Akt gegen das Eigenrecht anderer und wird so zum schuldigen, zum falschen Künstler, wie Philipp einer ist, der, polemisch als «der große Künstler» (5580), als die Parodie des Künstlers bezeichnet, selbstherrlich mit Menschen spielt, als seien sie Schachfiguren. Wie Wallenstein, auch Leicester und Fiesko spielt

---

34 Malsch, 1988, S. 228–229.
35 Die Verhaftung Karlos' verblüfft mehr, als daß sie empörte.

Posa, hält die Königin ihm vor, «ein gewagtes Spiel» (4994), und Posa fügt hinzu, er habe es bereits verloren. Der Versuch, den Zufall zu «gestalten», ihn als den «rohen Stein» zu behandeln, aus dem der Meißel des Bildhauers das Kunstwerk schafft, wie Posa es in der Szene vor der Audienz formuliert hatte, mißlingt tragisch. Jetzt erkennt Posa selbst, daß er ein *gescheiterter* Künstler ist, wenn er das Wort «Zufall», das ihm Stichwort der Herausforderung an den Künstlerinstinkt gewesen war, wieder aufgreift, jetzt jedoch ohne die frühere Zuversicht:

> Wer ist der Mensch, der sich vermessen will,
> des Zufalls schweres Steuer zu regieren [?] (5002–5003)

Dieses Genie erweist sich letztlich als doch nicht gottähnlich. Ist es von ungefähr, daß Posa den rettenden Einfall, sich selbst für die Sache zu opfern, gerade in dem Moment hat, als er im Verfolg seiner Pläne, seiner Kunst, die Verletzung des Eigenrechts des anderen bis zum physischen Extrem treibt, als er drauf und dran ist, die Eboli zu töten? «Gott sei gelobt! – Noch giebt's ein andres Mittel» (4833; vgl. 5489–5498). Das «kurze Besinnen», das vorausgeht, dürfte nicht zuletzt seiner Schulderkenntnis gegolten habe.

Die Schulderkenntnis erfordert das Selbstopfer nach seit den *Räubern* bekannter Schillerscher Denkform. Indem Posa durch irreführende Briefe, die wunschgemäß der Zensur verfallen, den Verdacht der Liebesbeziehung zur Königin auf sich und von Karlos ablenkt, hofft er durch seinen Tod, mit dem er als Konsequenz fest rechnet, seine Pläne für Flandern und die Welt von Karlos verwirklicht zu sehen (5494–5531). Seine Pläne aber nennt er charakteristischerweise seine «Träume» (5040) – in der Audienz-Szene Stichwort für sein Künstlertum und ausreichender Hinweis darauf, daß Schiller festhält an der Konzeption von Posas Handeln, das er in der Audienz-Szene programmierte. Karlos, den das Selbstopfer des Künstlers zur Nachfolge anfeuern soll, «mache – / [...] das Traumbild wahr, / das kühne Traumbild eines neuen Staates, / der Freundschaft göttliche Geburt. Er lege / die erste Hand an diesen rohen Marmor» (5058–5062). Das klingt unüberhörbar an den Monolog vor der Audienz an, in dem sich Posa seiner selbst als Künstler vergewisserte, als Pygmalion, der den toten Steinbrocken mit seinem Meißel zum Leben bildet (3487–3488).

Doch im selben Atemzug deutet der Künstler auf das, was selbst in seinen Augen ein Verstoß gegen den Standard der Menschenachtung war: beschämt gibt er zu, irrtümlich vorübergehend auf den König statt auf Karlos gesetzt zu haben als Garanten der Verwirklichung seiner Träume. Aber noch jetzt handelt er im Grunde nicht anders, wenn er selbst in dieser Rede noch den Menschen instrumentalisiert: als Werkzeug wählt er jetzt statt Philipp Karlos und hofft, nicht falsch gewählt zu haben (5096–5116). Viel-

Der Künstler Marquis Posa: Despot der Idee oder Idealist von Welt? 161

sagend für die Kunstthematik ist dabei, daß Posa die verworfene Alternative, durch den alternden Philipp das Zeitalter des «Menschenglücks» (5080) heraufzuführen, als ein «Erkünsteln» bezeichnet (5105). Wäre das Gegenteil, also die Instrumentalisierung Karlos', für Posa Kunst? Es hat den Anschein. Posa erklärt der Königin, wie er die Liebe Karlos' zu ihr benutzt habe, um ihn zur Liebe zu den politischen Idealen zu führen (was er durch seinen Opfertod besiegelt: Karlos wird seiner Leidenschaft absagen, die Befreiung der Niederlande als Sinn seines Lebens begreifen [6247–6258]): «Zur höchsten Schönheit wollt' ich ihn erheben», drückt Posa seine Absicht aus (5138). Ähnlich wie der Nachruf auf Max Piccolomini («Das ist das Los des Schönen auf der Erde!», *Tod*, 3180) ist das doch wohl zu verstehen als Feier des Menschen als das Kunstwerk, in dem das Schöne Gestalt annimmt als das Vollkommene.[36] Von der «Schönheit meines Werks» hatte der Künstler Posa nicht von ungefähr in der Audienz-Szene gesprochen (3558) – und vom Künstler als «Bildner einer schönern Welt» (3896).

Ist mit solcher Absicht, die also jetzt als Vermächtnis noch einmal bekräftigt wird, der Verstoß gegen das Eigenrecht, die Freiheit des andern, der als «Werkzeug zu einem höhern Zwecke», und sei es zu seinem eigenen Besten, gebraucht wird, nachträglich gerechtfertigt?[37] Davon kein Wort. Im Gegenteil macht die Königin Posa ihrerseits noch den verhüllten Vorwurf, er habe (ganz abgesehen von der Instrumentalisierung Karlos') *ihren* personalen Eigenwert instrumentalisiert, indem er sie als Mittel zum Zweck der «Leitung» des Thronfolgers eingesetzt habe (5142–5150). Dabei weiß sie noch nicht einmal, daß Posas Opfertod sie durch die irreführenden Briefe über eine erotische Beziehung zwischen ihnen schwer kompromittieren wird! Nicht nur das: auch das latent noch im Selbstopfer wirksame Motiv der Eitelkeit, des «Stolzes» Posas erkennt sie in Posas Verhalten: der idealistische Künstler nicht nur als Despot mit noch so guter Absicht, sondern auch als Egoist, der sich an der großen Geste berauscht (5187–5188). Schiller sekundiert mit dem letzten Satz der «Briefe»: «Er hüllt sich in die Größe seiner Tat, um keine Reue darüber zu empfinden» (XXII, 177).

Doch nicht mit erhobenem Zeigefinger sollten diese (wie Schiller es sieht: unvermeidlichen) Nuancen von Posas Kunst betont werden, sondern als Akzente des Tragischen, der Tragik des Idealisten. Schiller hat etwas Richtiges gesehen, als er in den «Briefen über *Don Karlos*» kommentierte: indem Posa seinen Freund nach seinem (künstlerischen) Ideal modelt und

---

36 Vgl. Oskar Seidlin, «Wallenstein: Sein und Zeit» in O. S., *Von Goethe zu Thomas Mann*, Göttingen 1963, S. 125–126. Zur Vergänglichkeit des Schönen auch Schillers «Nänie».
37 Zitate: XXII, 170, 161.

leitet, glaubt er die menschliche Wirklichkeit überspringen zu können – die ihn jedoch eben dadurch stolpern läßt und zur Strecke bringt:

> Und hier, deucht mir, treffe ich mit einer nicht unmerkwürdigen Erfahrung aus der moralischen Welt zusammen, die keinem, der sich nur einigermaßen Zeit genommen hat, um sich herum zu schauen oder dem Gang seiner eignen Empfindungen zuzusehen, ganz fremd sein kann. Es ist diese: daß die moralischen Motive, welche *von einem zu erreichenden Ideale von Vortrefflichkeit* hergenommen sind, nicht natürlich im Menschenherzen liegen und eben darum, weil sie erst durch Kunst in dasselbe hineingebracht worden, nicht immer wohltätig wirken, gar oft aber, durch einen sehr menschlichen Übergang, einem schädlichen Mißbrauch ausgesetzt sind. (XXII, 171)

Mit dem Abschiedswort an die Königin: «O Gott! das Leben ist doch schön!» (5197) – die «zu späte Entdeckung» des heroischen Schwärmers (XXII, 176–177) – dürfte Posa selbst auf die Härte seiner Tragik deuten, ebenso wie er im anschließenden Abschied von Karlos, dessen Vertrauen wiederhergestellt ist, sein menschliches Versagen, seine Künstlerschuld des selbstherrlichen Verfügens über die Freiheit des anderen erkennt: «Ich vergaß dein Herz» (5337). Seine rekonstruierende Erklärung und Rechtfertigung seines für Karlos unverständlichen Verschweigens und rätselhaften Verhaltens (V, 3) kommt jedoch ebenfalls zu spät; er kann seine Mission nur als Vermächtnis hinterlassen: «Schwer / hab' ich gefehlt» (5460–5461). Tragische Selbsterkenntnis: Posas Irrtum war, daß er erwartete, daß Karlos' Vertrauen auf den Freund unerschütterlich bliebe, nicht an seinen unbegreiflichen Schachzügen irre werden würde; damit setzte er im anderen voraus, was ihm selbst abgeht (5461–5479). Auch das vergilt er sich mit dem heroischen Opfertod. Schiller dürfte Recht haben mit seinem Vergleich dieses Todes mit dem ähnlich «romanhaften» und auf «einen unauslöschlichen Eindruck» berechneten des Lykurg, der dadurch «zu einem Gegenstand der Rührung und Bewunderung» wurde (XXII, 174). Das sind die Affekte, die spätestens seit Lessings und Mendelssohns Briefwechsel über das Trauerspiel als die *tragischen* gelten. Neuere Deutungen ignorieren sie in unangemessener Weise zugunsten einer Lehre oder Warnung, die sie in *Don Karlos* ausgesprochen sehen.

Das tragische Opfer, das die Tragödie vollendet, bewahrheitet, daß Posas Charakter der Schlüssel zu diesem Drama sei.[38] Doch an der Deutung dieses Opfers scheiden sich wiederum die Geister. Für wen stirbt Posa? Daß sein Tod eine Rückkehr zur personalen Freundschaft mit Karlos sei, wie es neuerdings wieder heißt,[39] läßt sich am Text nicht erweisen. Zwar triumphiert

---

38 Orton, S. 21.
39 Malsch, 1988, S. 226; vgl. Fritz Martini, «Schillers Abschiedsszenen» in F.M., *Geschichte im Drama – Drama in der Geschichte*, Stuttgart 1979, S. 267–268. Dagegen Wittkowski, S. 384, 389, und früher schon v. Gronicka, S. 209–210.

Karlos über den König: Posa «starb für mich!» (5636), doch Karlos selbst weiß es besser: das Vaterland mit seinen Millionen Menschen ist Posa «theurer [...] als Einer» (4707–4708), und der König ebenso: Posa starb für die «ganze Menschheit», «die Welt mit allen kommenden Geschlechtern» (5943–5944). Schiller gibt dem König recht (XXII, 160), wenn er auch an einer späteren Stelle der «Briefe» den Sachverhalt differenzierter sieht: Posa sterbe für «sein – in des Prinzen Seele niedergelegtes – Ideal» (XXII, 174). Das sagt er nicht zufällig gerade dort, wo er Posas Tragik betont. Ein Schuß aus dem Hinterhalt schneidet diesem das Wort ab, das den Kronprinzen auf seine Aufgabe in Flandern verweist.

So sterbend, gestaltet der gescheiterte Künstler sein eigenes Leben jedoch zu einer «Vollendung» (5419), die nicht ohne Kunstcharakter ist: das «schöne Leben» aufgebend, stirbt er mit dem Wort, das die Signatur seines Daseins bezeichnet: «Denk' auf deine Rettung» (5551). Karlos' Rettung für Flandern (5536) war als Chiffre einer humaneren Welt das A und O von Posas Existenz und ist es noch im Tode. Im Tod gewinnt sein Leben eine Geschlossenheit, die den Künstler in ihm befriedigt hätte. Indem Posa als Künstler scheitert, aber seine Lebensaufgabe als Vermächtnis Karlos' hinterläßt, sieht er sein Leben als in sich schlüssige Einheit, übrigens auch in dem Sinne, daß er, für Karlos sterbend, *expressis verbis* eine Schuld aus der gemeinsamen Jugendzeit abträgt, die als abzutragende gleich im Auftakt des Dramas zur Sprache gebracht worden war (291–295; 5533–5535). Er hält sein Versprechen von damals, daß er Karlos vergelten werde, was dieser in Alcalá aufopferungsvoll für ihn tat: Blut für Blut. Das so sich vollendende, im Scheitern zu seiner Sinnerfüllung gelangende Leben läßt Posa die «Freude / der Vollendung» empfinden (5418–5419). Diese erinnern an die Worte des selbsterklärten Künstlers Posa vor dem König: an die «Wollust des Erfinders» über die «Schönheit» seines Werks. «Freude», hieß es dort, wäre ihm der Genuß des selbstvollendeten Kunstwerks im Medium der Politik; er würde «schwelgen von dem Königsrecht / der innern Geistesbilligung» (3558–3570; 3728–3731). Jetzt, in unmittelbarer Erwartung seines Todes: «O Karl, wie süß, / wie groß ist dieser Augenblick! Ich bin mit mir zufrieden» (5412–5414). Karl kommentiert: «Stolzer hebt / sich deine Brust, und deine Blicke leuchten / wie eines höhern Wesens» (5416–5418) – auch dies ein Echo der Worte der Audienz-Szene über den «Stolz» Posas und die Gottähnlichkeit des Künstlers als «Wesen höh'rer Art» (3516, 3789). Die Genugtuung, daß sein Werk durch Karlos weitergeführt, sein Lebens- und Kunstwerk «vollendet» wird, setzt indes voraus, daß der Gescheiterte das eigne Leben in sein Staatskunstwerk sinnvoll einpaßt als eines seiner Elemente: «Das Königreich ist dein Beruf. Für dich / zu sterben war der meinige» (5537–5538). Was Buttler kritisch zum Meuchelmord an Wallenstein bemerkt: «Er wird / Sein Leben selbst hinein gerechnet haben» (*Tod*, 2860–2861), wird hier ins Positive gewendet, kurz bevor der Meuchelmord geschieht, doch so, daß das fragwürdige Manipulieren von Menschen und ihrer eignen Freiheit noch einmal thematisiert wird – und variiert: jetzt manipuliert Posa seine eigene Autonomie! Der Idealist, der der Marquis von Anfang bis Ende ist, zeigt sich damit selbst im Tod noch von seiner realistischen Seite. Der Künstler erweist sich in der Kalkulation des Selbstopfers zum letzten Mal als der souveräne, selbst den Zufall regierende staatsmännische Stratege, der der Feuerkopf von Anfang an *auch* war – erinnert sei an seine Orchestration einer internationalen antispanischen Koalition, die erst jetzt, am Ende des Stücks, entdeckt wird als Leistung, die der erfahrene Staatsmann Alba «teuflisch, aber wahrlich – göttlich» nennt (5850).

In Posas menschheitlicher Zukunftsperspektive ist das Kunstwerk seiner Lebensleistung, allen von ihm selbst zugestandenen und bereuten Mängeln zum Trotz, wenn nicht bereits vollendet, so doch durch Karlos, den er durch sein Opfer auf eine höhere Bewußtseinsstufe geführt hat, auf dem Wege zur Vollendung. So stirbt Posa tragisch unvollendet, doch nicht ohne Glorie, im Ausblick auf seine «Vollendung». Was er nicht mehr erlebt, ist, daß sein Kunstwerk der Zukunft von der Geschichte eingeholt wird, ehe es sich vollendet – jedenfalls vorübergehend. Karlos, der intendierte Vollender, wird Opfer der herrschenden Macht nicht anders als Posa, sein «Erfinder». Der König, der falsche Künstler, hat das letzte Wort, gerichtet an den Großinquisitor: «Kardinal! Ich habe / das Meinige gethan. Thun Sie das Ihre.» Doch der Zuschauer hat noch einen anderen Satz im Ohr, der eine zentrale Vokabel des Künstlerrepertoires aufgreift: «Schön're Zeiten werden kommen» (5786). Der ihn spricht, Graf Lerma, ist der einzige vertrauenerweckende Mann in dem Reich, über dem die Sonne untergeht.

Wallenstein

Ein Spiel vom Spiel – und vom Nichtspieler

1.

Terzky zu Wallenstein: «So hast du stets dein Spiel mit uns getrieben!», Max zu Octavio: «Wenn du geglaubt, ich werde eine Rolle / In deinem Spiele spielen, hast du dich / In mir verrechnet», Wallenstein: «O grausam spielt das Glück / Mit mir!»[1] – es ist kaum denkbar, daß der Mann, der in den *Briefen über die ästhetische Erziehung des Menschen* seine Anthropologie in der Verherrlichung des Spielens als Inbegriff des vollendet Menschlichen gipfeln läßt, sich nichts dabei gedacht hätte, als er in dem gleich anschließend entstandenen Bühnenstück die Vokabel «Spiel» verwendete, und zwar nicht nur gelegentlich und beiläufig, sondern häufig und konsequent und überdies zur Kennzeichnung gehaltlich entscheidender Momente der Trilogie. Aber *was* hat Schiller sich dabei gedacht, als Gestalter seiner Menschen und der Dramenhandlung? Geht man den Text mit dieser Frage im Sinn einmal Zeile für Zeile durch, so fällt einem allerlei auf – wie wenn man auf altbekanntem Terrain auf eine ganz neue Safari ginge. Man entdeckt zum Beispiel, daß Spiel buchstäblich das A und O des Dramas ist: gleich in der ersten Zeile des «Prologs» fällt das Wort, und was ist die letzte Zeile anderes als Rollenspiel? Gordon überreicht Octavio einen kaiserlich gesiegelten Brief, indem er dessen Aufschrift «mit einem Blick des Vorwurfs» abliest: «Dem *Fürsten* Piccolomini» – durch die Betonung des Zitierens distanziert Gordon sich schauspielerisch von seiner Funktion. Vor allem aber tritt bei einem solchen Streifzug nach einer besonderen Spezies in den Blick, wie erstaunlich oft Schiller dem Wort und der Sache nach, direkt und indirekt, durch das ganze Stück hindurch das Spielen betont als konkrete Beschreibung des Verhaltens seiner Personen wie auch als Metapher dessen, was vorgeht. Spieler ist ja nicht nur Wallenstein; die kaiserliche Partei ist sein Gegenspieler im ganz wörtlichen Sinn, und schließlich macht sich eine im Stück ständig angesprochene höhere Instanz, man nenne sie Nemesis oder Fortuna, geltend, indem sie ihrerseits mit dem Protagonisten *spielt*, der seinerseits der

---

1 *Die Piccolomini*, 871; 2601–2603; *Wallensteins Tod*, 2007–2008.

Meisterspieler in dieser Dramenwelt zu sein glaubt: vom Ausgang des Stücks her entpuppt sich diese Welt als das, was bei Goethe (der das Spielelement im Wallenstein-Drama erkannte)[2] das «Spiel der Mächte»[3] heißen würde. Und selbst vom Sinn dieses Spiels vermittelt sich spätestens vom Ende her eine Ahnung, die geläufige und relativ gesicherte Deutungen aufschlußreich ergänzt.

Daß «Spiel» ein oder sogar *der* Blickpunkt sein könne, von dem aus sich die Wallenstein-Historie produktiv visieren lasse, scheint Schiller selbst in den Sinn gekommen zu sein. An Wilhelm von Humboldt schreibt er am 21. März 1796 (in der Zeit also, als die *Briefe über die Ästhetische Erziehung* gerade in den *Horen* erschienen sind) über seine Bemühung, den Stoff konzeptuell in den Griff zu bekommen: er wolle sich

> bemühen, denselben Reichthum im einzelnen mit eben sovielem Aufwand von Kunst zu verstecken, als ich sonst angewandt ihn zu zeigen, und das Einzelne recht vordringen zu lassen. Wenn ich es auch anders wollte, so erlaubte es mir die Natur der Sache nicht, denn Wallenstein ist ein Character, der – als ächt realistisch – nur im Ganzen aber nie im Einzelnen interessieren kann. Ich habe bey dieser Gelegenheit einige äuserst treffende Bestätigungen meiner Ideen über den Realism und Idealism bekommen, die mich zugleich in dieser dichterischen Composition glücklich leiten werden. Was ich in meinem letzten Aufsatz [*Über naive und sentimentalische Dichtung*] über den Realism gesagt, ist vom Wallenstein im höchsten Grade wahr. Er hat nichts Edles, er erscheint in keinem einzelnen LebensAkt groß, er hat wenig Würde und dergleichen, ich hoffe aber nichtsdestoweniger auf rein realistischem Wege einen dramatisch großen Character in ihm aufzustellen, der ein ächtes Lebensprincip in sich hat. Vordem habe ich wie im Posa und Carlos die fehlende Wahrheit durch schöne Idealität zu ersetzen gesucht, hier im Wallenstein will ich es probieren, und durch die bloße Wahrheit für die fehlende Idealität (die sentimentalische nehmlich) entschädigen.
>
> Die Aufgabe wird dadurch schwerer und folglich auch intressanter «daß der eigentliche Realism den Erfolg nöthig hat, den der idealistische Character entbehren kann». Unglücklicher Weise aber hat Wallenstein den Erfolg gegen sich und nun erfodert es Geschicklichkeit, ihn auf der gehörigen Höhe zu erhalten. Seine Unternehmung ist moralisch schlecht, und sie verunglückt physisch. Er ist im Einzelnen nie groß, und im Ganzen kommt er um seinen Zweck. Er berechnet alles auf die Wirkung, und diese mißlingt. Er kann sich nicht, wie der Idealist, in sich selbst einhüllen, und sich über die Materie erheben, sondern er will die Materie sich unterwerfen, und erreicht es nicht. Sie sehen daraus, was für delicate und verfängliche Aufgaben zu lösen sind, aber mir ist dafür nicht bange. Ich habe die Sache von einer Seite angefaßt, von der sie sich behandeln läßt. (XXVIII, 204)

---

2 «Die Piccolomini: Wallensteins erster Theil» (1799), Weimarer Ausgabe, 1. Abt., XL, 39.
3 Paul Hankamer, *Spiel der Mächte*, Tübingen 1947; Guthke, *Die Mythologie der entgötterten Welt*, Göttingen 1971. Zum Topos der spielenden Natur vgl. NA, V, 139.

Schiller meint hier, er habe die Hauptgestalt als Realisten konzipiert, das heißt in seinem Gedankensystem: als einen Menschen ganz von dieser Welt, ohne idealische Antriebe, die ihn bei aller Verstricktheit in das Hier und Jetzt hinaushöben in einen Bereich des Geistigen, in dem andere Wertmaßstäbe gelten als auf der Bühne des Alltäglichen, Politischen, auch Welthistorischen. Schon in *Fiesko* hatte Schiller einen solchen Realisten in die Arena des Geschichtlichen gestellt; dort in der Absicht, ein Exempel zu statuieren: der skrupellose Machtmensch geht unter, wird hinterrücks aus der Welt geschafft von einem mehr oder weniger glaubwürdigen Republikaner, während er sich in der zweiten Fassung wandelt zum moralisch untadeligen «Idealisten» (jedenfalls *expressis verbis* und Schillers Selbstinterpretation nach – die nicht immer überzeugend gewirkt hat). Diese Alternative genügt Schiller beim Überlegen der dramatischen und menschlichen Möglichkeiten des Wallenstein-Stoffes offenbar nicht mehr; wiederholen will er sich nicht; ohnehin liegt *Fiesko* mehr als ein Jahrzehnt zurück. Wenn er den «Realisten» Wallenstein, mit dessen dokumentierbaren Charaktereigenschaften er als Historiker längst vertraut ist, jetzt als «großen Character» sehen möchte, so offenbar nicht mehr entweder als unmoralisch groß oder als moralisch groß (Möglichkeiten, die er in den *Räubern prima facie* auf zwei Gestalten verteilt, in *Fiesko* in eine, zwiespältige Gestalt vereint hatte, die sich dann jedenfalls dem Wortlaut nach so oder so zu entscheiden hatte). Vielmehr muß das «ächte Lebensprincip», dem Schiller jetzt auf der Spur ist, beide Möglichkeiten in sich vereinen, *ohne* dann schließlich doch die eine über die andere triumphieren zu lassen. Wallenstein erhebt sich über die Welt der Zufälligkeiten, indem er «alles berechnet», indem er »die Materie sich unterwerfen» will, wie der Idealist – doch ohne sich rückhaltlos dem idealistischen Credo von jener anderen, höheren Welt, «des Ideales Reich», zu verschreiben. Fällt es uns da nicht wie Schuppen von den Augen: ist denn das nicht die Ambition des *Spielers*, des Strategen, der sich heraushält aus der menschlich-allzumenschlichen Wirklichkeit des scheinbar zwangsläufig Geschehenden? Ist der Spieler nicht der Realist, der hinauswill über die Realität, sie beherrschen will durch seine eigene Ich-Potenz, seinen »Ideenschwung»,[4] der «Realist», der sich «idealistisch bestimmt,» wie es in *Über naive und sentimentalische Dichtung* heißt zur Kennzeichnung des Menschen von dieser Welt, der besser ist als sein Ruf (XX, 500)? Oder in der Sprache von Schillers Anthropologie in den *Briefen über die ästhetische Erziehung*: der Mensch, der den Trieb zur Materie, zum Leben (Stofftrieb) in Balance hält mit dem Trieb zum idealisch Geistigen (Formtrieb). Diese Balance bezeichnet Schiller mit der Chiffre «Spieltrieb»: wenn weder Stoff-

---

4 Schiller an Böttiger, 1. März 1799 (XXX, 34).

trieb noch Formtrieb den Alleinanspruch auf Herrschaft verwirklichen, beide also nicht ernst, sondern spielerisch genommen werden, sofern Spiel der Gegenbegriff zu Ernst ist, dann herrscht der Spieltrieb. So las man es in den *Briefen über die ästhetische Erziehung*. Wie, wenn die Seite, von der Schiller in seinem Brief an Humboldt die «delicate und verfängliche» Sache angefaßt zu haben glaubt, die wäre, daß er seinen Wallenstein als Spieler gesehen hätte und darüberhinaus das Drama um diesen Spieler als Spiel vom Spiel, sofern es eben nicht Wallenstein allein ist, der hier spielt, vielmehr *sein* «Lebensprinzip» auch das des Stückes selbst ist?

Und zwar so: nehmen wir Schillers zitierten Brief an Humboldt zum Stichwort, so nimmt sich das Spielen Wallensteins als die Bewahrung und Betätigung jener Freiheit aus, die auch der Realist, auf seine Weise und in dieser Welt, beansprucht (nicht nur der Idealist, dessen Freiheit in der Treue gegenüber den verpflichtenden überpersönlichen Normen besteht, die seinem Dasein Sinn verleihen). Unterwirft der Idealist die geschichtliche Welt der Idee, so will Wallenstein, wie Schiller es ausdrückte, die Materie sich selbst unterwerfen – doch er «erreicht es nicht». Sein Spielen findet seine Grenze am Spielen der anderen, der Gegenspieler, und dieses Gegeneinander wiederum wird überhöht zu Zügen in jenem Spiel der Mächte, die es dirigieren: «O grausam spielt das Glück mit mir!» Das Glück *bedient sich* lediglich der Kaiserlichen, Octavios und Buttlers und ihres, von ihnen selbst so benannten Spiels. Indem Wallenstein glaubt, der einzige Spieler zu sein, und in diesem Wahn meint, sich über den «Notzwang der Begebenheiten» (*Picc.*, 1367) erheben zu können in seinem Spiel um die Macht und die Freiheit, wie er sie versteht, verliert er in Wirklichkeit seinen Einsatz in einem umfassenderen Spiel, das er bis zu seinem ironisch verblendeten letzten Wort nicht oder doch nicht ganz durchschaut; es ist ein Spiel, in dem er, der sich für den autonomen Spieler hält, Spielfigur ist.

Ein grundsätzlich neues Motiv ist der Spieler als der Bewahrer seiner prätendierten Freiheit nicht für Schiller in der zweiten Hälfte der neunziger Jahre. Fiesko schon spielte mit den beiden Möglichkeiten, die ihm, wie er meinte, offenstünden: Herzog Fiesko, Republikaner Fiesko; er spielte auch mit dem Volk von Genua ähnlich wie Wallenstein mit den «Völkern», die seinem Kommando unterstehen, oder speziell auch mit den Pappenheimern (*Tod*, III, 15). Fiesko: «Daß sie *Mein* sind die Herzen von Genua? Daß von *meinen* Händen dahin, dorthin sich gängeln läßt das furchtbare Genua?» (II, 19). In der «Erinnerung an das Publikum» hört man, auf die Spiel-Gewalt des Dramatikers bezogen, ein Echo davon: «Heilig und feierlich war immer der stille der grose Augenblick in dem Schauspielhaus, [...] wo ich des Zuschauers Seele am Zügel führe, und nach meinem Gefallen, einem Ball gleich dem Himmel oder der Hölle zuwerfen kann» (IV, 272). In dem

Ein Spiel vom Spiel – und vom Nichtspieler

etwas späteren, unvollendeten Dramenplan *Friedrich Imhof* thematisierte Schiller, nicht ungewöhnlich in dieser Zeit, die Spielleidenschaft, die hier in die Hände der Inquisition führt. Das berechnende Spiel mit den Menschen (Wallenstein «berechnet alles») ist dann auch in *Kabale und Liebe* ein dominierendes Motiv, nicht nur in der höfischen Welt, in der Wurm aus der Kenntnis der Psychologie des Kleinbürgertums Luise Millerin kalkulierend manipulieren kann, sondern auch in Ferdinands Verhalten seiner Geliebten gegenüber, die er im Guten wie im Bösen ähnlich am Gängelband führt wie Fiesko die Genueser. Ihm nicht unähnlich ist der Marquis Posa, der mit Don Karlos als Schachfigur «ein gewagtes Spiel» um die Macht der guten Sache treibt, das schließlich die gute Sache selbst ins Zwielicht rückt (4994). Das unvollendete Drama *Der versöhnte Menschenfeind* endet mit der Aufforderung des Vaters an die Tochter, mit ihrer Anmut nur zu «spielen», zu verlocken, um sich dann doch zu versagen (8. Szene). Und nach *Wallenstein* ist die Faszination vom Motiv des Spielers keineswegs erloschen. An Leicester denkt man, der seiner Königin bekennt, er habe «ein gewagtes Spiel gespielt» (2941), an die Fragmente *Warbeck* und *Demetrius* schließlich.

Vor allem aber ist Spiel bekanntlich ein Schlüsselbegriff in Schillers bedeutendstem Versuch auf dem Gebiet der «Menschenkunde», in den *Briefen über die ästhetische Erziehung des Menschen*. Wie angedeutet, zieht Schiller hier aus der zeittypischen Zweinaturenlehre in produktiver Auseinandersetzung mit Kants ethischem Rigorismus den Schluß: die wahre Freiheit des Menschen, seine Vollendung und höchste Möglichkeit bestehe in der freiwilligen, der «spielenden» Harmonie von Stofftrieb und Formtrieb, von materiellem und geistigem Wollen. Das Spiel, das Spielen jeder Art, wird ihm die Metapher solcher Synthese, die *zugleich* die höchste Schönheit und Glückseligkeit bedeutet. Es sei nur an die Kernsätze aus dem 14. und 15. «Brief» erinnert – zur genauen Erfassung von Wallensteins Spiel und Spielen werden sie später ins Gedächtnis zurückzurufen sein:

> Daß er dieser Idee wirklich gemäß, folglich, in voller Bedeutung des Worts, Mensch ist, kann er nie in Erfahrung bringen, solange er nur Einen dieser beyden Triebe ausschließend, oder nur Einen nach dem Andern befriedigt; denn solange er nur empfindet, bleibt ihm seine Person oder seine absolute Existenz, und solange er nur denkt, bleibt ihm seine Existenz in der Zeit oder sein Zustand Geheimniß. Gäbe es aber Fälle, wo er diese doppelte Erfahrung *zugleich* machte, wo er sich zugleich seiner Freyheit bewußt würde, und sein Daseyn empfände, wo er sich zugleich als Materie fühlte, und als Geist kennen lernte, so hätte er in diesen Fällen, und schlechterdings nur in diesen, eine vollständige Anschauung seiner Menschheit. [...]
> Vorausgesetzt, daß Fälle dieser Art in der Erfahrung vorkommen können, so würden sie einen neuen Trieb in ihm aufwecken, der eben darum, weil die beyden andern in ihm zusammenwirken, einem jeden derselben, einzeln betrachtet, entgegengesetzt seyn, und mit Recht für einen neuen Trieb gelten

würde. Der sinnliche Trieb will, daß Veränderung sey, daß die Zeit einen Inhalt habe; der Formtrieb will, daß die Zeit aufgehoben, daß keine Veränderung sey. Derjenige Trieb also, in welchem beyde verbunden wirken, (es sey mir einstweilen, bis ich diese Benennung gerechtfertigt haben werde, vergönnt, ihn *Spieltrieb* zu nennen) der Spieltrieb also würde dahin gerichtet seyn, die Zeit in der Zeit aufzuheben, Werden mit absolutem Seyn, Veränderung mit Identität zu vereinbaren.
[...]
Der Spieltrieb also, als in welchem beyde verbunden wirken, wird das Gemüth zugleich moralisch und physisch nöthigen; er wird also, weil er alle Zufälligkeit aufhebt, auch alle Nöthigung aufheben, und den Menschen, sowohl physisch als moralisch, in Freyheit setzen. [...] Sobald er aber zugleich unsre Neigung interessiert und unsre Achtung sich erworben, so verschwindet sowohl der Zwang der Empfindung als der Zwang der Vernunft, und wir fangen an, ihn zu lieben, d. h. zugleich mit unsrer Neigung und mit unsrer Achtung zu spielen.
[...]
Der Mensch, wissen wir, ist weder ausschließend Materie, noch ist er ausschließend Geist. Die Schönheit, als Consummation seiner Menschheit, [...] ist das gemeinschaftliche Objekt beyder Triebe, das heißt, des Spieltriebs.
[...]
[...] Der Mensch spielt nur, wo er in voller Bedeutung des Worts Mensch ist, und *er ist nur da ganz Mensch, wo er spielt.* (XX,353–359)

Nun kann es natürlich nicht darum gehen, im Wallenstein-Drama eine Art praktische Verwirklichung oder Anwendung von solchen theoretischen Gedankenmomenten zu suchen. «Was [...] sich zum allgemeinen Gesetze qualifiziert», schreibt Schiller am 27. Juni 1798, mitten aus der Arbeit an *Wallenstein* heraus, an Wilhelm von Humboldt über den Nutzen philosophischer Einsicht, das erscheine dem «Künstler bei der Ausübung [...] hohl und leer» und er «erfahre täglich, wie wenig der Poet durch *allgemeine reine Begriffe* bei der Ausübung gefördert wird, und wäre in dieser Stimmung zuweilen unphilosophisch genug, alles was ich selbst und andere von der Elementarästhetik wissen, für einen [...] Kunstgriff des Handwerks hinzugeben» (XXIX, 245). Nicht zufällig haben ja die Versuche, Motive des Denkers Schiller mit Motiven des Dramatikers Schiller in Beziehung zu setzen, ob nun in *Wallenstein* oder in anderen Dramen, in der Regel zu Fehldeutungen in dem Sinne geführt, daß einerseits die Stücke nicht einlösen, was die Theorie vorgibt, andererseits (und wichtiger) der Reichtum der dramatischen Menschen- und Geschehensgestaltung in seiner Kraft der Veranschaulichung und Aussage weit hinausgeht über philosophische Positionen, wie der Theoretiker Schiller sie einnimmt. Schon die *Briefe über die ästhetische Erziehung* selbst ziehen ja einen klaren Trennungsstrich zwischen dem Konzept «Spiel» ohne Zweck und Nutzen und dem Spiel im «wirklichen Leben», das unter diesem Gesichtspunkt dem dramatischen Leben auf den Brettern, die die Welt bedeuten, bei aller prinzipiellen Scheidung immerhin näher ist: «Freylich dürfen wir uns hier nicht an die Spiele erinnern, die in dem wirklichen Leben im Gange sind, und die sich gewöhnlich auf sehr materielle Gegenstände richten».[5] Wallensteins Spiel ist ein *solches* Spiel um die Macht – und das seiner Gegenspieler ist es ebenso; das ideale Spielen wollen sie in die Wirklichkeit übertragen. Sie spielen mit freien Individuen, mit Menschen, die ihrerseits Anspruch auf Freiheit haben, was nicht nur die *Briefe über die ästhetische Erziehung* (4. «Brief») verurteilen, sondern bereits die «Briefe über *Don Karlos*»; und sie spielen falsch, lügen, täuschen und bluffen in ihrem Spiel. Solcher offenkundigen Inkongruenzen ungeachtet (die den Vorzug haben, die Eigenart des Denkers und die des Gestalters durch wechselseitige Abgrenzung zu profilieren), gilt jedoch *auch*, was kein anderer als der genannte Humboldt in seiner Schrift *Über Schiller und den Gang seiner Geistesentwicklung* festgehalten hat: daß «dies Dichtergenie auf das engste an das Denken in allen seinen Tiefen und Höhen geknüpft» war, daß «der Gedanke das Element seines Lebens» war.[6] So kann, wie sich zeigen wird, der gelegentliche Seitenblick auf Schillers Theorie des Spiels besondere Nuancen des dramatischen Spiels ins rechte Licht rücken.

Mit einem solchen Ansatz (*Wallenstein* als Spiel vom Spiel) käme man hinaus über das Abwägen von Schuld und Unschuld Wallensteins und seiner Gegenspieler, das seit langem üblich ist und im Grunde unergiebig: ob der Verrat gerechtfertigt sei oder nicht, ob die Loyalität auf der Anklagebank sitze oder nicht (Kommerells schöner Ausdruck), Wallenstein der Mann der idealen neuen Ordnung sei oder der Tyrann, der Moralist oder Immoralist. Diese Diskussion läuft sich rasch tot, oder sie weicht ebenso unbefriedigend, aber wohl eher richtig aus auf die «Rätselhaftigkeit» des Charakters Wallensteins, bei dem nie definitiv zu sagen sei, ob eine Äußerung ehrlich oder strategisch gemeint sei.[7] Neu beleben mag das Gespräch die Frage nach dem *Spieler* Wallenstein und seinen Gegenspielern im politischen Schauspiel des

---

5 XX, 358. Vgl. W. Rasch: «Schein, Spiel und Kunst in der Anschauung Schillers», *Wirkendes Wort*, 1960, S. 2–13, bes. S. 6.
6 Marbach 1952, Nachwort von Theodor Heuß, S. 12.
7 Vgl. etwa Rolf Linn, «Wallenstein's Innocence», *Germanic Review*, XXXIV (1959), 200–208, oder Walter Müller-Seidel, «Die Idee des neuen Lebens: Eine Betrachtung über Schillers *Wallenstein*», *The Discontinuous Tradition: Studies in German Literature in Honour of E. L. Stahl*, hg. v. P. F. Ganz, Oxford 1971, S. 79–98, einerseits und Dieter Borchmeyer, *Macht und Melancholie: Schillers Wallenstein*, Frankfurt 1988, S. 99–100, 109, oder Wolfgang Wittkowski, «Theodizee oder Nemesistragödie? Schillers Wallenstein zwischen Hegel und politischer Ethik», *Jahrbuch des Freien Deutschen Hochstifts*, 1980, S. 177–237, andererseits. Die Auffassung von der «Rätselhaftigkeit» von Wallensteins Charakter vertritt besonders Walter Hinderer, «*Wallenstein*», *Schillers Dramen*, hg. v. W.H., Stuttgart 1992, S. 225, 233, 250, 255.

Dreißigjährigen Kriegs und zugleich in dem Spiel, das eine höhere Macht inszeniert, auf die Schiller deutete, als er als «bedeutende Verzierung» eine Nemesis-Vignette für den Erstdruck des *Wallenstein* wählte (an Goethe, 1. Dez. 1797; XXIX, 163).

Das Spiel-Element im *Wallenstein* ist bereits den Zeitgenossen nicht verborgen geblieben. Schillers Freund Körner warnt am 16. Januar 1800 nach der Lektüre des Manuskripts davor, «der Astrologie ein zu großes Gewicht zu geben», und fährt fort: «Aber es sollte doch zugleich angedeutet werden, daß diese Liebhaberey ihn [Wallenstein] nicht beherrscht, daß sie mehr ein Spiel ist, womit er solche Menschen wie Illo und Terzky und vielleicht auch sich selbst täuscht, wenn die bessern Triebfedern nicht zum Bewußtseyn kommen» (XXXVIII/1, 211–212). Noch im gleichen Jahr schreibt Johann Wilhelm Süvern in seinem Buch über den *Wallenstein* zu den Unterhandlungen mit den Schweden: Wallenstein führte sie, «keineswegs weil er wirklichen Verrath zur Absicht hatte. Er will nur die Fäden in der Hand haben, deren Bewegung alle nöthigen Kräfte für ihn ins Spiel setzen können, sie rühren will er niemals.»[8] Auch Goethe sah den Spieler Wallenstein:

> Der Glaube an eine wunderbare glückliche Konstellation, der Blick auf die großen Mittel, die er in Händen hat, und auf die günstigen Zeitumstände, verbunden mit den Aufforderungen, die von außen an ihn ergehen, wecken allerdings ausschweifende Gedanken in ihm, mit denen seine Phantasie sich nicht ungern trägt; doch spielt er mehr mit diesen Hoffnungen, insofern ihm die Möglichkeit schmeichelt, als daß er seine Schritte fest zu einem Ziele hinlenkte.[9]

Neuere Schiller-Interpreten haben das im Prinzip ja nicht zu übersehende Motiv gelegentlich bemerkt, ohne es allerdings in seiner Ubiquität zu verfolgen, es als Leitmotiv zu erkennen und als Schlüsselbegriff der ganzen Trilogie fruchtbar zu machen.[10] Eben dadurch einen neuen Zugang zu diesem unerschöpflichen Werk zu gewinnen, soll hier versucht werden.

---

8 Nach Borchmeyer, S. 142. Original: *Über Schillers Wallenstein in Hinsicht auf griechische Tragödie*, Berlin 1800, S. 52.
9 Siehe oben Anm. 2.
10 Zu welchen Fehlurteilen es kommt, wenn man auf diesem Terrain unaufmerksam registriert, zeigt Reinhold Schneiders Bemerkung: «Wallenstein – das ist die Schwäche der Figur – möchte die Freiheit gar nicht ausüben; er möchte nur das Gefühl ihres Genusses haben, mit ihr spielen» (*Schiller: Reden im Gedenkjahr 1955*, Stuttgart 1955, S. 291). Abstrus in seiner Bemühung, «das Spiel im Spiel» in *Wallenstein* mit dem Motiv des Abgrunds in Verbindung zu bringen, ist Alfred Dopplers Aufsatz «Das Motiv des Abgrundes in den Werken Friedrich Schillers», *Chronik des Wiener Goethe-Vereins*, LXVI (1962), 17–46, bes. S. 34 ff. Erstaunlich ist auch die Bemerkung von Ilse Graham: «It would be tedious to enumerate the many occasions on which Wallenstein himself uses words like *Spiel* and *Kunst*» (*Schiller: A Master of Tragic Form*, Pittsburgh 1975, S. 69). Clemens Heselhaus spricht weitgehend textfern am Schluß seines Aufsatzes «WallensteinischesWelttheater»

2.

Wenn der Prolog, wie gesagt, gleich in seiner ersten Zeile das Motiv «Spiel» anschlägt, ist zwar das Theaterspiel gemeint. Indem er es jedoch in seinem letzten Abschnitt wieder aufgreift, funktioniert er es bereits um zum Kennwort der Entgegensetzung der konkreten Lebensrealität, in der sich handfeste Interessen «hart im Raume stoßen», einerseits und der künstlerischfreien Gestaltung dieser Wirklichkeit zu einer eigenen, eben einer Spielwelt, andererseits. Das ist jene Entgegensetzung von unveränderlichem Sein als *factum brutum* und selbstherrlich geschaffenem Schein, die der Spielernatur Wallensteins, seiner Gegner und schließlich auch des personifizierten Schicksals das Gepräge gibt:

> Und wenn die Muse heut,
> Des Tanzes freie Göttin und Gesangs,
> Ihr altes deutsches Recht, des Reimes Spiel,
> Bescheiden wieder fordert – tadelts nicht!
> Ja danket ihrs, daß sie das düstre Bild
> Der Wahrheit in das heitre Reich der Kunst
> Hinüberspielt, die Täuschung, die sie schafft,
> Aufrichtig selbst zerstört und ihren Schein
> Der Wahrheit nicht betrüglich unterschiebt,
> Ernst ist das Leben, heiter ist die Kunst. (129–138)

Die Zeilen vom Spiel sind gleichsam das Motto; und als der Vorhang sich unmittelbar anschließend hebt zu *Wallensteins Lager*, enthüllt er ein Spiel: «Soldatenjungen würfeln auf einer Trommel». Das ist kein blindes Motiv oder nur eins von den vielen farbigen Details, die das Lager beleben. Vielmehr dreht sich eine der Höhepunktsszenen des *Lagers* um einen mit den Soldaten ein Spielchen machenden Bauern, «der falsche Würfel tät bei

---

(*Der Deutschunterricht*, XII [1960], H. 2, S. 64–71) von Wallensteins «Spielernatur» und seiner ästhetischen Existenz sowie von einem unspezifizierten «Spiel der Mächte», ohne diese Aspekte in eine Gesamtanschauung zu integrieren; seine These, die diesseitige Welt des Wallenstein-Dramas werde überwölbt von einer «reineren» im Sinne des Idealismus, ergibt sich, textlich ungestützt, wie sie ist, keineswegs aus den Spielermotiven. Im Gegensatz zu dieser Aperçuhaftigkeit sucht Oskar Seidlin Wallensteins Spielen rigoros zu deuten als ästhetischen Daseinsmodus, der die Zeit in der Zeit aufheben will. Das ist zu sehr von den *Briefen über die ästhetische Erziehung* her gesehen; ignoriert wird, daß es sich bei Wallenstein um ein realpolitisches Spiel um die Macht handelt, nicht um das Aufheben der Zeit als existentielle Kategorie («Wallenstein: Sein und Zeit» in O. S., *Von Goethe zu Thomas Mann*, 2. Aufl., Göttingen 1969, S. 120–135). Dieter Borchmeyer beschränkt sich auf eine Erörterung von Wallensteins «Achsenmonolog» (Tod, I, 4); er kommt dabei zu wertvollen Beobachtungen zur Charakterproblematik der Titelfigur und ihrem schuldhaften Versuch, die ästhetische Existenz in der geschichtlichen Welt zu verwirklichen im Spiel um die konkrete politische Macht, sowie zur Divergenz von Ästhetischem und Moralischem in Schillers Denken und Gestalten (S. 129–142).

sich haben» (647); «'s ist ein Schelm, hat im Spiel betrogen» (664), und dafür soll er «baumeln». Spiel als Falschspiel – kein Zufall in der besonnenen Ökonomie des Stücks auch dies, denn präludiert wird damit bereits die Frage: wie das ideale Spiel der philosophischen Theorie vom vollkommenen Menschen sich gestaltet, sobald es verwirklicht wird auf der Bühne des realen politischen Lebens. Spielt Wallenstein von einem bestimmten Zeitpunkt an nicht auch falsch, wenn er nicht mehr nur kalkuliert, sondern täuschend, irreführend kalkuliert? Und Octavio von Anfang an? Und selbst das Schicksal, das «grausam» spielt? Zumindest ist hier schon signalisiert, was Wallenstein, blind an die Loyalität seines Freundes Octavio glaubend, nicht wahrhaben will, bis ihm brutal die Augen geöffnet werden: daß wer spielt, mit einem Gegenspieler zu rechnen hat, der falsch spielt. Spiel impliziert auch insofern Risiko. Genial geradezu, wie der Dramatiker mit den letzten Zeilen des *Lagers* als Auftakt zum Folgenden die Spielmetapher thematisiert: der Chor, nicht irgendein Söldner, singt: «Und setzet ihr nicht das Leben ein, / Nie wird euch das Leben gewonnen sein» (1106–1107).

Noch ist Wallenstein nicht aufgetreten, da wird das Spielermotiv, auf ihn bezogen, bereits angeschlagen, im ersten Aufzug der *Piccolomini*. Max Piccolomini, eine unverdächtige Informationsquelle, beschreibt seinen Feldherrn gegenüber Questenberg, der im Auftrag des Kaisers Wallensteins Eigenmächtigkeiten moniert, als Spielernatur, ohne das Wort Spiel, das später so oft für Wallensteins Verhalten benutzt wird, direkt auszusprechen:

> Jedwedem zieht er seine Kraft hervor,
> Die eigentümliche, und zieht sie groß,
> Läßt jeden ganz das bleiben, was er ist,
> Er wacht nur drüber, daß ers immer sei
> Am rechten Ort; so weiß er aller Menschen
> Vermögen zu dem seinigen zu machen. (428–433)

Worauf Questenberg:

> Wer spricht ihm ab, daß er die Menschen kenne,
> Sie zu gebrauchen wisse! (434–435)

Wallenstein erscheint hier also als der Manipulator, der die Menschen mit aller Delikatesse als Spielfiguren einsetzt in seinem großen Spiel. Und damit ist hier schon zwischen den Zeilen ein Aspekt angedeutet, der das, was für Max menschliche Vollkommenheit hält, in fragwürdigeres Licht setzt: wird Wallenstein wirklich jeden ganz das bleiben lassen, was er ist, statt ihn zu «gebrauchen», statt seine eigene Freiheit, sein eigenes «Vermögen» anzutasten und zu usurpieren? Das wirkt fast wie eine Themaansage, um so mehr, wenn man sich der Warnung vor dem Spiel mit Menschen aus den «Briefen über *Don Karlos*» und den *Briefen über die ästhetische Erziehung* erinnert.

Ein Spiel vom Spiel – und vom Nichtspieler 175

Wie verhält sich das formal Vollkommene des manipulativen Spiels zum Moralischen? Im Licht dieser Frage, das erreicht der Dramatiker durch den Wortwechsel von Questenberg und Max Piccolomini, wird Wallenstein gesehen werden, sobald er auftritt.

Er tritt auf mit seiner Gemahlin, und das Gespräch dreht sich um den neusten Fall, in dem er das Vermögen eines anderen «zu dem seinigen» macht. Die Herzogin ist eben aus Wien zurück, wo sie am kaiserlichen Hof nach Wallensteins «Vorschrift» (639) ein Lügenspiel inszenierte (Wallenstein habe seiner Tochter einen Gatten bestimmt, der ihr vorgestellt werden solle), um auf plausible Weise mit der Tochter Wien verlassen und «zu dieser Winterszeit ins Feld» zu Wallenstein stoßen zu können – damit also der an Verrat denkende Feldherr kein Pfand in Feindeshand zurücklasse. Natürlich *denkt* Wallenstein zu diesem Zeitpunkt nur an Verrat, beschlossene Sache ist es noch nicht. Eben deswegen ist das «Entführungs»-Manöver nur ein Spiel, ein Jonglieren mit Möglichkeiten, Rückendeckung gegen Eventualität, nicht ein Schritt in einem schon zum Ausbruch gekommenen Konflikt. Doch daß das bloß Gedachte, das Gedanken*spiel* mit dem Abfall vom Kaiser, das Risiko der Verwirklichung einschließt, daß also Spiel in Ernst zu changieren und sogar umzuschlagen droht, ist ein Hauptthema in Wallensteins Spiel; und bereits hier, so früh in der Entwicklung der Lage, wird es signalisiert: die Herzogin berichtet von Wiener Gerüchten über eine bevorstehende Absetzung; darauf Wallenstein: «O! sie zwingen mich, sie stoßen / Gewaltsam, wider meinen Willen, mich hinein» (702). Er hätte auch sagen können: wider meinen Ernst – aber nicht: wider mein Spiel, mein Gedankenspiel.

Der Vorwand, den Wallensteins Gemahlin auf sein Geheiß in Wien benutzte, deutet seinerseits auf ein besonderes Moment des Spielens: auf Wallensteins Einsetzen von Menschen in seinem politischen Schachspiel. Denn wenn es auch nicht stimmt, daß Wallenstein seiner Tochter bereits einen Gemahl ausersehen hat, wie er vorgeben ließ, so ist ihm Thekla doch in diesem Sinne, als Heiratsfähige, eine Figur in seinem Brettspiel: auch ihr Vermögen macht er zu dem seinigen. Die nächste Szene, II, 3, thematisiert nichts anderes als Wallensteins Heiratspläne für seine Tochter. Und die wirken, gerade weil sie noch keinen bestimmten Mann betreffen, noch unkonkret sind, um so mehr wie Spiel, wie ein Jonglieren mit Möglichkeiten: Spiel und Kunst im Gegensatz zu Ernst, wie Schiller diesen Gegensatz stets, auch im Prolog bereits, formuliert. Doch ebenso deutlich ist schon hier: ein solches Spiel rechnet ganz selbstverständlich mit der Disponibilität der Spielfigur. Thekla ist für Wallenstein selbstverständlich Mittel zum Zweck; ihr Eigen-Sein wird funktionalisiert in einem Spiel, das um die reale politische Macht Wallensteins geht, nicht etwa um Theklas Glück. Sie wird Objekt in

Wallensteins Ambitionen, kann also *nicht* «ganz das bleiben, was [sie] ist», wie Max versicherte, wird vielmehr als Partiemacherin Symbol des väterlichen Erfolgs und weiterreichenden Ehrgeizes:

> Das holde Kind! Wie fein bemerkt und wie
> Verständig! Sieh, ich zürnte mit dem Schicksal,
> Daß mirs den Sohn versagt, der meines Namens
> Und meines Glückes Erbe könnte sein,
> In einer stolzen Linie von Fürsten
> Mein schnell verlöschtes Dasein weiter leiten.
> Ich tat dem Schicksal unrecht. Hier auf dieses
> Jungfräulich blühende Haupt will ich den Kranz
> Des kriegerischen Lebens niederlegen,
> Nicht für verloren acht ichs, wenn ichs einst,
> In einen königlichen Schmuck verwandelt,
> Um diese schöne Stirne flechten kann. (742–753)

Als später Max um Theklas Hand anhält, wird Wallenstein diesen Gedanken – das Politikmachen mit der Tochter – in aller Kraßheit «ausspielen» (vgl. *Wallensteins Tod*, III, 4). Daß es sich selbst bei der Aussendung Max Piccolominis nach Wien als Begleiter Theklas um ein Spiel gehandelt hat, wird Wallensteins Schwester, die Gräfin Terzky, die selbst in Theklas Verhalten Spiel sieht (1789), später ebenfalls wünschenswert klar machen:

> Errat ich etwa nicht,
> Warum die Tochter hergefodert worden,
> Warum just er gewählt, sie abzuholen?
> Denn dieses vorgespiegelte Verlöbnis
> Mit einem Bräutigam, den niemand kennt,
> Mag andre blenden! Ich durchschaue dich –
> Doch dir geziemt es nicht, in solchem Spiel
> Die Hand zu haben. Nicht doch! Meiner Feinheit
> Bleibt alles überlassen. Wohl! – (1392–1400)

Darauf Terzky:

> Sorg nur, daß du ihm
> Den Kopf recht warm machst, was zu denken gibst –
> Wenn er zu Tisch kommt, daß er sich nicht lange
> Bedenke bei der Unterschrift. (1402–1405)

Thekla durchschaut das Spiel:

> Trau niemand hier als mir. Ich sah es gleich,
> Sie haben einen Zweck.
>
> MAX
>   Zweck! Aber welchen?
> Was hätten sie davon, uns Hoffnungen –

THEKLA
Das weiß ich nicht. Doch glaub mir, es ist nicht
Ihr Ernst, uns zu beglücken, zu verbinden. (1685–1689)

Beim Namen genannt und mit negativem Vorzeichen versehen wird Wallensteins Spielen mit Menschen, auch den vertrautesten, um die persönlich-politische Macht in der fünften Szene des zweiten Aktes der *Piccolomini*, die gipfelt in Terzkys bitterem «So hast du stets dein Spiel mit uns getrieben!» Voraus ging eine Diskussion um den Unterhändler Sesina, der wieder im Lager gesehen worden ist: was habe Wallenstein mit den Schweden im Sinn? Ist es ihm «Ernst» mit seinen «Reden» (819)? Ist Ernst in dem «Spiel» mit den Schweden, wie Terzky es nennt (830)? Die begriffliche Dualität des Prologs (Spiel/Ernst) kehrt wörtlich wieder. Wallensteins Antwort, auch der Schweden Vermögen mache er zu dem seinigen: «Beistehen sollen sie mir in meinen Planen, / Und dennoch nichts dabei zu fischen haben» (843–844), befriedigt Terzky nicht. Von «krummen Wegen» spricht er, «Masken»; «die Freunde zweifeln, werden irr an dir» (847–849). Woran erkenne man Wallensteins «Ernst»? Noch einmal das Schlüsselwort, das das komplementäre «Spiel» herausfordert (855), und wieder mit dem Beiklang «Falschspiel». Wallensteins Antwort nimmt davon nichts zurück:

> Und woher weißt du, daß ich ihn nicht wirklich
> Zum besten habe? Daß ich nicht euch alle
> Zum besten habe? Kennst du mich so gut?
> Ich wüßte nicht, daß ich mein Innerstes
> Dir aufgetan – Der Kaiser, es ist wahr,
> Hat übel mich behandelt! – Wenn ich wollte,
> Ich könnt ihm recht viel Böses dafür tun.
> Es macht mir Freude, meine Macht zu kennen;
> Ob ich sie wirklich brauchen werde, *davon*, denk ich,
> Weißt du nicht mehr zu sagen als ein andrer. (861–870)

Worauf Terzky: «So hast du stets dein Spiel mit uns getrieben!»
Spiel ist bisher also ins Gespräch gebracht als Charakterzug Wallensteins, als der dominierende Zug sicherlich, der den Feldherrn zu dem Rätsel macht, das er nicht nur für seine Umwelt ist, sondern auch für die Deuter bis heute.[11] Nicht der Zögerer, der pathologisch Unentschiedene ist er. Es macht ihm vielmehr Freude, seine Macht zu kennen. Das modifiziert offensichtlich die existentialistische Wallenstein-Deutung: Wallenstein wolle in der Zeitlichkeit über die Zeit hinaus, die Zeit aufhalten in der Geschichte.[12] Was Wallenstein reizt, ist das Mögliche im Gegensatz zum Diktat der ge-

---

11 Vgl. Walter Hinderer in *Schillers Dramen*, S. 202–279.
12 Vgl. Anm. 10 zu Seidlin. Kritik an Seidlin auch bei Borchmeyer, S. 271–272.

schichtlich-politischen Notwendigkeit. Als «Denkspieler» (Georg Kaiser hat man so genannt) bewahrt er sich seine Freiheit gegenüber dem «Notzwang der Begebenheiten», der ihm ein ständiges Trauma ist. «*Wenn* ich wollte ...» Er denkt in Möglichkeiten wie ein Künstler, der (Lessing kommt in den Sinn) «Möglichkeiten dichtet».[13] Das ist mehr und anderes als «ästhetische Existenz», die sich effektiv selbst zum Kunstwerk macht. Es ist eher das Prinzip des Kreativen, das Wallenstein belebt und bestimmt, frei und doch gebunden an die eigenen Möglichkeitsvorstellungen. Aber Schiller betont bei aller Sympathie, die er von Haus aus mit diesem Daseinsmodus haben muß, das Problematische wie schon in *Fiesko*: für Wallenstein hat in diesem Spiel das Mitmenschlich-Humane, das Eigenrecht des anderen Ich, das in Empfindsamkeit und Klassik nicht zuletzt durch Schillers Dramatik zum überragenden Wert wird, keinen Eigenwert, den er respektierte.

Eine weitere negative Akzentuierung, oder humane Besorgnis des Autors, folgt auf dem Fuße. Der kreative Spieler ist blind für das Spiel der anderen. Während Wallenstein sich selbst, seine Freiheit bewahrend, nie festlegt in bezug auf andere (symbolisch: nie etwas Schriftliches von sich gibt), ist es ihm unvorstellbar, daß andere handeln könnten wie er. Das Falschspiel, das Maskenspiel des anderen nimmt er nicht wahr, so wie er sein eigenes Falschspielen – bisher – auch nur als Möglichkeit nimmt, als Option in seinem Spiel, nicht, noch nicht, als wirkliches Verhalten. Terzky warnt Wallenstein vor Octavio, «dem Fuchs», dem nicht zu trauen sei, der also ein Gegen-Spiel betreibe (885). Der Zuschauer weiß bereits seit dem ersten Akt, daß Terzky nicht unrecht hat. Wallenstein jedoch bleibt unerschütterlich im Vertrauen auf den Freund. Dieses Vertrauen gründet auf der Kenntnis der Sterne: «Ich hab sein Horoskop gestellt, / Wir sind geboren unter gleichen Sternen» (888–889).

Damit kommt ein neues Moment ins Spiel. Wallensteins Sternenglaube, über den viel Widersprüchliches geschrieben worden ist, ist unter dem Gesichtspunkt des Spielers Wallenstein relativ einfach lediglich das, was schon Körner darin gesehen hatte: Nicht nur mit Menschen und Konstellationen von Interressengruppen kalkuliert Wallenstein, «alles berechnend», sondern auch mit den Sternen. Die Sterne werden in sein Spiel einbezogen. Das ist das Thema eben dieser Szene, der sechsten des zweiten *Piccolomini*-Aktes. Was einerseits wie Glaubensmystik wirkt («Doch, was geheimnisvoll bedeutend webt / Und bildet in den Tiefen der Natur, – » [976–977]), ist andererseits auch Berechnung («Da tut es not, die Saatzeit zu erkunden, /

---

13 Lessing, *Sämtliche Schriften*, hg. v. Karl Lachmann, 3. Aufl. bes. v. Franz Muncker, I, Stuttgart 1886, S. 247.

Ein Spiel vom Spiel – und vom Nichtspieler

Die rechte Sternenstunde auszulesen» [993-994]). Und wie mit Menschen fehlkalkuliert werden kann und wird, so auch mit den Gestirnen, die Wallenstein in den falschen Glauben wiegen, Octavio sei ihm unwiderruflich treu. Die Sterne sind ein Faktor in Wallensteins Spiel, aber einer, der nicht mit sich spielen läßt, vielleicht seinerseits falsch spielt. Das erkennt Wallenstein hier noch längst nicht: das Wort vom grausamen Spiel des «Glücks mit mir» fällt erst viel später. Doch der Zuschauer sieht es bereits ebenso deutlich kommen wie Terzky. Damit gibt sich eine Ironie des Wallensteinschen Spiels zu erkennen, die vorbedeutend ist: das Paradox, daß er seinen kreativen, selbstherrlichen Freiheitstrieb und Spieltrieb an die Sterne bindet, macht ihn unfrei im Akt der vermeintlichen Betätigung seiner Freiheit, nämlich wenn er die Sterne *berechnet, um* ihrem Diktat zu entgehen. Anders gesagt: indem er die Sterne als Posten in seine Rechnung stellt, die sein Spiel erfordert, verrechnet er sich – in Octavio vor allem, den das Horoskop, die Sternenkonstellation also, zum Getreuen erklärte. Sich als Spieler schicksallos glaubend, wird Wallenstein, so ist schon hier zu ahnen, Opfer des Schicksals. (Schicksal ist der Ausdruck, der öfters fällt zur Bezeichnung einer letzten Instanz, die sich freilich der irdischen Gegenspieler Wallensteins bedient; Octavio: «Wir haben auch gehandelt. / Er faßt sein bös geheimnisvolles Schicksal» [*Picc.*, 2473-2474]; Buttler: «Bis hieher, Friedland, und nicht weiter! sagt / Die Schicksalsgöttin» [*Tod*, 2433-2434].)

Weiter geht Wallensteins Spiel in der anschließenden Szene mit Questenberg. Und hier wird in aller Kraßheit deutlich, daß sich Spiel und Falschspiel nicht mehr trennen lassen. Wallenstein, der noch kurz zuvor von einem seiner Generale gehört hat, er wähle «krumme Wege», wirft diese nun dem Abgesandten des Kaisers vor, der ihn zur Botmäßigkeit zurückführen soll:

> Macht mich erst schwächer, dann entbehrlich, bis
> Man kürzeren Prozeß kann mit mir machen.
> – Wozu die krummen Wege, Herr Minister?
> Gerad heraus! Den Kaiser drückt das Paktum
> Mit mir. Er möchte gerne, daß ich ginge.
> Ich will ihm den Gefallen tun, das war
> Beschloßne Sache, Herr, noch eh Sie kamen. (1254-1260)

Das ist eine unverfrorene Lüge; der Zuschauer weiß, daß Wallenstein durch den Auftrag an Illo, die Loyalitätserklärung der Generale notfalls auch auf krummen Wegen zu besorgen (908-909), alles andere im Sinn hat als Abdankung, Amtsniederlegung. Wallensteins Erklärung ist Falschheit, aber vor allem auch Spiel und Verstellung im Gegensatz zu Ernst: kreative Freiheitsbekundung im Gegensatz zu Gehorsam gegenüber dem «Notzwang der Begebenheiten». Denn allzu offensichtlich ist ja, daß Wallenstein diese

Erklärung als Trick benutzt, sich der Ergebenheit seiner Generale um so fester zu versichern. Später in den *Piccolomini* wird Octavio es seinem Sohn, ohne ein Blatt vor den Mund zu nehmen, sagen:

> So wisse denn! Man hintergeht dich – spielt
> Aufs schändlichste mit dir und mit uns allen.
> Der Herzog stellt sich an, als wollt er die
> Armee verlassen; und in dieser Stunde
> Wirds eingeleitet, die Armee dem Kaiser
> – Zu stehlen und dem Feinde zuzuführen! (2314–2319)

Wallensteins Falschspiel also, seine Verstellung, soll Illos Betrugsmanöver zum endgültigen Erfolg führen. Gewiß weiß Wallenstein nichts von den Einzelheiten von Illos Plan mit den Unterschriften, von Illos «Gaukelkunst» (1320) und Falschspiel mit dem «unterschobnen Blatt». Doch dürfte er den dunklen Ehrenmann gut genug kennen, um nicht genauer nachzufragen. Und natürlich hat Wallenstein den Effekt *seines* Parts in diesem Spiel richtig kalkuliert: «Es entsteht [bei seiner Erklärung, abdanken zu wollen] eine Bewegung unter den Generalen, welche immer mehr zunimmt.» Illos Metaphorik («karten») macht hinreichend deutlich, daß das ganze Unternehmen ein Spiel, und zwar ein falsches ist:

> Ich denk es schon zu karten, daß der Fürst
> Sie willig finden – willig *glauben* soll
> Zu jedem Wagstück. Die Gelegenheit
> Soll ihn verführen. Ist der große Schritt
> Nur erst getan, den sie zu Wien ihm nicht verzeihn,
> So wird der Notzwang der Begebenheiten
> Ihn weiter schon und weiter führen, nur
> Die Wahl ists, was ihm schwer wird; drängt die Not,
> Dann kommt ihm seine Stärke, seine Klarheit. (1362–1370)

Damit wird selbst Illo, der Getreue, Wallensteins Gegenspieler, der Wallenstein zur Spielfigur macht. Wenn Wallenstein den Gegenspieler in Octavio nicht sehen *kann*, so *will* er ihn nicht sehen im eigenen Lager. So oder so wird auf solche Weise «Spiel», schon vom Sprachlichen her, die alles übergreifende Metapher für das Geschehen, das in der Trilogie seinen Fortgang nimmt. Vor allem wird in Illos Worten auch das später von Wallenstein selbst wieder aufgegriffene Moment betont, daß Spiel und Ernst unmerklich ineinander übergehen, Gedankenspiel sich unversehens in harte Realität verwandeln kann. Wallensteins «Müßt ichs vollenden, weil ichs nur gedacht» ist hier bereits präludiert. Das verleiht nicht nur der Hauptgestalt, sondern auch dem Drama als Gesamt eine bemerkenswerte Geschlossenheit.

Das Gegenspiel seinerseits profiliert sich ebenfalls bereits in den *Piccolomini*. Wie *en passant* schon angedeutet, enthüllt sich die Gegenseite als

Ein Spiel vom Spiel – und vom Nichtspieler 181

das, was sie ist, nämlich als die dem Spieler als Spieler ebenbürtige und schließlich überlegene Partei, besonders markant in der Konfrontation Max Piccolominis mit seinem Vater in V, 1. Octavios Falsch- und Maskenspiel wird schonungslos aufgedeckt («Du wärst / So falsch gewesen?» [2438–2439]). Octavio hintergeht den Freund, den Kameraden, bereit, den, wie er weiß, insgeheim bereits Geächteten im geeigneten Moment wenn nicht ans Messer zu liefern, so doch der kaiserlichen Justiz zu überführen. Dieses Verhalten wird eindeutig als das des Spielers gekennzeichnet oder gebrandmarkt, denn hier herrscht nur noch die negative Konnotation. Max:

> Wenn du geglaubt, ich werde eine Rolle
> In deinem Spiele spielen, hast du dich
> In mir verrechnet. Mein Weg muß gerad sein.
> Ich kann nicht wahr sein mit der Zunge, mit
> Dem Herzen falsch – (2601–2605)

Spiel als Falschspiel statt Spiel, nicht als Kunst, sondern als «Staatskunst» (2631). Und wieder die Betonung des fließenden Übergangs von Spiel und Ernst: «Ja, ihr könntet ihn, / Weil ihr ihn schuldig *wollt*, noch schuldig *machen*» (2634–2635). Selbst die geheime Beziehung der Gegenspieler zum Spiel der Fortuna, deren Agenten sie im «Spiel des Lebens» (1566) unwissentlich sind, wird in der Rede Max Piccolominis noch einmal leicht, wie bisher auch, berührt. Max zu seinem Vater: Wallenstein werde, wenn er von Octavio und den Kaiserlichen überspielt werde, «uns alle, die wir an sein Glück / Befestigt sind, in seinen Fall hinabziehn» (2645–2646). Der Satz ruft die kurz zuvor gefallenen Worte Buttlers in Erinnerung:

> Ich kam, ein schlechter Reitersbursch, aus Irland
> Nach Prag mit einem Herrn, den ich begrub.
> Vom niedern Dienst im Stalle stieg ich auf,
> Durch Kriegsgeschick, zu dieser Würd und Höhe,
> Das Spielzeug eines grillenhaften Glücks.
> Auch Wallenstein ist der Fortuna Kind,
> Ich liebe einen Weg, der meinem gleicht. (2006–2012)

Mit den Worten des jungen Piccolomini von der Fortuna («Glück») klingen *Die Piccolomini* aus. Die Motive, in die sich das Thema «Spiel» prismatisch zerlegt, sind sämtlich angeschlagen: Spiel als philosophische «Idee» und Spiel mit Menschen in der realpolitischen Arena, Spiel und Falschspiel, der mögliche Umschlag des Spiels in Ernst (unverbindlich freies Gedankenspiel als *de facto* Handeln), Spiel und Gegenspiel, Fortuna als verkappter ultimativer Gegenspieler. In den *Piccolomini* schweben diese Spiel-Motive noch unentschieden zwischen ihrem Entweder-Oder. In *Wallensteins Tod* fällt die Entscheidung; doch das Spiel, das Spielen geht weiter; es wird nun jedoch unwiderruflich transponiert in die Dimension des Geschichtlich-Realen und zugleich in die des Übernatürlich-Schicksalhaften.

3.

Aus Spiel wird Ernst, aus Freiheit Unfreiheit. Das ist das erregende Moment, mit dem der Schlußteil der Trilogie einsetzt und das sie bis zu ihrem Ende bestimmen wird. Mit vollendeter dramatischer Ironie erreicht Wallenstein gerade in dem Moment, als er in seinem Observatorium die rechte Sternenstunde ausgeklügelt zu haben glaubt («Jetzt muß / Gehandelt werden» [32–33]), die Nachricht, die die Gegenspieler bereits am Ende der *Piccolomini* (V, 2) erhalten haben: der Unterhändler Sesina, mit Wallensteinischen Depeschen auf dem Weg ins schwedische Feldlager, ist den Kaiserlichen in die Hände gefallen (40–41). Jetzt gibt es für Wallenstein kein Zurück mehr, so sehr er sich gegen diese Einsicht sträubt – als Spieler sträuben muß. Als Spieler, dem Wort und der Sache nach, monologisiert er über die unverhoffte Situation:

In heftiger Bewegung auf und ab gehend

Wie? Sollt ichs nun im Ernst erfüllen müssen,
Weil ich zu frei gescherzt mit dem Gedanken?
Verflucht, wer mit dem Teufel spielt! (112–114)

Illos Kommentar «Wenns nur dein Spiel gewesen, glaube mir, / Du wirsts in schwerem Ernste büßen müssen» (115–116) gibt Wallenstein das Stichwort zu dem «Achsenmonolog», der auch vom Gesichtspunkt des Spiels vom Spiel den Kern der Dreidramenreihe bildet.[14] In aller Deutlichkeit wird hier jenseits allen Abwägens von Schuld und Unschuld, Moral und Unmoral, das Lebensgesetz des Spielers Wallenstein ausgesprochen: die unheimliche Verquickung von Möglichkeit und Wirklichkeit, Freiheit des Gedankenspiels als kaschierter Sachzwang, das Nicht-Handeln des Spielers als Handeln, das nun seine Folgen hat, der immer drohende Umschlag von Spiel in Ernst:

Wärs möglich? Könnt ich nicht mehr, wie ich wollte?
Nicht mehr zurück, wie mirs beliebt? Ich müßte
Die Tat *vollbringen*, weil ich sie *gedacht*,
Nicht die Versuchung von mir wies – das Herz
Genährt mit diesem Traum, auf ungewisse
Erfüllung hin die Mittel mir gespart,
Die Wege bloß mir offen hab gehalten? –

---

14 Vgl. Borchmeyer (s. Anm. 10).

Beim großen Gott des Himmels! Es war nicht
Mein Ernst, beschloßne Sache war es nie.
In dem Gedanken bloß gefiel ich mir;
Die Freiheit reizte mich und das Vermögen.
Wars unrecht, an dem Gaukelbilde mich
Der königlichen Hoffnung zu ergötzen?
Blieb in der Brust mir nicht der Wille frei,
Und sah ich nicht den guten Weg zur Seite,
Der mir die Rückkehr offen stets bewahrte?
Wohin denn seh ich plötzlich mich geführt?
Bahnlos liegts hinter mir, und eine Mauer
Aus meinen eignen Werken baut sich auf,
Die mir die Umkehr türmend hemmt! –

Er bleibt tiefsinnig stehen

Strafbar erschein ich, und ich kann die Schuld,
Wie ichs versuchen mag! nicht von mir wälzen;
Denn mich verklagt der Doppelsinn des Lebens,
Und – selbst der frommen Quelle reine Tat
Wird der Verdacht, schlimmdeutend, mir vergiften.
War ich, wofür ich gelte, der Verräter,
Ich hätte mir den guten Schein gespart,
Die Hülle hätt ich dicht um mich gezogen,
Dem Unmut Stimme nie geliehn. Der Unschuld,
Des unverführten Willens mir bewußt,
Gab ich der Laune Raum, der Leidenschaft –
Kühn war das Wort, weil es die Tat nicht war.
Jetzt werden sie, was planlos ist geschehn,
Weitsehend, planvoll mir zusammen knüpfen,
Und was der Zorn, und was der frohe Mut
Mich sprechen ließ im Überfluß des Herzens,
Zu künstlichem Gewebe mir vereinen,
Und eine Klage furchtbar draus bereiten,
Dagegen ich verstummen muß. So hab ich
Mit eignem Netz verderblich mich umstrickt,
Und nur Gewalttat kann es reißend lösen. (139–179)

Nicht nur das: auch die zweite grundsätzliche Veränderung, in deren Zeichen die Handlung und der Protagonist mit dem Beginn von *Wallensteins Tod* stehen, wird in diesem Monolog bereits ausgesprochen: der wahre Widersacher ist das unberechenbare «Geschick», die Fortuna. Und zwar so: Wallensteins erste, instinkthafte Reaktion auf die Gefangennahme Sesinas, die ihm, dem alles Berechnenden, einen Strich durch die Rechnung macht, war – in seinem «zu astrologischen Arbeiten eingerichteten» Zimmer, in dem der ganze erste Akt spielt –: «Es kam zu schnell – / Ich bin es nicht gewöhnt, daß mich der Zufall / Blind waltend, finster herrschend mit sich führe» (135–137). Mit dem Zufall ist der Spieler auf Du und Du vertraut, er sucht ihn zu lenken, glaubt, wie Wallenstein nur Minuten zuvor, sich ihm überlegen zu erweisen;[15] die ganze religiöse Hybris von Wallensteins Sternenglauben, seinem Glauben an die eigene Schicksallosigkeit gibt sich hier zu erkennen. Und Wallenstein selbst dürfte sie erkennen, wenn er in seinem großen Monolog nach einer Pause, «wiederum [«tiefsinnig»] stehend», fortfährt mit Worten, die das Geschick benennen als das Inkalkulable, von dem er später sagen wird, daß es grausam mit ihm spiele: Unfreiheit statt prätendierter Freiheit auch hier:

>Wie anders! da des Mutes freier Trieb
>Zur kühnen Tat mich zog, die rauh gebietend
>Die Not jetzt, die Erhaltung von mir heischt.
>Ernst ist der Anblick der Notwendigkeit.
>Nicht ohne Schauder greift des Menschen Hand
>In des Geschicks geheimnisvolle Urne.
>In meiner Brust war meine Tat noch mein:
>Einmal entlassen aus dem sichern Winkel
>Des Herzens, ihrem mütterlichen Boden,
>Hinausgegeben in des Lebens Fremde,
>Gehört sie jenen tückschen Mächten an,
>Die keines Menschen Kunst vertraulich macht. (180–191)

Der Glaube des Spielers an die eigene Schicksallosigkeit schlägt um in die Gewißheit der Schicksalsunterworfenheit, vor der er sich sein Leben lang gefürchtet hat in seinem Bestreben, sich die Freiheit des Spiels zu bewahren. Die Astrologie war ihm kein «*eitles* Spiel» mit den «sieben Herrschern des Geschicks» (637–638), aber ein Spiel denn doch. Hier zeigt sich in aller Deutlichkeit, was es mit der Spielernatur Wallensteins auf sich hat. Nicht so sehr geht es ihm um die Aufhebung der Zeit in der Zeit (Seidlin), nicht so sehr um die Strategie der Gewinnung der Freiheit im Sinne der politischen Oberhand, nicht so sehr um ästhetische Existenz in der geschichtlichen Welt (Borchmeyer), nicht so sehr um Bewahrung des Moralischen in dem von der Welt als unmoralisch perzipierten Handeln. Vielmehr geht es um die Erfüllung seines erwähnten souverän kreativen Lebensstils: um die Selbstüberhebung über der Menschheit Schranken zum Rang des Übermenschen mit der «kühn umgreifenden Gemütsart» (594–595) des Schicksallosen, des über die «Nichtigkeit» alles Irdischen Erhobenen, der in seinem Spiel alles selbst vollendet, der, anders als der Mensch im Hier und Jetzt, unsterblich ist (531–537) – oder doch dies glaubt.

Spiel – so nennt es Wallenstein selbst in diesem entscheidenden Moment. Zu dem schwedischen Obersten und Bevollmächtigten Wrangel, der, seinerseits «die Maske fallen» lassend, ganz zu Recht (390–394) «falsches Spiel» argwöhnt (330, 339), bemerkt er nicht zufällig:

---

15 Vgl. Guthke, «Der Philosoph im Spielkasino» in K.S.G., *Das Abenteuer der Literatur*, Bern 1981, S. 94–122.

Der Kanzler, merk ich, traut mir noch nicht recht.
Ja, ich gestehs – Es liegt das Spiel nicht ganz
Zu meinem Vorteil – (258–260)

Als dieses Spiel sich am Ende des ersten Akts von *Wallensteins Tod* in Ernst verwandelt, werden die *beiden* gegenüber den *Piccolomini* neuen Aspekte des Spiels noch einmal – wie eine Programmansage – in den Vordergrund gerückt. Aus «Traum», aus «Entwürfen», wie es die Gräfin Terzky nennt, die ebenfalls auf Wallensteins Zumbestenhaben (der Schweden) als das bereits erprobte Synonym seines Gedanken-Spielens zurückkommt, wird endlich «Wahrheit» mit Wallensteins befreiendem «Geschehe denn, was muß».[16] Aus Spiel wird realpolitischer Ernst. Und eine Seite dieses Ernstes ist, daß das Schicksal, als unberechenbare Macht, jetzt als der wahre Gegenspieler hervortritt, selbst in Wallensteins Bewußtsein: «Denn eifersüchtig sind des Schicksals Mächte» (660).

Unter diesen beiden neuen Vorzeichen steht alles weitere: Spiel im Handeln statt in Gedanken, Spiel gegen das Schicksal, das sich der Kaiserlichen als Spielfiguren gegen Wallenstein bedient. Die Vokabel «Spiel» bleibt dabei nach wie vor geläufig. Wallenstein hört ebensowenig auf zu spielen wie seine Gegner. Nur geht das Spiel auf beiden Seiten nun nicht allein um Konkretes, um Macht und Besitz; es ist nun auch nur noch und ganz bewußt Falschspiel, Lügenspiel. Zug um Zug läuft es unvermeidlich dem Ziel entgegen, wo Wallenstein ausgespielt hat.

Wallenstein selbst bringt diesen Unterschied von bisherigem und jetzigem Spiel in der Unterredung mit Max zur Sprache:

Sanft wiegte dich bis heute dein Geschick,
Du konntest spielend deine Pflichten üben,
Jedwedem schönen Trieb Genüge tun,
Mit ungeteiltem Herzen immer handeln.
So kanns nicht ferner bleiben. (719–723)

Solange Spiel sich auf die geistigen Möglichkeiten beschränkt, nicht in die Wirklichkeit hinübertritt, darf es den *Briefen über die ästhetische Erziehung* entsprechend mit dem Schönen assoziiert werden. Damit ist es nun für Wallenstein vorbei.[17] Und die Gegenspieler, weiß er, sind die «*falschen* Mächte, / Die unterm Tage schlimmgeartet hausen» (805–806). Die Ironie will es natürlich, daß er solche Falschheit dem durch sein Horoskop verbürgten Octavio immer noch nicht zutraut (863–947), bis er eines Schlimmeren belehrt ist (1670–1687). Auch als Metapher des Schicksals traut er den Sternen noch

---

16 456, 459, 654, 701; vgl. *Picc.*, 861–862.
17 Zu Max vgl. die unter diesem Gesichtspunkt aufschlußreichen Bemerkungen von Seidlin (s. o. Anm. 10). Vgl. auch unten S. 191.

keine Falschheit zu: daß «die ganze Sternkunst Lüge» sei, will ihm selbst nach dem «Zufall» der Gefangennahme Sesinas zum Zeitpunkt opportuner planetarischer Konstellation nicht in den Kopf (893; vgl. 1668). «Es gibt keinen Zufall» (943).

Kurz darauf spricht Octavio von der geheimen Aktion der Kaiserlichen gegen Wallenstein: «Das Spiel ist groß, / Und besser, zu viel Vorsicht, als zu wenig» (971–972): die Gegenpartei als Gegen-*Spiel*. Es ist erstaunlich, wie konsequent Schiller auch die Gegenseite mit der Vokabel bezeichnet, die am prominentesten zur Kennzeichnung von Wallensteins Verhalten verwendet wird. In den *Piccolomini* nannte Max die Machenschaften seines Vaters bereits ein «Spiel» (2602). Wallenstein erkennt in Isolani, der von ihm abfällt, den Spieler: «Er folgt dem Gott, dem er sein Leben lang / Am Spieltisch hat gedient» (*Tod*, 1623–1624). Falsch spielt nicht nur Buttler in den drei letzten Aufzügen, selbst Wallensteins Jugendfreund Gordon spielt falsch, indem er Wallenstein nicht vor Buttlers Falschspiel warnt, obwohl sein Herz «anders schlägt in meiner Brust» (2739) – pointiert noch kurz vor dem Ende, als Wallenstein ihn anblickt bei den Worten: «Alles müßt mich trügen, oder ein / Gesicht wie dies ist keines Heuchlers Larve» (3527–28). In den Szenen um Buttler in *Wallensteins Tod* wird überdies deutlich, daß sich das Gegenspiel ganz wörtlich als Antwort auf Wallensteins Spiel versteht. Octavio gewinnt Buttler für die anti-Wallensteinische Partei, indem er ihm einen Brief zeigt, der Buttler überzeugt, Wallenstein habe dessen Bemühung um den Grafentitel gegenteiliger Versicherung zum Trotz bei Hofe hintertrieben. Ob dies stimmt oder von Octavio ad hoc erfunden ist,[18] mag hier nicht erörtert werden. Entscheidend bleibt, daß sowohl Octavio wie auch Buttler das Verhalten als Spiel des großen Intriganten sehen: der habe Buttler für seine Seite gewinnen wollen, Buttlers «Vermögen zu dem seinigen zu machen» versucht in Parodie des von Max Gemeinten (*Picc.*, 433): «Zum blinden Werkzeug wollt er Euch, zum Mittel / Verworfner Zwecke Euch verächtlich brauchen» (1151–1152). Mit andern Worten: «Man hat mit Euch ein schändlich Spiel getrieben» (1139); es war «Willkür übermütig spielend» (1123). Spiel motiviert Gegenspiel: Buttler wird ein Falschspiel, ein Lügenspiel vom «treuen Herzen» (1709) inszenieren, an dessen Ende er Wallenstein, der die Verstellung nicht im geringsten ahnt, zur Strecke bringt, ganz wörtlich überspielt (vgl. *Tod*, III, 10). Die Spielmetapher ist seine eigene:

---

18 Dazu Walter Silz, «The Character and Function of Buttler in Schillers *Wallenstein*», *Studies in Germanic Languages and Literatures in Memory of Fred O. Nolte*, St. Louis 1963, S. 77–91. Silz gelangt zu einem Freispruch Wallensteins. Zur Bedeutung des Motivs vgl. Eugene Moutoux, «The Betrayal of Friendship in Schiller's *Wallenstein* and in History», *Colloquia Germanica*, XV (1982), 209–224.

Ein Spiel vom Spiel – und vom Nichtspieler 187

> Ein großer Rechenkünstler war der Fürst
> Von jeher, alles wußt er zu berechnen,
> Die Menschen wußt er, gleich des Brettspiels Steinen,
> Nach seinem Zweck zu setzen und zu schieben,
> Nicht Anstand nahm er, andrer Ehr und Würde
> Und guten Ruf zu würfeln und zu spielen.
> Gerechnet hat er fort und fort und endlich
> Wird doch der Kalkul irrig sein, er wird
> Sein Leben selbst hinein gerechnet haben,
> Wie jener dort [Archimedes] in seinem Zirkel fallen. (2853–2862)

Falschspiel gegen (hier so dargestelltes) Falschspiel. Sobald Gedankenspiel real wird, wird es Falschspiel. Max spricht es aus, zu seinem Vater:

> Warum so heimlich, hinterlistig laurend,
> Gleich einem Dieb und Diebeshelfer schleichen?
> Unselge Falschheit! Mutter alles Bösen!
> [...]
> Der Herzog hat mich hintergangen, schrecklich,
> Du aber hast viel besser nicht gehandelt.
> [...]
> Betrug ist überall und Heuchelschein,
> Und Mord und Gift und Meineid und Verrat[.] (1198–1219)

Gleichgültig, ob es sich im Falle Buttlers um ein tatsächliches Intrigenspiel Wallensteins gehandelt hat oder nur um ein von Octavio perfid unterstelltes: passen würde es zu Wallensteins Spielen mit Menschen, die er zu Mittel und Werkzeug seiner Pläne funktionalisiert. Kaum hat er die Bühne wieder betreten, exerziert er dieses Falschspiel, und zwar gleich doppelt:

> Die Prager Truppen wissen es nicht anders,
> Als daß die Pilsner Völker uns gehuldigt,
> Und hier in Pilsen sollen sie uns schwören,
> Weil man zu Prag das Beispiel hat gegeben. (1436–1439)

Selbst seine Tochter ist ihm eine Spielfigur, wie sich bereits in den *Piccolomini* abzeichnete: ein Objekt auch sie, der er keineswegs, wie Max gegenüber Questenberg gelobt hatte, ihre Individualität läßt. Nicht einem bloßen Piccolomini will er sie geben, sondern mit ihrer ehelichen Verbindung den eigenen Erfolg krönen. Die Metaphorik spricht Bände:

> Nein, sie ist mir ein langgespartes Kleinod,
> Die höchste, letzte Münze meines Schatzes,
> Nicht niedriger fürwahr gedenk ich sie
> Als um ein Königszepter loszuschlagen – (1531–1534)

«Alles! setz ich dran», dies zu erreichen: die Sprache adumbriert wieder die Terminologie des Spiels (1524).

Spiel, krasses Falschspiel ist später auch die Maskerade mit den Pappenheimern, in der Wallenstein dem Gefreiten weismachen möchte, er *spiele* nur mit den Schweden («So treibst dus mit dem Schweden nur zum Schein»

[1969]): Spiel als Motiv im Spiel, das er eben jetzt mit den Pappenheimern spielt. Und spielt Wallenstein nicht auch mit dem Bürgermeister, nämlich um seine Loyalität, und zwar wieder falsch mit dem eben an den Pappenheimern demonstrierten Trick-Gebaren des manipulierenden Politikers: «Wie hoch seid ihr / Besteuert? [...] / Ihr sollt erleichtert werden. [...] / Hört – aber sagts nicht weiter, was ich Euch / Jetzt im Vertraun eröffne» (2588–2604). Die Utopie der neuen Ordnung als bare Münze oder «Wahlversprechen»? Oder glaubt der Schauspieler an seine eigenen Worte?

Soweit die eine Wendung von *Wallensteins Tod* gegenüber den *Piccolomini*: Spiel wird politisch real und Falschspiel, das das Gegenspiel herausfordert. Zweitens enthüllt sich nun das wahre Gegenspiel als das Schicksal, dessen Marionetten die Gegenspieler in der politischen Arena sind. «Schicksal» wird in *Wallensteins Tod* eine prominente, vielsagende Vokabel, und zwar konsequent als Hypostase des Gegenspiels. Am Ende der ersten Akts, als Wallenstein, der Notwendigkeit gehorchend, das Gedankenspiel Wirklichkeit werden läßt, beruft er nicht zufällig «des Schicksals Mächte» und ihre «Eifersucht» (660):

Voreilig Jauchzen greift in ihre Rechte.
Den Samen legen wir in ihre Hände,
Ob Glück, ob Unglück aufgeht, lehrt das Ende. (661–663)

Der glaubte schicksallos zu sein in der Ausübung seines Spiels, hinausgehoben kraft mystischer Gotteskindschaft («heitres Joviskind») über alles Maß des Menschlichen, sieht sich nun als potentielles Opfer des höchsten Waltenden. Das Schicksal tue «noch zu wenig», schrieb Schiller am 28. November 1796 an Goethe über die tragische Ökonomie des *Wallenstein* (XXIX,15). Hier ist er schon auf dem besten Wege, «die größre Hälfte seiner Schuld / Den unglückseligen Gestirnen» zuzuwälzen («Prolog», 109–110). Genauer ist nicht bloß ein nondeskriptes Schicksal Wallensteins Gegenspieler, sondern ein *spielendes Schicksal*, wie es die dominante Handlungsmetapher erfordert. Wallenstein, der Spieler, wird seinerseits gespielt im «Spiel des Schicksals» – so der Titel von Schillers Erzählung von 1788. Das Schicksal spielt, indem es die Gegenspieler des Protagonisten für sich spielen, für sich falschspielen läßt, indem es ihr Spiel lenkt.

Zu ahnen war das schon am Ende der *Piccolomini*, aber nicht mehr. Buttler bezeichnete dort nicht nur sich selbst, sondern auch Wallenstein als «das Spielzeug eines grillenhaften Glücks» und «der Fortuna Kind» (2010–2011). Doch an dieser Stelle ging es um Buttler, nicht um Wallenstein. Wie sehr Buttlers Wort jedoch prophetisch für Wallenstein ist, enthüllt sich im fünften Akt im Gespräch Octavios mit seinem Sohn. Wallenstein spiele «aufs schändlichste» mit Max, beschwört ihn Octavio (2314–2315). Max wirft Octavio sein Gegen-«Spiel» vor (2602); dieses Spiel aber deutet Octavio seinerseits als Spiel des Schicksals, wenn er sagt: «Wir haben auch gehandelt. / Er faßt sein bös geheimnisvolles Schicksal» (2473–2474).

Das läßt aufhorchen. Zur Gewißheit wird die Spielernatur des Schicksals, ja: die Falschspielernatur des Schicksals in *Wallensteins Tod*. Hier ist noch einmal auf die Pappenheimer-Szene zurückzukommen. Deren Peripetie wurde herbeigeführt, indem Buttler auf die Bühne stürzte («in Eifer») und mitten hinein in Wallensteins falschspielende Beteuerung seiner Loyalität gegenüber dem Kaiser verkündete: daß die Terzkyschen Regimenter den kaiserlichen Adler von den Fahnen reißen und Wallensteins «Zeichen aufpflanzen» (*Tod*, 1994–1996). Daraufhin befiehlt der Gefreite den Kürassieren sein «Rechts um!», mit dem Wallenstein das Spiel um deren Loyalität verliert. Es ist gleichgültig, auch unerfindlich, ob Buttler, insgeheim bereits auf kaiserlicher Seite, hier absichtlich oder nichtsahnend den Spielverderber macht. Vielsagend ist nur Wallensteins Reaktion: «Buttler! Buttler! / Ihr seid mein böser Dämon, warum mußtet Ihrs / In ihrem Beisein melden!» (2002–2004). Und dann folgt die Signalisierung der neuen Dimension des Spiels: «O grausam spielt das Glück / Mit mir!» (2007–2008). Und zwar spielt auch das Schicksal, wie Wallenstein und seine kaiserlichen Gegner, falsch. Denn nur wenige Szenen zuvor, als Wallenstein soeben vom Falschspiel Octavios erfahren hat, begrüßte er den ebenfalls bereits auf die Gegenseite übergegangenen Buttler mit:

> Ich bin
> Noch immer reich an Freunden, bin ich nicht?
> Das Schicksal liebt mich noch, denn eben jetzt,
> Da es des Heuchlers Tücke mir entlarvt,
> Hat es ein treues Herz mir zugesendet. (1705–1709)

Das Schicksal bedient sich – ironisch geradezu an dieser Stelle – der falschspielenden Gegenspieler, spielt als ultimativer Gegner selbst falsch. In diesem Licht nimmt sich dann auch das, was Wallenstein zunächst für «Zufall» hielt, die Gefangennahme Sesinas, als «tückisches» Agieren des Schicksals gegen ihn aus.

Konsequent wird Buttler, der falsche Gegenspieler, der, Freundlichkeit bekundend, nur die Gelegenheit abwartet, Wallenstein zu ermorden, mit Wallensteins (feindlichem) «Schicksal» assoziiert, ja identifiziert. «Bis hieher, Friedland, und nicht weiter! sagt / Die Schicksalsgöttin», wurde schon zitiert (2433–2434). Zu Gordon, der nicht fassen kann, daß Buttler Wallensteins Vertrauen mit Mord beantworten will: «Sein böses Schicksal!» (2701). «Doch nicht mein Haß macht mich zu seinem Mörder. / Sein böses Schicksal ists.» Und wieder nicht irgendein Schicksal, sondern ein spielendes:

Es denkt der Mensch die freie Tat zu tun,
Umsonst! Er ist das Spielwerk nur der blinden
Gewalt, die aus der eignen Wahl ihm schnell
Die furchtbare Notwendigkeit erschafft (2873–2879).

Der Spieler wird gespielt – letztlich vom hinterhältigen «Schicksal». Wallenstein über den gefallenen Max: »Ihm spinnt das Schicksal keine Tücke mehr» (3422–3423). Daß Wallenstein sich selbst aber ebenso schicksallos sieht wie den toten Freund, daß er in seiner letzten Szene, zuversichtlich die Strategie der nächsten Phase seines Spiels um die Macht planend, überzeugt ist, die den Menschen narrende Fortuna auf seiner Seite zu haben oder gar außerhalb ihres Interessenbereichs zu sein – das ist natürlich Selbsttäuschung. Sie ist arrangiert mit jener dramatischen Ironie, die das Falschspielen des Schicksals handgreiflich werden läß, für Gordon, aber nicht für Wallenstein, der dessen heimliche Warnungen in den Wind schlägt: «Wer nennt das Glück noch falsch? Mir war es treu» (3566). Max Piccolomini hat es für sich gefordert. Es folgt für Wallenstein: der Neid

Des Schicksals ist gesättigt, es nimmt Leben
Für Leben an, und abgeleitet ist
Auf das geliebte reine Haupt der Blitz,
Der mich zerschmetternd sollte niederschlagen. (3592–3596)

Der Glaube des Spielers (und das ist der Sinn seines Spielens), überhoben zu sein über das Schicksal und somit über das Maß des Menschlichen, wird ironisch enttäuscht. Gräfin Terzky hat das letzte Wort: «Das Schicksal überraschte meinen Bruder» (3832).

«Spiel des Schicksals» auch hier. Was sich beim Gang durch die großräumige Architektur der Trilogie an den sprachlichen Details ablesen ließ, aus denen sie komponiert ist, bestätigt erneut die gestalterische Meisterschaft Schillers, die in *Wallenstein* ihren Höhepunkt erreicht. Es bestätigt sie von einem neuen Gesichtspunkt: *Wallenstein* als Spiel vom Spiel, als Spiel von Spielern und Gegenspielern, deren ultimativer das Schicksal ist. Es ist viel darüber gestritten worden, wie dieses Schicksal (Glück, Fortuna, Geschick, Schicksalsgöttin) aufzufassen sei: ob als bloßes technisches Gestaltungsmittel, ein auf Wirkung berechneter «Handgriff» oder «Kunstgriff» ohne gehaltliche Relevanz für das Drama (Clemens Heselhaus, Gerhard Storz, Emil Staiger u. a.) *oder* als Kategorie der Deutung, sei es daß die Nemesis als gerechtes Weltgericht aufgefaßt wurde (Benno von Wiese, Wittkowski) oder als Ad-absurdum-Führung jeder metaphysisch waltenden Instanz (Kurt May) oder als Metapher für die reine Immanenz (Hin-

---

19 Vgl. noch die Kontroverse von Müller-Seidel (Anm. 7), S. 91, und Wittkowski (Anm. 7), passim; Kurt May, *Friedrich Schiller*, Göttingen 1948, S. 162–168; auch Hinderer (Anm. 7),

derer).[19] Was jedoch vom Gesichtspunkt des Spiels vom Spiel am Schicksal als Faktor der Dreidramenreihe interessiert, ist, daß es wörtlich und wiederholt als eine *spielende Macht* apostrophiert wird.

Das Spiel des personifizierten Schicksals oder der Natur, das Spiel auch Gottes ist ein europäischer Topos von langer und kontinuierlicher Geschichte. Seine Gehaltlichkeit umschließt sowohl die Vorstellung von der höchsten Schöpferheiterkeit und -leichtigkeit als Chiffre der Theodizee (die in der frühen Neuzeit zum Bild der gerechten Fortuna vereinfacht wird) wie die Vorstellung vom grausam-ungerechten Spiel inkommensurabler Mächte. Im Zusammenbruch des Rationalismus gewinnt die letztgenannte Vorstellung – die Welt als Spiel der bösen Dämonen – an Dominanz über die letzlich religiöse – die Welt als Schauspiel, das Gott der Herr inszeniert.[20] Schillers *Wallenstein* steht mit seinem Bild vom spielenden Schicksal auf der Grenzscheide beider Möglichkeiten, zwischen Theodizee und Nihilismus auch in diesem Sinn. So oder so aber ordnet Schiller sich in seinem «Spiel vom Spiel» ein in eine europäische Tradition, die er seinerseits beglaubigt durch seine kaum vergleichliche Kunst der *Gestaltung* dieses Spiels und Spielens bis in die kleinsten Nuancen des Sprachlichen hinein.

4.

Allerdings: unvollständig beschrieben wäre die *Wallenstein*-Welt des Spiels und Gegenspiels, wenn nicht eine der Hauptfiguren betonterweise nicht mitspielte. Das ist Max Piccolomini, der, in zwar nicht gleichgewichtiger Weise, neben Wallenstein und der Kaiserpartei den dritten Pol des Werks darstellt. *Sein* «Weg muß gerad sein» (*Picc.*, 2603). Wallenstein sieht zwar, als sich ihre Wege trennen, ein Spielen im schönsten Sinne in das Leben des an Sohnes Statt geliebten Freundes hinein; die Stelle wurde schon zitiert: «Du konntest spielend deine Pflichten üben, / Jedwedem schönen Trieb Genüge tun, / Mit ungeteiltem Herzen immer handeln.» Doch entscheidend bleibt, daß es mit *diesem* Spiel in dem Moment, als es ausgesprochen wird, für Max ebenso wie für Wallenstein unwiderruflich vorbei ist: «So kanns nicht ferner bleiben» (*Tod*, 720–723). Der Tragödie des politischen Spielers steht jetzt das Drama des Nichtspielers gegenüber, der die «Wahrhaftigkeit,

---

S. 216, 259. Siehe auch Alfons Glück, *Schillers «Wallenstein»*, München 1976, Kap. 12; Eckhard Heftrich, «Das Schicksal in Schillers *Wallenstein*», *Inevitabilis vis fatorum: Der Triumph des Schicksalsdramas auf der europäischen Bühne um 1800*, hg. v. Roger Bauer, Bern 1990, S. 113–121, und Barbara Belhalfaoui, «*Wallensteins Tod*: Die Tragödie als Theodizee», *Recherches Germaniques*, XIV (1984), 59–83.

20 Vgl. Karl S. Guthke: *Die Mythologie der entgötterten Welt* (s. o. Anm. 3).

die reine» zum Gesetz seines Handelns macht (*Tod*, 1202), und eine Tragödie ist auch dieses. Denn für Max erweist sich diese Wahrhaftigkeit gerade nicht als die «weiterhaltende», für die er sie an dieser Stelle hält. Und doch hat der besondere Akzent seiner Tragödie nicht entfernt die Aufmerksamkeit gefunden, die der Wallensteins entgegengebracht wird; eher eignet Max sich als Blickpunkt zur Erkenntnis der Charakterproblematik Wallensteins.[21] Fragt man indessen nach Schillers dramatisch-philosophischer und zugleich kritischer Darstellung des idealistischen Menschentypus, so gewinnt Max eine erhebliche Eigenbedeutung in der geistigen Konstellation oder der Sinnstruktur des Gesamtwerks.

Schillers Fingerzeig in seinem eingangs zitierten Brief an Humboldt vom 21. März 1796 folgend, ist es zwar üblich, Max und Wallenstein als den Idealisten und den Realisten einander mehr oder weniger schematisch gegenüberzustellen.[22] Das mag allenfallenfalls gelten, wenn zugleich in Rechnung gestellt wird: «Weder ist Wallenstein der reine Realist noch Max der reine Idealist.»[23] So ist oft bemerkt worden, wie sich Wallensteins Charakter im Lauf der Trilogie – und im Lauf der sich über vier Jahre hinziehenden Arbeit daran – aufhellt, so daß er am Ende kaum mehr als «niemals edel» bezeichnet werden kann, wie es der anfänglichen Konzeption entsprochen hatte (an Körner, 28. Nov. 1796; XXIX, 17). Er wirkt in den Schlußpartien, nicht zuletzt in seiner Trauer um Max, menschlich gehoben, dem «moralischen Menschen» (XXI, 52) jedenfalls angenähert.[24] Doch in welchem Sinn wäre entsprechend Max nicht der «reine Idealist» gegenüber einem Wallenstein, der durch solche Charakteraufwertung nicht mehr der «reine Realist» und Machtmensch ist?[25] Wie der Friedländer zunehmend als idealistisch zu interpretierende Züge erhält, so bekommt Max fortschreitend problematische, die ihn am Ende fast zur Marionette der idealfernen politischen Realität werden lassen. Während Wallenstein der Fall des Realisten ist, der – nach einem Satz aus *Naive und sentimentalische Dichtung* – «würdiger handelt, als er seiner Theorie nach zugiebt» (XX, 500), deutet sich in Max eine tragische Selbstauflösung des Idealismus an, die von Schillers tiefer Skepsis zeugt.

---

21 Z. B. Wittkowski, S. 201, 220, 224. Bezeichnend ist auch, wie wenig die neuste, sehr ausführliche und eine Summe ziehende Interpretation über Max zu sagen hat (Hinderer).
22 Z. B. May, S. 168; noch Hans-Dietrich Dahnke, «Das politische Spiel und die Menschheitssache: *Wallenstein*», *Schiller: Das dramatische Werk in Einzelinterpretationen*, hg. v. H.-D. D. u. Bernd Leistner, Leipzig 1982, S. 142. Vgl. Guthke, *Wege zur Literatur*, Bern 1967, S. 73–75.
23 Hinderer, S. 269.
24 Vgl. bes. Hinderer, S. 213 u. 271, auch Müller-Seidel, S. 89; die entgegengesetzte Deutung der Trauer um Max bei Borchmeyer, S. 109: der Tod des Freundes bedeute Wallensteins Trennung «von der idealischen Seite seines Lebens».
25 Entgegengesetzter Ansicht ist Borchmeyer, S. 99–100, 109; vgl. o. Anm. 7.

Natürlich hat man Max immer als tragische Figur verstanden; aber doch in dem Sinne, daß der Mensch, der das Ideal in der Geschichte zu verwirklichen sucht, von den stärkeren Mächten der Realität einfach erdrückt werde, oder in der Weise, daß er seine irdische Existenz bewußt dem Ideal opfere und, es verherrlichend, sieghaft, in Freiheit und Reinheit, in den Tod gehe, «das Vollkommene in der Gebärde des Todes».[26] Bei der ersten Auffassung wird jedoch allzusehr über seine innere Auseinandersetzung hinweggesehen, über sein seelisches Drama, bei der zweiten seine ausweglose Verzweiflung, in der er den Tod sucht, außer acht gelassen. Derartige Betrachtungsweisen setzen unbewußt noch die ursprüngliche Strukturkonzeption voraus; das heißt, sie werten Max unbesehen als bloße Kontrastfigur zu dem Realisten Wallenstein. Tatsächlich hat Schiller aber in späteren Schaffensphasen Max mehr Raum zur Entfaltung einer eigenen inneren Problematik gegeben.[27] In ihr wird, wie so oft in Schillers Dramen, eine Auseinandersetzung mit dem Idealismus sichtbar. Denn es leuchtet kaum ein, daß es Maxens Funktion im Drama sein soll, den absoluten Maßstab der Idealität abzugeben, an dem Wallenstein zu messen und zu richten wäre, wenn dieser selbe Max doch in seinen Überzeugungen wankend wird und in eine Verzweiflung stürzt, die seine Existenz im tiefsten erschüttert. Eine wohl zutreffende Deutung ergibt sich, wenn man den Gegensatz von Max und Wallenstein als einen wechselseitigen auffaßt: nicht nur Wallenstein von Max her sieht, sondern auch Max von Wallenstein und dessen Welt her ins Auge faßt. Denn nur in ständiger Bezogenheit auf diese Welt (und auf die des Kaisers) entfaltet sich sein Charakterbild im Verlauf der dramatischen Handlung.

---

26 Max Kommerell, *Geist und Buchstabe der Dichtung*, 3. Aufl., Frankfurt 1944, S. 162. Ähnlich May, S. 145; Müller-Seidel, S. 88: «Idealgestalt»; Wittkowski, S. 215: «sittlich makellos»; Günter Niggl in einem Diskussionsbeitrag in *Verantwortung und Utopie*, hg. v. W. Wittkowski, Tübingen 1988, S. 276: «den Tod sucht und damit die Maximen seines Ideals aufrechterhält». Klaus Köhnke, «Max Piccolomini und die Ethik des Herzens», *Acta Germanica*, XI (1979), zitiert S. 97–98 ähnliche Stimmen; er sieht seinerseits das Ende Max Piccolominis sowohl als den Quasi-Selbstmord des «Verzweifelnden» wie auch als «Bekundung der Treue zu einer postulierten idealen Welt» (S. 112). Meiner Deutung der Figur stimmt im wesentlichen zu Rolf N. Linn, *Schillers junge Idealisten*, Berkeley, Los Angeles, London 1973, Kap. 5; ebenso Michael Mann, «Zur Charakterologie in Schillers *Wallenstein*», *Euphorion*, LXIII (1969), 329–339, obwohl er, im Grunde nichts «erklärend» (331), hinzufügt, aus der Sicht der Rhetorik («dramaturgische Situationsethik») verstehe sich Max Piccolominis formaljuristische Absage an den Verrat und damit an Wallenstein als situationsbedingtes Handeln: die Einheit des Charakters werde der Einheit der Handlung zum Opfer gebracht.

27 Vgl. seine Besorgnis über die Erweiterung der Max-Handlung, die größere Ausmaße annahm, als er zuerst beabsichtigt hatte, und «überwiegendes menschliches Interesse» in sich schloß: an Goethe, 9. November 1798 (XXX, 3).

Im *Lager* spielt Max noch kaum eine Rolle, außer daß seine guten Beziehungen zum Friedländer wie auch zum Kaiser angedeutet werden, die Zwischenstellung also, die ihm verhängnisvoll werden wird und die zugleich das äußere Zeichen seiner inneren Problematik ist, wie sich später herausstellt (1036–1040). Im übrigen wird im *Lager* das Verhältnis Wallensteins zum Kaiser exponiert, das Verhältnis der Mächte, zwischen denen Max zu entscheiden hat. Im *Piccolomini*-Drama ist diese Beziehung auf höherer Ebene noch einmal behandelt. Dort wird es dann ganz offensichtlich, daß der Kaiser seine Zusicherung, Wallenstein unumschränkten Oberbefehl zu lassen, mit List und juristischer Spitzfindigkeit gebrochen hat und daß das Heer in dieser Auseinandersetzung für Wallenstein Partei nimmt. Questenberg, der Abgesandte und Vertreter des Kaisers, hat den ganz konkreten und begründeten Anschuldigungen Wallensteins gegen den Kaiser nichts zur Verteidigung entgegenzuhalten als einen kahlen Begriff der militärischen Pflicht, der rein formal wirkt (*Picc.*, 209). Vollends fragwürdig wird diese Pflicht gegen den Kaiser, wenn Octavio in ihrem Namen seinen Freund verrät und ans Messer zu liefern bereit ist (350–352). (Neuere Versuche, Octavio als den Legalisten in Schutz zu nehmen,[28] tun so, als handle es sich im *Wallenstein* um einen staatspolitischen Gerichtsprozeß statt um ein Drama als Bild gedeuteten Lebens.) Max steht in den *Piccolomini* noch ganz auf seiten Wallensteins; ja, er rechtfertigt ihn gegen die Vorwürfe des Hofes, er handle zu eigenmächtig: der Feldherr ist das geborene Herrschergenie:

> Es braucht
> Der Feldherr jedes Große der Natur,
> So gönne man ihm auch, in ihren großen
> Verhältnissen zu leben. Das Orakel
> In seinem Innern, das lebendige –
> Nicht tote Bücher, alte Ordnungen,
> Nicht modrigte Papiere soll er fragen. (456–462)

Das sich hier abzeichnende Kräftespiel gewinnt aber dadurch noch an Prägnanz, daß Max Piccolominis Stellungnahme für Wallenstein nicht einfach jugendlich begeisterte Heldenverehrung ist, sondern motiviert durch den Einsatz für einen hohen «Wert» (*Picc.*, 484), einen großen Zweck, für den er sein Leben in den Dienst des Friedländers stellt. Erst damit wird dieser Charakter als Idealist konstituiert. Mit Frieden, Menschlichkeit, Werten des Herzens und schließlich auch «Europas großem Besten» bezeichnet Max selbst die Ideale, die ihm ihm Erwachen der Liebe als die eigentlichen Lebensgehalte bewußt geworden sind. Sie will er in der geschichtlichen Welt

---

28 Wittkowski (s. o. Anm. 7).

verwirklichen, sie glaubt er durch den Feldherrn vertreten, und darum richtet sich sein Unwille gegen den Kaiser, der diese idealistischen Bestrebungen, wie es ihm scheint, zu hintertreiben sucht. Ja, die Handlungsweise des Hofes mache Wallenstein «zum Empörer, und, Gott weiß! / Zu was noch mehr» (*Picc.*, 572-573), hält er Questenberg entgegen. «Wie ich das Gute liebe, haß ich euch» (578). Er ist sogar bereit, für Wallenstein und sein Ideal gegen die kaiserliche Partei zu kämpfen (579-582).

Schon an dieser Stelle wird, wie auch später wieder, deutlich, wie wenig Max ein *neuer* Typ des Idealisten in Schillers Werk ist. Mit den früheren Idealisten, Karl Moor, Posa, Karlos, hat er gemein, daß sein Streben sich nach der Verwirklichung eines hohen Menschlichkeitsideals, eines *Wertes* ausrichtet; keineswegs ist in seiner Haltung etwa die Erhebung über die Zeitlichkeit und die Triebsphäre in das Bereich der intelligiblen Freiheit, also etwas rein «Formales», das allein Ausschlaggebende. Nun hat man zwar den durch Schillers Kant-Studien scheinbar berechtigten Versuch unternommen, in dieser Hinsicht einen Wandel in Schillers Idealisten-Darstellungen glaubhaft zu machen: vom gehaltlich orientierten, «platonischen» zum formalen, «kantischen» Idealismus, der mit *Wallenstein* einsetze.[29] Aber damit ist man begreiflicherweise nicht durchgedrungen. Denn es stellen sich dieser Auffassung doch schon von Schillers «kantischen» Schriften selbst her Bedenken in den Weg. Mit Recht hat bereits Herbert Cysarz betont, daß bei Schiller der Formalismus der kantischen Ethik einer inhaltlichen Erfüllung des ethischen Idealismus Platz gemacht hat, die sogar den Verweis auf Max Schelers materiale Wertethik nahelegte; oder es wird, wie etwa bei Käte Hamburger, für die vor- und nachkantische Zeit eine Fusion beider Ausprägungen des Idealismus konstatiert.[30] So bietet denn auch die Dramatik vor und nach dem Kant-Studium das Bild eines durchaus gehaltlich orientierten Idealismus. Max Piccolominis Idealismus hat einen idealen Wert und Inhalt als Objekt – wie auch der früherer und späterer Tragödien-

---

29 Gerhard Fricke, «Die Problematik des Tragischen im Drama Schillers», *Jahrbuch des Freien Deutschen Hochstifts*, 1930, S. 26, 27, 52, 56.
30 Cysarz, *Schiller*, Halle 1934, S. 208. Vgl. auch Moritz Kronenberg, *Geschichte des deutschen Idealismus*, München 1912, II, 494-496; G. H. Streurman, *Schiller en het idealisme*, Bussum 1946, wo besonders S. 31-33 und 48 das Platonische betont wird; Bruno Bauch, «Schiller und die Idee der Freiheit», *Kantstudien*, X (1905), 354-355, 364, 368-369. Eine Einheit in der Reihe der Schillerschen Idealisten vor und nach dem Kant-Studium sehen auch zum Beispiel F. A. Hohenstein, *Schiller: Die Metaphysik seiner Tragödie*, Weimar 1927, S. 47-54; Eugen Kühnemann, *Die kantischen Studien Schillers und die Komposition des «Wallenstein»*, Marburg 1889, Teil 2, S. 85; H. A. Korff, *Geist der Goethezeit*, II, Leipzig 1930, S. 228; F. A. Schmid, «Schiller als theoretischer Philosoph», Kantstudien, X (1905), 264; Käte Hamburger, «Schiller und Sartre», *Jahrbuch der Deutschen Schillergesellschaft*, III (1959), 36.

gestalten: Karl Moors, der die aus den Fugen geratene Welt wieder einzurenken hofft; Maria Stuarts, die im Tode der Gerechtigkeit dient, der Jungfrau, die in der Bewahrung des französischen Königtums die Bewahrung der göttlichen Gerechtigkeit auf Erden sieht, schließlich Tells, der Recht und Menschenwürde wiederherzustellen bemüht ist.

Im Namen seines inhaltlich erfüllten Idealismus kann dann auch Max in der Questenberg-Szene über einen Kaisertreuen, der gegen Wallensteins Ordre des Kaisers Befehl ausgeführt hat, das Todesurteil aussprechen (*Picc.*, 1207),[31] um so sicherer, als der Kaiser durch den Eingriff in Wallensteins Befehlsgewalt zuvor wortbrüchig geworden ist. Im Konflikt der Loyalitäten entscheidet Max sich also offen für Wallenstein und gegen den Kaiser oder: für die von Wallenstein vertretenen Ideale und gegen das rein formale Pflichtprinzip, für das ein Gehalt nicht in Sicht kommt. Und es ist wichtig, zu erkennen, mit welchem Kunstsinn Schiller gerade Max «nach einer langen Pause» das Verdikt über den Kaisertreuen sprechen läßt, während alle anderen Offiziere, mit Ausnahme des moralisch fragwürdigen Illo, «bedenklich schweigen», weil für sie, die vorwiegend als Opportunisten gezeichnet sind,[32] der Autoritätenkonflikt nicht so klar, durch das bloße Gewissen, zu lösen ist. Um so eindringlicher Max Piccolominis Entscheidung.

Um so inkonsequenter muß aber auch seine Wandlung im Schlußakt der *Piccolomini* erscheinen, als Octavio ihm eröffnet, Wallenstein wolle die Armee – um sein Friedensideal durchzusetzen, würde Wallenstein hinzufügen – dem Feind, den Schweden, zuführen, und es Max unvorstellbar ist, daß sein Freund auch nur daran denken könne, die Truppen «von Eid und Pflicht und Ehre wegzulocken» (2328). Die Pflicht gegen den Kaiser bekommt für ihn plötzlich eine ganz neue, höhere Bewertung als vorher, als er ihr im Namen seines Idealismus entgegentrat. Pflicht und Eid gelten jetzt auch noch gegenüber dem Herrscher, der gegen die Pflicht seinerseits schon verstoßen hat, und zwar auch durch die Ächtung Wallensteins, von der Max gerade jetzt erfährt. Und noch widerspruchsvoller wird Max' plötzlich hervorgekehrter Pflichtstandpunkt dadurch, daß er das Verhalten seines Vaters, der aus «Pflicht» (2454), um «dem Kaiser wohl zu dienen» (2459), den niederträchtigsten Freundesbetrug übt, schärfstens verurteilt. Und zwar prangert er diese hörig pflichtgemäße Haltung als reinen Formalismus an, der als solcher Unmoral sei (2461–2466, 2601–2613). Mit seinem Klarblick in sittlichen Dingen erkennt er, daß die Schuld auf seiten der Kaiserpartei liegt: «Ja, ihr könntet ihn, / Weil ihr ihn schuldig *wollt*, noch schuldig *machen*»

---

31 Linns Deutung: es gehe hier um eine «Kluft [...] zwischen Mittel und Zweck» (1973, S. 61), leuchtet mir nicht ein.
32 Vgl. besonders *Tod*, II, 5, 6.

Ein Spiel vom Spiel – und vom Nichtspieler 197

(2634–2635). Er weiß demgegenüber: «Mein Weg muß gerad sein» (2603) – aber eben das ist der Weg, auf dem der Idealist sich verirrt. Das zeigt der dritte Teil der Trilogie.

Erst jetzt, in *Wallensteins Tod*, II, 2, tritt der Kontrast zwischen Max und Wallenstein ins volle Licht. Wallensteins Entschluß zum Verrat zwingt Max, «eine Wahl zu treffen zwischen dir und meinem Herzen» (*Tod*, 718). Auch Wallenstein ist eine Entscheidungssituation nicht erspart geblieben, aber da lagen die Dinge anders. Denn sofern *er* zögerte, den Schritt zum Verrat zu tun, so lähmte ihn das Entsetzen vor der Bedrohung seiner Freiheit durch Notwendigkeit, durch den «Notzwang der Begebenheiten»; und sofern *er* moralische Bedenken gegen den unausweichlich gewordenen Entschluß hegte, so handelte es sich vorherrschend, wenn nicht ausschließlich,[33] um das Rechnen des Politikers mit dem Gewissen der Menschen als einem unwägbaren, aber realen, geschichtlichen Machtfaktor, und das um so mehr, als er das Wirken dieser Macht in sich selbst spürte. Der «Doppelsinn des Lebens» wird auch eine gutgemeinte Tat verurteilen. Was Wallenstein fürchtete, war die konventionelle Gewohnheitsmoral ohne sittliche Gewissensentscheidung, eine Moral, die sich aus bloßer Tradition mit den auch noch so korrupten Mächten der Legalität identifiziert; denn «was grau vor Alter ist, das ist [dem Menschen] göttlich» (*Tod*, 216). Dies und der ganze Schluß des berühmten Monologs erinnert merkwürdig an das, was Max im zweiten Teil der Trilogie Questenberg vorhielt.

Dennoch gründet Max Piccolominis Entscheidung in anderen Voraussetzungen. In einem von vornherein unwiderruflich feststehenden Gewissensspruch sagt er sich, wenn auch nicht ohne inneren Kampf, von Wallenstein los, als dieser zum Verräter wird:

> Seis denn! Behaupte dich in deinem Posten
> Gewaltsam, widersetze dich dem Kaiser,
> Wenns sein muß, treibs zur offenen Empörung,
> Nicht loben werd ichs, doch ich kanns verzeihn,
> Will, was ich nicht gut heiße, mit dir teilen.
> Nur – zum *Verräter* werde nicht! Das Wort
> Ist ausgesprochen. Zum Verräter nicht! (*Tod*, 768–774)

Es ist nicht ganz einsichtig, warum Max sich an dieser Kernstelle so formaljuristisch an den Begriff des Verrats im Unterschied zur Empörung klam-

---

33 Vgl. *Tod*, I, 4. Dazu Kommerell, «Schiller als Psychologe» in M.K., *Geist und Buchstabe der Dichtung*, S. 211–212; May, S. 130–132; H. Pongs, *Das Bild in der Dichtung*, II, Marburg 1939, S. 565–567; Benno v. Wiese, *Die deutsche Tragödie von Lessing bis Hebbel*, 6. Aufl., Hamburg 1964, S. 230–231 (im Anschluß an Pongs: Deutung der Konventionsmoral als Ausdruck von im Unbewußten waltenden «Stimmen der Tiefe», treibenden Kräften in Wallenstein selbst). Aktuell ist diese Frage noch im gegensätzlichen Charakterverständnis Müller-Seidels und Borchmeyers (s. o. Anm. 7).

mert. Würde nur durch Verrat die gerechte Sache aufgegeben, die Max als Gegenstand von Wallensteins Streben erkennt: die Verwirklichung einer idealen menschlichen Gesellschaftsordnung in Europa?[34] Das bestätigt der Text nicht. Oder will Max sagen: Ungehorsam sei zu verzeihen, Eidbruch nicht?[35] Wäre der Unterschied so grundsätzlich? Plausibler geschieht die spitzfindige Unterscheidung von Empörung und Verrat aus der Haltung des Idealisten, dessen Weg gerade sein muß, der die «Wahrhaftigkeit, die reine» (1202) zur alleinigen Richtschnur seines Handelns macht. Die Heimlichkeit des Verrats – Adelungs Wörterbuch betont das «Heimliche» am «Verrat» – ginge gegen seine Überzeugung.

Aber eben hier liegt seine Tragik begründet. Denn diese Entscheidung gegen Wallenstein muß ja zugleich die Aufgabe aller der idealen Werte und Inhalte («der Menschheit große Gegenstände» [Prolog, 65]), bedeuten, die seinen Idealismus bisher bestimmten; Max glaubt doch, daß der Kaiser, zu dem er sich nun schlägt,[36] dem Frieden als dem Inbegriff der Humanität entgegenarbeitet! Gerade durch Max ließ Schiller ja die dunklen Machenschaften des Kaisers gegen Wallenstein entlarven und die Verurteilung des Kaisers, aus Treue zu dem Octavio und Questenberg so moralisch fragwürdig handeln, aussprechen. Tatsächlich hat Max denn auch dem Friedländer kein anderes, inhaltlich bestimmtes Ideal entgegenzuhalten, sondern nur die Haltung der – in der Questenberg-Szene noch abgelehnten – Pflichttreue, die als solche rein formal bleibt. Denn Max weiß ja selber, hat es ja oft genug formuliert, daß die Partei, der gegenüber er diese Treue wahren will, deren nicht wert ist. Sie gründet ihrerseits auf List und Verrat, Wortbruch und Gemeinheit, sie ist die Hauptschuldige, sie hat durch ihren Vertrauensbruch Wallensteins Gegenbewegung selbst ins Rollen gebracht, ihn zum Verrat getrieben. Überhaupt ist das Verhältnis des Feldherrn zu seinem Kaiser nicht ein sittliches, sondern es beruht auf «Macht» und «Gelegenheit», betont die Gräfin Terzky (*Tod*, 626), der Schiller «einen großen Zweck» und «moralische» Handlungsweise zusprach.[37] Der Vertrag ist schon mit unlauteren Absichten vom Kaiser eingegangen. Gegen diesen Herrscher hebt sich die sittliche Verbindlichkeit des Eides von selbst auf. Wenn Max sich trotz-

---

34 Joachim Müller, «Die Tragödie der Macht», *Die Sammlung*, II (1947), 521.
35 Wittkowski, S. 216, Anm. 66.
36 In der Literatur wird manchmal geltend gemacht, Max entscheide sich nicht für den Kaiser, sondern sein unbedingter Idealismus gebiete ihm die Absage an den Kaiser ebenso wie die an Wallenstein (May, S. 125; Hohenstein, S. 36). Aber dagegen spricht doch das auffallend häufige Bestehen Maxens auf der Verbindlichkeit der «Pflicht» und des Eides. Meiner Auffassung auch v. Wiese, *Tragödie*, S. 226–227; Hermann Schneider in der NA, VIII, 395, ohne auf die andere Deutung einzugehen.
37 An Böttiger, 1. März 1799 (XXX, 33).

dem auf seine Haltung versteift, so darf man von einer völligen Inhaltlosigkeit, besser: von einer Entleerung seines früheren Idealismus sprechen; seine Orientierung ist rein formal geworden, so formal, daß die Gehalte völlig preisgegeben werden. Schiller ist dies selbst bewußt geworden, als er diese Szene[38] schrieb: «Besonders bin ich froh», schreibt er am 27. Februar 1798, lange nach der entscheidenden Konzeptionskrise, an Goethe, «eine Situation hinter mir zu haben, wo die Aufgabe war, das ganz gemeine moralische Urtheil über das Wallensteinische Verbrechen auszusprechen und eine solche an sich triviale und unpoetische Materie poetisch und geistreich zu behandeln, ohne die Natur des moralischen zu vertilgen. Ich bin zufrieden mit der Ausführung und hoffe unserm lieben moralischen Publikum nicht weniger zu gefallen, ob ich gleich keine Predigt daraus gemacht habe. Bei dieser Gelegenheit habe ich aber recht gefühlt, *wie leer das eigentliche moralische ist*».[39]

Das ist die Entleerung des Idealismus von seinen ursprünglichen Gehalten; sie spricht sich genauer darin aus, daß Max die Stimme seines Gewissens und Herzens gleichsetzt mit seinem Eid, mit der Pflicht gegen den von ihm verachteten Kaiser.[40] Nun kann zwar ein Eid eine Verpflichtung vor dem Göttlichen, Konkretion eines göttlichen Gebots auf Erden sein;[41] so erscheint er bekanntlich in *Kabale und Liebe* – zwar nur aus Luises Perspektive. Wesentlich ist aber, daß Schiller diesen Aspekt hier nicht mit einem Wort hervorhebt. Der Eid, so wie er in *Wallenstein* erscheint, ist vielmehr ein politisches Moment, das von den Kaiserlichen, ähnlich wie von Wurm in *Kabale und Liebe*, als Machtfaktor ausgenutzt und von den Generalen und den Soldaten nur vom Gesichtspunkt der politisch-beruflichen Opportunität betrachtet wird. Um dies zu zeigen, schreibt Schiller mehrere sonst ziemlich funktionslose Szenen. Der Eid ist ein Glied im Gefüge der realen Mächte in ihrer geschichtlichen Auseinandersetzung um praktische Vorteile; er gehört der Welt an, die dem Ideal am fernsten ist. Wenn Max sich damit und folglich mit der auf der Anklagebank sitzenden Legalität identifiziert, so liegt das tragische Mißverständnis des Idealisten vor, der in seiner Entschiedenheit so blind wird, daß er selbst den ihm wesentlich fremden Realbezügen verfällt, dem Hin und Her der politischen Mächte – im Glau-

---

38 Daß die im folgenden zitierten Worte sich auf diese Szene (*Tod*, II, 2) beziehen, weist Kühnemann, Teil 2, S. 27–29, nach. Ihm folgt unter anderen v. Wiese, *Tragödie*, S. 685, Anm. 31.
39 XXIX,211. Kursivdruck nicht im Original.
40 Tod, 814, 2177, 2246, 2317.
41 So Gottfried Wälchli, *Schillers «Wallenstein»: Innere Entstehung und innere Form*, Diss. Zürich 1925, S. 117 (Eidestreue als «Hinwendung zum Idealen und Göttlichen»); May, S. 145.

ben, seinem Idealismus die Treue zu wahren. Tatsächlich mißversteht er sich selbst und verfälscht die Idee. Es ist die «Passion der Idee», daß sie, wie auch in *Don Karlos* und in *Kabale und Liebe*, «verfälscht» wird.[42] Eben dies ist die innere Problematik und Tragik Max Piccolominis, und nicht nur die, daß die äußeren, historischen Mächte ihn erdrücken und aus der Welt treiben, wie es so oft heißt.

Die Paradoxie des sich selbst zerstörenden Idealismus wird in den letzten Szenen um Max noch klar herausgearbeitet. Max leidet wissentlich und unwissentlich am Selbstwiderspruch. So kann er im gleichen Atem behaupten, kein Kaiser habe dem Herzen vorzuschreiben, und: er werde des Herzens Stimme – das heißt aber im Zusammenhang: des Kaisers Befehl, der Pflicht – folgen. «Pflicht und Ehre! / Das sind vieldeutig doppelsinnge Namen», sagt die weltkluge Gräfin Terzky (*Tod*, 1316–1317), doch für Max Piccolominis Unbedingtheit gibt es offensichtlich nur Eindeutigkeit des Begriffs. «O Gott! Wie kann ich anders? Muß ich nicht? / Mein Eid – die Pflicht» (2176–2177) ist alles, was er Wallenstein antworten kann.

Erst nach dieser Entscheidung kommen die Zweifel. Das Herz, das Max den Weg zur Pflicht wies, empört sich plötzlich; er ist unsicher, ob er «recht und tadellos» handelt, muß als ein «roh Unmenschlicher» dastehen; zwei Stimmen werden laut, und er «weiß das Rechte nicht zu wählen». Dahinter steht der quälende Gedanke, zu viel auf «das Herz» vertraut zu haben (2272–2284). Unentschieden zwischen den Pflichten, überläßt er Thekla den Schiedsspruch, die jedoch klarsichtig erkennt, daß sein Herz schon für die Soldatenpflicht gesprochen hat. Daß dieser Entschluß keineswegs inhaltlich orientiert ist, wird wieder deutlich: weiß Max doch, daß er alles, was ihm «wert» ist, zurückläßt (2385–2386). Wenn er zum Kaiser übergeht, ist er seinem früheren Idealismus abtrünnig geworden. Was bleibt, ist eine rein formale Pflichtgemäßheit, für die Sinn, Telos und Gehalt nicht in Sicht kommen – anders als in den Gewissensentscheidungen etwa Karl Moors, Marquis Posas, Maria Stuarts oder Tells, so sehr dort auch andere Motive mitspielen. Gerade der Vergleich mit Tell wirft ein Licht auf Max: auch dort geht es um den Bruch der rein formal gewordenen Pflichten gegen einen ungerechten, vertragsbrüchigen Herrn; Max Piccolominis Tragik ist, daß er sich in seiner Gewissensängstlichkeit nicht zu einer Tat für die Bewahrung des Ideals aufschwingen kann, die der Tells gleichkäme.

Nicht einen Kampf zwischen «Pflicht und Neigung» hat also Max auszufechten, wie man in einer von Kant verstellten Sicht gemeint hat,[43] son-

---

42 Kommerell, S. 161, jedoch ohne Bezug auf *Wallenstein*.
43 Zum Beispiel H. C. Mettin, *Der politische Schiller*, Berlin 1937, S. 45; Müller, S. 520; Belhalfaoui, S. 74. Anders als in *Don Karlos* und in der *Jungfrau von Orleans* lenkt ja in

dern die Entscheidung zu treffen zwischen dem auch sonst bei Schiller geltenden inhaltlich erfüllten Idealismus, den idealen Zielen und Gehalten, einerseits und dem formal-idealistischen Prinzip der Wahrhaftigkeit und Gradheit andererseits. Daß er die glühend verfochtenen Ideale aufgibt – aus Konsequenz, wie er meint –, das macht ihn zur problematischen Figur; das läßt ihn den Tod suchen in der ausweglosen Verzweiflung darüber, daß diese Entscheidung nicht letztlich befriedigend ist – obwohl die «Stimme des Herzens» sie diktiert. Daß er den formal-idealistischen Gewissensanspruch noch mit der real-politischen Pflichtbindung, mit dem Politicum des Eides, gleichsetzt, ist bloß Ausdruck des Selbstmißverständnisses.[44] Insofern wird der von seinen eigenen Voraussetzungen gefährdete und verblendete Idealist in tragischer Weise in die Wirklichkeitsbezüge verwickelt. Er endet also nicht in der Befreiung, die die Erfüllung des Vernunftgesetzes dem Idealisten, Schillers Theorie zufolge, gewähren soll, sondern als «Verzweifelnder», als den er sich in seinen letzten Worten selbst bezeichnet (2423).

Erst jetzt erkennt man den Sinn der Entgegensetzung von Wallenstein und Max, die neue Sinnstruktur nach der Aufgabe der anzunehmenden ursprünglichen, schematischen: auf der einen Seite der Realist, der fortschreitend idealistischer gezeichnet wird,[45] auf der anderen der Idealist, der gerade durch seine bedingungslose Unmittelbarkeit im Idealismus, durch Selbstverkennung, in sein Gegenspiel, in die Anerkennung der realen Machtverhältnisse als verpflichtendes Gesetz getrieben wird. Nicht den «reinen» Realisten und «reinen» Idealisten stellt Schiller gegenüber, sondern zwei Gestalten, die, je verschieden, zugleich an beide Seinsbereiche grenzen und beide an dieser Doppelstellung tragisch scheitern. Das macht sein Menschenbild in dieser Tragödie weniger schematisch, komplexer und vielleicht ein wenig interessanter. Der kritische Blick auf die Schwächen, die Verirrungen des Idealismus zeigt Schillers Bemühen um einen reiferen, wissenden Idealismus als mögliche Lebensform inmitten gefährdender Kräfte.

Wallenstein die Liebe nicht von den idealistischen Zielen ab, sondern zu ihnen hin, da sie sie erst bewußt macht. Es ist Liebe im Sinne des Platonismus. Daher hat die Gegenüberstellung mit Thekla ihren besonderen Sinn darin, an diese idealen Lebensgehalte wieder zu erinnern. Zum Idealismus der Liebe vgl. besonders May, S. 134; Wälchli, S. 117; Streurman, S. 31-33; siehe auch das *Kabale und Liebe*-Kapitel.

44 Der Vergleich mit der Tragik Luises in *Kabale und Liebe* liegt nahe. Auch Luise geht zugrunde, weil sie sich durch den Schwur verpflichtet glaubt, den sie dem Vertreter der moralisch völlig substanzlosen höfischen Gesellschaft geschworen hat. Doch besteht insofern ein Unterschied zu Max, als Luise sich in der religiösen Tradition ihres Vaterhauses, in einer konservativen Gläubigkeit, gebunden sieht (Schwur auf die Bibel!).

45 Das wird in der Schiller-Deutung, mit wenigen Ausnahmen, weithin anerkannt; vgl. vor allem Müller-Seidel (s. o. Anm. 7).

Das bezeugen auch Gedankenmotive mancher Prosaschriften Schillers; sie stützen die Sicht Max Piccolominis als Verkörperung einer inneren Krise des Idealismus, wenn auch Schillers Dichtung, und besonders der *Wallenstein* als das erste Werk nach dem Kant-Studium, über die theoretischen Bemühungen weit hinausgeht und von diesen aus in ihrer ganzen Fülle nicht zu fassen ist. Man kann deswegen allenfalls von gedanklichen Ansätzen sprechen, die im Drama zur Entfaltung gekommen sind.

Die *Geschichte des Abfalls der Vereinigten Niederlande* (1788) ist dem Wallenstein-Stoff thematisch verwandt. Auch dort geht es um Eidbruch, um Rebellion gegen den gesetzmäßigen Oberherrn im Namen der Menschenrechte und des «gemeinen Besten». Auch dort hat dieser zuerst das Vertrauen gebrochen, auch dort bestehen seine korrupten Anhänger auf der Einhaltung des völlig formelhaft und inhaltsleer gewordenen Eids. Schiller verteidigt nun aber die «gerechte Sache» der Aufständischen, auch ihr heimliches Vorgehen (trotz der Erkenntnis der niedrigen Motive, die mitspielen). Kritik klingt durch, wenn er von dem «großen Haufen» spricht, der sich bei der Geusen-Verschwörung «nur an das *Gesetzwidrige* ihres Verfahrens» halte und für den «ihr besserer Zweck» nicht vorhanden sei (XVII, 183). Auch erinnert Egmont entfernt an Max, wenn es von ihm heißt: «Sanft und menschlich war seine Religion, aber wenig geläutert, weil sie von seinem Herzen und nicht von seinem Verstande ihr Licht empfieng [...]. Egmont besaß mehr Gewissen als Grundsätze; sein Kopf hatte sich sein Gesetzbuch nicht selbst gegeben, sondern nur eingelernt, darum konnte der bloße *Name* einer Handlung ihm die Handlung verbieten [wie Max sich an den Namen Verrat klammert]. [...] In seiner Sittenlehre fand zwischen Laster und Tugend keine Vermittelung statt» (XVII, 72).

Auch in der *Geschichte des Dreißigjährigen Krieges* (1791–1793), aus der *Wallenstein* hervorging, ist der Historiker keineswegs gegen den Eidbruch eingestellt; er hält es vielmehr für erlaubt, «einem eidbrüchigen Beherrscher [die] Pflicht aufzukündigen».[46] Und die Pflicht selbst? Von der Willkür des Kaisers heißt es: «Unter dem Schutz eines ungereimten positiven Gesetzes glaubte man ohne Scheu das Gesetz der Vernunft und Billigkeit verhöhnen zu dürfen.»[47] Leicht stellt sich bei einem Satz wie dem folgenden die Assoziation Max Piccolomini ein: «In den Köpfen dieses Zeitalters wurden oft die seltsamsten Widersprüche vereinigt. Dem Namen des Kaisers, einem Vermächtnisse des despotischen Roms, klebte damals noch ein Begriff von Machtvollkommenheit an, der gegen das übrige Staatsrecht der Deutschen den lächerlichsten Abstich machte, aber nichtsdestoweniger von den Juri-

---

46 Säkular-Ausgabe, XV, 107.
47 Säkular-Ausgabe, XV, 76.

sten in Schutz genommen, von den Beförderern des Despotismus verbreitet und von den Schwachen geglaubt wurde.»[48] Noch stärker waren derartige Bedenken schon in der «Gesetzgebung des Lykurgus und Solon» (1790). Und in den «Briefen über *Don Karlos*» (1788) wird nicht nur die gesetzwidrige Auflehnung gegen die legitime Macht ebenfalls gutgeheißen (8. Brief), auch die innere Gefährdung des Idealismus kommt zur Sprache; *mutatis mutandis* werfen folgende Worte des 11. «Briefes» auch ein Streiflicht auf Max, nämlich auf seine Verwechslung von Gewissensanspruch und politischer Abstraktion:

> Durch praktische Gesetze, nicht durch gekünstelte Geburten der theoretischen Vernunft soll der Mensch bei seinem moralischen Handeln geleitet werden. Schon allein dieses, daß jedes solche moralische Ideal oder Kunstgebäude doch nie mehr ist als eine Idee, die [...] in ihrer Anwendung also auch der Allgemeinheit nicht fähig sein kann, in welcher der Mensch sie zu gebrauchen pflegt, schon dieses allein, sage ich, müßte sie zu einem äußerst gefährlichen Instrument in seinen Händen machen [...]. Diese [Erfahrung] meine ich, daß man sich in moralischen Dingen nicht ohne Gefahr von dem natürlichen praktischen Gefühl entfernt, um sich zu allgemeinen Abstraktionen zu erheben, daß sich der Mensch weit sicherer den Eingebungen seines Herzens oder dem schon gegenwärtigen und individuellen Gefühle von Recht und Unrecht vertraut als der gefährlichen Leitung universeller Vernunftideen, die er sich künstlich erschaffen hat – denn nichts führt zum *Guten*, was nicht *natürlich* ist. (XXII, 171–172)

Man spürt: Schillers Kant-Kritik der neunziger Jahre ist hier schon vorweggenommen. Und natürlich spielt in diese Fragestellung das viel und widerspruchsvoll diskutierte Problem «Schiller und Kant» hinein. Eine eigentliche Wende hat das Kant-Studium nicht bewirkt. Das Wesentliche wurde dazu schon gesagt: Schiller ersetzt Kants Formalismus durch eine inhaltlich orientierte Wertethik, die bei ihm bereits vorgebildet war. Trotz ganz vereinzelter, schulmäßig angeeigneter Äußerungen im Sinne Kants hat Schiller vielfach gegen Kants «mönchischen» Pflichtrigorismus, den kategorischen Imperativ, Einspruch erhoben und der Ehrung des Menschen als Selbstzweck das Wort geredet. «War es wohl bey dieser imperatifen Form zu vermeiden, daß eine Vorschrift, die sich der Mensch als Vernunftwesen selbst gibt, die deswegen allein für ihn bindend und dadurch allein mit seinem Freyheitsgefühle verträglich ist, nicht den Schein eines fremden und positiven Gesetzes annahm [...]!»[49] Abfällig äußert Schiller sich über den «schulgerechten Zögling der Sittenregel», der «jeden Augenblick bereit seyn wird, vom Verhältniß seiner Handlungen zum Gesetz die strengste Rech-

---

48 Säkular-Ausgabe, XV, 40.
49 XX, 286; vgl. 283–284, 292; *Briefe über die ästhetische Erziehung*, 13. u. 27. «Brief»; an Goethe, 22. Dezember 1798 (XXX, 15: «Mönch»).

nung abzulegen» (XX, 287). Noch am 2. April 1805 schreibt er Wilhelm von Humboldt: «Die speculative Philosophie, wenn sie mich je gehabt hat, hat mich durch ihre hohle Formeln [!] verscheucht, ich habe auf diesem kahlen Gefild keine lebendige Quelle und keine Nahrung für mich gefunden» (XXXII, 208).

Von Schillers Kritik am moralischen Rigorismus Kants aus gewinnt die Tatsache an Interesse, daß man neuerdings in Max Piccolominis Reden über seine Wahrhaftigkeit, seinen Weg, der nicht krumm sein könne (*Tod*, 1192), ein direktes Echo von Kants Schrift *Zum ewigen Frieden* entdeckt hat.[50] Max Piccolominis Tod, der einem Selbstmord gleichkommt, implizierte also eine Kritik, die ganz auf der Linie von Schillers Angriffen auf die kantische Diktatur des Sollens und Geringschätzung der moralischen Neigung liegt. Man denkt ebenfalls an die Tragik des jungen Piccolomini (die Gleichsetzung seines moralischen Anspruchs mit dem Politicum des Eides), wenn Schiller in den *Briefen über die ästhetische Erziehung* davor warnt, das Muster der Idealität der Wirklichkeit zu entnehmen (XX, 335), oder wenn es dort heißt: «Läßt er Andere gern über seine Begriffe die Vormundschaft führen, und geschieht es, daß sich höhere Bedürfnisse in ihm regen, so ergreift er mit durstigem Glauben die Formeln, welche der Staat und das Priesterthum für diesen Fall in Bereitschaft halten. Wenn diese unglücklichen Menschen unser Mitleiden verdienen [...]» (XX, 331–332). Die Unterscheidung von Form und Inhalt eines Strebens ist Schiller völlig geläufig: bloße Konsequenz in der Befolgung von Grundsätzen («theoretische Vernunft») setzt er gegen das auf einen «Zweck» bezogene Denken («practische Vernunft») ab: «Es kann aber der nämliche Gegenstand mit der theoretischen Vernunft vollkommen zusammenstimmen, und doch der practischen im höchsten Grad widersprechend seyn». Das ist genau der Fall Max Piccolominis. Aber «das Gute», fährt Schiller fort, ist nur in der Zusammenstimmung gegenwärtig, «wenn seine Form zugleich auch sein Innhalt ist», was also bei Max nicht zutrifft (XX, 224).

Schließlich gehören in diesen Zusammenhang auch die Gedanken, die Schiller auf den letzten Seiten von *Über naive und sentimentalische Dichtung* über den Idealisten geäußert und (wenn auch schon im Frühjahr 1796) in engsten Zusammenhang mit dem *Wallenstein* gebracht hat (s.o.S. 166). Der Idealist dringt «auf das Unbedingte in allen Erkenntnissen [...], im praktischen ein moralischer Rigorism, der auf dem Unbedingten [...] bestehet»

---

50 Hans-Jürgen Schings, «Das Haupt der Gorgone: Tragische Analysis und Politik in Schillers *Wallenstein*», *Das Subjekt der Dichtung*, hg. v. Gerhard Buhr u. a., Würzburg 1990, S. 299; vgl. Hinderer, S. 215.

(XX, 492). Was Schiller hier eigentlich interessiert, ist jedoch wieder das Extrem, das «Überspannte» (XX, 483). Der Idealist kann durchaus

> mit seinem philosophischen Wissen das Ganze beherrschen, und für das Besondre, für die Ausübung, dadurch nichts gewonnen haben: ja, indem er überall auf die *obersten* Gründe dringt, durch die alles möglich wird, kann er die *nächsten* Gründe, durch die alles wirklich wird, leicht versäumen; indem er überall auf das Allgemeine sein Augenmerk richtet, [...] kann er leicht das besondre vernachlässigen [...]. Er wird [...] oft an Einsicht verlieren, was er an Übersicht gewinnt. Daher kommt es, daß [...] der gemeine Verstand den speculativen seiner *Leerheit* wegen verlacht; denn die Erkenntnisse verlieren immer an bestimmtem Gehalt, was sie an Umfang gewinnen. (XX, 495–496; vgl. oben S. 199 zu Max: «*Wie leer das* [...] *Moralische ist.*»)

Auch vermag der Idealist nichts, «als in sofern er begeistert ist». Und Max in den letzten Szenen, in seiner ethischen Entscheidung, begeistert? Das würde man wohl kaum behaupten wollen. Vielmehr: «So geschieht es denn nicht selten, daß er über dem unbegrenzten Ideale den begrenzten Fall der Anwendung übersiehet, und, von einem Maximum erfüllt, das Minimum verabsäumt, aus dem allein doch alles Große in der Wirklichkeit erwächst.» Der Idealist zerfällt mit sich selbst. «Was er von sich fordert, ist ein Unendliches; aber beschränkt ist alles, was er leistet.» Konsequenter Idealismus ist für Schiller, nach diesen Zitaten zu urteilen, nicht durchführbar; er kann den Anforderungen der Wirklichkeit nicht nachkommen, weil er sich über sich selbst täuscht, sein Verhältnis zum praktischen Leben verkennt. Wenn der Idealist handelt, muß er vielfach hinter seinem Ideal zurückbleiben, es zur Formel entleeren, «nicht selten sogar unter dem niedrigsten Begriffe [«der Menschheit», d. h. des Menschentums] bleiben»; und zwar gerade obwohl und wenn er wähnt, es zu erfüllen. So ist es eben der Idealist, der die «Bedürftigkeit der menschlichen Natur beweist» und (ebenso wie der Realist) «das Ideal menschlicher Natur» durch seine Einseitigkeit verfehlt. Um den «Werth», den «zeitlichen Gehalt» unseres Lebens ist es «gethan», wenn der Idealist sich anmaßt «mit unserer bloßen Vernunft» der Welt begegnen zu wollen (XX, 496–501).

5.

Die Gegenüberstellung von Wallenstein und Max ist also die Konfrontation des (von Schiller so genannten) Realisten, der nicht ganz Realist sein kann, der als Spieler in das Bereich der Freiheit zu gelangen hofft und in dieser Rolle schließlich sogar Züge des wirklichkeitsüberhobenen idealistischen Friedensherrschers annimmt, mit dem (von Schiller sogenannten) Idealisten, dem ein Leben in der Idee nicht gelingen will, so daß er, der dezidierte Nichtspieler, sich von der idealfernen politischen Realität bestimmen läßt, seine Freiheit verliert oder nur im Tod realisiert. Beide Hauptfiguren sind in ihrer Problematik einander zugeordnet; so entgegengesetzt ihre geistigen Ausgangspunkte auch sind, bewegen sie sich doch aufeinander zu und werden beide, eben wegen dieser Uneinheitlichkeit in der Wesensstruktur, große tragische Gestalten. So tritt der kunstvoll verschränkte Ganzheitscharakter des Dramas ins volle Licht, der in den bisherigen Interpretationen vielfach verdunkelt worden ist zugunsten einer Nebenordnung zweier wesentlich voneinander verschiedener und unabhängiger Einzeltragödien. Erst wenn man den ganzheitlichen Zusammenhang in den Blick bekommt, erfaßt man, daß «nichts blindes darinn» bleibt, wie Schiller am 2. Oktober 1797 an Goethe schrieb (XXIX, 141). Schon Goethe hatte übrigens einen Blick für das Verbindende der beiden Hauptcharaktere, als er *beide* sowohl ideale wie auch phantastische Existenzen nannte.[51] Der Spieler und der Nichtspieler sind verwandt bei aller Gegensätzlichkeit. Auch darin bezeugt sich, auf wie indirekte Weise auch immer, die thematische Einheit des Spiels vom Spiel.

---

51 Weimarer Ausgabe, 1. Abt., XL, 63–64 («Die Piccolomini»).

Maria Stuart

Die Heilige von «dieser» Welt

1.

«[...] von der Welt / Zu scheiden, und ein selger Geist zu werden, / Den keine irdsche Neigung mehr versucht»; «Der Himmel öffnet seine goldnen Tore, / [...] Hinauf – hinauf – Die Erde flieht zurück – / Kurz ist der Schmerz und ewig ist die Freude!»; «Der Tod hat eine reinigende Kraft, / [...] Zu ächter Tugend reinem Diamant / Das Sterbliche zu läutern und die Flecken / Der mangelhaften Menschheit zu verzehren» – in *Wallenstein* und den ihm vorausgehenden Dramen sucht man solche Stellen vergeblich. In *Maria Stuart*, der *Jungfrau von Orleans* und der *Braut von Messina*, denen sie entnommen sind,[1] geben sie den Ton an. Die dominanten Figuren sind auch hier zwar noch den Spannungen ihrer ereignisvollen Welt ausgesetzt, und sie wirken kräftig mit in ihnen; im entscheidenden aber werden sie durch einen Konflikt bestimmt, der in ihrem Innern ausgetragen wird. Die Zitate geben eine Ahnung davon. Es geht um das Gegeneinander und das problematische Miteinander, im personalen Gefüge dieser Gestalten, von Leib und Seele, Stoff und Geist, Erde und Himmel, Diesseits und Jenseits, Zwang und Freiheit, Welt und Ewigkeit – sämtlich Vokabeln der Dramen selbst und zugleich Echo der philosophischen Schriften aus dem Jahrzehnt der Auseinandersetzung mit Kant. Akut werden diese Spannungen in allen drei Dramen im Sterben der Hauptperson; ja, das ganze Bühnengeschehen ist, von dieser her gesehen, in mancher Hinsicht ein bewußtes Hinleben auf den Tod, in dem es, voraussehbar schon lange vorher, jeweils wortreich gipfelt. Wie anders der Tod in *Wallenstein*: Sterbeszenen werden hinter die Bühne verlegt. Auf einen desperaten, aber unschlüssigen Satz von Max Piccolomini («wer mit mir geht, der sei bereit zu sterben!» [*Tod*, 2427]) folgt der Bericht von seinem Tod im sprachlosen Kampfgetümmel; Wallenstein selbst, in Gedanken bei der politischen Wirklichkeit wie nur je, als er zum letzten Mal von der Bühne abtritt, hofft, einen langen Schlaf zu tun, aus dem er, hinter

---

1 *Maria Stuart*, 3827–3829; *Die Jungfrau von Orleans*, 3537, 3543–3544; *Die Braut von Messina*, 2731–2735.

der Bühne, nicht mehr erwachen wird, betrogen um den eigenen, den bewußt erfahrenen und artikulierten Tod. Beherrschend bleibt die große historische Bilderbogen-Schau. In *Maria Stuart* und der *Braut von Messina* wird das raumfüllende Lebenspanorama des geschichtlichen Geschehens mit seinen farbenfrohen Episoden und ausufernden Wirbeln gebändigt zu einem Handlungsablauf von «klassischer» Einfachheit und Prägnanz, zu einem Drama von der formalen Strenge des «kein Wort zuviel», «keine Szene ohne plausible Funktion», die es dem Autor erlaubt, das Augenmerk auf die «Mache», auf die beinah schon artistische Komposition, zu lenken. Zugleich sieht der Psychologe und Dr. med., der schon seit den *Räubern* das «ganze innere Räderwerk» der Psyche vorführen will (III, 6), hier und ebenfalls in der turbulenteren *Jungfrau von Orleans* eine bisher ungenutzte Möglichkeit seines Metiers. In dem Maße, wie er die eigentliche Handlung stärker als je zuvor in die intrapersonalen Vorgänge verlagert, ergreift er die Chance, seine Hauptgestalten zu durchleuchten im Koordinatensystem der eben genannten Begriffspaare; sie spielen im Bewußtsein der Hauptgestalten eine unverkennbare Rolle, ohne daß diese nun auch gleich Illustrations- oder Exempelfiguren würden für philosophische Fragestellungen.

Das besagt jedoch nicht unbedingt, daß alles Geschichtliche des Sujets zur Bedeutungslosigkeit verblaßte gegenüber dem Persönlichen. Selbst für *Maria Stuart* stimmt das nicht, obwohl das (sichtlich im Gefolge der von der Klassik und nicht zuletzt von Schiller selbst [XX, 167, 218] rezipierten aristotelischen Abwertung der Geschichte) auf deutscher Seite oft kategorisch behauptet worden ist. Dieses Verständnis des Stücks hat dann auf englischer Seite die Behauptung provoziert, die geschichtlichen Verhältnisse seien von geradezu «vitaler» Bedeutung[2]: nicht zuletzt gehe es im Gegeneinander von Maria und Elisabeth um die historisch reflektierende Darstellung von zwei in einem geschichtlichen Krisenmoment gegeneinander antretenden Herrschaftskonzeptionen und Staatsordnungen: von traditionell autoritärem Feudalabsolutismus *dei gratia* einerseits und aufgeklärter konstitutioneller Monarchie andererseits – insofern also «Geschichtstragödie» oder «Tragödie der Geschichte».[3] Das schießt ebenso über das Ziel hinaus, wie die ältere Auffassung der geistesgeschichtlichen Forschung: von Geschichtsdrama könne nach *Wallenstein* überhaupt nicht mehr die Rede sein, zu kurz visiert. Vielmehr wird im Rahmen des (auch und gerade durch seine

---

2 Lesley Sharpe, *Schiller and the Historical Character*, Oxford 1982, S. 107.
3 F. J. Lamport, «Krise und Legitimitätsanspruch: *Maria Stuart* als Geschichtstragödie», *Zeitschrift für deutsche Philologie*, CIX (1990) Sonderheft, S. 134–145.

Formstrenge) intrapersonalen Dramas – anders als in einem Racineschen Stück etwa oder in Goethes *Iphigenie* – dem Geschichtlichen eine Funktion zugewiesen. Diese besteht darin, daß persönliches Handeln und persönliche Unfähigkeit zum Handeln, oft fast wie in einem Schachspiel der Politik, mitbestimmt werden durch jene Situationen und Konstellationen, die das Spiel und Gegenspiel der geschichtsmächtigen Potenzen, ihrerseits determiniert durch dynastische Vorgeschichte und gespannte Staatsrechtlage, im Verlauf des Dramas schaffen.

Auf die drei angesprochenen Hauptmomente: Geschichte, Drama der inneren Handlung, Kompositionsinteresse, machen bereits Bemerkungen Schillers aus der Entstehungszeit der *Maria Stuart* aufmerksam, ohne daß allerdings aus dem Mosaik der Äußerungen deutlich würde, wie man sich ihr Ensemble zu denken habe. Schon Anfang 1783 in der Bauerbacher Zeit ins Auge gefaßt, aber erst im Sommer 1799 in Angriff genommen, am 14. Juni 1800, knapp eine Woche nach Fertigstellung des Textes, uraufgeführt und Ostern 1801 veröffentlicht, ist das bereits im Titel als historisch ausgewiesene Stück paradoxerweise aus Schillers Suche nach «einem frei phantasierten, nicht historischen», nämlich «bloß leidenschaftlichen und menschlichen Stoff» hervorgegangen (an Goethe, 19. März 1799; XXX, 39). Und kaum hat er mit seinen historischen Vorstudien begonnen, da spricht er seine Faszination vom Dramaturgisch-Formalen des Sujets in einer Weise aus, die das Geschichtlich-Faktische bestenfalls an den Rand drängt:

> Indeßen habe ich mich an die Regierungsgeschichte der Königin Elisabeth gemacht und den Prozeß der Maria Stuart zu studieren angefangen. Ein paar tragische Hauptmotive haben sich mir gleich dargeboten und mir großen Glauben an diesen Stoff gegeben, der unstreitig sehr viele dankbare Seiten hat. Besonders scheint er sich zu der Euripidischen Methode, welche in der vollständigsten Darstellung des Zustandes besteht, zu qualifizieren, denn ich sehe eine Möglichkeit, den ganzen Gerichtsgang zugleich mit allem politischen auf die Seite zu bringen, und die Tragödie mit der Verurteilung anzufangen. (An Goethe, 26. April 1799; XXX, 45)

Daß die hier als besonders reizvoll empfundenen Darstellungsstrategien, die schon im Vorwurf angelegt sind, jedoch letztlich dazu dienen, den Blick um so sicherer auf den Charakter der zentralen Figuren zu lenken, läßt der Brief vom 11. Juni 1799 an Goethe durchblicken:

> Die Idee, aus diesem Stoff ein Drama zu machen, gefällt mir nicht übel. Er hat schon den wesentlichen Vortheil bei sich, daß die Handlung in einen thatvollen Moment concentrirt ist und zwischen Furcht und Hofnung rasch zum Ende eilen muß. Auch sind vortrefliche dramatische Charaktere darin schon von der Geschichte hergegeben. (XXX, 58)

Stärker noch eine Woche später, als Schiller offenbar bereits die Feder angesetzt hat, am 18. Juni an Goethe:

> Ich fange schon jetzt an, bei der Ausführung, mich von der eigentlich *tragischen* Qualität meines Stoffs immer mehr zu überzeugen, und darunter gehört besonders, daß man die Catastrophe gleich in den ersten Scenen sieht, und indem die Handlung des Stücks sich davon wegzubewegen scheint, ihr immer näher und näher geführt wird. An der Furcht des Aristoteles fehlt es also nicht, und das Mitleiden wird sich auch schon finden.
>
> Meine Maria wird keine weiche Stimmung erregen, es ist meine Absicht nicht, ich will sie immer als ein physisches Wesen halten, und das pathetische muß mehr eine allgemeine tiefe Rührung als ein persönlich und individuelles Mitgefühl seyn. Sie empfindet und erregt keine Zärtlichkeit, ihr Schicksal ist nur, heftige Paßionen zu erfahren und zu entzünden. Bloß die Amme fühlt Zärtlichkeit für sie. (XXX, 61)

Die Hauptgestalt ist also «von der Geschichte hergegeben»; dennoch soll es, wie man schon aus dieser Versenkung des Historikers ins ausschließlich Menschlich-Personhafte und seine Gestaltungstechnik entnehmen kann, sich um einen «poetischen Kampf mit dem historischen Stoff» handeln und darum gehen, «der Phantasie eine Freiheit über die Geschichte zu verschaffen» (an Goethe, 19. Juli 1799; XXX, 73). Und doch sucht der Dramatiker, wie es noch im selben Brief heißt, wiederum «von allem was [die Geschichte] brauchbares hat, Besitz zu nehmen»: es gilt, wie Schiller über den *Warbeck*-Plan äußert, während er an der *Maria Stuart* arbeitet, «immer nur die allgemeine Situation, die Zeit und die Personen aus der Geschichte zu nehmen und alles übrige poetisch frey zu erfinden» (an Goethe, 20. August 1799; XXX, 86). So entstünde ein mittleres Genre, das «die Vortheile des historischen Dramas mit dem erdichteten vereinigte», wie Schiller es bereits in *Fiesko* versucht hatte. «Brauchbar» aber fand Schiller manches Geschichtliche (das er gründlich, in einem guten Dutzend Quellenwerken, einschließlich William Robertsons *History of Scotland* [1759] und David Humes *History of England* [Bd. 5, 1759], in deutscher Übersetzung, studiert hatte) denn doch nur in souveräner Umgestaltung. So gibt er am 22. Juni 1800 in einem Brief an Iffland unumwunden zu, er habe es für richtig gehalten, Maria auf fünfundzwanzig und Elisabeth auf höchstens dreißig Jahre zu verjüngen (XXX, 164). Was den Charakter der Hauptgestalten angeht, bleibt in den Quellen, die Schiller vorlagen, gewiß manches, bedingt durch den damaligen Forschungsstand, unklar und dubios, wie zum Teil noch bis heute. Doch darf man dennoch urteilen, daß Schiller, der Mann vom Fach immerhin, Maria eher günstiger, Elisabeth eher ungünstiger geschildert hat, als seine Quellen nahelegten, die z.B. nichts wußten von Kurls Widerruf seiner Aussage gegen Maria. Vor allem in der allzu akkuraten Gegenüberstellung «Gott würdigt mich, durch diesen unverdienten Tod / Die frühe schwere

Blutschuld abzubüßen» (3735–3736), die oft als verbindliche Lösung der ethischen Problematik, seltener auch als durch das Stück selbst in Frage gezogene Deutung verstanden wird,[4] erweist sich Schiller als entscheidungsfreudiger, als seine Quellen rechtfertigten: die historische Mary Stuart bekannte sich pointiertermaßen nicht zur Beihilfe an der Ermordung Darnleys, und ihre Beteiligung an Babingtons Attentat auf Elisabeth machten die Schiller vorliegenden Quellen eher wahrscheinlich als unwahrscheinlich.[5] Dies und anderes freie Schalten mit historischen Tatsachen oder Wahrscheinlichkeiten – die Erfindung Mortimers, die Inszenierung der in der geschichtlichen Wirklichkeit nur als Möglichkeit erwogenen Begegnung der Königinnen, das Abendmahl vor der Hinrichtung, von dem die Schiller zugänglichen Quellen (im Gegensatz zu einem seither aufgetauchten Dokument) nichts wußten, die erotische Beziehung Marias zu Leicester – geschieht im Namen des Metiers, das im autonomen künstlerischen Komponieren und im Charakterdarstellen zugleich besteht. Und in der Hinsicht ist Schiller nach getaner Arbeit mehr als zufrieden mit sich. Am 16. Juni 1800, zwei Tage nach der Uraufführung schreibt er an Körner: «Ich fange endlich an, mich des dramatischen Organs zu bemächtigen und mein Handwerk zu verstehen» (XXX, 162).

Aber *wie* versteht er es jetzt? Und, zunächst: weist es nicht doch auch auf die *Wallenstein*-Phase zurück? Tatsächlich ist ja *Maria Stuart* nicht nur gleich im Anschluß an den *Wallenstein* entstanden, auch fällt das Jahr, in dem Schiller den englisch-schottischen Stoff aufgreift, bearbeitet und sein Drama vollendet, genau mit dem Jahr zusammen, vom Sommer 1799 bis zum Sommer 1800, das noch ganz im Zeichen der Bemühung um den kontinentaleuropäischen Stoff steht, um Bühnenfassungen und Druck des *Wallenstein*, der erst im selben Sommer erscheint, als *Maria Stuart* schon ihr Bühnendebut macht. Die *motivische* Nähe zu *Wallenstein* verleugnet sich denn auch nicht in *Maria Stuart*. Wie der böhmische Feldherr ein Spieler mit den Figuren und Konstellationen seiner politischen und menschlichen Umwelt ist, der sich zuletzt in seinem eignen Spiel verstrickt, so auch Leicester, der mal auf Maria, mal auf Elisabeth setzt: «Ich habe ein gewagtes Spiel gespielt» (2941); und als es zum Attentat auf die Monarchin kommt, glaubt auch dieser Spieler – mit Recht, wie er am Schluß des Dramas mit seiner Flucht nach Frankreich zu verstehen gibt –: «Ich bin entdeckt, ich bin durchschaut» (2741). Wenn er überdies zu seiner Verteidigung vor Eli-

---

4 William F. Mainland, *Schiller and the Changing Past*, London 1957, S. 57–86.
5 William Witte, «Schiller's *Maria Stuart* and Mary, Queen of Scots», *Stoffe, Formen, Strukturen*, hg. v. Albert Fuchs u. Helmut Motekat, München 1962, S. 238–250; auch zum folgenden Satz.

sabeth argumentiert: «Der Schein ist gegen mich» (2925), so darf er gerade bei seiner Herrin auf Verständnis rechnen, obwohl es in diesem Fall ein verlogenes Argument ist: «Ich [...] kann den Schein nicht retten», weiß Elisabeth, «Das ist das Schlimmste!» Und auf Mortimers «Was bekümmert dich / Der böse Schein, bei der gerechten Sache?» Elisabeths traurig-realistische Replik: «Ihr kennt die Welt nicht, Ritter» (1597–1601). Gerade Elisabeth weiß, wie Wallenstein, daß, was immer sie tut oder nicht tut, ob sie Maria zum Tode verurteilt oder begnadigt, sie dem «Doppelsinn des Lebens» unterworfen ist und damit der berechenbar-wankelmütigen Macht ihres Volkes, ihres «Götzen»: «Die Meinung muß ich ehren, um das Lob / Der Menge buhlen». Sie muß sich einer «Notwendigkeit» beugen, die sie haßt und verachtet – eine überspielte Spielerin auch sie (3191, 3194–3195, 3210).

Und sind wir damit nicht auch *thematisch* noch in der Nähe Wallensteins? Wallenstein ist nach Schillers Selbstverständnis der «Realist», der ganz den Mächten und Verheißungen *dieser* Welt hingegebene Mensch, dessen Charakterbild er seit 1796/97 dennoch aufzuhellen versucht, indem er ihm sympathetisch Verständnis entgegenbringt, ihn als Friedensfürsten mit idealen Motiven, als den gerechten Herrscher, weisen Regenten, weitblickenden politischen Genius zu sehen versucht, der am Ende bei aller Fragwürdigkeit denn doch nicht ungerechtfertigt erscheinen mag. Eben weil dies in *Wallenstein* unentschieden bleibt, aus jener Absicht sicherlich, die dieses Drama zu einem der überdauernden gemacht hat, kommt Schiller, so möchte man denken, in *Maria Stuart* auf die Frage zurück. Und zwar nicht nur im Hinblick auf Maria, den jedenfalls in der Vorgeschichte und fast bis ans Ende des Dramas «realistischen», wenn nicht gar kriminellen Charakter, sondern auch in Bezug auf ihre Gegenspielerin Elisabeth. Wenn auch – ebensowenig wie Wallenstein – durchaus nicht «geläutert», so wird Elisabeth doch als menschlich verständlicher präsentiert, als Leser und Zuschauer in früheren Jahrzehnten in der Regel wahrhaben wollten. Denn Schillers äußerst komprimierende, Euripides' analytischem Drama nacheifernde Handlungsführung mit ihrer formal-artistischen Technik der vielleicht allzu kalkulierten Parallelisierung, Kontrastierung und Symmetrierung von Szenen, Personen, Wechselreden und Positionen hat die Deuter in die Irre geführt. Sie sahen auch in der thematischen Dimension, in der Gegenüberstellung der Königinnen, eine akkurate Antithetik, also so etwas wie Schwarz-Weiß-Malerei: hier die ethisch geläuterte Triumphfigur, dort die erbärmliche Verbrecherin, hier die Heilige und Märtyrerin, dort den Theaterbösewicht, hier die am Ende ihres Lebens von «irdischen», «physischen» Motiven nicht mehr erreichbare, sich nach dem Diktat absoluter Werte bestimmende Idealistin in der makellosen Glorie des Gewissens, dort die ganz in den Bezügen dieser Welt aufgehende Realpolitikerin, die sich von Machtwillen und Rachsucht treiben läßt unter dem Vorwand des Volkswohls und der Staatsräson.[6] Doch *so* ist das Gegenüber der beiden Protagonistinnen, das die Grundstruktur des Dramas ausmacht, nicht zu sehen; auf einen Teil der Schiller vorausgehenden Dramatisierungen mag solche plane Eindeutigkeit zutreffen, auf Schillers Stück nicht. Sie wäre gegenläufig zu seinem kennzeichnenden charaktergestalterischen Impetus.

Setzen sich die beiden Königinnen denn aber wirklich wechselseitig ins Licht, so daß in vollem Sinne von einer Doppeltragödie zu sprechen wäre? Gewiß hängt Leben und Tod der einen von Tod und Leben der anderen ab; ihre Geschicke sind miteinander verzahnt. «Ihr Leben ist dein Tod! Ihr Tod dein Leben!» lautet eine der aphoristisch geschliffenen Wechselreden, die die rhetorische Stilisierung antagonistisch auf die Spitze treiben (1294). Die eine Gestalt transzendiert die geschichtliche Welt, die andere hat sie zu bestehen. Aber bewirkt das bei aller handlungsmäßigen Verbindung der beiden Tragödien schon ein künstlerisches Gleichgewicht? Deutet der Titel des Dramas nicht eher auf die stärkere Profilierung der einen Königin, was dann die übliche Konzentration der Deutung auf Maria nahelegt? Ist Elisabeth effektiv also doch nur die Folie Marias: dazu bestimmt, Marias Umkehr im Anschluß an ihre Anerkenntnis «früher schwerer Blutschuld» noch mehr zu verklären dadurch, daß, wie Shrewsbury Elisabeth ins Gesicht sagt, *ihr* «edlerer Teil» unrettbar bleibt (4028–4029)? Oder aber wirkt Elisabeth auf den unbefangenen Zuschauer durch ihr eigenes dramatisches und menschliches Interesse, als *mehr* denn eine bloße, schematisch-eindeutige Folie ihrer Gegenspielerin?

Selten genug ist Elisabeth, der man ohnehin wenig Aufmerksamkeit geschenkt hat, so gesehen worden.[7] Und doch scheint Schiller selbst einen unübersehbaren Fingerzeig in diese Richtung gegeben zu haben, als er auf den Gedanken kam, die beiden Hauptdarstellerinnen sollten von Aufführung zu Aufführung ihre Rollen tauschen (XLII, 295). «Weil mir alles daran liegt, daß [sie] in diesem Stück noch eine junge Frau sey, welche Ansprüche machen darf, so muß sie von einer Schauspielerin, welche Liebhaberinnen zu spielen pflegt, dargestellt werden», schreibt Schiller in dem erwähnten Brief an Iffland – nicht etwa über Maria, sondern über Elisabeth (XXX, 164).

---

6   Ferdinand van Ingen, «Macht und Gewissen: Schillers *Maria Stuart*», *Verantwortung und Utopie*, hg. v. Wolfgang Wittkowski, Tübingen 1988, S. 283–309; G. A. Wells, «Villainy and Guilt in Schiller's *Wallenstein* and *Maria Stuart*», *Deutung und Bedeutung*, hg. v. Brigitte Schludermann u.a., Den Haag u. Paris 1973, S. 100–117.
7   Claude David, «Le personnage de la reine Elisabeth dans la *Maria Stuart* de Schiller», *Deutsche Beiträge zur geistigen Überlieferung*, IV (1961), 9–22.

2.

Nehmen wir die Beobachtung zum Stichwort, daß in diesem Drama kein Wort zuviel ist, und schließen daraus, daß daher auch jedes Wort genau betrachtet sein will, so stellt sich Elisabeth als mehr und anderes dar als der Theaterbösewicht in der Rolle des Machtweibs und der Heuchlerin. Zwar wird sie auch bei genauster Lektüre nicht eben sympathisch; gemein und klein, wie sie am Schluß dem Sekretär die Schuld zuschiebt und nicht ohne Grund von ihren Kreaturen verlassen wird – so bleibt sie uns bei fallendem Vorhang in Erinnerung. Doch bemüht sich der Dramatiker und Menschenkenner sichtlich, die Herrscherin uns «menschlich näher [zu] bringen» wie den Feldherrn Wallenstein auch und König Philipp in *Don Karlos*. Schon aus der Vorgeschichte fällt ein Licht auf Elisabeth, mit dem der Autor um Verständnis wirbt, denn dramaturgisch ist diese Vorgeschichte, im Gegensatz zur Vorgeschichte Marias, nicht eigentlich nötig. Gemeint ist das Motiv der schon frühen Entsagung der Frau, die noch in der Handlungsgegenwart (Schillers Urteil hat ein wörtliches Echo im Dramentext) «Ansprüche machen darf», diese aber als Regentin nicht macht – Entsagung um so mehr, als Marias bloße Existenz ihr tagtäglich vorführt, was fehlt in ihrem Leben: Elisabeth ist Opfer ihrer Stellung, und zwar einer betont männlich konzipierten Stellung, in einem patriarchalisch geprägten, historisch vorgegebenen Gesellschaftssystem;[8] zu Leicester, dem Liebenden, vielleicht auch Geliebten:

> Beklag mich, Dudley, schilt mich nicht – Ich darf ja
> Mein Herz nicht fragen. Ach! das hätte anders
> Gewählt. Und wie beneid ich andre Weiber,
> Die das erhöhen dürfen, was sie lieben.
> So glücklich bin *ich* nicht, daß ich dem Manne,
> Der mir vor allen teuer ist, die Krone
> Aufsetzen kann! – Der Stuart wards vergönnt,
> Die Hand nach ihrer Neigung zu verschenken,
> Die hat sich jegliches erlaubt, sie hat
> Den vollen Kelch der Freuden ausgetrunken.
> [...]
> Sie hat der Menschen Urteil nichts geachtet.
> Leicht wurd es ihr zu leben, nimmer lud sie
> Das Joch sich auf, dem *ich* mich unterwarf.
> Hätt ich doch auch Ansprüche machen können,
> Des Lebens mich, der Erde Lust zu freun,
> Doch zog ich strenge Königspflichten vor.
> Und doch gewann sie aller Männer Gunst,

---

8   Gert Sautermeister, «*Maria Stuart*: Ästhetik, Seelenkunde, historisch-gesellschaftlicher Ort», *Schillers Dramen*, hg. v. Walter Hinderer, Stuttgart 1992, S. 280–335.

Weil sie sich nur befliß, ein Weib zu sein,
Und um sie buhlt die Jugend und das Alter.
So sind die Männer. Lüstlinge sind alle!
Dem Leichtsinn eilen sie, der Freude zu,
Und schätzen nichts, was sie verehren müssen. (1968-1990)

Das ist nicht (nur) Selbstmitleid, hatte doch Shrewsbury diese Selbstdarstellung bereits im voraus bestätigt:

Dir war das Unglück eine strenge Schule.
Nicht seine Freudenseite kehrte *dir*
Das Leben zu. Du sahest keinen Thron
Von ferne, nur das Grab zu deinen Füßen.
Zu Woodstock wars und in des Towers Nacht,
Wo dich der gnädge Vater dieses Landes
Zur ersten Pflicht durch Trübsal auferzog.

Maria hingegen, fügte Shrewsbury hinzu, wurde «geblendet [...] von der Laster Glanz»

Und fortgeführt vom Strome des Verderbens.
Ihr ward der Schönheit eitles Gut zuteil,
Sie überstrahlte blühend alle Weiber,
Und durch Gestalt nicht minder als Geburt – – (1377-1397)

An das Mitleid, die altehrwürdige Reaktion, die das klassische Drama verlangt, dürfte der Dramatiker in dieser Beschwörung der frühen Jahre Elisabeths appellieren, und sei es auch nur, im Gegensatz zu «persönlich[em] und individuellem Mitgefühl», an jene «allgemeine tiefe Rührung», die er *expressis verbis* Elisabeths Gegenspielerin zubilligte (an Goethe, 18. Juni 1799; XXX, 61). Doch hat Schiller nicht auch seinem Freund Körner die Richtigkeit seines Lektüre-Eindrucks bestätigt, daß *beide* «Hauptpersonen das Herz nicht anziehen»? (13. Juli 1800; XXX, 172) Schon der Bühnentext selbst stimmt unsere eben einsetzende Sympathie mit Elisabeth herab. Denn erst kurz zuvor, im Gespräch mit dem französischen Botschafter, der den Heiratsantrag seines Souveräns übermittelte, hatte Elisabeth ebenfalls ihr Leben als Aufopferung an den Staatsdienst dargestellt – «Die Könige sind nur Sklaven ihres Standes, / Dem eignen Herzen dürfen sie nicht folgen» –, doch nur, um gleich hinzuzufügen: soviel Vorteil dürfe sie denn doch von ihrem Monarchenstand erwarten, daß sie sich ihre «jungfräuliche Freiheit» bewahre, daß sie «von dem Naturzweck ausgenommen [sei], / Der *eine* Hälfte des Geschlechts der Menschen / Der andern unterwürfig macht». «Der Ring macht Ehen, / Und Ringe sinds, die eine Kette machen» (1155-1211). Hier also setzt sie sich über den Zwang ihrer Position hinweg gerade kraft der Macht, die sie als Monarchin besitzt: «Das Weib ist nicht schwach. Es gibt starke Seelen / In dem Geschlecht» (1374-1375). Hat sie hier das

Herrschaftssystem, das sie als Frau nicht zu ihrem Recht kommen läßt, nicht vielmehr erfolgreich, triumphierend geradezu, überspielt? Also Mitleid mit dem *Opfer*, als das sie sich Leicester gegenüber darstellt? Oder wäre gerade die Internalisierung der Selbstverleugnung Elisabeths tragische Signatur?

Gesteht man das als möglichen Sinn dieser Widersprüchlichkeit zu, so fällt es dennoch nicht leicht, in dem gleich folgenden Widerspruch klar zu sehen. Elisabeth empfängt aus Paulets Hand Marias Gesuch um eine persönliche Begegnung, zu der es in den vielen Jahren ihrer Gefangenschaft nie gekommen ist. Sie bricht in Tränen aus:

> Was ist der Mensch! Was ist das Glück der Erde!
> Wie weit ist diese Königin gebracht,
> Die mit so stolzen Hoffnungen begann[.] (1528–1530)

Eine effektvolle Theaterszene, die man denn auch oft, einem Stichwort Shrewsburys (1543–1544) folgend, als Fingerzeig auf die «menschliche» Seite der Herrscherin liest. Das ist nicht falsch. Aber von Elisabeths Mitgefühl mit Maria Stuart kann nur beschränkt die Rede sein, wenn man erkennt, daß es sich im Grunde um den Schock der Erkenntnis der *eigenen* Gefährdung durch die Fortuna handelt, die es gerade auf die Repräsentanten *ihres* – bereits beklagten – Standes abgesehen hat. Es folgt nämlich:

> – Verzeiht, Mylords, es schneidet mir ins Herz,
> Wehmut ergreift mich und die Seele blutet,
> Daß Irdisches nicht fester steht, das Schicksal
> Der Menschheit, das entsetzliche, so nahe
> An meinem eignen Haupt vorüberzieht. (1538–1542)

In der Tat hat Elisabeth Grund zu der Furcht, daß sie ihres Lebens nicht sicher sei, und niemand anders als die eben scheinbar beweinte Stuart ist die Ursache. So bleibt der Versuch des Dramatikers, Elisabeth menschlich nahezubringen, nicht zuletzt auch durch Shrewsburys anschließenden Kommentar, dem Publikum in Erinnerung, und ebenso Elisabeths Wallensteinsche realistische Skepsis, daß der «Schein» zu fürchten sei, auch wenn sie tadelsfrei handle im Hinblick auf die Nebenbuhlerin (1597–1599). Aber die Sympathiegeste soll sich in Grenzen halten, denn warum sonst Minuten später Elisabeths ganz unmißverständlicher Auftrag an Mortimer, Maria zu ermorden (1621–1624), nachdem eine entsprechende frühere Anweisung an Paulet bereits an dessen Rechtschaffenheit gescheitert ist?

Keineswegs wird Elisabeth durch diese Nebeneinanderstellung von konträren Images vorbehaltlos verurteilt. Handelt sie nicht eher in Notwehr? Die Begegnung der Königinnen im folgenden Akt zeigt nicht nur in, sondern auch zwischen den Zeilen, wie akut die jahrelange Existenzbedrohung durch Maria ist, und daß es um das Leben der Regentin geht. «Kalt und streng» reagiert Elisabeth dort auf Maria (2279); aber das ist in erster und letzter Linie die reine Defensive gegenüber einer – besonders nach dem Bittbrief Marias – überraschend «stolzen» und selbstsicheren Rivalin, die die *de facto*-Herrscherin buchstäblich überrumpelt. Und als Maria sich dann, statt sachlich bei der staatsrechtlichen Frage zu bleiben, noch zu der so brutalen wie geschmacklosen Beleidigung der (ihr durch die Gewährung ihrer Bitte immerhin entgegenkommenden) Monarchin versteigt, ganz als sei es Elisabeths Schuld, daß sie ein «Bastard» und ihre Mutter in dem Sinne ohne «Ehrbarkeit» sei (2430, 2447), wendet sich die Sympathie zweifellos Elisabeth zu, der Unterliegenden. Und mehr noch im folgenden Akt, wenn das Persönlich-Frauliche der Herrscherin, in der Begegnungsszene bereits schwer geprüft durch die Rivalität zu dem während der ganzen Szene anwesenden Leicester, erneut ins Spiel kommt: hintergangen muß sie sich von Leicester fühlen, der, wie sie jetzt erfährt, mit Maria Stuart *billets doux* tauschte, betrogen auch von ihrem vermeintlichen Vertrauten Mortimer, der Maria zu befreien suchte. Eben als die höchste Instanz im Lande ist sie verdammt, in einer höfischen Welt der Intrige zu leben, in der es kein Ich und Du gibt. Bände spricht ihr Wort zu Leicester, der sich äußerlich erfolgreich gegen die Unterstellung des erotischen Einvernehmens mit Maria verteidigt hat: «Ich glaub Euch, / Und glaub Euch nicht. Ich denke, Ihr seid schuldig, / Und seid es nicht!» (3016–3018).

Wer will in einer solchen Welt, in der es menschliche Authentizität definitionsgemäß nicht geben kann, noch entscheiden, wann Elisabeth *selbst* die Wahrheit sagt und wann nicht – und kann sie es selbst entscheiden? Gewiß, sie sieht sich gleich anschließend als Opfer des Volkswillens, der ihr, der konstitutionellen, nicht absoluten, also an diesen Volkswillen gebundenen Herrscherin, die Unterzeichnung des Todesurteils der Rivalin aufdrängt; doch sie bleibt – alles andere als «Tyrannin» – «unentschlossen mit sich selbst kämpfend» (3069). Aus sittlichen Skrupeln? Oder *nur*, weil wie sie ähnlich Wallenstein weiß, daß «die jetzt gewaltsam zu der Tat mich treiben, / Mich, wenns vollbracht ist, strenge tadeln werden» – und *darum* taktieren möchte (3075–3076)? Sie fühlt sich gezwungen («Man zwingt mich») und muß sich doch von ihrem uneigennützigsten Berater, Shrewsbury, sagen lassen: «Wer kann dich zwingen?» (3082–3083). Im Kreuzfeuer der drängenden Berater bleibt sie auf sich selbst zurückgewiesen: die Hölle sind die anderen, die sie im Feld der politischen Geschichte auf allen Seiten bedrängen, und auch sie selbst, denn gerade durch ihre Verpflichtung auf Gerechtigkeit, durch die sie die fehlende königliche Geburt kompensieren zu müssen glaubt, manövriert sie sich in eine qualvolle Situation. Wer würde da den ersten Stein werfen? Die Einsamkeit der letzten Instanz – man erinnert sich an «Der König hat geweint» in *Don Karlos* – soll theatralisch rühren: Elisabeth ist frei und nicht frei und vor allem auf sich allein gestellt und «schwach». «Bin ich / Zur Herrscherin doch nicht gemacht! Der Herrscher / Muß hart sein können, und mein Herz ist weich» (3159–3161). So ist sie unentschieden bis zuletzt:

> Man überlasse mich mir selbst! Bei Menschen ist
> Nicht Rat noch Trost in dieser großen Sache.
> Ich trage sie dem höhern Richter vor.
> Was der mich lehrt, das will ich tun – Entfernt euch,
> Mylords!
> [...]
>   O Sklaverei des Volksdiensts! Schmähliche
> Knechtschaft – Wie bin ichs müde, diesem Götzen
> Zu schmeicheln, den mein Innerstes verachtet!
> Wann soll ich frei auf diesem Throne stehn!
> Die Meinung muß ich ehren, um das Lob
> Der Menge buhlen, einem Pöbel muß ichs
> Recht machen, dem der Gaukler nur gefällt.
> O *der* ist noch nicht König, der der Welt
> Gefallen muß! Nur der ists, der bei seinem Tun
> Nach keines Menschen Beifall braucht zu fragen.
>   Warum hab ich Gerechtigkeit geübt,
> Willkür gehaßt mein Leben lang, daß ich
> Für diese erste unvermeidliche
> Gewalttat selbst die Hände mir gefesselt!
> Das Muster, das ich selber gab, verdammt mich!
> War ich tyrannisch, wie die spanische
> Maria war, mein Vorfahr auf dem Thron, ich könnte
> Jetzt ohne Tadel Königsblut versprützen!
> Doch wars denn meine eigne freie Wahl
> Gerecht zu sein? Die allgewaltige
> Notwendigkeit, die auch das freie Wollen
> Der Könige zwingt, gebot mir diese Tugend.
>   Umgeben rings von Feinden hält mich nur
> Die Volksgunst auf dem angefochtnen Thron.
> Mich zu vernichten streben alle Mächte
> Des festen Landes. Unversöhnlich schleudert
> Der römsche Papst den Bannfluch auf mein Haupt,
> Mit falschem Bruderkuß verrät mich Frankreich,
> Und offnen, wütenden Vertilgungskrieg
> Bereitet mir der Spanier auf den Meeren.
> So steh ich kämpfend gegen eine Welt,
> Ein wehrlos Weib! Mit hohen Tugenden
> Muß ich die Blöße meines Rechts bedecken,
> Den Flecken meiner fürstlichen Geburt,
> Wodurch der eigne Vater mich geschändet.
> Umsonst bedeck ich ihn – Der Gegner Haß
> Hat ihn entblößt, und stellt mir diese Stuart,
> Ein ewig drohendes Gespenst, entgegen.
>   Nein, diese Furcht soll endigen!
> Ihr Haupt soll fallen. Ich will Frieden haben!

– Sie ist die Furie meines Lebens! Mir
Ein Plagegeist vom Schicksal angeheftet.
Wo ich mir eine Freude, eine Hoffnung
Gepflanzt, da liegt die Höllenschlange mir
Im Wege. Sie entreißt mir den Geliebten,
Den Bräutgam raubt sie mir! *Maria Stuart*
Heißt jedes Unglück, das mich niederschlägt!
[...]
Ein Bastard bin ich dir! – Unglückliche!
Ich bin es nur, so lang *du* lebst und atmest. (3185–3244)

In dieser Gemütsverfassung unterschreibt Elisabeth das Todesurteil «mit einem raschen, festen Federzug» – der dennoch nicht an das «Ein Todesurteil? Recht gern» der *Emilia Galotti* erinnert, wohl aber den Verdacht auf Kurzschluß nahelegt. Nicht nur die Einsamkeit der Macht, der selbst der Beistand des «höhern Richters» mangelt, von dem sie sich nach eigenen Worten Rat und Trost verspricht (3187), wird hier deutlich, sondern zugleich die wieder an Wallenstein erinnernde Zwangslage dessen, der sich nicht der geschichtlichen Wirklichkeit entzieht, sondern in ihr handeln muß. Nach nicht nur moralisch motiviertem Zaudern, von der Konstellation der realen Faktoren unter Druck gesetzt, muß Elisabeth ihren Schachzug machen – oder glaubt jedenfalls, es so sehen zu müssen. Und wer will sagen, ob und wieviel Schau- und Falschspielerei vor sich selbst in diese Zeilen – sie sind ein Monolog! – hineindringt? Doch kaum neigt der Zuschauer an dieser entscheidenden Stelle zum *in dubio pro reo*, da zeigt der Dramatiker die Königin in verächtlicher Kleinheit: erschrocken vor der eigenen Courage, überläßt sie es dem Sekretär, ob das Todesurteil vollstreckt wird oder nicht. Das ist ein lahmer, wenn auch im Hinblick auf die Umstände der Unterzeichnung begreiflicher Versuch, die Verantwortung auf einen anderen abzuwälzen, den sie dann, nach der von Lord Burleigh veranlaßten Urteilsvollstreckung, auch skrupellos in den Tower schickt. Daß ihre Freunde sie am Ende verlassen, Shrewsbury den Abschied nimmt («Du hast von nun an / Nichts mehr zu fürchten, brauchst nichts mehr zu achten» [4030–4031]), Leicester in der geflügelten Schlußzeile «zu Schiff nach Frankreich» flieht, ist nichts anderes als ein moralisches Todesurteil über die Siegreiche. Doch ein unwiderrufliches? Wird Elisabeth «endgültig ins Unrecht» gesetzt?[9] Liegt der Fall im Licht der zitierten Stellen so klar? Oder richtet Schiller, der Menschenkenner, in der Darstellung Elisabeths nicht gerade als der Psychologe, als den man ihn seit Max Kommerells Essay in *Geist und Buchstabe der Dichtung* (1940) schätzt, nicht vielmehr einen Blick auf diese

---

[9] Gerhard Storz, *Der Dichter Friedrich Schiller*, Stuttgart 1959, S. 333.

Gestalt, der Verwunderung, ja Verblüffung über das Halbdunkel des Charakters ausdrückt?

Über den Grad der Uneindeutigkeit, die genaue Nuancen des Grau, die in der Gegenüberstellung von Elisabeth und Maria kontrapunktiert werden, mag man verschieden urteilen. Soviel ist jedoch aus den Zitaten deutlich geworden, daß diese Königin sich geradezu definiert in Bezug auf die andere Königin, daß ihr Leben und Schicksal auf das engste – und konträrste – verwoben ist mit dem der anderen. Und daß es auch umkehrt, von Maria her gesehen, sich so verhält, ist unverkennbar, wenn immer diese die Bühne betritt. So darf man, gerade in Erinnerung an Schillers ausgeprägten Sinn für Symmetrie in diesem Drama, wohl auch fragen, ob der komplizierten und changierenden Mischung von Schwarz und Hellgrau im Charakterbild Elisabeths auf Seiten Marias nicht statt der Heiligen ebenfalls ein in Mischtönen gehaltener Charakter entgegensteht.

3.

Nun sprechen jedoch die kritischen Leser der *Maria Stuart* von jeher von Märtyrertragödie; der Text selbst gibt dieses Stichwort gleich im Auftakt: die Kunde von Marias «Märtyrtum» ist bereits nach Frankreich gedrungen (516), und seit Vondels *Maria Stuart of gemartelde Majesteit* (1646) hat die Geschichte der Mary Queen of Scots ja immer wieder Anlaß gegeben zu diesem Genre, von dem Lessing im ersten Stück der *Hamburgischen Dramaturgie* behauptete, daß es eine Unmöglichkeit sei, weil undramatisch: denn ein christlicher Märtyrer halte «gemartert werden und sterben für ein Glas Wasser trinken». Ein Märtyrer wäre im Sinne der Dramentheorie eine Gestalt, die unerschütterlich fest in ihrem (wie auch immer beschaffenen) Glauben steht und kraft dieses Glaubens mit der Welt unwiderruflich abgeschlossen hat – bereits von Anfang an. Das jedoch trifft auf Schillers Stuart-Drama kaum zu, allenfalls ganz am Schluß. Maria Stuart ist hier durchaus ein Mensch von dieser Welt; eben darauf besteht der Dramatiker selbst, wenn er in dem zitierten Brief an Goethe vom 18. Juni 1799 bemerkt, er wolle Maria «immer als ein physisches Wesen halten», und dies gleich erläutert mit dem Hinweis, es sei ihr Schicksal, «nur heftige Paßionen zu erfahren und zu entzünden» (XXX, 61). Auch steht das schon auf den ersten Blick nicht im Widerspruch zum Text: immerhin erfindet Schiller aus freien Stücken Mortimer, der seine offensichtlichste Funktion darin hat, diesen leidenschaftlichen, sinnlichen Zug Marias auf der Bühne, statt in Rückblicken auf die Vorgeschichte, gegenwärtig zu machen und ihr die Worte in den Mund zu legen, sie sei «geboren, nur die Wut zu wecken» (2552). Maria als Mensch von Fleisch und Blut also statt Heilige oder Märtyrerin.

Aber ist sie dies «immer», wie Schiller meint, zugegebenermaßen im allerersten Stadium der Arbeit an der diffizilen Materie? In der Vorgeschichte ist sie es zweifellos; Elisabeth hat, indem sie die eigene protestantisch eingeschränkte Jugend im Vergleich mit der katholisch lebensfrohen der Rivalin ins Relief trieb, durchaus richtig gesehen. Die von Maria schließlich selbst zugestandene Beihilfe zum Mord an ihrem Ehemann Darnley, um des Liebhabers Bothwell willen, ist ja die sprechendste von vielen Vignetten aus einem Leben der skrupellos-leidenschaftlichen Sinnlichkeit, das Marias Vergangenheit ist.

Ist das noch die Frau, die die Bühne betritt, kaum daß sich der Vorhang gehoben hat? Oder begegnet uns da gleich eine Verwandelte, eine andere, wenn nicht eine Heilige, so doch im Gegensatz zur «physischen» Maria der Vorgeschichte «eine durch Leiden geläuterte, wahrhaft königliche Frau»?[10] Läuterung ist das Stichwort, das den Kritikern von jeher allzu leicht von der Zunge geht. Was wäre darunter zu verstehen? Im Forum des Theaters ist die Frage nach dem Was zunächst eine Frage nach dem Wann: wann wandelt oder «läutert» sich die Stuart von der lebenslustigen Genießerin ihrer Macht und Anziehungskraft zur weltabgewandten Büßerin, die einem ethisch-religiösen Imperativ entspricht? Mit der Fixierung des Zeitpunkts im Drama ist zugleich entschieden, ob es sich um einen Prozeß, eine Entwicklung handelt oder aber um einen plötzlichen, erleuchtungsartigen Durchbruch. Charakterentwicklung oder Charakterbruch? Charakterbruch würde nicht nur auf den Pietismus von Schillers Jugend zurückweisen und auf eine gern zitierte Stelle aus «Über das Erhabene» von 1801 über die «plötzliche» «freye Aufhebung alles sinnlichen Interesse» oder auch «Revelation» (XXI, 45,51), sondern theatergeschichtlich auch auf das Schiller in mancher Weise nicht fernstehende Barockdrama mit seinen abrupten Gesinnungsumschwüngen, die dort freilich, wie in Joh. Chr. Hallmanns *Antiochus und Stratonica* und Adolf v. Haugwitz' *Soliman*, in erster Linie nicht einem Charakterkonzept entsprechen, vielmehr als Strukturerfordernis der «Tragikomödie» fungieren; aber auch das Jesuitendrama mit seinen Bekehrungsszenen kennt solchen abrupten Wandel. Charakterentwicklung hingegen würde eher auf menschenkundliche Vorstellungen deuten, die man mit Goethe und dem Humanitätsbegriff der Klassik verbindet: geprägter Keim, der sich entfaltet. In Schillers spezieller Anthropologie dürfte im Falle der Entwicklung die Überlegung zugrundeliegen, wie im Sinne von *Über naive und sentimentalische Dichtung* aus dem realistischen Charakter ein idealistischer wird. Man sieht, was von der genauen Erfassung der Natur

---

10 Ebda.

des Charaktergeschehens abhängt: es ist letztlich eine Frage nach Schillers Optik des Menschlichen und seinen Möglichkeiten, die sich beantwortet, wenn man ermittelt, wann (und damit wie) die Wandlung der Maria Stuart dargestellt wird.

Die Antworten, die man im vielstimmigen Chor der Interpreten zu hören bekommt, gehen weit auseinander. «When the drama begins, Maria's purification has already commenced: she is no longer completely possessed by *Weltlust*», also Entwicklung, die in die Vorgeschichte zurückreicht.[11] Hingegen: «Maria Stuart's spiritual beginning does not begin at the end of her life, but rather, if at all, after her death», also keine Entwicklung oder prozessuale Läuterung, sondern eher eine Art religiöser Erleuchtung, aber erst jenseits des Bühnengeschehens.[12] Und zwischen diesen Extremen liegen allerlei weitere Antworten, die nicht alle durch Klarheit ausgezeichnet sind. Was gibt der Text zu erkennen?

Der erste Akt spielt in dem mehrfach als Kerker bezeichneten Gelaß im Schloß zu Fotheringhay, in dem die schottische Königin, aus den mitverschuldeten Wirren der Politik des Heimatlandes schutzsuchend nach England geflohen, seit Jahr und Tag gefangen ist. Ob sie, die, «ein Kruzifix in der Hand», die Bühne betritt, noch dieselbe sei wie in ihrer berüchtigten Vergangenheit, wird gleich im Auftakt als Thema angeschlagen, das dann mehrfach variiert wird. Maria selbst glaubt ihre Tage gezählt, «und ich achte mich / Gleich einer Sterbenden» (194–195). Es ist der Jahrestag der Ermordung ihres Gatten Darnley; Gewissensbisse verfolgen sie; die gewissenlos Lebenslustige der Vorgeschichte, von der Elisabeth und Shrewsbury im zweiten Akt sprechen werden, wird in den Erinnerungen beschworen, und kaum entlastet sie der Beschwichtigungsversuch der Amme Kennedy, selbst in den Augen Marias nicht: «Ergriffen / Hatt Euch der Wahnsinn blinder Liebesglut» (324–325). Ebenso steht es mit den kurz darauf folgenden Worten, die gern als Zeugnis dafür zitiert werden, daß Marias «Läuterung» bereits eingesetzt habe, das «physische Wesen» also wesentlich nur noch eine Sache der Vergangenheit sei:

> Seit dieser Tat, die Euer Leben schwärzt,
> Habt Ihr nichts Lasterhaftes mehr begangen,
> Ich bin ein Zeuge Eurer Besserung. (369–371)

Besserung? Kritiker, die diese Worte als Bezeichnung eines objektiven Sachverhalts verstehen, vergessen, daß wir es mit der Polyphonie eines Dra-

---

11 E. L. Stahl, *Friedrich Schiller's Drama*, Oxford 1961, S. 111.
12 Andreas Mielke, «*Maria Stuart*: Hermeneutical Problems of ‹One› Tragedy with ‹Two› Queens», *Friedrich von Schiller and the Drama of Human Existence*, hg. v. Alexej Ugrinsky, New York 1988, S. 50.

Die Heilige von «dieser» Welt 223

mas zu tun haben. Die Amme ist keine Räsoneuse; sie sucht vielmehr in der ganzen Szene die «Schwermut» ihrer schuldbewußten Herrin zu zerstreuen, die «der blutge Schatten König Darnleys» ängstigt (271–272). Die Kennedy ist Partei nicht anders als die ihr kontrapunktisch entgegengesetzte andere Kommentatorfigur, der Gefängniswärter Paulet. Dieser, der soeben die persönlichen Gebrauchsgegenstände Marias konfisziert hat, spricht von den «verbuhlten Liedern», die Maria auf der Laute gespielt habe, von ihrem «eitlen Bild», das sie im Spiegel zu beschauen pflege: eine «Helena», der es gelang, noch aus dem Kerker heraus «das edle Herz des Norfolk zu umstricken» (45, 40, 84, 73). Mit einem Wort: «Den Christus in der Hand, / Die Hoffart und die Weltlust in dem Herzen» eben in dem Moment, als sie die Bühne betritt (142–143). Solche doppelseitige Kommentartechnik setzt die Protagonistin von vornherein ins Zwielicht, und wer das Zureden der Kennedy trotzdem zum alleinigen Stichwort nehmen will, sollte nicht überhören, daß sie überrascht ist von der «Mutlosigkeit» der Lady an diesem Tag: «Wart Ihr doch sonst so froh, [...] / Und eher mußt ich Euren Flattersinn / Als Eure Schwermut schelten» (268–271) – noch gestern offenbar!

Daß es mit «Besserung», mit Abkehr von sinnlich-leidenschaftlichem «physischen Wesen» der Vorgeschichte nicht weit her ist, trotz aller sittlichen Ernsthaftigkeit und sogar Feierlichkeit des ersten Auftretens, wird im weiteren Verlauf des Aktes rasch deutlich. Mortimer erscheint und verheißt Rettung. Der «Himmel» wird bemüht, der «durch ein Wunder seiner Allmacht» diese Rettung schicke (406–407). Doch nur allzu Weltliches verspricht sich Maria davon, und fast sofort, erstaunlich rasch für eine eben noch «Sterbende», die dennoch zu wissen glaubt, daß man ihr statt Hinrichtung «ewgen Kerker» zugedacht hat (591), strebt sie der Welt wieder zu, von der sie sich *expressis verbis*, aber nur *verbis*, schon abgekehrt hatte. (Solcher Abkehr zum Trotz bemühte sie sich schon vor Mortimers Erscheinen um ein Gespräch mit Elisabeth, von der sie offenbar ein anderes Urteil erhoffte als von den Lords, die sie, wie sie ahnt, für schuldig befinden.) Durch Leicester, gibt Maria Mortimer zu verstehen, ließe sich eine Rettung aus dem Gefängnis bewerkstelligen: während die eine Hand noch das Kruzifix hält, zieht sie mit der anderen ein Schreiben an Leicester aus dem Kleid. «Es enthält mein Bildnis» (674) – Hoffnung auf Leicesters Befreiungsplan, zugleich eine erotische Annäherung. Sie trage das Schreiben «lange schon» bei sich (675), also hat Leicester den Plan schon lange, dürfen wir folgern. Im zweiten Aufzug wird Leicester, der, zwielichtig wie kaum ein zweiter in Schillers Welt zwar auch er, das Bild «mit stummem Entzücken» betrachtet, Mortimer Marias Wunsch gemäß erklären, was es mit dem Brief auf sich hat: sein jahrelanges Werben um Maria, das vor einiger Zeit in seinem Rettungsvorschlag gipfelte. «Und dieser Brief, den Ihr mir überbracht, / Versichert mir, daß sie verzeiht und sich mir / Zum Preise schenken will, wenn ich sie rette» (1820–1822). Erinnert das nicht fatal an die Vorgeschichte: Maria schenkte ihre Hand, die eben noch dem «Liebling» Rizzio gewinkt hatte (318), Bothwell, der sie von Darnleys Hand befreite? Erst im zweiten Aufzug hören wir dies, aber schon im ersten dürfte durch Ton und Geste deutlich sein, wie es um dies «Rätsel» steht (678): die «physische» Maria lebt wieder auf.

In der anschließenden Szene mit Burleigh – wir sind noch im ersten Akt – bestätigt sich das. Die angeblich so Weltabgewandte argumentiert mit dem Großschatzmeister der englischen Königin nicht über Seelenheil und Weltverfallenheit, sondern legalistisch-spitzfindig über Fragen der Staatsverfassung und der rezenten politischen Geschichte sowie über formaljuristisches Procedere – sichtlich noch entschieden von dieser Welt, von Fleisch und Blut und Paragraphenkenntnis, um so mehr, als sie durch Mortimers unverhofftes Auftreten mittlerweile Aussicht auf Rettung durch Leicester zu haben glaubt.

Erst im dritten Akt sehen wir Maria wieder dank Schillers struktureller Fairneß, die den zweiten Akt der bereits mehrfach zitativ vergegenwärtigten Gegenspielerein reserviert. Ihre Bittschrift an Elisabeth, wir wissen es schon aus dem zweiten Akt, hat Erfolg gehabt; das Gespräch mit Elisabeth ist ihr gewährt. Kaum zu erwarten, daß sie inzwischen zur Heiligen gewandelt sei. Im Gegenteil: zwar weiß sie selbst noch nicht, daß sie, wie lange erhofft, Elisabeth entgegentreten wird, doch das bloße Erlebnis der Freiheit in einem Park mit «weiter Aussicht» bei Fotheringhay versetzt sie in eine rauschhafte Euphorie, die durchaus von dieser Welt ist. Durch das suggestiv transzendente Vokabular wird das eher noch ironisch bestätigt, ganz als schicke Schiller die Kritiker in den April, die sich auf die «Heilige» kaprizieren. «Himmlische Luft» glaubt Maria, aus dem Gewahrsam entlassen, zu atmen, «frei und glücklich» träumt sie sich, «umfängt mich nicht der weite Himmelsschoß?» (2082–2091). Und wenn sie weiß, daß sie ihre Freiheit «der Liebe tätger Hand» verdankt, so hat sie, weltlich-allzuweltlich, ja stilistisch blasphemisch, das «Antlitz» Leicesters vor Augen, «der mir die Bande löst auf immerdar» (2123, 2127–2128). «Dort, wo die grauen Nebelberge ragen, / Fängt meines Reiches Grenze an» (2094–2095) – nicht etwa die abstrakte Freiheit des Menschen als intelligibles Wesen à la Kant, nicht etwa die Grenze von *mundus sensibilis* und *mundus intelligibilis*! Und geographisch-konkret und politisch praktisch geht es gleich weiter (*warum* dies Motiv, wenn es blind wäre?): «Dort legt ein Fischer den Nachen an! / Dieses elende Werkzeug könnte mich retten, / Brächte mich schnell zu befreundeten Städten» (2107–2109). Nicht verwunderlich, daß die ihrerseits allzusehr in Kants und Schillers ästhetisch-moralischen Schriften versierte Amme Kennedy perplex ist und unbedarft konziliatorisch auf den Einfall kommt, «auch denen, hört ich sagen, wird die Kette / Gelöst, auf die die ewge Freiheit wartet» (2132–2133). Worauf Maria sie auf den Boden der Wirklichkeit zurückführt:

> Hörst du das Hifthorn? Hörst dus klingen,
> Mächtigen Rufes, durch Feld und Hain?
> Ach, auf das mutige Roß mich zu schwingen,
> An den fröhlichen Zug mich zu reihn!
> Noch mehr! O die bekannte Stimme,
> Schmerzlich süßer Erinnerung voll.
> Oft vernahm sie mein Ohr mit Freuden,
> Auf des Hochlands bergigten Heiden,
> Wenn die tobende Jagd erscholl. (2134–2142)

Kein Zweifel: die Amme Kennedy hat sich wohlmeinend getäuscht mit ihrer Diagnose «Besserung», und nicht zum letzten Mal (vgl. unten S. 227 zu der Stelle über den plötzlichen «Tausch zwischen Zeitlichem und Ewigem»).

Als es anschließend zu der Begegnung Auge in Auge kommt, nachdem die vielberufene Heilige noch Minuten vorher ihren «blutgen Haß» gegen die Rivalin bekannt und es abgelehnt hat, sich vor ihr zu demütigen (2184), kann von einem Wandel erst recht nicht die Rede sein. Oder sind die Signale, die der Text gibt, doch eher uneindeutig? Denn tatsächlich ist – in vor-dekonstruktionistischer Zeit! – die Auffassung geltend gemacht worden, daß der Umschlag von «Weltlust» in Weltabkehr ausgerechnet in dieser Szene erfolge, wenn auch dem Blick verborgen. Was vordergründig geschieht, ist klar: nachdem Maria sich anfangs zur Demut zwingt oder dies jedenfalls behauptet, begegnen die Königinnen einander mit solchem «Stolz», daß ein sachliches Gespräch über Staatsrecht und Herrschertugend nicht zustande kommt, vielmehr schon nach den ersten Worten ausartet in drohendes Schimpfen und höhnisches Gezänk über die persönlich-allzupersönliche Vergangenheit: Bastardgeburt und Gattenmord. Es endet mit dem Triumph Marias, während Elisabeth, «wütende Blicke schießend», wortlos und «schnell abgeht». «Du hast gesiegt! Du tratst sie in den Staub», kommentiert Mortimer (2469), und Maria selbst spricht von ihrem «Augenblick der Rache»: «Das Messer stieß ich in der Feindin Brust» (2457, 2459). Was auf der Bühne zu sehen ist, ist offenkundig der Sieg der «physischen», ganz dem Leben zugewendeten Maria. Denn was ihr Stärke gibt in diesem Wortduell, ist nicht etwa ihr katholischer Glaube oder die idealistische Philosophie, sondern die Anwesenheit Leicesters, der beiden Königinnen seit Jahren seine Avancen macht, für beide ein möglicher Ehegatte. «Vor Leicesters Augen hab ich sie erniedrigt!» (2464), nicht vor dem Forum der Gerechtigkeit, der Fairneß oder Rechtgläubigkeit: eine «Hure» (die eine wie die andere), wie Goethe gesagt haben soll (IX, 371).

Doch ist das zugleich ein moralischer Sieg? Man hat in dieser frei erfundenen Szene tatsächlich die Paradoxie sehen wollen, daß indem Maria durch ihre enthemmte Wut auf die Rivalin sich den Weg zur Freiheit abschneide, «eben darin eine absolute Größe des Erhabenen in ihr zum Durchbruch gelangt».[13] Nichts anderes als das meine Mortimer mit seinem «Du hast gesiegt!» Der Dramatiker habe ausgerechnet ihn, der, erotisch entflammt, doch Partei ist wie kaum ein zweiter, zu seinem Sprachrohr gemacht, um zu verstehen zu geben: gerade in dieser leidenschaftlichen Affektszene komme in Maria die «echte Würde, [die] heilige Freiheit des Geistes [zum] Durchbruch»: «Heiligung» geschehe hier, ja der «Sprung in den Abgrund des Ewigen, [ein] endgültiger Schritt in das Ewige» (IX, 334–335, 370–371). Solche Scharfsicht grenzt an Hellseherei. Von Erhabenheit ist in die Zankszene, die großartiges Theater ist, nicht die geringste Spur in Wort oder Gebärde eingegangen, wie es bei dem gewieften Bühnenpraktiker denn doch zu erwarten wäre, der in seinem Hang zum erstaunlichen Effekt gelegentlich auch über den guten Geschmack hinausgeht und den Kitsch streift. Einen Durchbruchsmoment, hätte er ihn gewollt, hätte Schiller sich kaum entgehen lassen. Handgreiflich ist vielmehr, daß Maria auch in der an die Begegnung der Königinnen gleich anschließenden Szene mehr «physisches Wesen» ist als je zuvor. Sie genießt den Triumph über die Rivalin in der Liebe; und ihre Bedenken gegen Mortimers Befreiungsplan in der darauf folgenden Szene deuten ebenfalls nicht auf den Gesinnungswandel einer, die mit der Welt kurz zuvor oder eben in dieser Szene mit Mortimer abgeschlossen hätte,[14] sondern lediglich auf Mortimers erotisches Ungestüm, das Maria «entzündet» hat.

Wenn bereits der dritte Akt als der Ort eines sieghaften Durchbruchs zur intelligiblen Freiheit beabsichtigt wäre, dann wäre auch die unübersehbare Rede der Amme Kennedy im fünften Aufzug über den plötzlichen Akt der Weltabkehr nicht im Park von Fotheringhay, sondern in der Nacht vor der Hinrichtung kaum zu begreifen. So ist es schon richtiger, vom dritten Akt als dem «Nadir [der] geistigen Entwicklung» Marias zu sprechen.[15] Doch was berechtigt überhaupt zu der geläufigen interpretatorischen Vokabel «Entwicklung» oder spezieller «Läuterung»?

Die Worte der Kennedy im fünften Aufzug sind unmißverständlich: in der Nacht habe man unversehens Lärm gehört, Hammerschläge:

---

13 Benno von Wiese, *Friedrich Schiller*, Stuttgart 1959, S. 715.
14 Adolf Beck, «Schiller: *Maria Stuart*», *Das deutsche Drama*, hg. v. Benno von Wiese, Düsseldorf 1958, I, 317.
15 Stahl, S. 112 («spiritual development»).

Wir glauben, die Befreier zu vernehmen,
Die Hoffnung winkt, der süße Trieb des Lebens
Wacht unwillkürlich, allgewaltig auf –
Da öffnet sich die Tür – Sir Paulet ists,
Der uns verkündigt – daß – die Zimmerer
Zu unsern Füßen das Gerüst aufschlagen!
Sie wendet sich ab, von heftigem Schmerz ergriffen

MELVIL
   Gerechter Gott! O sagt mir! Wie ertrug
   Maria diesen fürchterlichen Wechsel?

KENNEDY
   nach einer Pause, worin sie sich wieder etwas gefaßt hat
   Man löst sich nicht allmählich von dem Leben!
   Mit *einem* Mal, schnell augenblicklich muß
   Der Tausch geschehen zwischen Zeitlichem
   Und Ewigem, und Gott gewährte meiner Lady
   In diesem Augenblick, der Erde Hoffnung
   Zurück zu stoßen mit entschloßner Seele,
   Und glaubenvoll den Himmel zu ergreifen. (3394–3408)

Das darin beschlossene anthropologische Konzept (Wandlung als Durchbruch oder Erweckung statt als Entwicklung) scheint bestätigt zu werden durch die Parallelstelle in «Über das Erhabene»: «Nicht allmählig [...], sondern plötzlich und durch eine Erschütterung, reißt es den selbstständigen Geist aus dem Netze los, womit die verfeinerte Sinnlichkeit ihn umstrickte» (XXI, 45). Die Amme also als maßgebliche Stimme der Selbstinterpretation des Stückes selbst? Weithin wird es so gesehen. Andererseits hat man diese Deutung einfach beiseitegeschoben: tatsächlich handle es sich im Stück der Amme zum Trotz um die Erreichung des Erhabenen im Verlauf eines *Vorgangs*.[16] Verständlich jedenfalls wird das Bedenken gegen die Amme als verbindliche Interpretin, wenn zu ihrer Beglaubigung, wie fast immer, die zitierte Stelle aus der theoretischen Prosa herangezogen werden muß – während die Worte der Amme selbst mindestens einem Kritiker eher den Gedanken an die sauren Trauben der Fabel nahegelegt hat: das «Verdienst im Geistigen» werde in Frage gezogen durch die Interpretation der Amme. (Doch wird dieser Verdacht nicht weiterverfolgt, vielmehr zugedeckt mit Zitaten aus theoretischen Werken, die Schillers Glauben an den Aufschwung zur idealistischen Verklärung bezeugen; die Rede der Amme hätte also doch das Wesentliche getroffen.)[17]

Wenn aber in der Rede der Amme ganz am Anfang des fünften Aktes schon das A und O beschlossen ist, was wäre dann der Sinn dessen, was

---
16   Ilse Graham, *Schiller's Drama: Talent and Integrity*, London 1974, S. 294: «process in time»; vgl. Mielke, S. 50.
17   Beck, S. 319.

noch folgt in diesem langen Akt? Der Sinn der Abendmahlsszene insbesondere? Direkt oder indirekt haben sich vor allem in neuerer Zeit nachdenkliche Leser gegen die abschließende Gültigkeit der (wie es schien) völlig unangreifbaren Selbstdeutung des Stücks gewandt. Sie wendeten ihre Aufmerksamkeit den darauf folgenden Szenen zu, den letzten Momenten Marias, die erst nach dem Bericht der Amme über die vorausgehende Nacht die Bühne betritt. Enthält Marias Selbstdeutung Fingerzeige auf «Durchbruch» oder eher auf «Entwicklung»?

«Weiß und festlich gekleidet», erscheint Maria, im sechsten Auftritt, mit dem Kruzifix in der Hand wie schon im ersten Akt, und wenn dieses sprechende Requisit schon dort – der Amme zum Trotz – nicht unmißverständlich auf die Weltabkehr der sich für «sterbend» Haltenden wies, dann vielleicht – der Amme zum Trotz – auch hier nicht, darf man mutmaßen. Die Bühnenanweisung macht zugleich auf Marias Diadem aufmerksam, das auf die weltliche und dank königlicher Macht doch auch allzuweltliche Vergangenheit verweist – nicht anders als die während des ganzen Aktes (schon in der Bühnenanweisung zum ersten Auftritt hervorgehobenen) im Hintergrund aufgehäuften «Reichtümer» der Königin: «goldne und silberne Gefäße [...] und andere Kostbarkeiten». Erscheint Maria in ihren letzten Momenten auf der Bühne, auf dieser Welt, also nicht auch im Zwielicht solcher Attribute, bevor «die frohe Seele sich / Auf Engelsflügeln schwingt zur ewgen Freiheit» (3483–3484)? Warum, im Hinblick auf die Kleidung, die sie trägt, das bedenkenswerte Wort: «Vergönnet mir noch einmal / Der Erde Glanz auf meinem Weg zum Himmel!» (3548–3549)? «Immer» noch die «physische» Maria?

Dafür spricht immerhin, daß sie, die, der zweiten Kammerfrau zufolge, «zum letztenmal allein / Mit Gott sich unterhalten» will (3462–3463), schon mit ihren ersten Worten nicht von Gott, sondern von «der stolzen Feindin» spricht, die ihr, der «freien großen Königin», ungeziemend begegnet sei (3485–3487). Gewiß folgt gleich die Sentenz: «den Menschen adelt, / Den tiefstgesunkenen, das letzte Schicksal.» Doch wenn man sie als Indiz für Marias Enthebung ins Bereich des Intelligiblen zitiert,[18] dann sollte man doch im Auge behalten, daß im Kontext «tiefstgesunken» das politische Mißgeschick meint, und sollte die sofort anschließenden Verse nicht totschweigen: «Die Krone fühl ich wieder auf dem Haupt, / Den würdgen Stolz in meiner edlen Seele!» «Stolz» ist das ganze Stück hindurch die Vokabel der Weltzugewandtheit. Genießt die Unterliegende hier einen Triumph, der alles andere ist als nicht von dieser Welt? (In der ehemaligen DDR sah man das, unentschuldbar, als majestätisch-feudalistisches Sichauf-

---

18 Ebda.

Die Heilige von «dieser» Welt

spielen großen Stils, das kaum der Lächerlichkeit entgehe.)[19] Keineswegs ist die schottische Maria in diesem Stadium «erhaben» und hinaus über die politischen Spannungen, die ihr Leben bestimmten; abschiednehmend warnt sie die Diener – das Kruzifix in der Hand zwar – vor dem «stolzen Herz» der Briten (3537).

Und bekennt sie nicht Melvil, dem unverhofft erschienenen ehemaligen Haushofmeister, der, wie sich gleich herausstellen wird, sich zum Priester hat ordinieren lassen und daher das Abendmahl zu zelebrieren befugt ist, es sei «der beklemmten Seele noch / Verwehrt, sich frei und freudig zu erheben»? Und warum? Weil der «Geist» sich *erst* im Genuß der Abendmahls «in alle Himmel aufschwingt», in der Teilnahme am «hohen Wunder der Verwandlung» (3584–3585, 3613, 3620). Demzufolge kann das Abendmahl offenbar nicht nur die rituell-sichtliche *Bestätigung* einer Wandlung sein, die bereits in der Nacht zuvor eingetreten ist. Nicht allein setzt es das Sündenbekenntnis voraus; in Marias eigener Sicht *bewirkt* es seinerseits und von sich aus, kraft seiner geheimnisvollen Potenz, die Vereinigung von Menschlichem und Göttlichem: «in dem irdschen Leib / Geheimnisvoll mit deinem Gott verbunden» (3752–3753). Und in dieser Eigenschaft wäre das Abendmahl dann das realistisch-klerikale Zeichen jenes *in dem Moment* sich ereignenden Vorgangs, den Schiller als Theoretiker im Vokabular der idealistischen Philosophie als (Selbst)befreiung des unabhängigen Geistes von den Banden des Irdisch-Sinnlichen beschreibt. Hält man sich an Marias Worte, so geht es also in der Abendmahlsszene, die sich an die erste Unterredung mit Melvil anschließt, um mehr als das bloße Siegel auf moralisch, im Charakter bereits Geschehenes. Aber wie?

In der förmlichen Beichte bekennt Maria ihre Sünden: Haß und Rache, «sündge Liebe» zu Leicester und schließlich den Gattenmord, nicht aber Anstiftung zur Ermordung Elisabeths; am Babington plot beteuert sie vielmehr ihre Unschuld. *Nach* der Absolution wäre sie also über die gebeichteten Sünden hinaus. Das Abendmahl wäre der Moment des «endgültigen» Abschieds von der Welt, nach dem die Kritiker so insistent suchen. Doch *welcher* Moment? Als Melvil Maria im Anschluß an die Absolution und an die Verabreichung der Hostie den konsekrierten Kelch reicht, «zögert [sie], ihn anzunehmen, und weist ihn mit der Hand zurück» und empfängt ihn erst auf Melvils Zureden (3748–3751). Bedeutet dies, daß sie erst in diesem Moment des Zögerns, *nach* Sündenbekenntnis und Absolution, ihrem leidenschaftlichen Haß auf die «Feindin» (3730) entsage, kurz bevor sie sagt:

---

19 Bernd Leistner, «Leiden und Läuterung: *Maria Stuart*», Schiller: *Das dramatische Werk in Einzelinterpretationen*, hg. v. Hans D. Dahnke u. Bernd Leistner, Leipzig 1982, S. 190–191.

«Ich fürchte keinen Rückfall. Meinen Haß / Und meine Liebe hab ich Gott geopfert» (3761–3762)? Träte die Wandlung also erst so spät ein?[20] – *nach* dem (und nicht *durch* den) Genuß der Hostie, der den Gott mit dem Menschen vereint? (Und nur den Genuß der Hostie konnte Maria in ihren Worten über die Bedeutung des Abendmahls im Sinn haben, da sie, wie gleich deutlich wird, an den Empfang des *Kelchs* offenbar nicht hat denken können.) Wohl kaum kann es sich so verhalten, denn Melvils Deutung des Zögerns ist völlig plausibel:

> Nimm hin das Blut, es ist für dich vergossen!
> Nimm hin! Der Papst erzeigt dir diese Gunst!
> Im Tode noch sollst du das höchste Recht
> Der Könige, das priesterliche, üben! (3748–3751)

Melvil spielt an auf das Schiller vertraute Recht der französischen Monarchen (Maria war in ihrer ersten Ehe Königin von Frankreich gewesen), das Abendmahl im Gegensatz zu anderen katholischen Laien in *beiderlei* Gestalt zu nehmen (vgl. auch *Wallenstein, Picc.*, 2080–2085). Gerade einem so auf theatralische Wirkung eingeschworenen Dramatiker wie Schiller wäre nicht zuzutrauen, daß er hier einen arkanen Sinn verborgen hätte, der auch durch gelehrte Scharfsicht nicht einleuchtender wird. Ebensowenig wird man die Vergebung, die Maria abschiednehmend Elisabeth übermittelt, als Beleidigung der regierenden Majestät verstehen:[21] solche Worte gehören zum Hinrichtungsritual der elisabethanischen Zeit.

Schwierigkeiten hingegen macht Marias darauf folgende Begegnung mit Leicester. Es ist ihre letzte Szene, die schon deswegen Anspruch auf genaue Betrachtung hat.

> MARIA
>   Nun hab ich nichts mehr
> Auf dieser Welt –
> *Sie nimmt das Kruzifix, und küßt es*
> Mein Heiland! Mein Erlöser!
> Wie du am Kreuz die Arme ausgespannt,
> So breite sie jetzt aus, mich zu empfangen.
> *Sie wendet sich zu gehen, in diesem Augenblick begegnet ihr Auge dem Grafen Leicester, der bei ihrem Aufbruch unwillkürlich aufgefahren, und nach ihr hingesehen. – Bei diesem Anblick zittert Maria, die Knie versagen ihr, sie ist im Begriff hinzusinken, da ergreift sie Graf Leicester, und empfängt sie in seinen Armen. Sie sieht ihn eine Zeitlang ernst und schweigend an, er kann ihren Blick nicht aushalten, endlich spricht sie*

---

20 So Mainland, S. 81–82.
21 Harry Loewen, «The End as the Beginning: The Nature of Maria Stuart's Transformation», *Seminar*, XV (1979), 175.

Die Heilige von «dieser» Welt 231

Ihr haltet Wort, Graf Leicester – Ihr verspracht
Mir Euren Arm, aus diesem Kerker mich
Zu führen, und Ihr leihet mir ihn jetzt!
Er steht wie vernichtet. Sie fährt mit sanfter Stimme fort
Ja, Leicester, und nicht bloß
Die Freiheit wollt ich Eurer Hand verdanken.
Ihr solltet mir die Freiheit *teuer* machen,
An Eurer Hand, beglückt durch Eure Liebe,
Wollt ich des neuen Lebens mich erfreun.
Jetzt, da ich auf dem Weg bin, von der Welt
Zu scheiden, und ein selger Geist zu werden,
Den keine irdsche Neigung mehr versucht,
Jetzt, Leicester, darf ich ohne Schamerröten
Euch die besiegte Schwachheit eingestehn –
Lebt wohl, und wenn Ihr könnt, so lebt beglückt!
Ihr durftet werben um zwei Königinnen,
Ein zärtlich liebend Herz habt Ihr verschmäht,
Verraten, um ein stolzes zu gewinnen,
Kniet zu den Füßen der Elisabeth!
Mög Euer Lohn nicht Eure Strafe werden!
Lebt wohl! – Jetzt hab ich nichts mehr auf der Erden! (3815–3838)

Seltsam ist der verbale Rahmen: eingangs hat Maria «nichts mehr / Auf dieser Welt», und am Schluß wird wiederholt: «Jetzt hab ich nichts mehr auf der Erden!» Bedeutet dies, im Hinblick auf das Wann der Wandlung, daß zwischendurch ein «Rückfall» geschieht? Leicester findet sich durch einen bizarren Einfall des Bühnenpraktikers in der Christusrolle – er, der in einem anderen Sinn (man erinnert sich an Schillers doppeldeutige Verwendung religiösen Vokabulars) Marias Erlöser in diesem «Erlösungsspiel» (v. Wiese) hätte sein sollen! Ist Maria in den Armen ihres Liebhabers folglich noch nach der Abendmahlsszene zur erotischen Sinnlichkeit des «physischen Wesens» zurückgekehrt?[22] Und entspräche es solchem Rückfall, daß ihre Worte zu Leicester, in der Regel als *sine ira* interpretiert, eine bewußt feindselige, ja sarkastisch-sadistische Deutung zulassen? Im folgenden Monolog steht Leicester in der Tat «vernichtet», in der «Verzweiflung der Verdammten» da (3846). Mit Absicht verdammt von einer also buchstäblich bis zum letzten Moment «physischen» Maria?[23] Dann wäre kaum einzusehen, wieso sie mit ihrer allerletzten Zeile den Seelenfrieden wiedergefunden haben sollte, mit dem sie auch dieser Interpretation zufolge, die für plötzlichen, nicht allmählichen Wandel plädiert, in den Tod geht. Eine solche Deutung von Marias Abschiedsworten – «mit sanfter Stimme» gesprochen und

---

22 Loewen, S. 176; Mielke, S. 53.
23 Loewen, S. 176–177.

eher traurig – ist sicher zu verdächtigend. Leicester selbst, so vernichtet er ist nach Marias Abschied, sieht in ihr einen «schon verklärten Geist». «Welche Perle warf ich hin!» (3843–3845).

Entsprechend ist Marias Abgang auch keine Flucht vor menschlicher Verantwortung in den Glauben,[24] sondern ein Akt der Würde. Diese Vollkommenheit der schönen Seele als menschliche Möglichkeit zu feiern, die noch dazu das Publikum ästhetisch erziehe, liegt nahe.[25] Doch zeigt Schiller diese Vollkommenheit nur an der Schwelle des Todes im paradoxen Moment, wo Sein in Nichtsein übergeht: die «frohe Seele sich / Auf Engelsflügeln schwingt zur ewgen Freiheit» (3483–3484), «ein schön verklärter Engel» sich «auf ewig mit dem Göttlichen» vereint (3756–3757). Pointiert offen läßt er jedoch die Frage, ob solche Würde der Person *nur* erst an der Schwelle des Todes gewonnen werden kann, wie es hier den Anschein hat. Liest man das innere Geschehen auf der einen Seite als Erlösungsspiel, so wird auf der anderen, verständlich genug, der Vorwurf laut, der Autor versäume es, indem er den Weg aus diesem Leben zeige, einen Weg zu einem verantwortlichen Leben im Hier und Jetzt zu weisen.[26]. Gerechter ist es wohl, zu erkennen, daß Schiller gerade in dieser Paradoxie von Vollendung und Tod seine tragische Sicht aufs neue bewährt.

Unbeantwortet, jedenfalls *en detail*, bleibt bis zum Schluß die leitende Frage nach dem Wann und Wie des Weltabschieds: Entwicklung oder Durchbruch? Für Entwicklung und in *dem* Sinne «Läuterung» gibt der Text keine eindeutigen Anhaltspunkte; zu viel seelisches Auf und Ab bestimmt die Vorgänge. Aber: führt Schiller uns in die Irre, wenn er an *mehr als einer Stelle* innerhalb des letzten Aktes (und schon gleich eingangs, im ersten) den Eindruck erweckt, es geschehe an diesem Punkt die Zuwendung zum letztlich Wesentlichen oder sie sei bereits geschehen? Tatsächlich nimmt Maria dem Wortlaut nach ja *mehrmals*, an verschiedenen Stationen ihres Weges, Abschied von der Welt. Und wie die mancherlei Deutungen erkennen lassen, legt sich an mehreren Stellen dieses Weges (nicht *immer* plausibel) der Gedanke nahe, daß eine Gewandelte vor uns stehe, ohne daß zweifelsfrei eindeutig würde, in *welchem* Moment die *entscheidende* Wandlung geschieht. Was zwischen solchen Momenten liegt, sind Szenen, in denen sich eine «physische» oder nach Schillers Begriffen auch realistische Maria zeigt (in manchen Fällen auch nur zu zeigen scheint): affektbestimmt in Haß und Liebe, der Welt der Politik und des Eros zugewandt, nicht zuletzt auch

---

24 Mielke, S. 53.
25 Vgl. Sautermeister (s.o. Anm. 8).
26 Oskar Seidlin, «Schiller: Poet of Politics», *A Schiller Symposium*, hg. v. A. Leslie Willson, Austin, Texas, 1960, S. 29–48.

zweifelnd an der eigenen Würdigkeit. Wie ist das zu verstehen? Die Aufschwünge scheinen fragiler Natur zu sein. Wie immer ist der Dramatiker darauf bedacht, nicht nur dem «Bösewicht» Verständnis entgegenzubringen und ihm sein Recht werden zu lassen wie im Falle Elisabeths, sondern zugleich darauf, noch den «edelsten» Menschen in seiner Anfälligkeit für Mensch-Allzumenschliches zu sehen – ohne ihn deswegen weniger zu achten und zu lieben. Die besondere Anfälligkeit in *Maria Stuart* wäre dann in der Gefahr des im Stück selbst so benannten Rückfalls zu sehen: daß der Kontakt mit dem Bereich, aus dem die Erleuchtung oder zu dem der Durchbruch geschieht, zwar gewonnen, aber auch wieder und wieder verloren werden kann in «des Lebens Drang», in «des Lebens verworrenen Kreisen».[27] Letztlich von daher, aus einer christlichen Gebrechlichkeits-Vorstellungen analogen Optik, stammt die Trauer, mit der Schiller die Vollendung des Menschlichen mit seinem Erlöschen, das «schöne» Leben mit dem Tod koinzidieren läßt.

Die auf die *Maria Stuart* folgenden Dramen bezeugen, daß er sich von der Faszination von dieser Seite seiner Anthropologie nicht so rasch hat abbringen lassen.

---

27 *Wallenstein*, Prolog, 108; *Die Braut von Messina*, 2563.

Die Jungfrau von Orleans

Ein psychologisches Märchen

1.

In Schule und Theater gehört die «romantische Tragödie» *Die Jungfrau von Orleans* zu den offiziell geförderten Werken des deutschen «Kulturbesitzes». Ja, sie erfreut sich seit der triumphalen Erstaufführung, nicht zuletzt dank ihrer Tendenz zum Kitsch, einer unbestreitbaren Volkstümlichkeit (was allerdings die Titelfigur nicht zugleich, wie man es in der DDR zu sehen imstande war, zur proletarischen Volksheldin macht, der die Liebe verboten wird, um sie vor höfischer Korruption zu bewahren). Entsprechend ist *Die Jungfrau von Orleans* bis heute ein beliebtes Zitatenreservoir für Zeitung und Cocktailparty. Und doch nimmt sich dieses Stück eines der meistgespielten deutschen Theaterschriftsteller neben anderen Standardnummern des Bühnenrepertoires, etwa Dramen von Thomas Bernhard, Dürrenmatt und selbst Brecht und Shaw, eher befremdlich aus, auch und besonders wenn das Programmheft Thomas Manns Wort vom «edelmütigen, wunderherrlichen Stück» aus seinem «Versuch über Schiller» (1955) zitiert. Wen im breiten Publikum der Gebildeten interessieren heute Charakterprobleme der «Heiligkeit»? Was bedeuten modernem Bewußtsein Vokabeln wie «reine Jungfrau», «göttlicher Befehl» oder «Sendung» und «Erlösung», mit denen, Stichworten des Dramas selbst folgend, das Gros der Deuter seit Schillers Lebzeiten Johanna so beredt auf eine Formel bringt – Schillers Version der historischen Jeanne d'Arc, die, im ersten Drittel des fünfzehnten Jahrhunderts, durch ihre Tapferkeit vor dem Feind den Hundertjährigen Krieg gegen die Engländer zugunsten der schon bald *grande* werdenden *nation* entschied? Wieso kann ein Drama Resonanz finden, das sich um eine Gestalt dreht, die, wie G. B. Shaw im Vorwort zu seiner eigenen *Saint Joan* erklärte, nicht nur mit der historischen Figur (als Hexe verbrannt, in der Folgezeit heiliggesprochen) nichts gemein hat, sondern auch nichts mit «any mortal woman that ever walked this earth» – um eine Amazone mit Christuskomplex, der überdies das geflügelt, aber darum nicht sympathischer gewordene Wort in den Mund gelegt wird: «Was ist unschuldig, heilig, menschlich gut, / Wenn es der Kampf nicht ist ums Vaterland?»

(1782–1783). Und wenn dieser rhetorischen Frage zugestimmt wird, noch dazu im Namen des «Idealismus», dann um so schlimmer![1]

Worin also besteht solchen Hindernissen zum Trotz der heutige Reiz dieses Stücks? Etwa in seiner opernhaften Qualität, die es von allen vorausgehenden Dramen Schillers unterscheidet? Diese gesamtkunstwerklichen Züge (Schillers «*salto mortale* in die Opernwelt») zeichnen sich ja durch eine gewisse Stilreinheit aus. Sie bauen eine in sich geschlossene «romantische» Welt auf mit ihren fulminanten Naturereignissen wie den Donnerschlägen im entscheidenden Moment, mit übernatürlichen Vorkommnissen, die etwa Johanna ihren Helm als kriegerisches Wahrzeichen der Berufenen in die Hand spielen, mit Geistererscheinung, Instrumentalmusik, schwerterklirrenden Schlachtszenen und prunkvoller Schau wie in der Krönungsprozession vor der Kathedrale von Reims usw. Doch begründen solche Züge von sich aus noch kein poetisch-dramatisches Sinngefüge, das jenen Zuschauer ansprächte, der, wie herkömmlich, auf den Brettern, die jedenfalls bei Schiller noch die Welt bedeuten, eine gewisse intellektuelle Bündigkeit erwartet.

Die zünftige Forschung, bemüht, Sinn in dem von Shaw diagnostizierten Unsinn zu sehen, versucht allerlei interpretatorische Hilfestellung zu geben, kann aber ihrerseits nicht verbergen, daß ihr *Die Jungfrau von Orleans* befremdend, verwirrend und unzugänglich vorkommt. Nicht selten reagiert sie ratlos auf «Widersprüche» und «Rätsel» im Text.[2] Natürlich ist dank der opernhaften Elemente gerade dieses Drama für die These eingespannt worden, die Eigenart Schillerscher Werke bestehe eben darin, daß sie wesentlich Kompositionen aus poetischen Motiven seien – Motiven, in diesem Fall, aus der spätmittelalterlichen Welt der Ritterlichkeit und katholischen Gläubigkeit mit ihren Wundern, Hexen, Prophezeiungen, Visionen u.a. sowie Motiven aus der Antike wie Amazone, Sirene, Sibylle, Achilles' Sieg über Lykaon im 21. Gesang der *Ilias* als Vorbild für die Montgomery-Szene, die Vergötterung des Herkules als Urbild der Apotheose Johannas usw. Hinzu kämen Motive des Märchens, der Legende, der Idylle mit ihren Hirten und schließlich Motive der malerischen Natur mit ihren Requisiten wie Köhlerszenen und biblischem Regenbogen.[3] Aus solchen Motiven entsteht zweifellos das reich modulierte Ganze einer entwirklichten Welt, das sinnlich eminent eindrucksvoll ist in seiner Farbenpracht und Gestaltenfülle. Nahe liegt es in solchem Zusammenhang dann auch, an Schiller als den Mann des

---

1 R. D. Miller, *Interpreting Schiller*, Harrowgate 1986, S. 38–59.
2 Vgl. den Überblick bei Gerhard Sauder, «*Die Jungfrau von Orleans*», *Schillers Dramen*, hg. v. Walter Hinderer, Stuttgart 1992, S. 336–349.
3 Gerhard Storz, *Der Dichter Friedrich Schiller*, Stuttgart 1959, S. 345–366.

Theaters zu erinnern, dem es zuerst und zuletzt um Bühnenwirksamkeit, also um packende und ergreifende Szenen zu tun gewesen sei, nicht aber um die Demonstration einer philosophischen These oder auch nur um philosophisch orientierte Menschengestaltung und schon gar nicht um Konsequenz und Plausibilität im Psychologischen.[4] Sieht man so, so ist die Verwandlung der Hirtin Johanna in die männermordende Amazone einfach der Übergang von einem poetischen oder theaterwirksamen Motiv zu einem anderen und nicht weiter überdenkenswert, ganz als hätte der Übergang auch in umgekehrter Richtung erfolgen können, da das Werk ja nur ein Kaleidoskop solcher Effekte sei. Allenfalls wird betont, die Motive seien zu einer ästhetisch geschlossenen Gestalt zusammengeordnet, nicht aber, daß diese Gestalt auch einen «Sinn» in sich schlösse.

Nun kann man sich gewiß leicht vorstellen, daß Schiller nach der intellektuell und formal anspruchsvollen *Maria Stuart* im gleich anschließenden (vom Juli 1800 bis April 1801 entstandenen und noch im selben Herbst uraufgeführten und gedruckten) Drama die Zügel in dieser Hinsicht etwas lockerer läßt. Tatsächlich deutet in seinen eigenen Zeugnissen zur Entstehung der *Jungfrau von Orleans* so manches auf eine Art Entspannung, ein Spielen mit poetischen Motiven, die ihn als solche faszinieren. Nicht der Kampf mit dem historischen Stoff, wie bei der Arbeit an der formstrengen *Maria Stuart* ist es, der in Briefen aus der Entstehungszeit zur Sprache kommt, obwohl Schiller, eher halben Herzens, allerlei historische Vorstudien getrieben hat (IX, 404–405) – um dann in wesentlichen Punkten, nicht allein in Johannas Tod auf dem Schlachtfeld statt auf dem Scheiterhaufen, doch von der Lebensgeschichte der Jeanne d'Arc abzuweichen. Vorrang hat statt des Geschichtlichen die Bemühung um «poetische Motive». So an Goethe am 24. Dezember 1800: «Das historische ist überwunden, und doch soviel ich urtheilen kann, in seinem möglichsten Umfang benutzt, die Motive sind alle poetisch und größtentheils von der naiven Gattung» (XXX, 224). Es geht ihm darum, «bei der Armuth an Anschauungen und Erfahrungen nach Außen, die ich habe», den Stoff «sinnlich zu beleben» (an Goethe, 13. September 1800; XXX, 196). Schon am 26. Juli hatte er zu Goethe geäußert, er wolle sich in diesem Stück «durch keinen allgemeinen Begriff feßeln» lassen, sondern «die Form neu [...] erfinden» (XXX, 176). Und daß ihm dabei das Poetische und Theatralische vorgeschwebt hat, wird wahrscheinlich, wenn man in dem zwei Tage später an Körner geschriebenen Brief liest: «Poetisch ist der Stoff in vorzüglichem Grade, so nämlich wie ich mir ihn ausgedacht habe, und in hohem Grade rührend» (XXX, 181). Als die Arbeit dann im Laufe des Winters in Gang kommt, scheint sich das

---

4   Emil Staiger, *Friedrich Schiller*, Zürich 1967.

zu bestätigen, wenn Schiller am 5. Januar 1801 Körner anvertraut, «es fließt auch mehr aus dem Herzen als die vorigen Stücke, wo der Verstand mit dem Stoffe kämpfen mußte» (XXXI, 1; vgl. 101). Hier, in der *Jungfrau von Orleans*, hatte Schiller bereits am 13. Juli 1800 Körner verraten, lag nämlich einer von den, wie er meint, ihm besonders kongenialen Stoffen vor, «die das Herz interessieren, [...] obgleich es der wahren Tragödie vielleicht gemäßer wäre, wenn man die Gelegenheit vermiede, eine Stoffartige Wirkung zu thun» (XXX, 173). Stoffartig bedeutet bei Schiller aber eben das, was den polysensuellen Reiz der Oper ausmacht oder auch einer Komposition aus sinnlich theaterwirksamen Motiven.

Solches jeder Weltanschauung unverdächtige Interesse Schillers für die «poetischen Motive» statt für literarische Vergegenwärtigung geschichtlicher Probleme oder philosophischer Fragestellungen muß nun aber keineswegs besagen, daß das Werk, dem diese Bemerkungen gelten, mit Goethes Wort über sein *Märchen*, zwar «bedeutend» sei, aber «deutungslos», ein Formgefüge, das selbstgenügsam sei im Reichtum seiner sinnlich-ästhetischen Gegenwärtigkeit. So jedoch möchte die angedeutete Interpretationsrichtung *Die Jungfrau von Orleans* verstehen. Speziell gehe jede «ideologische» Deutung in die Irre, also jede Interpretation, die hinaus möchte auf einen in sich schlüssigen Gehalt als Aussage über ein philosophisches oder anthropologisches Problem in der Art der von Schiller in den theoretischen Schriften der neunziger Jahre behandelten oder auch nur als literarische Gestaltung oder Umsetzung eines solchen Problems. Derartige Sicht vom Standpunkt des *L'art pour l'art* beruht offenkundig gerade bei einem so auf die (recht verstandene) moralische Anstalt bedachten Dramatiker wie Schiller auf der Verabsolutierung eines, allerdings prominenten Aspekts der «romantischen Tragödie», aber eben nur eines von mehreren.

Dennoch trifft sie in ihrer negativen Stoßkraft nicht zu Unrecht eine einflußreiche Deutungsrichtung, die «ideologische». Hier wird, manchmal mit rhetorischer Gewalt, manchmal mit an Hellseherei grenzender Spitzfindigkeit, versucht, *Die Jungfrau von Orleans* als konsequente Umsetzung von Gedankengängen des Theoretikers Schiller zu begreifen. Oft geschieht das zwar nicht zugegebenermaßen, da ein solches Verfahren als simplistisch gilt, sondern eher *implicite*, insofern die Kenntnis von Schillers Theorie blind macht für die Aspekte des Dramas, die von daher nicht als bemerkenswert ins Auge fallen; allenfalls werden diese weginterpretiert als nur scheinbar relevant oder als aufgehoben in der umfassenden theoretischen Gesamtschau und ihren Kategorien. Diese Sichtweise ist vor allem auf zwei, dem Philosophen Schiller geläufige Gedankenkomplexe eingespielt.

Der eine, vertraut aus der Abhandlung «Über das Erhabene» (1801), nimmt die anthropologische Zweinaturen-Lehre (sinnlich-sittlich, physisch-geistig, irdisch-jenseitig, menschlich-göttlich) in ihrer Schillerschen Artikulation, also mit prononcierter Versöhnungstendenz, zum Stichwort für eine idealistische Deutung, die ihre Herkunft aus christlichem Denken nicht verleugnet. Sie nimmt Johannas Rede von ihrer «Sendung», ihrem «göttlichen Auftrag», wörtlich als unhinterfragbar authentisch, sei es als christlich-theologischen Begriff, sei es als Allegorie der «Ideenwelt» jenseits der physischen (IX, 428). Die Sendung wird so der einzige Schlüssel zu Jeanne d'Arcs «Schicksal», und dies läßt sich dann mühelos als konform der legendären Lebensformel des Märtyrers auf Erden lesen: Zur Heiligen oder idealistischen Heldin ausersehen durch den visionär erfahrenen «göttlichen Befehl» (2020), führt Johanna ihren Krieg nicht etwa aus Patriotismus oder persönlichem Machtwillen, sondern, prinzipiell unanfechtbar, als «Werkzeug» Gottes, um einer «ewigen Ordnung» willen. Allen Anfechtungen zum Trotz vollendet sie ihre Mission als Paradigma des Menschen als Geschöpf und Zeuge des christlichen Gottes in der Welt oder, idealistisch formuliert, als «Gefäß des Göttlichen», Präsenz des «Ewigen in allem Geschichtlichen» (IX, 435). Der Schluß, Heldentod statt Hexentod, drückt entsprechend das Siegel der Verklärung auf ein exemplarisches Leben. «Der irdische, heroisch strebende Mensch geht nach Leid, Schuld, Buße und Reinigung in das Reich des Ewigen ein» (IX, 436). Johanna erscheint als der «aus einer überirdischen Welt gesandte Fremdling, der mit einer Art mythischer Naivität als ein vom ‹Geist› berufenes ‹blindes› Werkzeug Gottes auch noch in der anarchischen Welt der Geschichte seine Sendung verwirklicht, dabei aber in einen schweren, nur aus dem Menschlichen heraus [d.h. aus Johannas erotischer Neigung zu Lionel heraus] begreifbaren Konflikt gerät» – einen Konflikt, der schließlich nach schuldbewußter Zerknirschung in der Tiefe der Verlassenheit überwunden wird, indem die Jenseitsgewißheit sich wiederherstellt: ein «parabolisch-legendäres Drama von der Fremdheit des Transzendenten inmitten einer eitlen, unreinen, herabziehenden Welt.»[5]

Bevor Bedenken gegen ein solches, grundsätzlich religiöses Verständnis, wie es auch die Nationalausgabe kanonisiert, zur Sprache kommen, zunächst ein Hinweis auf die zweite, eher humanistische ideologische Deutung. Statt von «Über das Erhabene» visiert sie das Stück von der Abhandlung *Über naive und sentimentalische Dichtung* (1795–1796) her. Von daher nimmt es sich aus als Veranschaulichung des um 1800 allenthalben erneuerten Topos vom Entwicklungsgang des Menschengeschlechts und des ein-

---

5 Benno von Wiese, *Friedrich Schiller*, Stuttgart 1959, S. 734–735. Wieder aufgegriffen wird diese Deutung von der Anthroposophie: Friedrich Oberkogler, *«Die Jungfrau von Orleans»: Eine Werkinterpretation auf geisteswissenschaftlicher Grundlage*, Schaffhausen 1986, bes. S. 58–59, 76–77, 90–91.

240   *Die Jungfrau von Orleans*

zelnen Menschen. Dieser führt vom Anfangsstadium des naiven Einsseins mit der Natur und mit sich selbst (in der Ungeschiedenheit von Sinnlichkeit und Geistigkeit) über die «Kultur»-Phase des Konflikts von Ich und Welt sowie des Konflikts im Ich selbst zwischen Sinnen und Vernunft, Wollen und Sollen (Johanna in der Lionel-Szene) bis hin zum utopischen Endstadium der sentimentalischen Wiedervereinigung aller Kräfte der Sinne und des Geistes in einer idealen Harmonie: von Arkadien nach Elysium. Schiller selbst scheint diese ideologische Grundstruktur der Rückkehr zum Anfang auf erfrischend burschikose Weise angedeutet zu haben in seiner brieflichen Bemerkung zu Goethe am 3. April 1801: «Von meinem lezten Act auguriere ich viel Gutes, er erklärt den Ersten, und so beißt sich die Schlange in den Schwanz» (XXXI, 27). Diese Deutung erkennt also in Johanna eine dem Menschen trotz aller Gebrechlichkeit seiner Welt und trotz aller Verletzlichkeit seiner Person mögliche Vollkommenheit. Das tut auch die erstgenannte, religiöse oder idealistische Deutung. Nur versteht jene die Vollkommenheit als die des transzendenzbezogenen Menschen, der seiner Sendung gemäß auf Erden für seinen Gott zeugt, um schließlich selbst, wie in Schillers geplanter Herakles-Idylle, in den Gott überzutreten (an W. v. Humboldt, 30. November 1795; XXVIII, 119). Die humanistische Deutung hingegen begreift die Vollkommenheit als betont menschliche, als jene ideale Vollendung des Menschlichen, die am Ende über die Sendung «von oben» (1788), über den Auftrag von Gott *hinaus* ist und sich aus *eigener* Kraft und Verantwortung bestimmt als säkulare Humanität.[6] Das von Schiller erfundene Ende Johannas bedeutet folglich einmal die völlige Einstimmung in den Willen eines transzendenten Gottes bzw. den Eintritt in die Welt des Ideals, in der humanistischen Lesung jedoch die Regeneration zum autonomen Selbst in seiner Eigentlichkeit.

Schon dieser Widerspruch von zwei ideologischen, Schillers eigener Theorie verpflichteten Deutungsrichtungen konfrontiert nachdrücklich mit der Frage, wie denn im Drama selbst, ganz ohne Seitenblick auf die Theorie, der Mensch dargestellt werde, speziell Johanna natürlich. Denn stärker als sonst hat Schiller in der *Jungfrau* die *eine* Titelfigur ins Zentrum des Interesses gestellt. «Hier ist eine Hauptperson und [sic] gegen die, was das Intereße betrifft, alle übrigen Personen, deren keine geringe Zahl ist, in keine Betrachtung kommen» (an Körner, 13. Juli 1800; XXX, 173). Und um so mehr drängt sich die eigentlich selbstverständliche Frage nach der Men-

---

6   Heinz Ide, «Zur Problematik der Schiller-Interpretation: Überlegungen zur *Jungfrau von Orleans*», *Jahrbuch der Wittheit zu Bremen*, VIII (1964), 41–91; Gerhard Kaiser, «Johannas Sendung: Eine These zu Schillers *Jungfrau von Orleans*», *Jahrbuch der Deutschen Schillergesellschaft*, X (1966), 205–236.

Ein psychologisches Märchen 241

schengestaltung auf, als die *L'art pour l'art*-Richtung der Forschung sie überhaupt nicht zur Kenntnis nimmt, die von einer philosophischen Konzeption ausgehenden Betrachtungsweisen sie aber bagatellisieren, indem sie allzu vieles im Stück aus dem Spiel lassen oder in seiner Bedeutung unter dem eigenen Systemzwang herunterspielen. Momente, die in das Konzept der gottgesandten Heiligen oder des vollendeten Menschen nicht recht passen, wären die fanatische Brutalität, ja der persönlich-vitale Wille zur Macht einer blutdürstigen Johanna der Schlachtfelder sowie ihr bornierter, Menschlichkeit nur für Franzosen empfehlender Chauvinismus (2085–2090), um so unpassender in einer Zeit, die, vor allem in Weimar, die Vaterlandsliebe für eine «heroische Schwachheit» hielt. Doch auch ohne solche historische Erinnerung hat die hemmungslose Affektbestimmtheit der frischfröhlich «Witwen machen[den]» (1666) Heiligen oder «reinen Jungfrau» mit ihrem religiösen Auftrag etwas Anstößiges. Gehen die hehren religiösen Vokabeln, ob wörtlich christlich oder metaphorisch idealistisch oder humanistisch genommen, den Deutern nicht allzu leicht von der Zunge? Und erklären sie die Konquistadoren-Motive nicht allzu leichtfertig-magistral? Mit dem Patriotismus der Kriegsfurie sei die französische Nation von damals zutreffend charakterisiert;[7] der Blutdurst sei durch die hohe Sendung und die zu bewahrende «ewige Ordnung» hinreichend verständlich gemacht und Johanna bleibe eine «schöne und zugleich erhabene Seele» (IX, 392–394), «schrecklich [...], aber niemals unrein».[8] Der «Tötungsrausch» sei also kein «Problem»;[9] da unter dem Zwang der Sendung handelnd, sei Johanna von Verantwortung freizusprechen.[10] Wirklich?

Johanna selbst hingegen, konfrontiert mit Montgomery und dann mit Lionel, weicht dieser Frage, dieser Fragwürdigkeit keineswegs aus, bagatellisiert sie nicht. Und wie sie keine glatte Antwort findet, so auch der besonnenere Kritiker nicht, der sich fragt, wie denn göttliches Tötungsgebot und Liebesverbot zu vereinbaren seien mit der Auffassung, daß Johannas Berufung eine solche «zur Idealität des Menschen» sei,[11] oder wieso die kaltblütige Ermordung Montgomerys «die höchste Steigerung Johannas zum reinen Geistwesen» «ins Erhabene» sei, Triumph des Idealismus.[12] Ist Johanna

---

7 v. Wiese, S. 734.
8 v. Wiese, S. 738.
9 Norbert Oellers, «‹Und bin ich strafbar, weil ich menschlich war?› Zu Schillers Tragödie *Die Jungfrau von Orleans*», *Friedrich Schiller: Angebot und Diskurs*, hg. v. Helmut Brandt, Berlin u. Weimar 1987, S. 307.
10 Kaiser, S. 215–216.
11 Kaiser, S. 235.
12 IX, 430–431; vgl. Miller, S. 39–41.

nicht, selbst am Ende, immer noch, oder wieder, die von ihrer Sendung überzeugte machtgierige Kriegsfurie und insofern höchst fragwürdig?

Eine Antwort versprechen dürfte ein genauerer, geduldigerer, von Theorie unverstellter Blick auf Schillers Charakerdarstellung: *wie* ist das unbezweifelbare Miteinander von Sendungspathos, brutalem Machtwillen und blutrünstigem Patriotismus integriert – oder *ist* es integriert? – in das Bild der «Heiligen»? Ist das Sendungsbewußtsein, das mit Gott zugleich die Heilige selbst verherrlicht (325–327), nicht auch mit jenem Größenwahn und Auserwähltheitskomplex verwandt, den Schiller seit den *Räubern* immer wieder an seinen scheinbar so idealistischen Helden diagnostiziert hat und den Johanna ihrerseits mit ihrer Selbstbezichtigung «eitel» meint (2938)? Schiller selbst stößt uns auf solche Fragen, wenn er eklatant von der historischen Vorlage auch darin abweicht, daß Jeanne d'Arc in ihrem Prozeß, wie Schiller bekannt war, unwidersprochen darauf bestand, nicht mit dem Schwert in die Schlacht gezogen zu sein, kein Blut vergossen zu haben. Ist es für ein «heilsgeschichtliches Erlösungsspiel» oder Erlöserdrama, das in der Tat viel von Sendung im Sinne von «göttlicher Berufung» (IX, 435) spricht, nicht merkwürdig, daß es auf Schillers ausdrücklichen Wunsch mit einem Titelkupfer in die Welt geschickt wurde, das die Kriegsgöttin Minerva darstellt (IX, 405)?

Ist folglich nicht eine *psychologisch* aufmerksamere Betrachtung indiziert? Nun glaubt man in der Schiller-Kritik zwar weithin, seit Hebbel schon, eine psychologische Optik sei Schiller auch dort nicht angemessen, wo sie sich von der Sache her nahelegt wie in der *Jungfrau*.[13] Psychologie trüge nichts bei zu dem eben nur ästhetisch zu würdigenden Ensemble der Charakterwidersprüche. Doch von der gleichen Seite wird versichert: Johanna mache sich schuldig, indem sie Lionel *nicht* erschlage; sie verhalte sich in der Montgomery-Szene vorbildlich «idealistisch»; die am Schluß zum Männermorden zurückfindende Johanna sei die geläuterte Johanna, der Apotheose ins Ewige würdig.[14] Die wenigen Versuche, eine psychologische Betrachtungsweise trotzdem zu praktizieren, geben indes den hochgezogenen Augenbrauen recht. Denn allzu hemdsärmelig wirkt es doch, wenn man den Schlüssel zur Gestalt Johannas mit Hilfestellung von Anna Freud in der analytisch lehrbuchgerechten Dramatisierung einer adoleszenten Entwicklungsstörung mit ihrer kompletten Symptomatologie sieht: pubertäre Askese, Isolation, Mentorbildung, entsprechende Abhängigkeit von Gottvater oder Gottesmutter, sexuelle Verdrängung.[15] Unter solchem Vor-

---

13 IX, 391; vgl. Kaiser, S. 205 u.v.a.
14 IX, 389–400; vgl. Miller, S. 38–59.
15 Timothy F. Sellner, «The Lionel-Scene in Schiller's *Jungfrau von Orleans*: A Psychological Interpretation», *German Quarterly*, L (1977), 264–282.

zeichen wird die Vision, die die Sendung Johannas befiehlt, kurzerhand auf zweckbestimmte Halluzination reduziert, als bloß eingebildet entmythologisiert. «Die Erscheinung [der Jungfrau Maria] ist Johannas Werk», ist «Selbsterhöhung».[16] Die Sendung hätte die Hirtin also schlicht erfunden, um sich als Frau in einer patriarchalischen Welt durchzusetzen. Durch die Behauptung, gesendet zu sein, glaube sie ihren primären Heldenaffekt zu legitimieren, der auf persönlichen Ruhm und Macht gehe entsprechend einer von vornherein feststehenden Psychologie des heldischen Menschen, der Johanna, weit davon entfernt, von einer religiösen Instanz in Dienst genommen zu werden, Punkt für Punkt konform sei: Zwang nicht «von oben», sondern «von innen».[17] Als «Heldin des Willens» sei sie aber zugleich eine wahre «Tochter des Weimarer Idealismus»: schade nur, daß sie so unsoldatisch auf die Ermordung Lionels verzichte; sonst sei sie ja der Psychologie des patriotischen Kriegers durchaus konform. Fataler Psychologismus und ebenso fataler Idealismus reichen sich da die Hand.[18] Religion, Bindung an die Transzendenz wird so in Johannas Mund, wie in Vilmars Literaturgeschichte schon vor über einem Jahrhundert zu lesen war, zur bloßen «Phrase».[19] Was Johanna letztlich antreibe, sei nicht «echt» Religiöses wie in der ideologischen Deutung, sondern Menschlich-Allzumenschliches: Nationalismus und gewalttätiges Geltungsstreben,[20] das in der Gegenwart noch feministisch reduziert wird als psychologisch plausible Emanzipation aus männlich bestimmten Sozialverhältnissen.[21]

Solcher Reduktionismus verschiedener Art nimmt für psychologische Betrachtungsweise kaum ein. Sollte man nicht eher Dr. med. Schillers eigenes Verfahren, schon in seiner psychologisch-charakterkundlich orientierten Dissertation und in den frühsten Dramen und Schriften, einschließlich der «Briefe über *Don Karlos*», zum Fingerzeig nehmen und verfolgen, wie der Dramatiker seine Bühnenfigur als ganze, statt nur in diesem oder jenem Aspekt, «menschlich näher bringt»? Es gälte, mit Schillers realistisch-menschenkennerischem, aber auch leicht skeptischem Blick aufzuspüren, daß und wie Widersprüchliches in der Psyche noch des «heiligsten» Menschen sich zusammenfindet in einem Ensemble, das in Schillers Sicht die wenig

---

16 Peter Pfaff, «König René oder die Geschichte: Zu Schillers *Jungfrau von Orleans*», *Schiller und die höfische Welt*, hg. v. Achim Aurnhammer u. a., Tübingen 1990, S. 412–414.
17 J. D. Prandi, «Woman Warrior as Hero: Schiller's *Jungfrau von Orleans* and Kleist's *Penthesilea*», *Monatshefte* (Wisc.), LXXVII (1985), 403–414.
18 Pierre Grappin, «La Jeanne d'Arc de Schiller», *Etudes Germaniques*, X (1955), 119–127; Miller, S. 38–59.
19 Nach D. E. Allison, «The Spiritual Element in Schiller's *Jungfrau* and Goethe's *Iphigenie*», *German Quarterly*, XXXII (1959), 327.
20 2085–2090; vgl. Allison.
21 Darüber Sauder, S. 344; vgl. auch Prandi.

aufrichtende, aber deswegen nicht verächtliche Signatur des Menschen ausmacht. Offenbar hat Schiller selbst nur die halbe Wahrheit gesagt, als er in dem Gedicht «Das Mädchen von Orleans» (1802) polemisch gegen das respektlose psychologische Entlarven in Voltaires *Pucelle d'Orléans* beanspruchte, seinerseits das «edle Bild der Menschheit» aufzurichten.

Der Rückblick auf *Maria Stuart* mag eine spezielle Perspektive nahelegen, die vielleicht ergiebig ist: konstitutiv in beiden Stücken ist die Zuwendung des Menschen, gemäß der Zweinaturen-Lehre des Idealismus, zu einem Bereich des rein Spirituellen, das beidesmal in christliche Symbolik gefaßt wird. Hier wie dort spricht der Text, beim Wort genommen, vom wiederholten Herausfallen des Menschen aus dieser Bindung («Rückfall») in der Hinwendung zum Gegenpol, dem Menschlich-Allzumenschlichen. Wie sieht das in der *Jungfrau von Orleans* aus? Welche Motivationen, idealistisch-religiöse und entgegengesetzte, werden für Johannas manchmal in der Tat befremdliches Handeln ins Spiel gebracht, und wie wird deren wechselseitiges Verhältnis und ihre relative Stärke gesehen? Gerade durch die – konflikthafte – Vielfalt der Motivationen, zu denen recht inhumane gehören, wird der vielzitierte Idealismus der Protagonistin ins Zwielicht gerückt, ähnlich wie es in *Maria Stuart* und dann wieder in der *Braut von Messina* der Fall ist. Die selbsterklärte Abgesandte des Himmels wird fragwürdig durch ihre chauvinistische Schlachtfreudigkeit, die statt an die Jungfrau Maria, die sie im Banner führt, allenfalls an eine blutrünstige heidnische Göttin denken läßt, die Minerva der Titelvignette etwa. Solche Vielfalt der Motivation braucht kein Mangel des Dramas zu sein; sie mag im Gegenteil seine gedankliche und künstlerische Konsequenz ins Licht treten lassen. Schiller fasziniert das «weite Land» der Seele.

2.

Wenn der Prolog «der künstlerischen Herausarbeitung der ‹Sendung›» Johannas dient (IX, 422), so vermittelt er jedoch keine Handhabe zur Beantwortung der Frage, ob der «göttliche Befehl» als «objektive Wahrheit»[22] wörtlich zu nehmen sei, als Eingreifen einer Transzendenz in das Leben eines im übrigen handfest diesseitigen Menschen, oder ob nicht vielmehr nur vom Sendungs*bewußtsein* Johannas die Rede sein könne. Ist Transzendenz ein objektives, Johanna bestimmendes Faktum der Welt dieses Stücks (wie v. Wiese und viele andere meinen) oder nur eine Sache des subjektiven Glaubens der Protagonistin und insofern zu ihrer Charakteristik gehörig –

---

22 Miller, S. 41; v. Wiese, passim; vgl. oben S. 239.

nicht als bewußte Erfindung oder Halluzination, sondern als subjektiv ehrliche Motivation ihres Handelns, realistisch in einer Welt mittelalterlicher Gläubigkeit, in der Imitatio Christi nicht unerhört ist. Objektiver Befehl oder subjektives «Gelübde» (2482) als *eine* Motivation neben anderen? Der Prolog bietet bereits mehr als nur *eine* Deutung der «Sendung». Schon der Ort, an dem die menschenscheue junge Schäferin jene Vision oder Inspiration gehabt zu haben erklärt, die ihr den Auftrag erteilt, Frankreich vom englischen Joch zu befreien, ist doppeldeutig. Requisiten bezeichnen die Polarität der ländlichen Gegend: «Vorn zur Rechten ein Heiligenbild in einer Kapelle; zur Linken eine hohe Eiche.» Unter der Eiche sitzend, mit Blick auf das Heiligenbild, hört und sieht Johanna Gott oder, wie es später heißen wird, die Jungfrau Maria. In den Quellen, die Schiller immerhin zu Rate gezogen hat, war die Eiche eine Buche (IX, 423). Die Änderung ist sinnhaltig: die Eiche ist der heilige Baum der Kelten, der heidnischen Ureinwohner des jetzt von eben den Angelsachsen bedrohten Landes, die auf ihrer Insel die Kelten seit fast einem Jahrtausend schon dezimiert und in die Randgebiete verdrängt haben. Die nicht-christlichen Akzente der grauen Vorzeit der Nation, aus der sich das Nationalbewußtsein begründet, werden betont durch Worte wie «Druidenbaum» und «Zauberbaum». Überhaupt ist der Ort verrufen als heidnische, «verfluchte Stätte», an der die alten Götter der Nation – und im Plural wird die Gottheit das ganze Stück hindurch alternativ benannt – anwesend sind. Eine Vision, ein Sendungsauftrag *zwischen* Eiche und Kapelle muß so von vornherein zwielichtig werden: christliche Berufung oder Stimme tief aus der Vergangenheit eines heidnischen Volks? Entsprechend wird Johanna, die die Jungfrau Maria auf der Fahne führt, je nach Perspektive der Urteilenden von Anfang bis Ende des Stücks als Abgesandte Jesu verstanden oder Satans, dem die vorchristliche Welt mit ihren bösen Geistern, wie sie im Druidenbaum verehrt wurden, verfallen war. Christliche und nicht-christliche Bilder und Anspielungen (auch antike: «Kriegsgöttin», «Pallas Athene») alternieren ständig im Verlauf der Handlung: der Bereich des Oben – die Stimme erreicht die Hirtin Johanna «von oben» – ist konsequent in synkretistischem religiösen Vokabular vergegenwärtigt. Der einfache Mann in Frankreich, sagt Dunois, wird von Begeisterung gepackt, «wenn die Ehre ruft, wenn er / Für seine Götter oder Götzen kämpft», denn «nichtswürdig ist die Nation, die nicht / Ihr Alles freudig setzt an ihre Ehre» (838–848). Ist Johanna, das einfache Mädchen vom Land unter der Eiche, nicht auch von diesem «Götzen» oder «bösen Geist» der nationalen Ehre «gerufen»? Von dem «bösen Wesen», das «seinen Wohnsitz unter diesem Baum / Schon seit der alten grauen Heidenzeit» hat, unter dem Johanna «zu ganzen Stunden sinnend» zu sitzen pflegt; «seltsamer Stimmen wundersamen Klang / Vernimmt man oft aus seinen düstern Zweigen» (92–101).[23] Oder kommen die Stimmen wirklich von der Jungfrau Maria oder auch dem Gott Moses? *National*heilige oder National*heilige*?

Ihr Vater, der dreimal schon geträumt hat, daß Johanna zu Reims auf dem Königsthron säße, führt ihren «Hochmut» auf Einflüsterungen des «Höllengeists» im Druidenbaum zurück (130–132); Raimund, der sie liebt, setzt sein Vertrauen auf «des Gnadenbildes segensreiche Näh» (109). Doch als Johanna selbst im Vorspiel aus der wortlosen Anonymität heraustritt, definiert sie sich nicht als die «Fromme», als die Raimund sie noch eben sah. Dem gerade auftretenden Bertrand entreißt sie den Helm. «Mein ist der Helm und mir gehört er zu» (193). Die Jungfrau mit dem «männlich Herz», die «den Tigerwolf bezwang» (196–197), bricht spontan aus «in Begeisterung» für die nationale Sache Frankreichs, die sie mit dem Helm an sich reißt:

> Der Retter naht, er rüstet sich zum Kampf.
> Vor Orleans soll das Glück des Feindes scheitern,
> Sein Maß ist voll, er ist zur Ernte reif.
> Mit ihrer Sichel wird die Jungfrau kommen,
> Und seines Stolzes Saaten niedermähn,
> Herab vom Himmel reißt sie seinen Ruhm,
> Den er hoch an den Sternen aufgehangen.
> [...]
> Der Herr wird mit ihr sein, der Schlachten Gott.
> Sein zitterndes Geschöpf wird er erwählen,
> Durch eine zarte Jungfrau wird er sich
> Verherrlichen, denn er ist der Allmächtge!
> [...]
> Dies Reich soll fallen? Dieses Land des Ruhms,
> Das schönste, das die ewge Sonne sieht
> In ihrem Lauf, das Paradies der Länder,
> Das Gott liebt, wie den Apfel seines Auges,
> Die Fesseln tragen eines fremden Volks!
> – Hier scheiterte der Heiden Macht. Hier war
> Das erste Kreuz, das Gnadenbild erhöht,
> Hier ruht der Staub des heilgen Ludewig,
> Von hier aus ward Jerusalem erobert. (303–340)

Ebenso wichtig ist, was hier nicht gesagt wird: kein Wort von einer Berufung von oben. Vielmehr: «Es ist / Der Helm, der sie so kriegerisch beseelt» (328–329). Das ist nicht eine Kommentatorstimme, die, wie andere im Drama, relativierbar wäre als beschränkte Perspektive; nein, der Zu-

---

23 Pfaff, S. 414; Robin Harrison, «Heilige oder Hexe? Schillers *Jungfrau von Orleans* im Lichte der biblischen und griechischen Anspielungen», *Jahrbuch der Deutschen Schillergesellschaft*, XXX (1986), 265–305.

schauer ist der Wahrheit des Gesagten selbst Zeuge geworden. Primär ist in dieser Beseelung das Patriotische, und dies ist, eher als mit dem Muttergottesbild, mit der Eiche, mit der Johanna so beharrlich assoziiert wird, in Verbindung zu bringen. Gewiß, das geliebte, bedrohte Frankenland ist das Land der Christen, der Kreuzzüge. Doch wie bezieht Johanna sich hier auf die Transzendenz? Der alttestamentliche Gott, «der Schlachten Gott», nicht etwa Maria oder Jesus Christus, die beide weniger militant zu denken sind, «*wird*» die Hirtin erwählen. Die Transzendenz wird geradezu vom Menschen in Dienst genommen, nicht umgekehrt, als bloße Bestätigung von Johannas Wollen, ihres patriotischen Affekts für das «Land des Ruhms», gegen dessen Feinde sie, alles andre als lammfrom, die Sichel führen will. Gott wird berufen, nicht Johanna.

Von Johannas Berufung hören wir erst in der folgenden Szene, der vierten, und sollte das nicht ein Fingerzeig des Bühnenpraktikers sein auf das, worauf es ankommt: auf den patriotischen Affekt als das Primäre in Johannas seelischem Haushalt? Die vierte Prologszene ist ein Monolog. Die Begeisterung zum Aufbruch in die blutigen Schlachtfelder wird hier als Berufung verstanden: «So ist des Geistes Ruf an mich ergangen, / Mich treibt nicht eitles, irdisches Verlangen» (399–400). Ein geglaubter Ruf aus der Transzendenz – oder aber aus dem Druidenbaum, wo die mit Satan assoziierten Geister oder «ein böses Wesen», wie der Zuschauer bereits gehört hat, zu Hause sind (152, 95)?[24] Gleich anschließend kennzeichnet Johanna die Stimme, die aus dem Baum zu ihr sprach, jedoch eindeutig als die, die zu Moses aus dem brennenden Dornbusch sprach (401–408). *Die* ist es, die ihr den Auftrag gibt, jungfräulich, ohne «Männerliebe» und «Erdenlust» für Gott (nicht Geister oder Geist) zu zeugen, die Engländer zu besiegen, Reims zu befreien, den König zu krönen, «Errettung [zu] bringen Frankreichs Heldensöhnen» (411–424).

Kein Zweifel: was Johanna «treibt», ist nicht primär eine Sendung, eine «Götterstimme», wie es in der Montgomery-Szene heißen wird, sondern ihre zugleich nationale und kriegerische Spontaneität, die sie den Helm an sich reißen läßt. Die Rolle der Transzendenz bleibt unklar. Da es sich um einen Monolog handelt, ist zwar von bewußter Erfindung eines Auftrags aus dem Jenseits zwecks Stärkung der eigenen, weiblich-schwachen Position nicht zu reden. Doch da es sich um ein Drama als ein an Fortläufigkeit gebundenes Werk handelt, entsteht der Eindruck, daß das Spätere auch das Sekundäre ist, zumal es auch unklar bleibt in seiner Eigenart: hier ist es Jahwe, oder doch der «Geist»? Von der Jungfrau Maria als der sie Sendenden spricht Johanna erst, als sie vor König Karl erscheint, der drauf und dran

---

24 Vgl. Harrison.

ist, die Flinte ins Korn jenseits der Loire zu werfen. Aber auch da ist der patriotische Affekt das Primäre. Nicht umsonst wird Johanna, die in der Schlacht bei Vermanton mit ihren zweitausend Toten «ein seltsam Wunder» vollbracht hat, bei König Karl mit typischem Synkretismus als «Kriegsgöttin» eingeführt, die das Banner der Heiligen Jungfrau in den Kampf trägt (953–966). Der Leser denkt an die Minerva des Titelkupfers. Und tatsächlich spricht Johanna zuerst von der nationalen Sache und der Kriegssituation:

> Und ich hörte viel und oft
> Erzählen von dem fremden Inselvolk,
> Das über Meer gekommen, uns zu Knechten
> Zu machen, und den fremdgebornen Herrn
> Uns aufzuzwingen, der das Volk nicht liebt,
> Und daß sie schon die große Stadt Paris
> Inn hätten und des Reiches sich ermächtigt. (1052–1058)

Erst dann die Sendung, und zwar als selbstkonzipierte, nicht aufgezwungene:

> Da rief ich flehend Gottes Mutter an,
> Von uns zu wenden fremder Ketten Schmach,
> Uns den einheimschen König zu bewahren. (1059–1061)

Es folgt der Bericht über die Erscheinung der Mutter Gottes *unter dem Druidenbaum*, die ihr den Auftrag gab, das Land von ihres «Volkes Feinden» zu befreien, sie zu «vertilgen», und wieder mit der Bedingung, als «reine Jungfrau [...] der irdischen Liebe» zu entsagen, und zwar sei es, so heißt es jetzt erstaunlicherweise, «der Herr», im Kontext eindeutig Jesus, der sie so berufe (1062–1105): die Sendung wird unklarer, problematischer.

Nun wäre es ein banalisierender psychologistischer Kurzschluß, der überdies das Drama selbst trivialisierte, in Johannas Worten Manipulation der Mächtigen (auch ein Erzbischof ist anwesend) zu sehen durch bewußte Irreführung, durch Erfindung von eindruckmachenden Visionen. Vielmehr dürfte Schiller darauf hinauswollen, daß Johanna, in korrekter historischer Koloratur, den primären vaterländisch-amazonischen Affekt *auch*, und zwar ohne «Halluzination», als gottgewollt versteht. Sie glaubt an Frankreich, sie glaubt auch an ihre Sendung (was diese nicht objektiv real macht als thematische Voraussetzung!). Das Land des Königs, «der nie stirbt» (346), befreien heißt das Land eines Statthalters Gottes auf Erden befreien; die nationale Grenze ist gottgewollt (1207–1221, 1647–1651). Nicht zufällig ist der Engländer, der Johannas weltanschaulichen Widerpart macht, Talbot, der Materialist, der «nichts» glaubt (2354).

Hatte sich Johannas Charakter bisher nur in einer Art Programmansage profiliert, so sieht man sie in den folgenden Akten in Aktion, im militärischen Kampf, und hier bestätigt sich die Zwiespältigkeit des bisherigen Eindrucks *ad oculos*. Drei Szenen vor allem sind es, die Stationen auf Johannas

Ein psychologisches Märchen 249

Weg bezeichnen und dabei wieder vor die Frage stellen: «Gottgesandte» (von welchem Gott?) oder eigenverantwortliche «Kriegsgöttin», in der sich rabiater Chauvinismus und brutale Gewalttätigkeit paaren – die Begegnungen mit Montgomery, mit dem Schwarzen Ritter und mit Lionel.

Die Engländer sind geschlagen, Orléans ist zurückerobert dank des wunderhaften Eingreifens der Jungfrau mit dem Jungfrau-Banner. Doch als sie selbst erscheint, wirkt sie eher als Kriegsfurie; von ihrer «Schreckensnähe» (1500) spricht sie und

> Jetzt Fackeln her! Werft Feuer in die Zelte!
> Der Flammen Wut vermehre das Entsetzen,
> Und drohend rings umfange sie der Tod! (1503–1505)

Auf Dunois' und La Hires Mahnung zur Mäßigung, «nimm nicht das Schwert, das tödliche», emanzipiert Schillers Heldin sich von der historischen, die in ihrem Prozeß darauf bestanden hatte, daß sie persönlich kein Schwert geführt habe:

> Wer darf mir Halt gebieten? Wer dem Geist
> Vorschreiben, der mich führt? Der Pfeil muß fliegen,
> Wohin die Hand ihn seines Schützen treibt.
> Wo die Gefahr ist, muß Johanna sein,
> Nicht *heut*, nicht *hier* ist mir bestimmt zu fallen,
> Die Krone muß ich sehn auf meines Königs Haupt,
> Dies Leben wird kein Gegner mir entreißen,
> Bis ich vollendet, was mir Gott geheißen. (1516–1523)

Wieder die Verquickung der autoritätverleihenden Instanzen – Geist und Gott. Und wieder ist der eigene Antrieb dramatisch gegenwärtig, der Blutdurst der «reinen Jungfrau». Der bewahrheitet sich, als «die Schreckliche» dem Walliser Montgomery entgegentritt. Unangefochten von allem Flehen um Erbarmen mit dem Wehrlosen, entfaltet sie, die sich mit der weißen Taube Noahs verglich (315), eine geradezu totschlägerische Kriegslust, die sie wiederum *im Nachhinein* in allzu fragwürdigen Zusammenhang mit ihrer Sendung bringt, die indessen von der eigenhändigen Brutalität nichts wußte. Trumpf ist das nationale Pathos, dem alle Mittel recht sind:

> Betrogner Tor! Verlorner! In der Jungfrau Hand
> Bist du gefallen, die verderbliche, woraus
> Nicht Rettung noch Erlösung mehr zu hoffen ist.
> Wenn dich das Unglück in des Krokodils Gewalt
> Gegeben oder des gefleckten Tigers Klaun,
> Wenn du der Löwenmutter junge Brut geraubt,
> Du könntest Mitleid finden und Barmherzigkeit,
> Doch tödlich ists, der Jungfrau zu begegnen.
> Denn dem Geisterreich, dem strengen, unverletzlichen,
> Verpflichtet mich der furchtbar bindende Vertrag,

Mit dem Schwert zu töten alles Lebende, das mir
Der Schlachten Gott verhängnisvoll entgegen schickt.
[...]
Auch Englands Mütter mögen die Verzweiflung nun
Erfahren, und die Tränen kennen lernen,
Die Frankreichs jammervolle Gattinnen geweint. (1591–1602, 1632–1634)

Und wieder: «Der Tag der Rache ist gekommen»: nicht aus persönlichem Antrieb, «eignem Gelüsten» handle sie, sondern auf Geheiß der «Götterstimme» (1660–1661). Was folgt, gibt jedoch eher der Faustregel recht, daß das unaufgefordert Bestrittene doch zutrifft: «ich muß [...]

ein Gespenst des Schreckens würgend gehn,
Den Tod verbreiten und sein Opfer sein zuletzt!
Denn nicht den Tag der frohen Heimkehr werd ich sehn,
Noch vielen von den Euren werd ich tödlich sein,
Noch viele Witwen machen[.] (1662–1666)

Nach kurzem Zweikampf fällt Montgomery.

Es dürfte einleuchten, daß Schiller, der Menschenkenner und Psychologe im Sinne seiner Zeit, in dieser Szene nicht auf die Darstellung der Fremdheit des Reinen in einer unreinen Welt aus ist, nicht problemlos Brutalität mit dem «furchtbar bindenden Vertrag mit dem Geisterreich» entschuldigt (IX, 430). Im Gegenteil ist er offenkundig fasziniert von einer menschlichen Seele, in der so Widersprüchliches eng benachbart und verquickt Raum findet: «eignes Gelüsten» in der doppelten Form des blutrünstigen Barbarismus und des blind fanatischen Patriotismus *und* der in der Welt des Mittelalters nicht unplausible Glaube – blutig fromm oder sich selber täuschend? – an den «göttlichen Befehl». Warum «Götterstimme» statt des sprachlich und metrisch ebenso passenden «Gottesstimme»? Eine Stimme also doch aus jenem Bereich des mit dem «Zauberbaum» bezeichneten Heidnischen, der der Aura Gottvaters und der Gottesmutter entgegengesetzt ist?[25] Ist der Gott der Schlachten Jahwe – oder Wotan oder Pseudonym der «Sterne»(1721)? Oder aber wird die Stimme, was immer sie sein mag, von Johanna aus eigenem Antrieb heraus umgedeutet zum Auftrag zum Morden und Brennen, zum Freibrief, Blut in Strömen fließen zu lassen, englisches Blut, denn «kein französisch Blut soll fließen!» (1719). Auf solche *Fragen*, nicht Antworten, will Schiller, scheint es, hinaus.

Man sollte bemerken, daß Johanna selbst schon in der gleich anschließenden Szene, schon vor dem Erscheinen des Schwarzen Ritters, ihre Gedanken in diese Richtung lenkt, ihre kriegerische Rolle nicht ganz geheuer findet. Von ihrer in Mitleid schmelzenden Seele spricht sie dort im Rück-

---

25 So Harrison.

blick auf den soeben verübten Mord *ad majorem dei gloriam*, von ihrem Schaudern vor dem bloßen Anblick des Schwerts – um sich dann mehr schlecht als recht zu beruhigen mit dem Gedanken: «Doch wenn es not tut, alsbald ist die Kraft mir da» (1684). Es ist klar: das ist Flucht vor dem Gewissen in die Geborgenheit der Heteronomie; hier beginnen bereits Johannas Zweifel an sich selbst – an der Vielfältigkeit der Strebungen in ihrer «Seele», ja, zwischen den Zeilen, an der Sendung selbst.

Beachtet man diese eigene Reflexion über die blutige Tat, so erklärt sich die vielfach umstrittene Szene mit dem Schwarzen Ritter im dritten Akt eigentlich von selbst. Wer die Erscheinung des Ritters «ganz in schwarzer Rüstung» ist, wird sehr verschieden beantwortet: ist er der Tod,[26] der böse Geist aus der Eiche, der zur Ehrbegierde antrieb,[27] oder, wie Johanna selbst meint, «ein widerspenstger Geist» der Hölle, der sie von ihrer göttlichen Sendung abzubringen sucht (2447);[28] ist er der eben erschlagene Talbot als die Verkörperung der im Nihilismus endenden Verstandesaufklärung, für die Johannas Sendung Aberglauben und «Aberwitz» ist (2324),[29] oder ein «Sendling des Himmels», ein himmlischer Engel.[30] Hier wird sich keine unbestreitbare Antwort finden lassen. Eindeutig jedoch ist die Funktion der «romantischen» Szene. Johanna wird dramatisch-handgreiflich mit dem eigenen aufkeimenden Zweifel konfrontiert, nicht zufällig gleich nach der Montgomery-Szene. Sie gelangt zu einem bisher unerreichtem Stadium des Bewußtseins ihrer selbst: wie wird sie der Widersprüche ihrer Seele Herr, fragt sie sich ratlos. Kein Wunder, daß die schwarze Rittergestalt sie selbst an den zugleich nüchternen und humanen Talbot denken läßt. Der Schwarze Ritter warnt sie nicht ohne Mißverständlichkeit davor, ihren Auftrag, wie sie ihn versteht, bis zum Ende – oder meint er, darüber hinaus? – weiterzuführen. «Dir gnüge der erworbne Ruhm» (2422). Johanna muß darin eine Warnung vor ihrem Erfolg, ihrem ausgiebig demonstrierten kriegerischen Blutdurst hören. Damit aber spricht der Schwarze Ritter ihre eigenen Zweifel am unbehaglichen Miteinander von Motivationen in der eigenen Seele aus; daher wird sie so tief erschüttert von dieser Begegnung;[31] ihr Gewissen meldet sich.[32] Ist der «Geist, [...] der aus mir redet» (1723), ein

---

26 John R. Frey, «Schillers Schwarzer Ritter», *German Quarterly*, XXXII (1959), 302–315.
27 Vgl. Harrison.
28 Miller, S. 46.
29 Gernot Herrmann, «Schillers Kritik der Verstandesaufklärung in der *Jungfrau von Orleans*: Eine Interpretation der Figuren des Talbot und des Schwarzen Ritters», *Euphorion*, LXXXIV (1990), 163–186.
30 v. Wiese, S. 743.
31 Vgl. Herrmann, S. 183–185.
32 Pfaff, S. 416–417.

Ungeist? Ist die Blutopfer verlangende Jungfrau Maria, von der Johanna gleich in der Lionel-Szene sprechen wird (nahe daran, dies Opfer selbst zu vollziehen), nicht so mancher heidnischen Gottheit zum Verwechseln verwandt (2465)? Was für ein Oben, was für ein Himmel ist das, der (wie zwar selbst der Erzbischof bestätigt) auf so grausame Weise «für Frankreich» ist (1767, 1785)? Äußerlich, auf der Bühne sichtbar, widersteht Johanna zwar der Stimme des Gewissens: «Nicht aus den Händen leg ich dieses Schwert, / Als bis das stolze England niederliegt» (2432–2433). Sie bleibt bei ihrer Mission. Daß sie eigenmächtig über sie hinauszugehen und sie insofern zu verleugnen im Begriff ist, also der «Hybris» schuldig werde, wofür sie dann «auf dem Fuße» gestraft werde durch ihre «Verliebung in Lionel», wie eine alte, aber noch vitale, auf eine angebliche Selbstinterpretation Schillers zurückgehende Tradition behauptet,[33] ist unverbürgt und kaum überzeugend. Denn zu sichtlich bestätigt die romantische Geistererscheinung des Ritters den seit der Montgomery-Szene aufkeimenden Selbstzweifel der Tigerwolfbezwingerin an der patriotischen Brutalität – nicht von ungefähr hatte sich diese kurz zuvor ja wieder einmal mit dem Ruf «Schlacht und Kampf!» ins Getümmel gestürzt, weil, wie der Menschenkenner Schiller ihr in den Mund legt, «mich preßt und ängstigt diese Waffenstille» (2267, 2272).[34] Wieweit sich in dieser Kriegslust Sendungstreue und «eignes Gelüsten» am «Vertilgen» und «Niederschlagen» trennen lassen, muß unentscheidbar bleiben. Wie gesagt, dürfte es Schiller darum gehen, die Verquickung von Motivationen als das eigentlich faszinierende Charakterthema darzustellen.

Das bewahrheitet sich auch in der anschließenden Lionel-Szene. Sie gehört nicht zufällig, wie die Montgomery-Szene und das für beide ausschlaggebende Junktim von Liebesverbot und Tötungsgebot, beide «von oben» kommend, zu den «Erfindungen» Schillers.[35] Johanna selbst deutet ihre erotische Anfälligkeit für Lionel und ihre daraus resultierende Unbereitschaft, ihn kurzerhand zu erschlagen, ebenso selbstverständlich als Versagen vor dem Anspruch ihrer Sendung und damit als ihre «Schuld» gegenüber der Transzendenz, wie sie es umgekehrt – zunächst – als Triumph ihrer Gottgesandtheit betrachtet hatte, daß sie Montgomery zur Strecke brachte (2541–2550). Als Lionel unversehrt entkommt, ist Johanna verzweifelt bis zum Todeswunsch, wenn sie den Akt beschließt mit dem Blick auf ihr aus einer unbedeutenden Wunde fließendes Blut: «Laßt es mit meinem Leben / Hinströmen!» (2516–2517). Aber bezeichnet sie den Grund für ihre Ver-

---

33 IX, 403; vgl. Stahl, *Friedrich Schiller's Drama*, Oxford 1961, S. 121.
34 Vgl. F. M. Fowler, «Sight and Insight in Schiller's *Jungfrau von Orleans*», *Modern Language Review*, LXVIII (1973), 376–377.
35 Sauder, S. 354.

Ein psychologisches Märchen 253

zweiflung zutreffend, wie es Generationen von Kritikern von den Zeitgenossen über die Nationalausgabe (IX, 434) bis heute[36] mit der gleichen Selbstverständlichkeit gesehen haben? Gleichgültig, ob man meint, daß ihre Sendung nur Sendungs*bewußtsein* ist oder zugleich «objektiv» beglaubigt: ist es *wirklich* der Abfall von der Sendung zum Männermorden, der Johanna den eigenen Worten nach in solche Verzweiflung stürzt (IV, 1)?

Oder bezeichnet das Verschonen Lionels den ersten Schritt zu jener selbständig verantworteten, nicht mehr von der Transzendenz bestimmten elysischen Vollkommenheit nach dem Verlust der ursprünglichen, arkadischen, aus der sie der Missionsauftrag schuldlos-schuldig herausriß?[37] So oder so, «verhängt» (3148) oder eigenständig, bliebe die Sendung unangetastet: Johanna bekennt sich weiterhin zu ihr. Aber betrifft Johannas Zweifel im Anschluß an die Lionel-Szene tatsächlich nicht auch die Sendung selbst – die Sendung, die einem Blutbefehl gleichkommt, wie Johanna seit der Montgomery-Szene bewußt geworden ist? Was ihr im Erwachen des Eros bewußt wird, bestätigt es: als «blindes Werkzeug» Gottes (der Sendung) ist sie nicht «menschlich» (2567, 2578), im doppelten Sinne nicht: nicht «edel, hilfreich und gut» und nicht «ganz» im Sinne der *Ästhetischen Erziehung*. Wenn hingegen Johanna selbst an den «furchtbar bindenden Vertrag» (1600) erinnert: ihre Schuld sei der Bruch dieses Vertrags in der Verschonung Lionels, dann diagnostiziert ein neuerer Kritiker darin schlicht moralischen Selbstbetrug.[38] In Wirklichkeit leide sie unter der ihr spätestens seit der Begegnung mit dem Schwarzen Ritter bewußt werdenden Ungeheuerlichkeit ihrer allzu begierig ergriffenen Rolle als Würgeengel im Namen Frankreichs und der Jungfrau Maria (der ja solche Brutalität schlecht zu Gesicht steht). Die sonst wörtlich genommene Klage Johannas über ihren Abfall von der Sendung im vierten Akt wäre also mit ein wenig «dialektischer Psychologie» als ein einziges Schattenboxen zu verstehen. Dazu paßt, daß Johanna sich vorwirft, sich «eitel» über ihre Schwestern «erhoben» zu haben, als sie das friedliche Heimatdorf verließ und sich – im «Hochmut» also und unausgesprochenerweise auf eigene Initiative – in ihr kriegerisches Abenteuer stürzte (2938, 130). Patriotische Vermessenheit und regressive Brutalität hätten also verhängnisvoll Platz gefunden im schützenden Schatten ihres Sendungs*bewußtseins*, das sie nun konsequent als «furchtbaren Beruf» bezeichnet (2595). Jetzt will sie für solche Eitelkeit «büßen [...] mit der strengsten Buße» (2937).

Nicht das Abweichen von der Sendung, sondern die Sendung selbst wird damit Gegenstand der Selbstbefragung, wenn nicht gar des Schuldbewußt-

---

36 Miller, S. 47.
37 Kaiser, S. 225–226.
38 Pfaff, S. 416.

seins. Im *Monolog*, der den vierten Akt eröffnet, wird zweifelsfrei deutlich, daß man diese Sendung nicht einfach als Erfindung zum Zweck der Autoritätssteigerung interpretieren kann. Johanna *beklagt* es, daß sie von der Himmelskönigin zum Werkzeug ausersehen wurde, keine «Wahl» hatte (2613). Das Sendungsbewußtsein ist echt; doch ob auch die Sendung in irgendeinem theologischen Sinn authentisch sei, ist am Text nicht abzulesen; wir sehen nur einen Menschen, der an sie glaubt. Aber zweifelhaft wird diesem Menschen nun, daß eine solche Sendung, vielmehr ein solches Sendungsbewußtsein, das rechte war: so «furchtbar» erscheint es nun. So muß Johanna verstummen, als ihr Vater sie fragt: «Gehörst du zu den Heiligen und Reinen?» (2985). Gott selbst, so deuten ihr Vater und der Erzbischof die plötzlichen Donnerschläge gleich anschließend, erklärt sie schuldig, und sie schweigt auch darauf. All das als Bestätigung dafür, daß ihre Schuld in der «Verliebung» in Lionel bestand? Die tief verstörende Reue, Trauer, Zerknirschung wären *der* Ursache erstaunlich unproportional.[39] Überdies: daß es in Johannas Selbstvorwürfen wirklich um den Abfall von der göttlichen Sendung gehe, würde doch inkongruent wirken, da gerade jetzt diese Sendung erfüllt ist: «Frankreich ist frei» (2660), der König in Reims gekrönt. Plausibler ist der Tumult in Johannas Seele als Beunruhigung durch das Gegen- und Miteinander ihrer verschiedenen Strebungen zu sehen; zu denen mag auch der Abfall gehören. Entscheidend aber ist die Erkenntnis, daß rabiater Nationalismus und brutaler Tatendrang sie um ihre «Menschlichkeit» bringen.

«Der Streit in meiner Brust» (3172) wird indes überwunden. Wie, bleibt unklar. Nach dem ominösen Schweigen in Reims bekennt Johanna sich anfangs des letzten Aktes selbstbewußt wieder zu ihrer Sendung: nicht als Hexe, sondern «mit Gottes Kraft» habe sie die Wunder auf dem Schlachtfeld vollbracht (3141–3142). Der Rückfall ist vorüber. In der Öde, in der sie nach der Verbannung vom Hofe mit Raimund herumgeirrt ist, hat sie sich «erkennen» gelernt. «In mir ist Friede – Komme, was da will, / Ich bin mir keiner Schwachheit mehr bewußt!» (3178–3179). Wer hier von Selbstfindung in einer neuen Harmonie *ohne* Gott spricht, von der höchsten Vollendung des Menschlichen *an sich*, sieht, wie es scheint, einfach über Johannas erneutes Bekenntnis zur Transzendenz hinweg: «Ich habe das Unsterbliche mit Augen / Gesehen» (3191–3192). «Der die Verwirrung sandte, wird sie lösen!» (3182). Johanna ist wieder ganz die Gottgesendete, wie sie denn auch in der Schluß-Apotheose zuversichtlich glaubt, sie werde vor Gottes Thron treten (3531–3544).

---

39 Vgl. ebda.

Mit solcher Gottergebenheit mag es dann auch halbwegs zu erklären sein, daß sie sich gleich darauf allzu bereitwillig von der Gegenpartei gefangen nehmen läßt. Dann aber folgen inkongruente Worte. Das eben wiedergefundene Gottvertrauen und seelische Gleichgewicht ist wie verflogen, sobald Isabeau befiehlt, Johanna zu Lionel zu bringen. Lieber als ihm wiederbegegnen will sie sterben und dringt mit angsterfüllten Worten in die englischen Soldaten, sie auf der Stelle zu töten (3228–3231). Das kann nur bedeuten, daß sie fürchtet, daß die erotische Seite ihrer Persönlichkeit wieder in den Vordergrund drängt, die ihr Sendungsbewußtsein beeinträchtigt. Aber das ist ein falscher Alarm, wie sich gleich herausstellen wird, wenn ihr Lionel entgegentritt. Zuvor jedoch, augenscheinlich um die englischen Soldaten zu bewegen, ihr den Todeswunsch zu erfüllen, erinnert sie an ihre Gewalttätigkeit auf dem Schlachtfeld und damit an etwas ihr Näherliegendes: «Denkt, daß *ich*s war, die eure Trefflichsten / Getötet, die kein Mitleid mit euch trug, / Die ganze Ströme engelländschen Bluts / Vergossen» (3232–3235). Nicht nur den Adressaten, auch ihr selbst muß also in diesem Moment dieser Zug ihrer widersprüchlichen Natur, der ihr seit der Montgomery-Szene zu schaffen macht, wieder gegenwärtig sein. Und das Sendungsbewußtsein, das diesen Zug bekräftigt, meldet sich ebenfalls wieder, wenn auch jetzt in tragischer Verkehrung, als Johanna nämlich die Weigerung der Soldaten, ihrem Todeswunsch Genüge zu tun, beantwortet mit der Selbststilisierung als *verlassene* Berufene, ja als Nachfolgerin Christi am Kreuz, zu dessen letzten Worten gehört: «Warum hast du mich verlassen?» (Matth. 27, 46):

> Furchtbare Heilge! deine Hand ist schwer!
> Hast du mich ganz aus deiner Huld verstoßen?
> Kein Gott erscheint, kein Engel zeigt sich mehr,
> Die Wunder ruhn, der Himmel ist verschlossen. (3242–3245)

Der «Streit» der mancherlei widersprüchlichen Strebungen in dieser Seele lebt also nach der wortreich artikulierten Selbstfindung doch wieder auf. Und in der Folge macht sich Johannas Wille zur Macht, gepaart mit ihrem rabiaten Patriotismus, erneut geltend, und zwar gerade in der Wieder-Begegnung mit Lionel und im Anschluß an sie: weit davon entfernt, sich von dem Engländer, der ihr warmherzig entgegenkommt, erotisch entflammen zu lassen, redet sie ihn kühl als den verhaßten Feind ihres Volkes an, den sie nicht lieben könne. Ist das allenfalls noch sendungskonform, so führt sie das Gespräch aber sogleich mit dem «Trotz der Rasenden» (3368) in chauvinistisch-patriotische Bahnen über, in praktisch-politische Überredung. Gott und Sendung spielen da keine Rolle mehr, ebensowenig wie in den folgenden Szenen, in denen sie sich wieder zu wahnwitziger Kriegshetze versteigt:

> Horch!
> Das ist der Kriegsmarsch meines Volks! Wie mutig
> Er in das Herz mir schallt und siegverkündend!
> Verderben über England! Sieg den Franken!
> Auf, meine Tapfern! Auf! Die Jungfrau ist
> Euch nah, sie kann nicht vor euch her wie sonst
> Die Fahne tragen – schwere Bande fesseln sie,
> Doch frei aus ihrem Kerker schwingt die Seele
> Sich auf den Flügeln eures Kriegsgesangs.
> [...]
> Mut, Mut, mein Volk! Es ist der letzte Kampf!
> Den einen Sieg noch, und der Feind liegt nieder.(3407–3419)

Während der großen Mauerschau der Schlacht ist es wieder die patriotische Johanna, die in den Vordergrund gespielt wird, zugleich die eigenmächtige Täterin. «Könnt ich nur durch der Mauer Ritze schauen / Mit einem Blick wollt ich die Schlacht regieren!» (3440–3441). Sich aus den Fesseln zu befreien, ist, wie sie Lionel schon versichert hatte, ihr einziger Wunsch (3392), nicht etwa, der Jungfrau oder Gott zu dienen in der Erfüllung ihrer Sendung. Ja, sie glaubt sich sogar – die Imitatio Christi meldet sich wieder – von Gott «verlassen» (3449). Interessant ist, wie sie Gott dennoch ins Spiel bringt: lediglich als Förderer ihres eigenen Strebens wie schon im Prolog! «Höre mich, Gott in meiner höchsten Not, / [...] / Du willst und diese Ketten fallen ab» (3463, 3470). Sie zerreißt die «zentnerschweren Bande» (3480) und stürzt in die Schlacht ohne ein Wort des Dankes an den himmlischen Helfer – manche Kritiker betonen gern, daß es sich hier nicht um göttlichen Beistand, sondern um die Willenskraft und Muskelstärke der «löwenherzigen» Tigerwolferwürgerin handle.[40] Wie eine blutlechzende Kriegsfurie stürmt Johanna, anschaulich noch in der bloßen Mauerschau, mit dem Schwert, nicht mit der Fahne, in die Reihen der Bewaffneten und entreißt den Engländern den «sichern Sieg» (3492).

Sieg ist auch ihr eigenes Ende. Auf dem Schlachtfeld statt auf dem Scheiterhaufen sterbend, fast schon, wie Maria Stuart, «ein verklärter Geist», beteuert sie noch einmal ihre Sendung («Ich bin keine Zauberin») oder vielmehr ihr Sendungsbewußtsein (3515, 3522). Dieses gibt ihr auch – ein Regenbogen erscheint opernhaft – die Zuversicht, der «Himmel» öffne ihr seine Tore. Mindestens ebenso wichtig jedoch ist ihr in ihren letzten Worten, daß sie «wirklich unter meinem Volk» ist, befreit also auch von den Engländern, nicht nur von den Banden des Irdischen. Und selbst als sie mit «Hinauf – hinauf – Die Erde flieht zurück – / Kurz ist der Schmerz und ewig ist die Freude!» ihr Leben aushaucht, also ihr Leben und Sterben zu

---

40 William F. Mainland, *Schiller and the Changing Past*, London 1957, S. 100.

jenem Läuterungs- und Erlösungsweg stilisiert, den die (ihre Worte theologisch oder idealistisch ontologisierende) Forschung so beharrlich betont als den wahren Sinn der gesamten Handlung, da erinnert Schiller daran, daß der Himmel, wie stets von Johanna, als ein sehr französischer gesehen wird: ein Meer von Fahnen bedeckt die Tote; religiöse Symbole *fehlen* neben den nationalen.

Ist das nicht Schillers letzter Wink, das Drama der Jeanne d'Arc nicht als Tragödie einer Sendung zu sehen, sondern allenfalls als die eines Sendungsbewußtseins – eines solchen aber, das in dieser geräumigen Seele eng benachbart ist mit blutrünstigem Patriotismus und persönlich-vitalem Konquistadoren-Willen zur Macht, wie er Schiller seit dem frühen Gedicht «Der Eroberer» immer wieder in seinen Dramen zum Gestalten gereizt hat? Das geläufige Wort von der «in die Welt gesandten Heiligen» Johanna, die in den «Himmel» als «in die Welt des Ideals» eingeht (IX, 391), ist da wohl kaum das letzte. Offenkundig will der Dramatiker nicht nur das intelligible Ich, das über alles Irdisch-Bedingte, Weltlich-Allzuweltliche erhaben ist oder dies doch ausspricht, vor den Augen des Zuschauers lebendig werden lassen, sondern auch den sehr diesseitigen Menschen Johanna – die französische Patriotin, die aus eigener Energie und Initiative handelnde Tigerwolfbezwingerin. Ob dem Bewußtsein der Sendung, mit der diese Johanna sich beglaubigt, «objektiv» ein göttlicher Auftrag entspricht, ist eine zwar oft bejahte Frage, die ein Dramatiker, der kein Theologe ist, jedoch nicht beantworten kann. Nicht die Transzendenz und ihr «Schicksal» auf Erden in menschlicher Verkörperung ist sein Thema (obwohl die Forschung es lange so gesehen hat), sondern der transzendenzgläubige Mensch. Dieser jedoch wird in der *Jungfrau von Orleans* gerade in diesem Glauben, wie Maria Stuart, rückfällig; überdies ist er nicht nur gläubig bis zur Nachfolge Christi, sondern zugleich «dieser Welt» in einer Weise verbunden, die nicht *nur* als bewundernswürdig dargestellt ist. In solchem Gestalten noch des Fragwürdigsten im Großen bezeugt sich Schillers, Dr. med. Schillers, Aufgeschlossenheit für den Menschen, der nicht aufhört ihn zu verwundern, je mehr er ihn versteht.

Die Braut von Messina
Endspiel des Idealismus

1.

Die Braut von Messina steht am Ende der mit *Maria Stuart* beginnenden, mit der *Jungfrau von Orleans* fortgesetzten Dramenreihe, die man im Licht der Deutungsgeschichte eine Trilogie der Läuterung nennen könnte: in allen drei führen Handlung und Charakterentwicklung nach bewegtem Auf und Ab zu jener Apotheose der Hauptfigur, in der diese, stellvertretend für eine Möglichkeit des Menschen gemäß der idealistischen Zwei-Naturlehre, nach Anerkennung und Überwindung ihrer Schuld die Angst des Irdischen von sich wirft und im Tod die Transzendenz, den Raum einer ewigen Ordnung oder «des Ideales Reich», gewinnt. Allerdings ist, was neuere Interpreten gern betonen, dieser oft zitierte «Uebertritt des Menschen in den Gott», wie Schiller es am 30. November 1795 in einem Brief an W. v. Humboldt über seine geplante Herakles-Idylle nennt (XXVIII, 119), seinerseits ins Zwielicht getaucht: spielen nicht noch handfest irdische, «physische» Motive hinein in den Aufschwung der Seele in den *mundus intelligibilis* des nachkantischen Denkens und Vorstellens?

Zugleich steht das Trauerspiel von den «feindlichen Brüdern», wie der Titel ursprünglich lauten sollte, am Anfang der thematisch verbundenen Dreidramensequenz. Denn schon im März 1799 trug sich Schiller, einer Tagebuchnotiz Goethes zufolge, mit dem Gedanken an dieses stofflich frei (wenn auch nicht ohne allerlei Anregungen, besonders von Horace Walpoles Schauerstück *The Mysterious Mother*) erfundene Sujet (X, 301, 314). Doch schob er den eigentlichen Arbeitsbeginn nach wiederholtem Zögern bis zum September 1802 auf, nicht zuletzt aus der nicht unbegründeten Ahnung heraus, daß, wie er Goethe bereits am 5. Januar 1798, damals noch mit dem *Wallenstein* beschäftigt, geschrieben hatte, «frey erfundene» Stoffe seine «Klippe» sein würden (X, 311). So wurden zunächst der englische, dann der französische historische Stoff in Angriff genommen, außerdem zwei andere geschichtliche Vorwürfe, *Die Malteser* und *Warbeck*, in Erwägung gezogen. Doch das Thema der feindlichen Brüder aus der fiktiven mittelalterlichen normannischen Herrscherfamilie in Sizilien spukte weiterhin im Hintergrund; *Die Braut von Messina* blieb das Sorgenkind, erst recht als das Stück, im Februar 1803 beendet, im März in Weimar uraufgeführt und bald darauf mit dem Untertitel «ein Trauerspiel mit Chören» gedruckt, eine Aufnahme fand, die Schiller selbst, im Anschluß an die Uraufführung als «natürlich sehr getheilt» bezeichnete (X, 309) – prophetisch bis heute, wenn das Stück überhaupt noch aufgeführt wird.

Schillers dramatisches Sorgenkind – Schuld daran war nicht allein der selbsterfundene Stoff. Die Dokumente zur Entstehungsgeschichte des Stücks – nach den opernhaften Ausuferungen der *Jungfrau von Orleans*, die sich in *Wilhelm Tell* wiederholen sollten, eine Rückkehr zur strengen, aufs Einfachste reduzierten Form der *Maria Stuart* – bezeugen, daß Schiller sich im klaren darüber war, daß er hier ein Experiment wagte, wie er es in solcher Konsequenz selbst in der klassisch beherrschten Mary-Stuart-Tragödie nicht unternommen hatte. Wiederholt nämlich spricht er von seinem Ehrgeiz, es jetzt im Ernst mit der antiken Dramatik aufzunehmen als dem absoluten Modell der «einfachen Tragödie». Bereits am 13. Mai 1801 an Körner:

> Ich habe große Lust mich nunmehr in der einfachen Tragödie, nach der strengsten griechischen Form zu versuchen, und unter den Stoffen, die ich vorräthig habe, sind einige die sich gut dazu bequemen. Den einen davon kennst Du, die Maltheser [...]. Ein anderes Sujet, welches ganz eigne Erfindung ist, möchte früher an die Reihe kommen; es ist ganz im reinen und ich könnte gleich an die Ausführung gehen. Es besteht, den Chor mit gerechnet, nur aus 20 Scenen und aus fünf Personen. Göthe billigt den Plan ganz, aber es erregt mir noch nicht den Grad von Neigung, den ich brauche um mich einer poetischen Arbeit hinzugeben. Die Hauptursache mag seyn, weil das Interesse nicht sowohl in den handelnden Personen, als in der Handlung liegt, sowie im Oedipus des Sophocles; welches vielleicht ein Vorzug seyn mag, aber doch eine gewisse Kälte erzeugt. (X, 301)

«Einfacher Stoff», «einfacher Plan», «Neuheit in der Form», Nähe zur «antiken Tragödie», sei sie sophokleisch oder äschyläisch, «Strenge der alten Tragödie», «Wettstreit mit den alten Tragikern», «einfache Handlung, wenig Personen, wenig Ortsveränderung, eine einfache Zeit von einem Tag und einer Nacht, vornehmlich aber der Gebrauch des *Chors*, so wie er in der alten Tragödie vorkommt», «mich auch einmal mit den alten Tragikern in ihrer eigenen Form zu meßen und zugleich die Dramatische Wirkung des alten Chors zu erproben» – das sind Leitmotive in den Briefen von 1802 bis 1803 (X, 302–309). Sie wirken dazu zusammen, daß Schiller, wie er nach der Uraufführung der *Braut von Messina* an Körner schreibt, «zum erstenmal den Eindruck einer wahren Tragödie bekam» (X, 309).[1]

---

1 Zur Entstehungsgeschichte vgl. Gerhard Kluge, *«Die Braut von Messina», Schillers Dramen: Neue Interpretationen*, hg. v. Walter Hinderer, Stuttgart 1979, S. 245–254.

Ob solche selbstinduzierte Euphorie nicht eher Zweifel camoufliert, die doch kaum ausbleiben konnten bei derart hochgespannten Ambitionen? Der unbestreitbaren Einfachheit der Fabel und der Handlungsführung – Brudermord aus Rivalität in der Liebe, die Geliebte als Schwester, Selbstmord des Täters – widerspricht die ebenso unbestreitbare Uneindeutigkeit ihrer sprachlichen Vergegenwärtigung. Schiller dürfte unrecht gehabt haben mit seiner zu dem Stoff der feindlichen Brüder geäußerten Zuversicht, es sei «eine dankbarere und erfreulichere Aufgabe, einen einfachen Stoff reich und gehaltvoll zu machen, als einen zu reichen und zu breiten Gegenstand einzuschränken» (X, 302). Im Bestreben, Gehalt und geistigen Reichtum einzuführen, tut er des Guten entschieden zuviel und verwirrt den intellektuellen Überbau oder das «Ideencostüme» (X, 308). Und diese Uneindeutigkeit betrifft nicht zuletzt eben jene Erneuerung der antiken Tragödie oder was Schiller dafür gehalten hat. Denn wenn Schiller in der einfachen Handlung um König Ödipus zu Recht oder zu Unrecht eine Schicksalstragödie gesehen haben sollte in dem Sinne, daß unberechenbare metaphysische Mächte ihr Spiel mit Menschen wie mit Marionetten treiben, dann befände er sich im Widerspruch zu allem, was er je über die ihm kongenialste Gattung geschrieben hat (wo er statt dessen den Charakter und seinen Willen betont), und man müßte erwarten, daß ihm das selbst aufgefallen wäre. Doch davon kein Wort in der Entstehungszeit der Tragödie von den feindlichen Brüdern – oder auch später. Und weist der Text selbst das Stück zweifelsfrei als ein Trauerspiel aus, in dem ein aus dem Transzendenten eingreifendes «Schicksal» (heraufbeschworen durch die Verfluchung des Geschlechts durch einen Vorfahren, dem der eigene Sohn die Braut raubte) die Menschen mit unerbittlicher Logik ins Verderben treibt? Gewiß wird im Drama viel von einem solchen böswilligen Fatum gesprochen. Viel gesprochen wird aber auch, vom Chor nicht anders als von den handelnden Personen, von «Schuld», Vergehen und Verbrechen, Verantwortlichkeit und Eigenständigkeit des Menschen, und zwar gerade anläßlich derselben Ereignisse und Taten oder Untaten.

Dementsprechend hören verschiedene Leser und Zuschauer Verschiedenes in und zwischen den Zeilen. Die einen sind überzeugt, es mit einem Schicksalsdrama in der Art der romantischen Schicksals- und Schauerstücke wie Zacharias Werners *Der vierundzwanzigste Februar*, Adolf Müllners *Der neunundzwanzigste Februar* und Grillparzers *Ahnfrau* zu tun zu haben, die heute überleben in Platens Parodie *Die verhängnisvolle Gabel*.[2] In dieser Sicht ist die Charakterdarstellung, ist Motivation des Verhaltens der

---

2 G. A. Wells, «Fate Tragedy and Schiller's *Die Braut von Messina*», *Journal of English and Germanic Philology*, LXIV (1965), 191–212.

dramatis personae zwar nicht völlig abwesend, aber doch widersprüchlich, unvorhersehbar und nicht glaubwürdig genug entwickelt, um von sich aus den Gang der Ereignisse plausibel zu machen. Folglich könne von moralischer Eigenverantwortlichkeit und menschlicher Schuld, sei es bei Isabella, sei es bei ihren Söhnen, wenn überhaupt, nur in sehr beschränktem Maße die Rede sein, um so mehr aber von der Schuld eines uneinsehbaren, doch entschieden bösen Verhängnisses, das dafür sorgt, daß das zum Wahrtraum umfunktionierte Orakel, das in der Ödipus-Fabel die ausschlaggebende Rolle spielte, sich endlich an den menschlichen Marionetten erfüllt gemäß dem Fluch des Ahnherrn.[3] Die bloße Leidenschaftlichkeit, auch Inkonsequenz, Egozentrik und Geheimnistuerei der Figuren allein kann, so gesehen, den tragischen Ausgang der Verwicklung nicht überzeugend erklären. Also ein übernatürliches willkürliches oder auch blindes Fatum, kosmische Sinnlosigkeit als letztes Wort. Insofern bestünde eine gewisse Nähe zu den *Nachtwachen* des Bonaventura, und es wäre von einer Vorwegnahme der weltschmerzlerischen Schwundstufe des Tragischen in der Verzweiflungspathetik des jungen Grabbe, Lenaus, Büchners, Nestroys und anderer tonangebender Gestalten des frühen 19. Jahrhunderts zu sprechen, keineswegs aber von Tragödie, geschweige denn von Schillers «wahrer Tragödie».[4] Aber ob eine solche Deutung den Charaktergestalter Schiller nicht sehr erstaunt hätte?

Auf der Gegenseite führt nüchtern-geduldige Betrachtung der Charakterentwicklung in der *Braut von Messina* zu der Erkenntnis, die Motivation sei tatsächlich doch nicht so unzulänglich und unplausibel, wie gemeinhin behauptet wurde, Unwahrscheinlichkeiten erwiesen sich vielmehr als psychologisch oder logisch durchaus einleuchtend begründet: plausibel sei also durchaus, wieso es kommt, daß sich die Brüder in dieselbe junge Frau verlieben, daß der eine dies nicht vom andern weiß, daß die Charakere, besonders Beatrice, die von beiden geliebte, an entscheidenden Stellen nicht zu hören scheinen und sich in Schweigen hüllen statt Auskünfte zu geben, die die Verhältnisse geklärt und einen günstigeren Handlungsfortgang garantiert hätten, usw. Ist das Handeln und Verhalten der Charaktere aber dem gesunden Menschenverstand verständlich, so folgt, daß es nicht nötig ist, wie es die *dramatis personae* und der Chor wiederholt tun, ein fatales Geschick oder böswillige Götter zur Erklärung für ihr Tun und Lassen zu bemühen. Es folgt weiter, daß auch die an die Stelle des antiken Orakels tretenden doppelsinnigen Träume, die den Geschehensgang vorauszusagen scheinen, sich nicht erfüllen, wie sich eine Prophezeiung erfüllt: sie sind statt dessen eher ein Rohrschachtest für die an sie glaubenden und sie deutenden

---

3 Benno von Wiese, *Friedrich Schiller*, Stuttgart 1959, S. 756.
4 Friedrich Sengle, «*Die Braut von Messina*», Der Deutschunterricht, 1960, H. 2, S. 88.

dramatis personae und insofern ohne objektive, über das Subjekt hinausweisende Bedeutung. Schicksal wird als «Triebschicksal», Schicksalsverfallenheit als Naturverfallenheit, Schicksalszusammenhang als Gewaltzusammenhang entmystifiziert und entmythologiert.[5] Nicht mit Schicksalsdrama, einem in der Aufklärung überhaupt untragbarem Konzept, hätte man es daher zu tun, sondern mit einer Charaktertragödie. Allenfalls ist der Mensch in dieser Sicht unabdingbaren äußeren Gewalten und Verhältnissen ausgesetzt, die sich ihm als Zufall ausnehmen mögen, aber keinesfalls als übernatürliche metaphysische Instanzen gedeutet werden dürften,[6] sondern als immanente «Dramatik des Lebens», in der die tragische Ironie ihre Orgien feiert.[7]

Warum dann aber das beharrliche Sprechen von Geschick und bösen Göttern im Drama selbst, in den Chor- und den Personenreden? Warum auch der Fluch, der auf der Familie lastet wie der Orakelspruch in der Ödipus-Tragödie? Warum sollte Schiller ein Drama über fatalistisch-abergläubische *dramatis personae* schreiben, ohne ihnen recht zu geben? Und widersprechen sie sich nicht eklatant selbst, wenn etwa Don Cesar einmal alles der Transzendenz zuschreibt («Blut beschloß der Himmel» [2441]), dann aber sich selber «richtend straf[t]» (2634), nachdem er zunächst gemeint hatte, «der gerechte Himmel hat gerichtet» (1916)? Und wieder: «Noch niemand entfloh dem verhängten Geschick» (2487) *und* «Der freie Tod nur bricht die Kette des Geschicks» (2641). Stiftet die Vermengung von zwei unvereinbaren Tragödientypen, von Sophokles und Shakespeare, also nicht mehr Verwirrung als Erkenntnis? Daß solches Sowohl-als-Auch realistischer Menschensicht diene, daß Don Cesar in seinem Selbstmordmonolog zugleich in sinnvoller Weise sittlich frei handle *und* im Bewußtsein, Spielzeug übernatürlicher Gewalten zu sein,[8] das will dem kritischen Theaterbesucher wohl kaum in den Kopf. Also schlicht Verworrenheit, wie nüchterne Betrachter denn auch betont haben?[9] Und wäre damit auf eine der wunden Stellen gewiesen, die dieses Stück, seit Schillers Lebzeiten bereits, in den

---

5   Rolf-Peter Janz, «Antike und Moderne in Schillers *Braut von Messina*, *Unser Commercium: Goethes und Schillers Literaturpolitik*, hg. v. Wilfried Barner u. a., Stuttgart 1984, S. 332–333.
6   Vgl. Janz; F. M. Fowler, «Matters of Motivation: In Defence of Schiller's *Die Braut von Messina*,» German Life and Letters, XXXIX (1986), 134–147.
7   Kluge, S. 257–258.
8   Bruce Thompson, «The Limitations of Freedom: A Comparative Study of Schiller's *Braut von Messina* and Werner's *Der 24te Februar*», Modern Language Review, LXXIII (1978), 328–336.
9   Zum Beispiel W. H. Bruford, *Theatre, Drama and Audience in Goethe's Germany*, London 1950, S. 337.

Verdacht oder gar Vorwurf eines ehrgeizigen Fehlschlags gebracht haben?[10] Denn den muß man doch konstatieren, wenn man erkennt, daß Schuld und Schicksal, Verantwortung und Verhängnis den Aussagen des Textes selbst zufolge alles andere als klar, eher hoffnungslos widersprüchlich ineinander verheddert sind, ja identifiziert werden und daher von unzulänglichem Erkenntnisgewinn bleiben.[11] Oder aber könnte die Beobachtung das Stück retten, daß diese unvereinbaren Begriffe mit Kunstsinn absichtlich in ein derart *ironisches* Wechsel- und Identitätsverhältnis gesetzt sind?[12] Das könnte passen zu der unschweren Feststellung, daß der Chor, in der antiken Tragödie Quelle verbindlicher Einstellung zur vorgeführten Handlung, zwar manchmal Weisheitsworte von sich gibt, sonst aber mit Blindheit geschlagen ist und selbst in die Verwirrung der Dramenfiguren hineingezogen wird. Aber daß das Stück dadurch gewinnt, ist mehr als zweifelhaft. Denn wiese solche Ironie wirklich von sich aus über die von Irrtum beherrschte dargestellte Welt hinaus auf eine höhere, positiv werthafte Ordnung?[13] Die angebliche Ironie mündet in offene Fragen, die in einem Drama, das angelegt ist wie dies, ihr Unbefriedigendes haben.

Man kann nur schließen, und dieser Schluß setzt sich in neueren Versuchen, mit dem Sorgenkind zurandezukommen, immer mehr durch, daß alles Operieren mit dem Begriff Schicksal im transzendenten Sinne sich in Kreisbahnen bewegt und so in die Irre führt. Der Begriff beschreibt nicht, was vorgeht in und mit diesen Menschen. Schillers Liebäugeln mit der griechischen Tragödie bringt, wie gerade die Studien über das Verhältnis der *Braut von Messina* zu *König Ödipus* gegen die eigene Absicht gezeigt haben,[14] im Grunde nichts für die Interpretation, die sich an die entsprechenden, nicht zufällig als rätselhaft bezeichneten Fingerzeige Schillers hält.[15] Das Verhältnis von Schuld und Schicksal, auch wenn man diplomatisch «Schicksal» als Metapher nimmt,[16] bleibt auch von daher undurchschaubar. Vollends pro-

---

10 Wolfgang Albrecht, «‹Der freie Tod nur bricht die Kette des Geschicks›: *Die Braut von Messina oder Die feindlichen Brüder*», *Schiller: Das dramatische Werk in Einzelinterpretationen*, hg. v. Hans D. Dahnke u. Bernd Leistner, Leipzig 1982, S. 246.
11 Vgl. Sengle, S. 85.
12 Stuart Atkins, «Gestalt als Gehalt in Schillers Braut von Messina,» *Deutsche Vierteljahrsschrift für Literaturwissenschaft und Geistesgeschichte*, XXXIII (1959), 529–564.
13 Atkins, S. 561.
14 Florian Prader, *Schiller und Sophokles*, Zürich 1954; Hermann Weigand, «*Oedipus Tyrannus* und *Die Braut von Messina*», *Schiller 1759–1959: Commemorative American Studies*, hg. v. John R. Frey, Urbana, Illinois, 1959, S. 171–202; Wolfgang Schadewaldt, «Antikes und Modernes in Schillers *Braut von Messina*», *Jahrbuch der Deutschen Schillergesellschaft*, XIII (1969), 286–307.
15 Atkins, S. 536.
16 Kluge, S. 256.

blematisch wird alles Sprechen vom antiken Geschick als der letztlich verantwortlichen Macht, wenn man bedenkt, daß Schiller seine Tragödie nicht auf religionsgeschichtlich neutralem Boden angesiedelt hat, was bei einem frei erfundenen Stoff um so leichter gewesen wäre, sondern in einem Raum der gleichzeitigen Geltung dreier «Mythologien», nämlich Christentum, griechische Mythologie und Mohammedanismus, deren Vermischung Schiller ausdrücklich gewollt hat (X, 308). Daß aber die Nähe zum antiken Drama *nicht* auf die Erneuerung eines (vermeintlichen) Schicksalsbegriffs ziele, sondern lediglich auf die analytische Form oder auch den Ablauf der tragischen Handlung innerhalb einer Familie, ist nicht plausibel. Denn soweit *Die Braut von Messina* überhaupt analytisch konstruiert ist (wichtiger als das, was in der Vergangenheit geschah, ist tatsächlich was sich, nicht unbedingt als Folge daraus, auf der Bühne selbst abspielt), brauchte Schiller dazu nicht das antike Vorbild, und ebensowenig brauchte er es für die Familientragödie – schon *Don Karlos* war ja ein «Familiengemälde» in einem fürstlichen Hause, *Die Räuber* eins in einem gräflichen und bereits mit dem Motiv der erotischen Rivalität der feindlichen Brüder.

Das Bemerkenswerteste in diesem Zusammenhang ist vielleicht, daß selbst der Chor, das sichtlichste Indiz der versuchten Anknüpfens an die Antike, keinen Aufschluß vermittelt, wie es im klassischen Drama doch jedenfalls in dem Sinne zu erwarten wäre, daß der Chor den Zuschauer nicht in die Irre führt. Kennzeichnenderweise spricht Schiller selbst vom Chor erst, als das Drama abgeschlossen ist; und auch die als Einführung vorausgeschickte Abhandlung «Über den Gebrauch des Chors in der Tragödie» ist erst einige Zeit nach der Fertigstellung des Dramas entstanden. Überdies haben die dort entwickelten Gedanken in ihrer wirkungsästhetischen Allgemeinheit kaum eine spezifische und notwendige Verbindung mit dem Gebrauch des Chors in der *Braut von Messina* selbst, so daß der Gedanke nicht abzuweisen ist, daß es sich um eine nachträglich für nötig gehaltene Rechtfertigung handelt, und *qui s'excuse, s'accuse?* Sicherlich trägt das Hauptargument, daß nämlich der Chor durch seine formal-gemessene Gegenwart den Zuschauer distanziert, ihm so seine «Gemütsfreiheit» bewahrt oder wiederherstellt und insofern auch den «Naturalismus» der Illusionsbühne durch das Element der Reflexion in seine Schranken weist, an sich nichts bei zur Interpretation des Stücks im Hinblick auf die berührten gehaltlichen Fragen. Die Distanz mag Besonnenheit bewirken gegenüber dem Ansturm der Emotionen, die in der Leidenschaftlichkeit mancher Szenen den Zuschauer in der Tat zu überwältigen drohen. Doch in welche Richtung solche Besonnenheit ihre Gedanken zu diesem turbulenten Geschehen lenken soll, wird dadurch nicht klarer. Ja, Schiller selbst hat formuliert, aber kaum gerechtfertigt, was so manche als Vorwurf gegen sein Stück ausgesprochen haben: daß nämlich seine Chöre einerseits als eine Menschengruppe auftreten, die leidenschaftlich in die Handlung eingreift, sie vorantreibt und ihr Richtung gibt, andererseits aber auch statuarisch die Gemütsruhe befördert – ohne jedoch verbindliche Gesichtspunkte zur Beurteilung des verwirrenden Geschehens zu vermitteln; am klarsten und zugleich verstimmendsten spricht Schiller davon in einem Brief an Körner vom 10. März 1803:

> Wegen des Chors bemerke ich noch, dass ich in ihm einen doppelten Charakter darzustellen hatte, einen allgemein menschlichen nehmlich, wenn er sich im Zustand der ruhigen Reflexion befindet, und einen specifischen wenn er in Leidenschaft geräth und zur handelnden Person wird. In der ersten Qualität ist er gleichsam außer dem Stück und bezieht sich also mehr auf den Zuschauer. Er hat, als solcher, eine Ueberlegenheit über die handelnden Personen, aber bloß diejenige, welche der ruhige über den passionierten hat, er steht am sichern Ufer, wenn das Schiff mit den Wellen kämpft. In der zweiten Qualität, als selbsthandelnde Person, soll er die ganze Blindheit, Beschränktheit, dumpfe Leidenschaftlichkeit der Masse darstellen, und so hilft er die Hauptfiguren herausheben. (X, 307–308)

Mit anderen Worten, und das Stück bewahrheitet es: der Chor repräsentiert nicht – als «ideale Person» (X, 15) – einen höheren, gültigeren, weisheitsvolleren Gesichtspunkt als die *dramatis personae*. (Selbst sozial ist er alles andere als souverän.) Oft ist er wetterwendisch, weniger widerspruchsfrei und einsichtig in seinem Urteil, als man von einem einigermaßen aufmerksamen Zuschauer erwarten könnte; vielmehr streift er häufig das Banale. Hier noch von Schillers (erfolgreichem) «Wettstreit» mit der Antike zu sprechen, verbietet sich von selbst.[17] Eher denn als Instanz des Urteils fungiert der Chor als Stimmungskulisse und als ausfüllendes Moment in einer ungewöhnlich spartanischen Handlung, stellenweise sogar als falscher Zauber (vgl. 2325–2427), wenn auch unbeschadet des poetisch Schönen seiner Diktion, das gelegentlich – wie apologetisch – hervorgehoben wird.

2.

Auf der Suche nach einer (bei Schiller immerhin noch zu erwartenden) Sinnstruktur dieses Dramas, das offenkundig durch den von Schiller selbst mit seinen Hinweisen auf die Antike-Aneignung nahegelegten Schlüsselbegriff «Schicksal» nicht zum Sprechen zu bringen ist, müßte es folglich darum gehen, Handeln und Nicht-Handeln der Personen unabhängig von dem begrifflichen Schema Schuld/Schicksal, Charakter/Determination auf ihre

---

17 Zum Chor vgl. Lesley Sharpe, *Friedrich Schiller*, Cambridge 1991, S. 282–293; auch Janz, S. 348.

Endspiel des Idealismus 267

Bedeutung zu befragen. Vielleicht, daß sich das Sorgenkind gerade so als nicht ganz mißraten entpuppt.

Dabei ist es zweckmäßig, noch einmal bei der von Schiller und seinen Interpreten immer wieder berufenen Einfachheit der Handlung einzuhaken. Diese ist so parabelhaft in sich geschlossen, so auf ein Minimum an Gestalten reduziert, ihre Grundkonstellation ist so exemparisch abgezirkelt und als *Tragödien*-Handlung so unabweislich vorprogrammiert im Hinblick auf die einzig denkbaren Schachzüge, daß es, trotz des Chors, in ihrem Ablauf kaum eine Atem- und Denkpause gibt – bis die unheilvolle End-Konfiguration sich in ihrer Unerbittlichkeit abzeichnet: an der Leiche des erschlagenen Bruders begreift Don Cesar allmählich, was geschehen ist. Er «tritt mit Entsetzen zurück, das Gesicht verhüllend» (2430–2431). Mit andern Worten: die Handlung mündet in eine Endphase der Stasis, in der, nachdem Cesar erfahren hat, daß die Geliebte seine Schwester ist, nur noch Reflexion den Ton angibt. Seit sich der Vorhang hob, sind die feindlichen Brüder in rascher Folge als Versöhnte, dann als Rivalen in der Liebe, schließlich Don Cesar als der Eifersuchtsmörder und Don Manuel als sein Opfer präsentiert worden: «Was? In seinen Armen! / [. . .] Fahre zur Hölle falsche Schlangenseele! *er ersticht ihn*» (1898, 1903). Jetzt bleibt es dem überlebenden Bruder vorbehalten, in der Konfrontation mit diesen fast automatisch abrollenden Ereignissen die menschliche Konsequenz zu ziehen, die ihnen einen Sinn gibt oder ihre Sinnlosigkeit bestätigt.

Das Tragische prägt sich also erst aus mit der Frage: was ist der Mensch *sub specie* solcher Ereignisse? Darauf ist die ganze Handlung seit Beginn zugelaufen. Das letzte Siebentel des Dramas, statt Handlungsdrama Personendrama, verspricht den Schlüssel.

Schiller selbst scheint in seiner brieflichen Bemerkung (allerdings mehr als ein Jahr vor dem Beginn der eigentlichen Arbeit an der *Braut von Messina*) am 13. Mai 1801 zu Körner der hier getroffenen Unterscheidung von Handlungsinteresse und menschlichem Interesse zuzustimmen, wenn er sie auch zu ausschließlich denkt: «das Interesse» liege «nicht sowohl in den handenden Personen, als in der Handlung, sowie im Oedipus des Sophocles» (X, 301). Aristoteles spielte sogar mit dem Gedanken an eine Tragödie, die nur Handlung wäre. Aber das war ein Extrem, das der Veranschaulichung des Gemeinten diente. Ähnlich dürfte Schillers Äußerung gemeint sein. Kein Wunder, daß er hinzufügt, ein solches Verfahren, möge zwar ein Vorzug sein, erzeuge aber zugleich «doch eine gewisse Kälte». Das kann nur meinen, daß es unter solchen Voraussetzungen nicht recht gelingen könne, die «handelnden Personen» menschlich näher zu bringen (wie die Formel des *Wallenstein*-Prologs es ausdrückt). Jedenfalls ist der Schluß nicht berechtigt, daß die Charaktere, speziell Don Cesar, im dramatischen Gesamt von so untergeordneter Bedeutung seien, daß sie der sorgfältigen Betrachtung nicht wert seien: nur die Handlung (die Schicksalsautomatik) sei tragisch, nicht die *dramatis personae* oder eine von ihnen.[18] Denn der Ausdruck «tragisch» – und Schiller versah sein Stück mit dem Untertitel «Ein Trauerspiel» – ist von Haus aus eine auf den Menschen bezogene Kategorie: darstellen kann sich das Tragische nur am Menschen, an dem es sich erfüllt, indem er es bewußt erfährt und eine Haltung dazu gewinnt; nicht nur auf die Vorgänge, die zum Scheitern führen, kommt es an, sondern auf den Scheiternden vielleicht noch mehr, auf seine Einstellung zu seinem Scheitern, seine Anagnorisis. Folglich muß es sinnvoll sein, auf die Worte Don Cesars in der deutlich abgegrenzten Schlußpartie zu achten. Dies um so mehr, als jedenfalls *ein* Interpret im Ernst gemeint hat, die in Rede stehende Schlußpartie falle sprachkünstlerisch derart von den vorausgehenden Szenen ab, daß die Tragödie eigentlich schon vor dem Beginn von Don Cesars wesentlich monologischen Selbstfindungsversuchen an ihr gemäßes Ende gelange, nämlich mit Isabellas Abgang: «Alles dieß / Erleid ich schuldlos, doch bei Ehren bleiben / Die Orakel und gerettet sind die Götter» (2506–2508): Ohne das «Nachspiel» um Don Cesar besitze die Tragödie eine größere Geschlossenheit, und die Sinnstruktur des Torsos sei eminent akzeptabel als der Untergang von anmaßenden Menschen, die einer göttlichen Weltordnung abgesagt haben, die sich am «Ende» um so eindrucksvoller geltend mache.[19] Dazu ist zu sagen, daß Schiller ein solches Drama, ohne «Nachspiel», nicht geschrieben hat und daß mangelnde stilistische Perfektion nicht Desinteresse des Autors verrät, sondern plausibler das Gegenteil. Schiller selbst gibt einen wichtigen Hinweis in dieser Richtung.

Am 26. Januar 1803 teilt er Goethe mit, er habe «wenigstens 5 Sechstheile des Ganzen fertig und säuberlich hinter» sich,

> und das lezte Sechstheil, welches sonst immer das wahre Festmahl der Tragödien Dichter ist, gewinnt auch einen guten Fortgang. Es kommt dieser lezten Handlung sehr zu statten, daß ich das Begräbniß des Bruders von dem Selbstmord des andern jezt ganz getrennt habe, daß dieser jenen Actus vorher rein beendigt als ein Geschäft, dem er vollkommen abwartet, und erst nach Endigung desselben, über dem Grabe des Bruders, geschieht die lezte Handlung, nehmlich die Versuche des Chors, der Mutter und der Schwester, den D. Cesar zu erhalten, und ihr vereitelter Erfolg. So wird alle Verwirrung und vorzüglich alle bedenkliche Vermischung der theatralischen Ceremonie mit dem Ernst der Handlung vermieden. (X, 304)

Frühestens in vierzehn Tagen werde er «am Ziel meiner Arbeit» sein. Schon am 4. Februar aber schreibt er, sein Stück sei fertig, und «ich habe mich in

---

18 v. Wiese, S. 754.
19 Herbert Seidler, «Schillers *Braut von Messina*», *Literaturwissenschaftliches Jahrbuch der Goerres-Gesellschaft*, N.F., I (1960), 27–52.

Endspiel des Idealismus 269

der Catastrophe viel kürzer gefaßt, als ich erst wollte, überwiegender Gründe wegen» (X, 304). Was bedeutet das? Wenn die Kürzung das Don-Cesar-Finale betroffen hätte, wie man gemeint hat,[20] dann dürfte man vielleicht auf ein geringes Interesse des Autors an eben diesem Resümée schließen. Doch das Gegenteil ist der Fall. Denn während der erste der beiden Briefe an Goethe noch von *zwei* Motiven spricht, dem Begräbnis Don Manuels und dem Selbstmord Don Cesars, kann im Stück selbst nur *von einem* die Rede sein, nämlich dem gedanklich-emotional lang ausgespielten Selbstmord Don Cesars. Die Bestattung Don Manuels, zwar als «feierlich Begräbnißfest» angekündigt (2602), wird uns, auf der letzten Seite des Stücks, lediglich durch einen plötzlich erschallenden Chorgesang sowie durch die sich öffnende Flügeltür vergegenwärtigt: «Man sieht in der Kirche den Katafalk aufgerichtet und den Sarg von Candelabern umgeben» (2821–2822). Das ist alles. Offensichtlich hat Schiller, indem er in letzter Minute kürzte, die geplante Begräbnisszene gestrichen, was bedeutet, daß er auf die abschließenden Don-Cesar-Partie größeren Wert gelegt hat.

Die meisten Kritiker und Deuter sind ihm darin gefolgt. Regelmäßig messen sie den letzten Redepartien Don Cesars Schlüsselbedeutung für die Interpretation des Stücks bei: hier *muß* nach den allerlei erwähnten Unklarheiten endlich ein abrundendes klärendes Wort gesprochen werden. Wie deutet Don Cesar das Geschehen? Wie ist sein «freier Tod» zu bewerten?

Die Antworten sind widersprüchlich; exemplarisch geradezu scheiden sich hier die Geister. Die idealistische Deutung, die in der älteren Forschung sozusagen selbstverständlich war, hat ihre Ausläufer bis in die Gegenwart. Hier sieht man in Don Cesars Todesmonolog Apotheose und Aufschwung in «des Ideales Reich». Noch während der Katastrophe wandle er sich, ähnlich Maria Stuart, im Sinne des Aufsatzes «Über das Erhabene» zum musterhaften Idealisten, ja: er erreiche die höchste sittliche Heldengröße und «eine eigentliche Lebens-Erfüllung», indem er aus freier Willensentscheidung sich zu einer gerechten Weltordnung bekenne und in Würde und Erhabenheit das Urteil an sich vollstrecke.[21] Der Geist triumphiert, der «Idee» verpflichtet, über die Wirklichkeit. «Der frei gewählte Tod wird zum Reinigungsvorgang, mit dem der Mensch die Grenzen des Endlichen überschreitet.»[22] Marxistische und «bürgerliche» Kritiker, innerhalb und außerhalb der deutschsprachigen Länder, sind sich darin merkwürdig einig. Die schon in den frühen dreißiger Jahren im Zug der Entdeckung der «realisti-

---

20 Seidler, S. 36.
21 Joachim Müller, «Die Tragik in Schillers *Braut von Messina*», *Wissenschaftliche Zeitschrift der Universität Jena*, ges. u. sprachwiss. Reihe, V (1955–56), 63.
22 v. Wiese, S. 756; vgl. Schadewaldt; Gerhard Kaiser, «Die Idee der Idylle in Schillers *Braut von Messina*», *Wirkendes Wort*, XXI (1971), 309; Albrecht, S. 236–247.

schen Wendung» des späten Schiller laut gewordenen Zweifel an der vermeintlich selbstlosen, sittlichen Erhabenheit dieses Todes, in dem sich doch auch Motive der sinnlichen Leidenschaft und Eifersucht, wenn nicht gar Selbstbewunderung geltend machen, wurden und werden in die idealistische Formel eingemeindet als bloße Anfechtungen oder Bedrohungen des Reinen, die siegreich überwunden werden.[23]

Seit der Mitte des Jahrhunderts ist es jedoch weithin *de rigeur* geworden, eher (in Schillers Wortverstand) realistische, d.h. egoistische, menschlich-allzumenschlich diesseitige Züge in diesem Sühnetod zu sehen, ähnlich wie man das Ende der Maria Stuart und der Jungfrau von Orleans nüchterner betrachtet hat und schließlich auch die frühen «Idealisten» wie Karl Moor, Posa und Ferdinand. Statt für den idealistischen Aufschwung und moralische Selbstbestimmung hat man dort einen scharfen, manchmal überscharfen Blick für den Neid, die Eifersucht, die Selbstsucht in den letzten Worten Don Cesars; sein Tod sei im Grunde nicht mehr als eine Selbstauslöschung ohne Ausblick in ein Reich der Freiheit.[24]

Weist eine derartige Divergenz des Urteils – die Deutungen heben sich gegenseitig aus den Angeln – auf einen Mangel des Stückes zurück? Generell gilt *Die Braut von Messina* ja nicht als eins der gelungensten Werke Schillers. Ihre bereits berührte Unklarheit in bezug auf Schuld oder Schicksal weckt Vertrauen weder zu der einen noch zu der anderen exklusiven Interpretation. Solange der begriffliche Rahmen diffus bleibt, bleibt auch ein bedeutungsschweres Wort wie Don Cesars «Den alten Fluch des Hauses lös' ich sterbend auf» (2640) nicht recht begreiflich: wieso Sühne, wenn unverschuldeter Fluch; wieso unerbittliches Schicksal, wenn menschlich auflösbar? Unklar ist selbst Don Cesars Bild Gottes oder der Götter – «allgerechter Lenker» (2831) oder sadistischer Dämon, der «Blut beschloß» (2441)? Oder herrscht die Automatik der reinen Immanenz («Böse Früchte trägt die böse

---

23 Vgl. noch Kluge, S. 265–266; Fowler, S. 143; Albrecht, S. 238: «So gewinnt er sukzessive eine einsame Größe oder Erhabenheit, jene Besonnenheit und Würde, die Schiller als idealische Forderung in der Vorrede erhebt. [...] Der Vorgang aus Maria Stuart wiederholt sich mit großer Übereinstimmung; nochmals gipfelt ein Stück Schillers darin, einen geläuterten und hierdurch zum Göttlichen durchdringenden Menschen vorzuführen.» Wolfgang Wittkowski, «Tradition der Moderne als Tradition der Antike: Klassische Humanität in Goethes Iphigenie und Schillers *Braut von Messina*», *Zur Geschichtlichkeit der Moderne: Ulrich Fülleborn zum 60. Geburtstag*, München 1982, S. 129: «Ganz zuletzt steigert [Don Cesar] die kraftvolle Gewaltsamkeit des Erhabenen, der Würde, durch die sanfte Freude und übermenschliche Kraft der schönen Anmut zu jener Synthese, die Schiller als höchste, göttergleiche Vollendung des Menschen (weit über das in Iphigenie Erreichte hinaus) feierte.»

24 Atkins, S. 540–541; Sengle, S. 85; Seidler; Janz; Emil Staiger, *Friedrich Schiller*, Zürich 1967, S. 407–408; E. L. Stahl, *Friedrich Schiller's Drama: Theory and Practice*, Oxford 1961, S. 133.

Endspiel des Idealismus 271

Saat» [959])? In was für einer geistigen Welt also würde gesühnt, und was würde gebüßt: Schuld oder Verhängnis? Der Chor gibt selbst mit seinem letzten Wort keinen orientierenden Hinweis; er bekennt eher seinerseits Ratlosigkeit und läßt seine Reflexion in eine höchst unbefriedigende, weil alles offen lassende Sentenz münden, die keine ist:

> Erschüttert steh ich, weiß nicht, ob ich ihn
> Bejammern oder preisen soll sein Loos.
> Dieß Eine fühl ich und erkenn es klar,
> Das Leben ist der Güter höchstes *nicht*,
> Der Uebel größtes aber ist die *Schuld*. (2835–2839)

Dann blieben als Signatur der geistigen Welt des Dramas allenfalls die kein besonders eindrucksvolles Reflexionsniveau verratenden, überdies widersprüchlichen Lebensweisheiten Isabellas in der Art von «Feindlich ist die Welt / Und falsch gesinnt!» (356–357) und «Gutmüthge Thoren, was gewinnen wir, / Mit unserm Glauben? So unmöglich ists, / Die Götter, die hochwohnenden, zu treffen, / Als in den Mond mit einem Pfeil zu schießen» (2384–2387).

Vielleicht, daß ein nochmaliger Blick auf die Nuancen von Don Cesars Schlußmonolog doch einen Hinweis gibt zu dem Entweder-Oder von moralischer Freiheit und Triebbestimmtheit, Wandlung und Nicht-Wandlung: wie wäre es zu verstehen, daß *beides zugleich* in Geltung bleibt? Sollte Schiller etwa, ähnlich wie in *Maria Stuart* und der *Jungfrau von Orleans*, von früheren Dramen wie den *Räubern* ganz zu schweigen, gerade das Beieinander dessen reizen, was nach dem alltäglichen Begriff unvereinbar ist – das «weite Land» der Seele?

3.

Als Don Cesar von seiner Mutter erfährt, daß seine und seines erschlagenen Bruders Geliebte beider Schwester ist, wodurch seine Leidenschaftstat zur grotesken Ungeheuerlichkeit wird, kommt ihm eine idealistische Haltung zu dem Geschehen nur soweit in den Sinn, als er sie als ebenso absurd wie das Vorgefallene selbst abtut:

> Verflucht der Schooß der mich
> Getragen! – Und verflucht sei deine Heimlichkeit,
> Die all dieß gräßliche verschuldet! Falle
> Der Donner nieder, der dein Herz zerschmettert,
> Nicht länger halt ich schonend ihn zurück –
> Ich selber, wiss es, ich erschlug den Bruder,
> In *ihren* Armen überrascht' ich ihn,
> *Sie* ist es, die ich liebe, die zur Braut

> Ich mir gewählt – den Bruder aber fand ich
> In ihren Armen – Alles weißt du nun!
> – Ist sie wahrhaftig seine, meine Schwester,
> So bin ich schuldig einer Greuelthat,
> Die keine Reu und Büßung kann versöhnen! (2471–2483)

Isabellas Reaktion ist kaum weniger verstört, denn ihr letztes Wort in dieser Szene – «Alles dieß / Erleid ich schuldlos, doch bei Ehren bleiben / Die Orakel und gerettet sind die Götter» (2506–2508) – ist nicht die tragisch-barocke Sinndeutung, als die es sich zu geben scheint.

Sobald Don Cesar aber, gleich anschließend schon, imstande ist, einen klaren Gedanken zu fassen, ist es einer, der schlecht passen will zu der lange als selbstverständlich geltenden Rede vom idealistischen Helden, der sich in der Katastrophe läutere durch sein Opfer für die beleidigte Ordnung der sittlichen Welt. Denn was Don Cesar jetzt immer noch beherrscht, ist die Leidenschaft zu Beatrice, auf deren Erwiderung er pocht – wobei den veränderten Umständen nach die Gegenliebe der Geliebten umgedeutet wird zum Mitleid der Schwester. *Damit* ist in dieser Krisis alles und das einzige umschrieben, was seinem Leben Inhalt, ja Sinn zu geben vermöchte – und nicht ohne weltlich-allzuweltliche Eifersucht:

> Nicht den Geliebten hab ich dir getödet!
> Den *Bruder* hab ich dir, und hab ihn *Mir*
> Gemordet – dir gehört der Abgeschiedne jezt
> Nicht näher an, als *ich* der Lebende,
> Und *ich* bin mitleidswürdiger als Er,
> Denn Er schied rein hinweg und ich bin schuldig.
>
> BEATRICE
> *bricht in heftige Thränen aus.*
>
> DON CESAR
> Weine um den Bruder, ich will mit dir weinen,
> Und mehr noch – rächen will ich ihn! Doch nicht
> Um den Geliebten weine! Diesen Vorzug,
> Den du dem Todten giebst, ertrag ich nicht.
> *Den* einzgen Trost, den lezten, laß mich schöpfen
> Aus unsers Jammers bodenloser Tiefe,
> Daß *er* dir näher nicht gehört als ich –
> Denn unser furchtbar aufgelößtes Schicksal
> Macht unsre Rechte gleich, wie unser Unglück
> In Einen Fall verstrickt, drei liebende
> Geschwister, gehen wir vereinigt unter,
> Und theilen gleich der Thränen traurig Recht.
> Doch wenn ich denken muß, daß deine Trauer
> Mehr dem Geliebten als dem Bruder gilt,
> Dann mischt sich Wuth und Neid in meinen Schmerz,
> Und mich verläßt der Wehmut lezter Trost.

Endspiel des Idealismus 273

Nicht freudig, wie ich gerne will, kann ich
Das lezte Opfer seinen Manen bringen,
Doch sanft nachsenden will ich ihm die Seele,
Weiß ich nur, daß du meinen Staub mit seinem
In Einem Aschenkruge sammeln wirst.
den Arm um sie schlingend mit einer leidenschaftlich zärtlichen Heftigkeit.
Dich liebt' ich, wie ich nichts zuvor geliebt,
Da du noch eine Fremde für mich warst.
Weil ich dich liebte über alle Grenzen,
Trag ich den schweren Fluch des Brudermords,
Liebe zu dir war meine ganze Schuld.
– Jezt bist du meine Schwester und dein Mitleid
Fodr' ich von dir als einen heilgen Zoll. (2514–2547)

Und ebenso «von dieser Welt» ist seine Reaktion, als Beatrice diesen Appell weder mit Wort noch Gebärde beantwortet. Mit «Heftigkeit» wendet er sich von ihr:

Nein, nein, nicht sehen kann ich diese Thränen –
In dieses Todten Gegenwart verläßt
Der Muth mich und die Brust zerreißt der Zweifel –
– Laß mich im Irrthum! Weine im Verborgnen!
Sieh *nie* mich wieder – niemals mehr – Nicht dich,
Nicht deine Mutter will ich wieder sehen,
Sie hat mich nie geliebt! Verrathen endlich
Hat sich ihr Herz, der Schmerz hat es geöfnet.
Sie nannt' ihn ihren *beßern* Sohn! – So hat sie
Verstellung ausgeübt ihr ganzes Leben!
– Und du bist falsch wie sie! Zwinge dich nicht!
Zeig' deinen Abscheu! Mein verhaßtes Antlitz
Sollst du nicht wieder sehn! Geh hin auf ewig! (2548–2560)

Von idealistischem Aufschwung in der Art von Karl Moors Schulderkenntnis und Sühne ist da offensichtlich keine Spur. Und als Don Cesar, kurz darauf bereits, «gefaßter» spricht, ebensowenig: mit den praktischen Anweisungen für das Begräbnis des Bruders ist er beschäftigt und interessiert sich sogar für solche Details wie den Grund dafür, daß der anläßlich des Begräbnisses seines Vater errichtete Katafalk immer noch nicht abgerissen, also zur Wiederverwendung parat ist und wann der Chor der Mönche seines Amtes walten soll. Um so unvermittelter überrascht er dann mit einem Vierzeiler, in dem er sich zu der eben noch weit von sich gewiesenen Buße und Sühne bekennt:

Nicht auf der Welt lebt, wer mich richtend strafen kann,
Drum muß ich selber an mir selber es vollziehn.
Bußfertge Sühne, weiß ich, nimmt der Himmel an,
Doch nur mit Blute büßt sich ab der blutge Mord. (2634–2637)

Damit würde der Selbstmord statt zur leidenschaftlichen Verzweiflungstat zum sittlichen Akt. Doch die Sätze wirken wie ein Versatzstück aus einer idealistische Tragödie: sie sind gänzlich unmotiviert. Für einen «freien Tod», der die «Kette des Geschicks» brechen soll, sind nach den Worten der sinnlichen Leidenschaft, die noch wenige Minuten zuvor vernommen wurden, keine Voraussetzungen gegeben. Es sei denn, man rekurriere auf die berühmte, auch für *Maria Stuart* oft bemühte Stelle aus «Über das Erhabene», die von der Plötzlichkeit spricht, mit der die Seele sich losreiße von den Banden des Irdischen (XXI, 45). Gestehen wir dem Protagonisten einen solchen quasi-mystischen und für den späten Dramatiker Schiller nicht unvertrauten Aufschwung in ein Jenseits zu, das hier, wie so oft bei Schiller, mit dem Vokabular der institutionalisierten und auch nicht institutionalisierten Religion gefaßt wird («Himmel», «Todesgötter»), so ist doch gleich hinzuzufügen: die Fragilität dieses Kontaktes mit dem *mundus intelligibilis* ist fast noch wichtiger als der Kontakt selbst. Ja, eben darauf scheint der Dramatiker und skeptische Menschenkenner es anzulegen.

Denn kaum hat er Don Cesar erlaubt, sich über «des Lebens verworrene Kreise» (2563) hinauszuheben in das Bereich einer, wie es scheinen könnte, moralischen und geistigen Autonomie mit «Wer das erfuhr, / Was ich erleide und im Busen fühle, / Giebt keinem Irdischen mehr Rechenschaft» (2654–2656), da legt er ihm Worte in den Mund, die zwar immer noch idealistisch von der Auflösung des Fluchs durch die freie Sühnetat sprechen, aber zugleich auch diesen Akt umdeuten zu sublimer Egozentrik, die sich aus irdisch-allzuirdischen Antrieben ergibt, konkret: aus der nun schon peinlich inzestuös werdenden erotischen Eifersucht:

> Dann Mutter, wenn *ein* Todtenmal den Mörder
> Zugleich mit dem Gemordeten umschließt,
> *Ein* Stein sich wölbet über beider Staube,
> Dann wird der Fluch entwaffnet seyn – Dann wirst
> Du deine Söhne nicht mehr unterscheiden,
> Die Thränen, die dein schönes Auge weint,
> Sie werden einem wie dem andern gelten,
> Ein mächtiger Vermittler ist der Tod.
> Da löschen alle Zornesflammen aus,
> Der Haß versöhnt sich, und das schöne Mitleid
> Neigt sich ein weinend Schwesterbild mit sanft
> Anschmiegender Umarmung auf die Urne.
> Drum Mutter wehre du mir nicht, daß ich
> Hinunter steige und den Fluch versöhne. (2695–2708)

Sühneopfer und Läuterung, wie es so oft heißt? Doch wohl kaum. Allenfalls von einem rein verbalen Bekenntnis, einem Lippenbekenntnis zur idealistischen Selbsttranszendierung und Zuordnung zum sittlichen Imperativ kann die Rede sein. Der hier spricht, ist noch zu sehr der von dieser Welt bestimmte Don Cesar, als daß mit «Über das Erhabene» von der Aufhebung alles «sinnlichen Interesse» gesprochen werden könnte. Zur zurückgedrängten, aber noch präsenten erotischen Liebe ist vielmehr die kindische Rivalität des sich benachteiligt glaubenden Bruders getreten.

Gleich in seiner nächsten Redepartie gibt der selbsterklärte *moriturus* denn auch einen Grund für seinen bevorstehenden Tod, der gerade die *Unfähigkeit* zur Buße durchblicken läßt: tatsächlich und *expressis verbis* handelt es sich um die Flucht aus einem Leben unerträglichen – Neides!

> Lebe wers kann, ein Leben der Zerknirschung,
> Mit strengen Bußkasteiungen allmählig
> Abschöpfend eine ewge Schuld – *Ich* kann
> Nicht leben Mutter mit gebrochnem Herzen.
> Aufblicken muß ich freudig zu den Frohen,
> Und in den Aether greifen über mir
> Mit freiem Geist – Der Neid vergiftete mein Leben,
> Da wir noch deine Liebe gleich getheilt.
> Denkst du, daß ich den Vorzug werde tragen,
> Den ihm dein Schmerz gegeben über mich? (2721–2730)

Die darauf folgenden Zeilen dürfen nicht, wie es manchmal geschieht, als Fingerzeig auf eine «Läuterung» Don Cesars verstanden werden;[25] sie gelten dem toten Don Manuel; er ist es, den die Erinnerung der Überlebenden verklärt:

> Der Tod hat eine reinigende Kraft,
> In seinem unvergänglichen Pallaste
> Zu ächter Tugend reinem Diamant
> Das Sterbliche zu läutern und die Flecken
> Der mangelhaften Menschheit zu verzehren. (2731–2735)

Auch dies also kein Indiz für Don Cesars tragisch-idealistischen Aufschwung, um so weniger, als folgt:

> Weit wie die Sterne abstehn von der Erde,
> Wird Er erhaben stehen über mir,
> Und hat der alte Neid uns in dem Leben
> Getrennt, da wir noch gleiche Brüder waren,
> So wird er rastlos mir das Herz zernagen,
> Nun Er das Ewige mir abgewann,
> Und jenseits alles Wettstreits wie ein Gott
> In der Erinnerung der Menschen wandelt. (2736–2743)

Die Sprache ist klar genug; unklar nur, wie es zur idealistischen Deutung kommen konnte. Hier darf nicht einmal von Doppeldeutigkeit die Rede sein.

---

25 Z. B. noch Albrecht, S. 237.

Eher bekundet sich ein egoistischer Zug über den Tod hinaus: im Jenseits wird Don Cesar nicht mehr vom Dämon des Neides verfolgt sein. Ihm überdies die Trostworte an seine Mutter als Größenwahn und Selbstbewunderung zur Last zu legen, die Versicherung nämlich, daß er, wie sein Bruder, als «Gott» unter die Sterne versetzt werde als «leuchtend Sternbild», das der um beide Trauernden Trost spende (2761–2763)[26] – das jedoch ist weniger gerechtfertigt, da es sich um eine aus der Antike geläufige Vorstellung handelt, der von Haus aus, und auch hier, ein solcher negativer Sinn nicht eigen ist.

Vielmehr hält sich Schiller bis ans Ende des «Monologs» an das *eine* Motiv der Diesseitigkeit: die erotische Bindung, akzentuiert durch den nach Don Manuels Tod infantil wirkende Neid auf das Bild des Bruders in der Erinnerung Isabellas und Beatrices. Mächtig schlägt Schiller dies Motiv wieder an, als Isabella, erfolglos in ihrer Bemühung, den Sohn von seinem Selbstmordwillen abzubringen, Beatrice herbeiruft in der Hoffnung, *sie* könne ihn umstimmen. Don Cesar reagiert, wie vorauszusehen: die Mutter stelle ihn auf eine harte Probe auf seinem Weg «zu der ewgen Nacht» (übrigens erstaunlich, wenn als Metapher für «des Ideales Reich» interpretiert); die «Lebenslust» flackert wieder auf, aber in einem nun schon anstößigen erotisch-inzestuösen Sinn:

– Da steht der holde Lebensengel mächtig
Vor mir und tausend Blumen schüttet er
Und tausend goldne Früchte lebenduftend
Aus reichem Füllhorn strömend vor mir aus,
Das Herz geht auf im warmen Strahl der Sonne,
Und neu erwacht in der erstorbnen Brust
Die Hofnung wieder und die Lebenslust. (2784–2790)

Und auf die Spitze treibt Don Cesar die infantile Eifersucht (und Schiller den schlechten Geschmack, würden manche hinzufügen), als Beatrice sich erbietet, statt seiner sterbend den Fluch zu lösen: Don Cesar «mit tief verwundeter Seele»: «Wir mögen leben Mutter oder sterben, / Wenn *sie* nur dem Geliebten sich vereinigt!» (2810–2811). Und dann auf Beatrices kaum ernste Frage: «Beneidest du des Bruders toten Staub?» die ernste Replik: «Er lebt in deinem Schmerz ein selig Leben, / Ich werde ewig todt seyn bei den Todten» (2813–2814). Wie dem Neid die Erotik zugrundeliegt, bezeugt sich fast im gleichen Atemzug: Beatrice, so müssen wir ohne Regieanweisung annehmen, bricht in Tränen aus, worauf Don Cesar «mit dem Ausdruck der heftigsten Leidenschaft» (!): «Schwester, weinest du um *Mich*?» (2815). Hätte man eingangs der Schlußpartie, mit halbem Zweifel zwar, noch von idealistischem Aufschwung sprechen können, so hat der weitere

---

26 Janz, S. 343–344.

Verlauf der Szene nur vorgeführt, was Schiller in *Maria Stuart* einen Rückfall nannte (wie er ihn dort und auch in der *Jungfrau von Orleans* gestaltete). Unvermittelt wird in diesem Moment mit opernhafter Geste der Blick auf den Katafalk des Bruders freigegeben. Don Cesar scheint verwandelt, endlich doch dem Jenseits der naturhaften Welt verpflichtet wie schon einmal gegen Anfang seiner Rede; «Opfer» wird sein Stichwort:

> Nein Bruder! Nicht dein Opfer will ich dir
> Entziehen – deine Stimme aus dem Sarg'
> Ruft mächtger als der Mutter Thränen
> Und mächtger als der Liebe Flehn – (2822–2825)

Hier ist, so wird man bei aller, in manchen Bereichen der Forschung modisch gewordenen Skepsis urteilen dürfen, ein Durchbruch erreicht, Zuordnung zum *mundus intelligibilis* trotz allem. Doch sofort – Beatrice ist noch «an seine Brust [ge]neigt» – ein Rückfall mit den Worten «Ich halte / In meinen Armen, was das irdsche [!] Leben / Zu einem Loos der Götter machen kann –»! Und dann wieder ohne Übergang der idealistische Aufschwung heraus aus dem sinnlichen Interesse, das eben noch herrschte, das kontrastvolle Panorama einer Schiller faszinierenden Seele enthüllend:

> Doch ich, der Mörder sollte glücklich seyn,
> Und deine heilge Unschuld ungerächet
> Im tiefen Grabe liegen – das verhüte
> Der allgerechte Lenker unsrer Tage,
> Daß solche Theilung sei in seiner Welt – (2828–2832)

Das ist eine Sprache, an der nicht zu rütteln und zu deuten ist, sollte man meinen, ein Räuber-Moor-Ende in klassischem Gewand. Und doch: es endet mit einem erneuten Rückfall, dem keine neue sühnende, richtende Zuwendung zu einer gerechten Weltordnung idealistischer Überzeugung, keine Läuterung, keine Vollendung im Tode, keine «moralische Selbstständigkeit im Leiden» (XX, 195) mehr folgt, die man früher so unentwegt sah: «– Die Thränen sah ich, die auch mir geflossen, / Befriedigt ist mein Herz, ich folge dir. *er durchsticht sich mit einem Dolch und gleitet sterbend an seiner Schwester nieder, die sich der Mutter in die Arme wirft*» (2833–2834).

Man hat dieses Hin und Her von Ansätzen zur sittlichen Erhabenheit und Rückfällen in die sinnliche Triebwelt der Eifersucht und des Neides, sofern man sie bemerkt hat, eher bedauert als Inkonsequenz und Unklarheit, gepaart mit sprachlich-stilistischer Schwäche.[27] Seine Schwächen hat das Stück, auch sprachliche, besonders in den Platitüden des Chors. Doch gehört Don Cesars Schwanken in der Schlußpartie nicht unbedingt zu solchen Schwächen. Nicht, daß man es ohne weiteres als Ambivalenz retten könn-

---

27 Vor allem Seidler, S. 35–36.

te.²⁸ Sieht es nicht vielmehr so aus, als habe Schiller, obwohl auch manche seiner Äußerungen zur *Braut von Messina* in die Richtung einer Selbstdeutung im Sinne der Erhabenheit weisen,²⁹ statt des Doppelsinns die Doppelheit, die bleibende Zwiespältigkeit der Motivation der entscheidenden Willenshandlung gestalten wollen? Der lange Streit, ob Don Cesar als sich richtender Idealist *oder* als selbstisch-sinnlicher Realist zu sehen sei, war zu sehr auf das Entweder-Oder fixiert, als daß man das Sowohl-Als-Auch als mögliche Gestaltungsabsicht ins Auge hätte fassen können. Tut man das jedoch, so gewinnt angebliche Unklarheit und Inkonsequenz eine Geschlossenheit und einen Sinn, der Schillers kritisch-skeptischem Medizinerblick nicht schlecht ansteht. Das macht die wenig geliebte *Braut von Messina* nicht zu einem seiner besten Stücke (die Grobheit in der Charakterzeichnung bleibt), wohl aber zu einem nicht ganz unansehnlichen.

---

28 Janz, S. 346.
29 Janz, S. 345.

Wilhelm Tell

Der Fluch der guten Tat

1.

Der Dramatiker Schiller scheint in seinen späten Jahren einem Gesetz der Systole und Diastole zu folgen. Nachdem der im Vergleich zu *Wallenstein* streng geschlossen komponierten *Maria Stuart* die ins Opernhafte überbordende *Jungfrau von Orleans* gefolgt war, gibt die erneute, nun schon fast formalistische Kontraktion der *Braut von Messina* in *Wilhelm Tell* (1804) wiederum einer szenischen Fülle und Farbenfreude Raum, die das «Schauspiel» zum Festspiel werden lassen. Mit einem Ausblick in die Opernwelt entläßt uns das Stück, das dem Autor selbst die Überzeugung gab, er werde jetzt endlich «des theatralischen mächtig» (X, 383). Die tableauartige Schau der dreikantonalen Apotheose des Volkshelden im «Thalgrund» vor pittoresken «Anhöhen» – «ALLE Es lebe Tell! der Schütz und der Erretter!» (3281) – ist von «Musik vom Berge begleitet». Der anschließende, alles krönende hochgemute eidgenössische Festakt der Außenseiter Bertha und Rudenz, in dem «die freie Schweizerin dem freien Mann» die Hand zur emblematischen Ehe reicht und alle Knechte ebenso rituell frei erklärt werden (3289–3290), wird von «rasch einfallender» Musik beschlossen, wenn sich der Vorhang senkt. Aber mit einem farbensatten und musikalisch reich modulierten Idyll, wie es der Festspieldramaturgie geläufig ist, hatte *Wilhelm Tell* gleich eingesetzt, und auch innerhalb dieses opernhaften Rahmens wird ein solcher entsprechender «Effect» (X, 383) mehrfach beschworen. Am eindrucksvollsten ist das sicherlich in der Rütli-Szene, II, 2, der Fall, die mit einer Schau des Erhabenen als Gegenbild des Idyllischen endet: «Indem [die Verschworenen] zu drei verschiednen Seiten in größter Ruhe abgehen, fällt das Orchester mit einem prachtvollen Schwung ein, die leere Scene bleibt noch eine Zeitlang offen und zeigt das Schauspiel der aufgehenden Sonne über den Eisgebirgen.»

Die Eignung zum – nicht nur schweizerisch nationalen, sondern beliebig verwendbaren, insofern internationalen – Festspiel hat *Wilhelm Tell* eine gewisse Unschuld und Eingängigkeit verliehen: der volkstümliche Idealismus siegt auf ganzer Linie, indem die Volkssouveränität glorreich wiederhergestellt wird. Die Popularität ließ nicht auf sich warten.

Aber auch das Ungenügen daran nicht. War es nicht bedenklich, daß das Stück zum Beispiel 1870, wie wir aus einer Theaterkritik Fontanes wissen, in Berlin als preußisch-patriotische Feier, mit militärischer Marschmusik in den Pausen, inszeniert wurde, andererseits aber auch, 1848 und wieder 1919, als demokratisch-revolutionäre Demonstration gegen das Kaiserreich? Bedenklich, daß die Nazis sich *Wilhelm Tell* anfangs als Geist von ihrem Geist aneigneten, bevor sie ihn im dritten Kriegsjahr rundweg verboten? Das probate vaterländische Aufrappelungsstück als Revolutions- und Widerstandsfanfare?[1] So wird die verbitterte Meinung (eines Schweizers) verständlich: der Festspieldusel um *Tell* sei in erster Linie dafür verantwortlich, daß die «Größe» und die «wahre geistige Gestalt» Schillers bis zur Unsichtbarkeit verstellt werde durch den volkstümlich verehrten «Genius [...] des Glaubens an die Ideale»; das wahre Bild und damit zugleich die Aktualität Schillers lasse nur ein «Schiller ohne Wilhelm Tell» erkennen.[2]

Nun will es nicht recht in den Kopf, daß Schiller sich in diesem einen Fall so sehr habe gehen lassen, daß von seinem authentisch idealistischen Engagement ausgerechnet in einem Stück mit aktuell politischem Vorwurf nichts übrig geblieben sein soll. Wilhelm Tell war eine, wenn nicht gar *die* mythische Identifikationsfigur der Französischen Revolution gewesen; der Nationalkonvent verordnete regelmäßige Aufführungen von Tell-Stücken; Jacques Louis Davids Tell-Büste haben die Pariser Jakobiner «kultisch verehrt», *Guillaume Tell* wurden in der Revolutionszeit Straßen, Plätze, Ortschaften und noch und noch Kinder genannt.[3] Wenn also Schiller, der die Französische Revolution bekanntlich als historisches Phänomen vorbehaltlos ablehnte, anderthalb Jahrzehnte später den Helden der eidgenössischen Volkserhebung gegen das feudalistische Habsburg auf die Bühne bringt, soll er politisch nichts Ernstes und schon gar nicht Aktuelles im Sinn gehabt haben? Der «Idealismus» ist da, gewiß, hochherzig wie eh und je; doch ist er nicht eher problemlos und unverbindlich in seiner «Lied an die Freude»-Verschwommenheit? Ein harmloser, untragisch harmonischer Schiller also, der sein tragisches Werk – und zur Komödie hatte er bei aller theoretischer Prädisposition ja praktisch kein produktives Verhältnis – mit einem «Schauspiel» und, wie er selbst sagt, einem «Herz und Sinne interessirenden»,

---

1 Iring Fetscher, «Philister, Terrorist oder Reaktionär? Schillers Tell und seine linken Kritiker» in I. F., *Die Wirksamkeit der Träume*, Frankfurt 1987, S. 152–153.
2 Walter Muschg, «Schiller ohne Wilhelm Tell» in W. M., *Studien zur tragischen Literaturgeschichte*, Bern u. München 1965, S. 82–83.
3 Nach Dieter Borchmeyer, «*Altes Recht* und Revolution: Schillers *Wilhelm Tell*», *Friedrich Schiller*, hg. v. Wolfgang Wittkowski, Tübingen 1982, S. 69–70, wo nähere Nachweise gegeben werden. Vgl. auch Peter Utz, *Die ausgehöhlte Gasse: Stationen der Wirkungsgeschichte von Schillers «Wilhelm Tell»*, Königstein 1984, S. 27–42.

«theatralisch wirkenden» «Volksstück» «für das *ganze Publikum»* (X, 370, 373) krönt? Ein bißchen schwäbisch vielleicht in seiner freundlichen Gemütlichkeit, biedermeierlich mit den als goldene Worte zitierbaren häuslich-bequemen Lebensweisheiten, sei es über die Axt im Haus oder kantonale Freiheit und helvetische Einigkeit, auch nicht ohne Anflug von gutgemeintem Kitsch und unfreiwilliger Komik, was Kinder und Schweizer eher verzeihen als Kritiker. (Berta von Bruneck, «eine reiche Erbin», glaubt den vom Dach der Festung Zwing-Uri gestürzten Schieferdecker zu retten, indem sie ihren Schmuck unter das Volk wirft; der Ermordung Geßlers aus dem schaurig-romantischen Hinterhalt liefert ausgerechnet eine folkloristische Hochzeitsgesellschaft den eloquenten Rahmen usw.) Unschwer ließe sich das Gefällig-Harmonische dieses *Tell* auch deuten als die Auflösung der intellektuellen Agonie, die den Dramatiker Schiller sein Leben lang immer wieder angetrieben hat, die Möglichkeiten und Risiken, die Hoffnungen und Enttäuschungen des idealistischen und des realistischen Lebenstypus im Drama zu explorieren:

> In Tell Schiller has succeeded at last in embodying in one and the same character the realist and the idealist. Tell combines both and, as a result, is neither. The realist and the idealist are men who look outside themselves; they seek in the world around them confirmation or denial of ‹law›. Both are incomplete. The realist, like Wallenstein or Talbot, is a prey to hatred, resentment, disillusionment. The idealist, like Max Piccolomini, seeks and does not find. Tell represents a new kind of man in Schiller's plays. Complete and balanced in himself, he does not need the applause or approval of others; his solitariness is a natural and spontaneous phenomenon, not a form of compensation for inner uncertainty or of resentment for unfulfilled hope. He neither seeks nor flees, is neither attracted nor repelled. His character and his actions are one; he is a unity, a harmony. And when under the terrible experience imposed upon him by Gessler, he is strained to breaking-point, he takes by instinct the one right course. In killing Gessler he serves the community and at the same time restores his own character to its natural harmony since he removes the troublesome element which obstructs the proper functioning of both.[4]

Von daher ist es auch leicht verständlich, wieso sich von den fünfziger bis in die siebziger Jahre die Ansicht geltend machen konnte, daß es in Schillers Dramatisierung eines eminent politischen Themas im Grunde um ästhetisch-anthropologisch Allgemeineres, Zeitloses gehe. *Wilhelm Tell* sei die dramatische Demonstration einer Lieblingsidee Schillers aus dem Jahrzehnt nach der Französischen Revolution: daß der politischen Umwälzung und jeder politischen Aktion die Bildung des Menschen zu jener totalen Menschlichkeit vorauszugehen habe, die Schiller die ästhetische nennt – die

---

4 H. B. Garland, *Schiller Revisited*, London 1959, S. 15.

Entwicklung aus dem naturhaft harmonischen Zustand über die Selbstentzweiung zur Harmonie aller Kräfte auf höherer Stufe. Wandel im öffentlichen Leben ergebe sich dann von selbst; die politische Revolution werde überflüssig. Gerade die politisch relevantesten Stellen, an denen Tell seinen gemeinnützigen Mord rechtfertigt, nämlich die monologische Selbstbesinnung, bevor er die Armbrust auf Geßler anlegt, und die Parricida-Szene, in der er seine Tat abgrenzt von der nur scheinbar ähnlichen des egoistisch motivierten Tyrannenmörders, sollen in diesem Textverständnis ihren Sinn darin haben, daß Tell jene Harmonie und innere Freiheit und Autonomie in sich herstelle, stellvertretend auch für den am Ende triumphierenden «ästhetischen Staat»: ideales Kunstwerk im Gleichgewicht mit sich selbst der eine wie der andere.[5]

Mit einer solchen, übrigens merkwürdig textfernen, aber den *Briefen über die ästhetische Erziehung* um so näheren Interpretation wäre *Wilhelm Tell* als Faktor im öffentlichen Leben (als den Schiller ihn durch seine verschiedentlichen Hinweise auf den Appeal in weitesten Kreisen ganz entschieden gedacht hat) grundsätzlich neutralisiert. Alle Zeichen deuten auf das Gegenteil. Wenn Schiller hoffte, mit diesem Stück von der «schweizerischen Freiheit», die in der Gegenwart «aus der Welt verschwunden» sei, «den Leuten den Kopf wieder warm zu machen» (X, 372), so dürfte er kaum daran gedacht haben, lediglich Bildungsideen zu dramatisieren, die bei ihm mittlerweile fast ein Jahrzehnt zurücklagen – das wäre bloßes Wassertreten, wenn nicht gar eine Flucht aus der Aktualität in Märchen, Sage und Legende. Vielmehr dürfte er gerade die politische Thematik im Auge haben, und zwar nicht als eine bloß lokalhistorische aus dem späten 13. Jahrhundert, sondern als *mutatis mutandis* noch oder wieder auf den Nägeln brennende. Die amerikanische Unabhängigkeit, die Französische Revolution, auch die belgische sowie die Gründung der Helvetischen Republik 1798 nach französischem Muster sind um 1800 im Lande der ausgebliebenen politischen Umwälzung noch aktuelle Themen von solider Langzeitwirkung. Die konkret politische Aktion, die unverhohlen politischen Sentenzen lassen sich nicht ohne Akrobatik als «ästhetisch» verharmlosen. Selbst das Opernhafte, das auf den ersten Blick alles Ideologische zu entschärfen droht, hat jenseits aller sinnenkräftigen Stimmungsgestaltung gelegentlich seinen offenkundi-

---

5 Fritz Martini, «Wilhelm Tell, der ästhetische Staat und der ästhetische Mensch», *Worte und Werte: Festschrift für Bruno Markwardt*, hg. v. Gustav Erdmann und Alfons Eichstaedt, Berlin 1961, S. 253–275; G. W. Field, «Schiller's Theory of the Idyll and Wilhelm Tell», *Monatshefte* (Wisc.), XLII (1950), 13–21; Gerhard Kaiser, «Idylle und Revolution: Schillers *Wilhelm Tell*», *Deutsche Literatur und Französische Revolution*, Göttingen 1974, S. 87–128. Kritik bei Helmut Koopmann, *Friedrich Schiller*, 2. Aufl., Stuttgart 1977, I, 91, und *Schiller-Forschung 1970–1980*, Marbach 1982, S. 122–124.

gen aktuell-politischen Sinn. Die aufgehende Sonne am Schluß der hochtheatralischen Rütli-Szene ist ja im Zusammenhang nicht nur ein Naturphänomen, vielmehr, den Zeitgenossen ohne weiteres erkennbar, *das* Natursymbol der «aufklärenden» Französischen Revolution schlechthin, übrigens um so passender für die schweizerischen Verhältnisse, als es hier, wie gerade die Rütli-Szene es ausspricht, betonterweise um die Wiederherstellung des Anfangszustands des Gemeinwesens mit seinem «alten Recht» geht: die Revolutions-Metapher stammt aus der Astronomie, wo Revolution «revolutio orbium coelestium», Kreislauf der Gestirne, Rückkehr zum Gewesenen bedeutet.[6]

Doch wenn man, solchen Stichworten folgend, anerkennt: es ist Schiller tatsächlich um politisch Aktuelles statt ästhetisch Menschheitliches zu tun, um «politische Utopie mit Realitätsbezug» und insofern vielleicht sogar geradezu um ein «Lehrstück über rechtes Verhalten unter bedrohlichen politischen Verhältnissen», mit *in tirannos*-Motto vielleicht auch,[7] dann ergibt sich noch keineswegs eine zwingende Einsicht in die Eigenart der politischen Revolutionsideologie, die *Wilhelm Tell* aller Handlungs- und Gestaltenfülle zum Trotz belebt und dem Stück seine eigentümliche Verve verleiht. (*Die* hat das Stück, wenn man es *nicht* als Festspiel inszeniert, was seit den sechziger Jahren in zunehmendem Maße geschehen ist.) Ist das Stück, wenn man seine politische Seite ernst nimmt, ein Sturm auf die Bastille, geschrieben von dem «angeblichen Gegner der Französischen Revolution»?[8] Stünde Schiller, wie aus derselben, der DDR-Richtung argumentiert worden ist, mit seiner Darstellung der Vorgänge in den Urkantonen dementsprechend auch hinter der Ideologie der Französischen Revolution, so nämlich, daß er im Gegensatz zu Kant das Recht des Widerstands gegen die Staatsgewalt (Terror und «Tyrannenmord») befürworte? Mit andern Worten: nimmt Tell, indem er den Pfeil auf Geßler abdrückt, seine demokratisch-republikanischen Menschenrechte im Wortverstand der Französi-

---

6 Sonne als Naturphänomen: Benno von Wiese, *Friedrich Schiller*, Stuttgart 1959, S. 769; als Revolutionsmetapher: Borchmeyer, S. 98, und Gonthier-Louis Fink, «Schillers *Wilhelm Tell*, ein antijakobinisches republikanisches Schauspiel», *Aufklärung*, I: 2 (1986), 71, weitere Nachweise an beiden Stellen. Über die astronomische Bedeutungsfacette: Borchmeyer, S. 72, dazu I. B. Cohen, *Revolution in Science*, Cambridge, Mass., 1985. Allerdings war die Französische Revolution bekanntlich *keine* Restitution «alten Rechts», wohl aber eine theoretische Rückkehr zum Natur-Zustand, aus dem ein neuer Gesellschaftsvertrag hervorgehen sollte.
7 Helmut Koopmann, *Schiller*, München u. Zürich 1988, S. 129, 130, 136; dort auch S. 130 über die noch oder erst um 1800 in Deutschland als politisches Thema nachhaltig werdende Französische Revolution.
8 Edith Braemer in Braemer u. Ursula Wertheim, *Studien zur deutschen Klassik*, Berlin 1960, S. 327.

schen Revolution wahr, die bürgerlichen Rechte im Sinne der aufgeklärten Naturrechtstheoretiker?[9] Oder aber trägt die Volkserhebung in *Wilhelm Tell*, wie die westdeutsche Germanistik es lange Zeit sah, das Zeichen einer konservativen Revolution – Wiederherstellung «alter Rechte» – an der Stirn statt *liberté, égalité, fraternité*, die den traditionellen Rechtszustand aufheben?[10] Das wäre *prima facie* die Position der Rütli-Verschwörer – und die Frage wäre eindeutig in ihrem Sinne zu beantworten, wenn nicht Tell seinerseits, der nicht zu ihnen gehört, aber andererseits auch nicht in Dissonanz mit ihnen handeln will, ganz andere Beweggründe für seine Tat hätte, die dennoch von den Rütli-Verschwörern als Stiftung *ihrer* Freiheit, als Wiederherstellung *ihrer* alten Rechte anerkannt wird. Tells Gründe nehmen dem planen Wortlaut des Monologs und der Parricida-Szene zufolge überhaupt nicht auf konkret Politisches Bezug, schon gar nicht auf verbriefte Rechte, sondern allein auf die durch Geßler verletzte Naturordnung der menschlichen Gemeinschaft, der familiären zumal.[11] Wird dadurch nicht *jede* politische Dimension des Stücks so in Frage gezogen, daß bestenfalls nur noch metaphorisch von ihr die Rede sein kann?

Neuere Studien zur staatspolitisch-juristischen Ideologie der Rütli-Verschwörer haben hier differenzierter geurteilt. In ihnen erscheint die helvetische Auflehnung gegen die Staatsgewalt in einem komplizierten Sinn als «Gegenmodell» zur Französischen Revolution.[12] Zunächst geht es, unverkennbar in der Rütli-Szene selbst, um den schon im mittelalterlichen Rechtsbewußtsein verwurzelten «Widerstand gegen eine frühabsolutistische Fremdherrschaft um der Wahrung des alten Rechtsbestands willen». Das ist der Rechtsbestand, den die Französische Revolution als spezifisch moderne Revolution umgekehrt gerade liquidieren will, indem sie einen hypothetisch-theoretischen Naturzustand wiederzuherstellen hofft, aus dem ein radikal neuer, vernünftiger Gesellschaftskontrakt geschlossen werde.[13] Schiller befürchtet in den *Briefen über die ästhetische Erziehung* die mit der grundsätzlichen Aufhebung des Gesellschaftszustands und der Wiederherstellung des Naturzustands verbundene Anarchie; trotzdem ist er im Prinzip für die aufklärerisch-naturrechtliche Staatslehre, nur daß er statt auf *Umsturz* des Alten auf die letztlich in der Auflösung des Alten resultierende *Unterwanderung* des Alten durch die ästhetische Erziehung setzt.[14] Das erklärt die

---

9 Hans-Günther Thalheim, «Notwendigkeit und Rechtlichkeit der Selbsthilfe in Schillers *Wilhelm Tell*», *Goethe: Neue Folge des Jahrbuchs der Goethe-Gesellschaft*, XVIII (1956), 216–257.
10 So v. Wiese, S. 765–767, 769, gegen den Thalheim polemisierte, bes. S. 223.
11 Vgl. v. Wiese, S. 773.
12 Borchmeyer, S. 70; seine Deutungen werden von Fink generell anerkannt.
13 Borchmeyer, S. 72–73, 85.
14 Borchmeyer, S. 87–88; Fink, S. 61. Zum folgenden Borchmeyer, S. 91–95.

verworrene Situation in *Wilhelm Tell*: die Rechtfertigung der konservativen Revolution als Restitution des Hergebrachten wird in der Rütli-Szene überlagert von der Berufung auf einen naturrechtlichen Urzustand, wie ihn der aufgeklärte Liberalismus postulierte. Eben der ist gegeben infolge der Pflichtvergessenheit des Kaisers und der Gewalttätigkeit seiner Vertreter:

> Nein, eine Grenze hat Tyrannenmacht,
> Wenn der Gedrückte nirgends Recht kann finden,
> Wenn unerträglich wird die Last – greift er
> Hinauf getrosten Muthes in den Himmel,
> Und hohlt herunter seine ewgen Rechte,
> Die droben hangen unveräuserlich
> Und unzerbrechlich wie die Sterne selbst –
> Der alte Urstand der Natur kehrt wieder,
> Wo Mensch dem Menschen gegenüber steht –
> Zum lezten Mittel, wenn kein andres mehr
> Verfangen will, ist ihm das Schwert gegeben –
> Der Güter höchstes dürfen wir vertheid'gen
> Gegen Gewalt – Wir stehn vor unser Land,
> Wir stehn vor unsre Weiber, unsre Kinder! (1275–1288)

Eingetreten ist also *der* Fall von Herrschaftsmißbrauch, der mit der aufgeklärten, der Französischen Revolution zugrundeliegenden politischen Theorie des Widerstandsrechts zu deuten wäre nicht als Vergehen innerhalb eines als solchen nicht angetasteten historisch gegebenen Rechts- und Gesellschaftssystems, sondern als Aufhebung der gesellschaftlichen Daseinsform schlechthin; die Volkssouveränität setzt an ihrer Stelle einen neuen Gesellschaftskontrakt ins Werk, der den Menschenrechten konform ist, wie sie die Französische Revolution vertrat in der «Déclaration des droits de l'homme et du citoyen» von 1789.

Überlagern mögen sich die konservativen und liberalen staatsrechtlichen Prinzipien in der Rütli-Szene tatsächlich: ob die damit eingetretene Konfusion dem Drama insgesamt dienlich ist, ist allerdings eine andere Frage. Denn daß Schillers *Tell* nicht nur durch seine Betonung der alten Rechte ein «Gegenmodell» zur Französischen Revolution sei, sondern auch durch seine Darstellung, «wie sie hätte ausfallen müssen, um ‹gut› zu sein»,[15] d. h. ohne in *terreur* zu münden, das ist eine Ansicht, die zunächst einmal die Frage aufwirft, ob denn diese Revolution auch für den gut sei, der als ihr Wiederhersteller gefeiert wird, für Tell selbst. Stimmt es denn wirklich, daß *Wilhelm Tell* seinen besonderen Rang in Schillers Œuvre darin hat, daß es sein einziges historisches Drama ist, «das ein politisches Ideal ungetrübt

---

15 Dieter Borchmeyer, «Um einen anderen Wilhelm Tell für die Schule bittend», *Der Deutschunterricht*, XXXV (1983), 81.

Wirklichkeit werden läßt»?[16] Hier ist der Nerv des Dramas berührt: bleibt Tells Existenz nach dem Meisterschuß in Altdorf und in Küßnacht ungetrübt? Über Tell selbst, den die Eidgenossen doch in der Schlußapotheose ihrer republikanischen Freiheit als deren «Stifter» in den Mittelpunkt rükken (3083), findet sich kein Wort in den neueren staatsrechtlichen Abhandlungen über das Drama der Revolution der Urkantone.

Natürlich kann man über *Tell* sprechen, ohne über Tell zu sprechen. Die ideologische Problematik ist um die Rütli-Handlung angesiedelt, die aus den politischen Verhältnissen hervorgeht und in die politische Aktion einmündet. Doch verweist das Werk mit der Logik seiner Gattung immer wieder von der Verschwörerhandlung auf die Handlung um den zurück, dessen Name mit der Revolution innerhalb und außerhalb des Stücks inniger verbunden ist als jeder andere. Aber: zwischen Tell als *dramatis persona* und der eidgenössischen Revolution besteht pragmatisch-dramatisch kein Zusammenhang. Tell sieht sich, wie angedeutet, in Küßnacht nicht als Vollstrecker der Rütli-Verschwörung; er sieht auch keine politischen Folgen für seine Tat voraus. «Letzthin ändert der Apfelschuß nichts an dem für den Aufstand festgesetzten Termin [...]. Selbst der Mord an Geßler wird nicht das auslösende Moment für die Erstürmung der Zwingburgen.»[17] Wenn also die Bevölkerung im Schlußtableau Tell als den Befreier des Landes und Urheber der Freiheit feiert, bekundet sie einen bemerkenswerten Mangel an realistischem Bauernverstand und um so mehr Talent zum Mythenbilden; sie hebt nicht den Anführer ihres Aufstands auf den Schild, sondern das vaterländische Emblem, zu dem Tell in Schillers Zeit längst geworden ist: sachlich falsch,[18] symbolisch korrekt. Gewiß hat Tell durch den Schuß in

---

16 Borchmeyer, 1982, S. 108. Vgl. S. 110–111: «In dem bewußt beibehaltenen naiven Gewande der volkstümlichen Handlung des *Chronicon Helveticum* von Tschudi und der alten Tell-Spiele verbirgt sich eine politische Parabel, ja fast ein zeitgeschichtliches Schlüsseldrama von einer in der Geschichte des deutschen Schauspiels beispiellosen staatsphilosophischen Kühnheit. Um nichts Geringeres geht es hier als um die Entstehung des modernen demokratischen Bewußtseins, um die Ablösung des auf historischem Recht beruhenden Staats durch ein im Prinzip der Volkssouveränität gründendes Gemeinwesen. [...] Die Analogie zwischen poetischer und zeitgeschichtlicher Realität dokumentiert, daß Schiller, trotz oder gerade wegen der «Aufhebung» der für seine eigene Zeit resignativ preisgegebenen politischen in einer ästhetischen Programmatik, die naturrechtlichen Positionen der Aufklärung und Revolutionstheorie nicht aufgegeben, am Prinzip der Volkssouveränität festgehalten hat. Um an Ifflands geistreiche Unterscheidung anzuknüpfen: Der ‹Wille› des Schauspiels *Wilhelm Tell* ist, anders vielleicht als der seines Autors, im Prinzip demokratisch.»
17 Fink, S. 75; vgl. S. 73. Lesley Sharpe meint hingegen, Schiller «leaves the exact causal link between the shooting of Gessler and the storming of the fortresses in doubt» (*Friedrich Schiller: Drama, Thought and Politics*, Cambridge 1991, S. 295).
18 Vgl. G. W. McKay, «Three Scenes from *Wilhelm Tell*», *The Discontinuous Tradition: Studies in German Literature in Honour of Ernest Ludwig Stahl*, hg. v. P. F. Ganz, Oxford

der hohlen Gasse den Kanton von seinem pflichtvergessenen Vogt befreit. Doch sofern das ein Beitrag zur gelungenen Revolution ist, läßt sich darauf jener Satz Stauffachers beziehen, der im Kontext die Ermordung König Albrechts durch Parricida und seine Helfershelfer meint:

> Den Mördern bringt die Unthat nicht Gewinn,
> *Wir* aber brechen mit der reinen Hand
> Des blutgen Frevels segenvolle Frucht. (3015–3017)

Also (und erstaunlich): «gut» wird die Revolution dadurch, daß die beiden blutigen Taten, die die Garantie ihres Erfolgs sind und dennoch auf dem Rütli keineswegs ins Auge gefaßt worden waren, von Außenseitern begangen werden; die Blutarbeit, an der definitionsgemäß ein Makel haftet, wie die Eidgenossen selbst nur zu gut wissen (1430–1437), wird ihnen durch zwei günstige Umstände abgenommen.

Einer von ihnen, Tells Meisterschuß in der hohlen Gasse, beruht auf jener Selbsthilfe, die die Rütli-Verschworenen ausdrücklich als Möglichkeit angemessenen revolutionären Handelns ausgeschlossen hatten. Ist also das Gelingen der schweizerischen Revolution (im geistigen Raum *vor* der allgemeinen Verbreitung ästhetischer Erziehung, wo sie sich nach Schillers Wunschdenken von selbst und friedlich ergeben würde) darum «ungetrübt», weil ihr Stifter nicht dazugehört, weil Schiller Tell isoliert hat? Wäre der Sinn dieser Isolierung mithin ein Politicum? In den Augen der Zeitgenossen konnte sich Schillers Tell (wie der historische oder mythische) durch den Tyrannenmord als der auf Grund seines vermeintlichen Naturrechts handelnde Jakobiner ausnehmen und insofern als verwerflich bei allen denkbaren mildernden Umständen; von einer solchen Assoziation entlaste der Dramatiker also die eidgenössische Volkserhebung, heißt es, indem er seinen Quellen, Aegidius Tschudis *Chronicon Helveticum* (1734) und Johannes von Müllers *Der Geschichten schweizerischer Eydgenossenschaft Erster und Zweyter Theil* (1786), widerspricht: indem er Tell nicht an der Rütli-Verschwörung teilnehmen läßt, Tells Tat nicht mit der Revolution verquickt.[19] Überdies aber benutze Schiller diese Isolierung, um Tell seinerseits vom Vorwurf des Jakobinertums zu reinigen, indem er ihn zum «unpolitischen Einzelgänger» stilisierte, der keinen eigentlichen Tyrannenmord beging, dem es vielmehr «vor allem darum ging, Weib und Kind zu beschützen, und der gleichsam durch Zufall zum patriotischen Freiheitshelden wurde» (S. 78). Aber muß man, wenn derart politisch argumentiert wird, nicht auch erkennen: Tell macht eben mit seiner Beschützung der Familie

---

1971, S. 110: «It must surely be clear that the most important political fact is not Tell's deed but Parricida's.»
19 Fink, S. 59–62, 74, 78.

genau das für sich geltend, was auf dem Rütli in Stauffachers Rede anerkannt wurde: statt alte Rechte wiederherzustellen, sieht Tell den Naturzustand wieder eingetreten, in dem der einzelne seine fundamentalen Menschenrechte von 1789 eigenmächtig in die Hand nehmen darf. Die entsprechenden Zeilen Stauffachers über die Grenzen der Tyrannenmacht und das Eintreten für Weib und Kind wurden bereits zitiert. Daß die Zeitgenossen sie durchaus als Analogen zur Französischen Revolution und ihrer Menschenrechtsphilosophie verstanden, bezeugt Iffland, der Schiller bei der Vorbereitung der Berliner Aufführung am 7. April 1804 zu dieser Passage schrieb: «Die Berliner *Regierung* verstattet alles, was man in keiner Monarchie verstattet. Diese philosophisch-freie Regierung kann es auch verstatten. Aber diese im hohen, schönen Schwunge dargestellten Menschenrechte, mahnen an eine mißverstandene, die Europa leiden machten. *Will* der Dichter einen Pöbel – wie jede *so* große Volcksmaße ihn hat, zu einem tumultuarischen Aufjauchzen reizen?? Dieses – mit dem, was nachkommt – könnte einen Effect machen, den der Dichter nicht will und den ich nicht wünschen kann» (X, 453–454). Ganz im Sinne der Worte Stauffachers und ihrer naturrechtlichen Voraussetzungen wird Tell sich im Monolog im vierten Akt und in der Parricida-Szene in der Rolle des Beschützers seiner Kinder, seiner Frau und seines Hauses sehen (2577–2578, 3178). Also wäre der auf die urzuständlichen «droits de l'homme» rekurrierende Jakobinismus doch Tells Rechtfertigung? Wäre Tell doch Jakobiner? Ja, fiele dieser Vorwurf nicht überdies über Stauffachers Rede auf die Rütli-Verschwörer selbst zurück – die angeblich von diesem Vorwurf entlastet werden zugunsten des Eintretens für die «alten Rechte»?

So bleibt in der neueren Diskussion um die politische Ideologie des *Wilhelm Tell* die Frage offen, was mit der den Quellen so auffällig widersprechenden Isolierung Tells von der Revolution bezweckt wurde oder was sich als daraus resultierender Gewinn am Text ablesen läßt. Wenn der Handlungsstrang des eidgenössischen Aufstands gegen die Obrigkeit nicht mehr als ideologisch in sich schlüssiges Geschehen gelesen werden kann und mehr Fragen aufwirft als beantwortet, wenn der Dramatiker Schiller, unerbittlich ernstgenommen als Staatsrechtsphilosoph, auf ein bisher nie gesehenes und nur mit professionellem Fachwissen nachvollziehbares diffuses Einseits-Andererseits hinauswill (einerseits für die traditionellen Rechte, andererseits gegen sie und für die fundamentalen Menschenrechte von 1789, einerseits gegen die Jakobiner, andererseits für ihre Erklärung der Menschen- und Bürgerrechte, einerseits für die Revolution, andererseits gegen die Revolution) – dann sollte uns das doch ein unbeabsichtigter Wink mit dem Zaunpfahl sein, daß der Dramatiker und Menschengestalter ausgerechnet in dem volkstümlichsten seiner Werke (an dem ihn während der Arbeit das

«Volksmäßige» vor allem reizte [X, 371]), juristisch-legalistisch überfordert wird, als ginge es im Tell-Drama um eine staatstheoretische Abhandlung. Interessiert Schiller nicht vielmehr die menschliche Dimension des Problems? Die Revolution gelingt. Gelingt sie «ungetrübt»? Revolution ist in *Wilhelm Tell* nicht, wie es nach allem Bisherigen den Anschein haben möchte und in der *Tell*-Deutung immer wieder hat, eine Sache der ideologischen Haarspalterei, sondern jenseits aller vermeintlichen theoretischen Spitzfindigkeit eine Sache der Revolutionäre als Menschen. Gelingt die Revolution also «ungetrübt» in bezug auf die Charaktere oder doch auf die Hauptgestalt? Nur indem man so fragt, wird es sinnvoll, daß Tell gegenüber der eidgenössischen Revolution seine Sonderstellung bewahrt, und umgekehrt kann erst in der Herausforderung zu dieser Frage das Drama als ganzes seine Sinnstruktur (jenseits aller dramatischen Kunstgriffe) gewinnen. Von diesem Gesichtspunkt aus ließe sich die seit eh und je irritierende Isolierung Tells von der Revolution, die seinen Namen trägt, noch einmal aufgreifen.

2.

Schiller selbst war sich im klaren darüber, daß die Isolierung des Helden den Nerv und den Reiz des Dramas ausmache. Noch an der Arbeit, schreibt er am 5. Dezember 1803 an Iffland, der auf das Manuskript für die Berliner Inszenierung wartet: «Gern wollte ich Ihnen das Stück Aktenweise zuschicken, aber es entsteht nicht Aktenweise, sondern die Sache erfordert, daß ich gewisse Handlungen, die zusammen gehören, durch alle fünf Akte durchführe, und dann erst zu andern übergehe. So z. B. steht der Tell selbst ziemlich für sich in dem Stück, seine Sache ist eine Privatsache, und bleibt es, bis sie am Schluss mit der öffentlichen Sache zusammengreift» (X, 373–374). Hier ist der wunde Punkt. *Wie* nämlich die private und die öffentliche Sache, moralische und politische Fragestellung, Tell-Handlung und Aufstand gegen die Vögte und ihre Festungen zusammengreifen, ist seit fast zwei Jahrhunderten die Crux jeder Interpretation, wenn sie nicht einfach in das Hurra auf den Stifter der helvetischen Freiheit einstimmt und «glückliche Symbiose» und «bruchlose» Verbindung konstatiert oder umgekehrt unaufgehobene Spannung und Widerspruch und insofern einen entschiedenen Mangel.[20] Wird also Tells Tat «durch die Umstände zum stellvertretenden Ereignis»,[21] oder wird sie es nicht?

---

20 Einerseits Koopmann, 1988, S. 128, andererseits Sharpe, S. 307, und E. L. Stahl, *Friedrich Schiller's Drama*, Oxford 1961, S. 142, 145.
21 Koopmann, 1977, I, 87.

Während die öffentliche Sache vielleicht eher der Lesung des Dramas als einmalige Exkursion in die intellektuell wenig herausfordernde Region des «Volksstücks» Boden unter die Füße gibt, weist die private mehr in die Richtung, die Schiller längst vertraut war: das Durchdenken einer problematischen Sache im Medium der Charaktergestaltung. Welche Sache hätte das größere Gewicht? In den Randbemerkungen zu Ifflands Fragen- und Bedenkenkatalog zur projektierten Berliner Aufführung, am 10. April 1804 – das Stück war am 18. Februar abgeschlossen worden – läßt Schiller da keinen Zweifel. Er verteidigt Tells Monolog im vierten Akt, den Iffland unpassend redselig gefunden hatte, mit dem Bekenntnis: das Stück «wäre gar nicht gemacht worden», wenn eben diese Selbstbesinnungs-Szene, diese Aussprache der «Empfindung», ihn nicht «dazu bewogen» hätte (X, 457– 458). Wenn das noch eher indirekt auf die zentrale Bedeutsamkeit des in den Quellen eher undifferenzierten und unartikulierten Volkshelden weist, so spricht eine weitere Bemerkung zum Fragebogen Ifflands eine deutlichere Sprache. Das «poetisch große», heißt es da à propos der Parricida-Szene, liege «in dem Gehalt der Situationen und in der tragischen Dignität der Charactere. Wenn Tell und seine Familie nicht der intereßanteste Gegenstand im Stücke sind und bleiben, wenn man auf etwas anderes begieriger seyn könnte, als auf ihn, so wäre die Absicht des Werks sehr verfehlt worden» (X, 458–459).

Interessant in welcher Weise aber? Wenn das Drama als ganzes seine Absicht, durch nichts anderes als Tell selbst erzielt, dann heißt das doch, daß die Tell-Handlung und die Revolutionshandlung, die *zusammen* das Ganze ausmachen (abgesehen einmal von der relativ selbständigen Bertha-Rudenz-Handlung, die am Ende unproblematisch in die Revolutionshandlung einmündet), aufeinander bezogen sein müssen oder sollen. Pragmatisch ist dies, wie angedeutet, zwar nicht der Fall, erklärbar nicht zuletzt durch die für Schiller eigenartige Entstehungsgeschichte (Nebeneinander von thematischen Strängen statt Progression von Akt zu Akt). Aber an einen pragmatischen Nexus dürfte Schiller in der eben zitierten Bemerkung anläßlich der Parricida-Szene ja auch kaum denken, ebensowenig wie in der vorausgehenden Äußerung zum Monolog im vierten Akt und dessen von Iffland beanstandetem «dencken» (X, 458).

Doch dadurch, daß nicht das pragmatische, sondern das geistige Band zwischen Tell und Rütli, Selbsthelfer und Sturm auf Zwing-Uri zur Debatte steht, wird die Frage eher schwieriger als einfacher. Verbreitet ist ja die bereits geltend gemachte Auffassung, daß es sich in geistiger Hinsicht um zwei Vorgänge handle, die kaum miteinander ins Gespräch kämen: daß nämlich Tell «gar keine politischen [vaterländischen, öffentlichen] Motive hat», sondern nur «eine persönliche [moralische, private] Rechnung begleicht».²² Die Diagnose «mangelnde Integration» ist besonders im englischsprachigen Bereich geläufig.²³ Aber selbst in der Schweiz ist, in einer Festrede noch dazu, die Diskrepanz im Geistigen, die Einsamkeit und Unverbundenheit von Tells Entscheidung mit Nachdruck, wenn auch nicht ohne Verwunderung bemerkt worden.²⁴ Zwar wird da postuliert, die Wandlung der Motivation vom Persönlichen zum Patriotischen müsse im Monolog oberhalb der hohlen Gasse und in der Parricida-Szene geschehen (S. 236), doch schließlich erkannt, daß es hier wie dort auffällig fehlt an der Berufung auf das Vaterland als Orientierungspunkt von Tells Handeln. Es kommt allenfalls zu gewundenen Formulierungen wie «kein oder doch kaum ein nationales Argument» und «ein in erster Linie als ein allgemein menschlich gemeintes Drama», «menschliche und nicht eigentlich nationale Entscheidungsproblematik» (S. 237–239), wobei das über das Persönliche Hinausgehende textlich nicht im geringsten festgemacht werden kann. Übertönt werde die Diskrepanz aber umgekehrt dadurch, daß die Revolutionsträger ihrerseits Tell «zugewandt» seien, d. h. daß «auch ihre Sache menschlicher Sittlichkeit nicht entbehre. Auf dieser Ebene [...] sollte man die verborgene Gemeinsamkeit der Volkshandlung und der Tellhandlung [...] suchen» (S. 239).

Das ist kaum mehr als ein Aperçu, auf das die spätere Beschäftigung mit dem Thema denn auch nie wieder zurückgekommen ist. Bemerkenswert ist dennoch seine harmonisierende Tendenz. Denn damit mündet es in ein geläufiges Textverständnis: ob die beiden von Schiller selbst als separat *und* zusammengreifend gekennzeichneten Handlungsstränge (X, 374) nun integriert seien oder diskrepant blieben – im opernhaften Finale greifen sie optisch und akustisch unübersehbar zusammen im Volksjubel auf Tell als Stifter der helvetischen Freiheit, und damit wird *Wilhelm Tell* als Gesamt *übertragisch* harmonisch: Festspiel klangreiner Versöhnung und Verbrüderung. So wurde und wird es in der deutschsprachigen *Tell*-Deutung generell gesehen, von der klassischen Deutung durch v. Wiese im Schillerjahr 1959 bis zu Reclams Forschungs-Summa von 1992.²⁵ In solcher Sicht – Stichwort:

---

22 Fetscher, S. 153–154.
23 Schon Stahl, S. 141, und noch Sharpe, S. 302, 308.
24 Werner Kohlschmidt, «Tells Entscheidung» in W. K., *Dichter, Tradition und Zeitgeist*, Bern u. München 1965, S. 229–239.
25 Martini; v. Wiese, S. 775–776: «an die Stelle der Tragödie [...] das legendäre, festliche Schauspiel»; Kaiser, S. 121, Anm. 26: «außerhalb von Tragik»; Ulrich Karthaus, «Schiller und die Französische Revolution», *Jahrbuch der Deutschen Schillergesellschaft*, XLIII (1989), bes. S. 233–239: Tell als «Heilsbringer», «säkularisierte Heilandsfigur», «Messias», der «ein Wunder Gottes» vollbringt nach säkularisierter Analogie der Heilsgeschichte, so daß seine Tat letztlich durch den christlichen Gott legitimiert wird – im Grunde Erbe des württembergischen Pietismus, des lutherischen Christentums. Diese Deutung beruft sich auf die Erstfassung (1979) von Gert Uedings *Tell*-Deutung, jetzt in *Schillers Dramen*, hg.

«ungetrübter» Triumph – ist jedoch eine ganz bestimmte Vorentscheidung über das beschlossen, *was* in dem behaupteten untragischen Finale so harmonisch zusammenwirken soll: über die Revolutionshandlung der Eidgenossen und über Tell als dramatischen Charakter.

Die Revolutionshandlung ist zweifellos von schöner Einfachheit. Unaufhaltsam zielstrebig, bewegt sie sich aus eigener Dynamik gradlinig voran, indem sie ihre Konsequenz aus den rasch aufeinander folgenden Übergriffen der Vögte und den Reaktionen darauf gewinnt. Wolfenschießen drangsaliert die Frau Baumgartens, der ihn daraufhin mit der Axt im Haus erschlägt; Landenberg blendet den alten Melchthal in Ausübung willkürlicher Sippenhaftjustiz, was Melchthals Sohn zu den Dissidenten führt; der Rütli-Bund wird beschworen, der die Erstürmung der Zwingburgen programmiert und dann plangemäß inszeniert, wenn auch früher als ursprünglich vorgesehen, da Rudenz aus eigenen Gründen auf rascheres Handeln drängt. Den Anstoß zu der ganz für sich stehenden Tell-Handlung, die kennzeichnenderweise erst nach dem Rütli-Schwur einsetzt, gibt Geßlers Apfelschußbefehl, der ihm in der hohlen Gasse vergolten wird.

Die Revolutionshandlung wird ethisch entproblematisiert. (Die eingangs berührten revolutionsideologischen Finessen – Restitutio oder fundamentaler Neuanfang? – gehen unter im Tumult der Handlung und im Jubel um Tell als Freiheitsbringer.) Doch Tell? Wenn er als konsonante Stimme im Chor des übertragischen Festspiels aufgefaßt wird, die beiden «Sachen», die vaterländisch-politische und die moralisch-persönlich-private also jedenfalls am Schluß zum Einklang gebracht werden, wie es die weitaus überwiegende untragische Sicht des Dramas voraussetzt, dann wird doch Tell selbst wie ein Versatzstück in eine vorgegebene geistige Szenerie eingepaßt. Das Versatzstück, das ohne zu sperren paßt, wäre seinerseits von jener allgemeinen Euphorie her koloriert, ja ganz von ihr bestimmt – ein Tell aus einem Guß, aus dem gleichen Guß, monolithisch. Mit andern Worten: vorausgesetzt wird, daß der Festspiel-Autor Schiller sozusagen abgedankt habe als Gestalter des Menschen, als den man ihn sonst doch so selbstverständlich versteht, speziell als Gestalter jenes handelnden Menschen, als den Max Kommerell ihn schon in den dreißiger Jahren beschrieben hatte: «Keine Tat verwirklicht die Idee, ohne sie zugleich zu verleugnen. Mensch sein ist nicht nur Handelnkönnen, sondern Handelnmüssen, Handelnmüssen im Stoff der Welt mit sinnlichen Mitteln, und also handelnde Untreue an der Idee.

---

v. Walter Hinderer, Stuttgart 1992, S. 385–422, wo das Stück ebenfalls als ins Reich der Freiheit mündende Heilsgeschichte, «heilsgeschichtliche Interpretation der wirklichen Geschichte» (S. 419) gesehen wird, wenn auch mehr in allgemein mythischen, sagenhaft-legendären statt speziell christlichen Vorstellungen von der historischen Verwirklichung des Transhistorischen.

Der Fluch der guten Tat 293

Menschsein ist die Tragödie der Mittel.»[26] «Schiller als Psychologe» ist der Aufsatz betitelt, dem dies entnommen ist. Im – übertragisch harmonisch gesehenen – Tell-Drama wäre Schiller, was die Hauptfigur betrifft, also nicht ein solcher Psychologe gewesen: Tell, heißt es, sei nicht psychologisch zu «fassen», sondern als «Heiliger der Natur», als sei das ein allgemeinverständlicher Begriff wie Terrorist oder Widerstandskämpfer:[27] als mythischer Drachentöter, politischer Messias ohne moralischen Skrupel, als übermenschlich dimensionierte «Märchenfigur» in einem Werk, das «idealistisches Geschichtsdrama und Kultgesang auf die alten Heroen» vereinen will.[28] Tell so zu «fassen», macht natürlich nicht viel Mühe. Es überhebt den Deuter der Notwendigkeit, darüber nachzudenken, was Schiller gemeint haben könnte, als er K. A. Böttiger sagte, es ginge ihm in *Wilhelm Tell* nicht zuletzt um «psychologische Motivierung».[29] Das Ergebnis ist, daß Tell in den untragischen Lesungen wie schon im 19. Jahrhundert idealisiert[30] oder heiliggesprochen, rückhaltlos gerechtfertigt wird – als Selbsthelfer, Heilsbringer, Freiheitsapostel, selbst als Instrument der Kritik an Kants Ablehnung des Tyrannenmords. Was ausfällt, ist auch in dieser Interpretationsrichtung die Dimension des Menschlichen.[31]

Wenn das richtig wäre, dürfte ein «Schiller ohne Wilhelm Tell» auch heute noch hochwillkommen sein. Und Max Frisch hätte noch an des Jahrhunderts Neige recht mit seiner ironisierenden Nacherzählung der Sage (und damit zugleich auch weitgehend der Handlung in Schillers Stück) in *Wilhelm Tell für die Schule* (1971). Dennoch weist das Verhalten des zum beliebig verfügbaren und schlechterdings nicht angreifbaren Ideal avancierten Gemsenjägers von Uri auf den heiklen Punkt. Frisch erinnert daran, daß «die palästinensischen Attentäter, die in Zürich am 18. Februar 1969 aus

---

26 *Geist und Buchstabe der Dichtung*, 3. Aufl., Frankfurt 1944, S. 187. (Zuerst 1940.)
27 Kaiser, S. 106; vgl. Martini, S. 267–268.
28 Ueding, S. 394, 404 und passim.
29 XLII, 381; gegen die Anti-Psychologie auch F. J. Lamport, «The Silence of Wilhelm Tell», *Modern Language Review*, LXXVI (1981), 862: «a real human being».
30 Vgl. dazu Koopmann, 1982, S. 124.
31 Gegenstimmen, von denen gleich noch zu reden ist, werden, sofern nicht einfach ignoriert wie generell in der deutschen *Tell*-Deutung, selbstsicher zum Schweigen gebracht selbst in der angelsächsischen Kritik: Lawrence O. Freye, «Juggler of Freedoms in *Wilhelm Tell*», *Monatshefte*, LXIV (1984), 75: «The reader-spectator may find it difficult to accept Tell's easy justification of assassination, but no one in the drama does. Schiller, for his purposes, does not seem [!] to either»; Jeffrey L. Sammons, «The Apple-Shot and the Politics of *Wilhelm Tell*», *Friedrich von Schiller and the Drama of Human Existence*, hg. v. Alexej Ugrinsky, New York 1988, S. 87, Anm. 5: «over-ingenious and unpersuasive»; G. A. Wells, «Schillers Wilhelm Tell and the Methodology of Literary Criticism», *Oxford German Studies*, XVI (1985), 40–41, doch vgl. S. 44; Tell als Argument gegen Kant: Thalheim, S. 234.

dem Hinterhalt ein startendes El-Al-Flugzeug beschossen, sich auf Wilhelm Tell berufen» hätten, den der Sage offenbar, der aber hierin von Schillers Figur nicht verschieden ist, und zwar mit Recht: «Die Vogt-Tötung bei Küßnacht [...] entspricht den [terroristischen] Methoden der *El-Fatah*» (S. 122). Wann *ist* politischer Mord gerechtfertigt? Das läßt Schiller Tell im Monolog oberhalb der hohlen Gasse und wieder im Parricida-Auftritt ausgiebig durchdenken. Legion ist die Zahl der Schiller-Deuter bis heute, die Tells Tat durch diese Stellen für gerechtfertigt halten. Hier nur ein neueres und autoritatives Beispiel: «Der Zuschauer soll überzeugt werden, daß Tell einen gerechten Mord begeht».[32] Der Monolog vor dem tödlichen Schuß auf Geßler sei als Rechtfertigung in jeder Hinsicht unproblematisch, kann man gelegentlich selbst in der sonst in diesem Punkt so empfindlichen englischen *Tell*-Interpretation lesen.[33]

Und doch: ausgerechnet Tell selbst ist zutiefst verstört durch seine Tat, die geplante und die vollzogene: «Mord» – so die auffällig oft wiederholte Vokabel – macht ihm offenbar vorher und nachher zu schaffen. Unproblematisch ist der «hochsinnige» Held (den Ludwig Börne sich in seiner notorischen Kritik Tells als spießbürgerlich subalternen Untertans des Thron-und-Altar-Zeitalters *wünschte*) keineswegs. Gerade wenn Tell, wie eine neuere Deutung nicht ohne Anerkennung betont, sich in seinen moralischen, persönlichen Entscheidungen auf die Instanz Gottes bezieht,[34] wird die Frage dringlich: rechtfertigt es den kaltblütigen Mörder in Küßnacht, daß er sich auf Gott den Rächer beruft (2596)? Wenn die üblichen Deutungen die Frage bejahen, so nicht ohne die Hilfestellung durch den deutschen Idealismus. Psychologie (die fragt: wie sieht das vom Mörder her aus? und die von daher vielleicht eine persönliche Tragik diagnostizieren könnte) spielt da keine Rolle.

Das ist eine historisch verständliche Sicht. In Ländern, in denen die Gebildeten bis zum heutigen Tag mit Shakespeare groß werden, der die ganze Raffinesse seiner Psychologie nicht zuletzt den Mördern zugute kommen läßt, sieht das anders aus. Schiller galt seit seinen frühen Stücken als der «Shakespeare der Deutschen».[35] Diese Assoziation mag noch darin nachwirken, daß die angelsächsische *Tell*-Deutung die Titelfigur statt als

---

32 Koopmann, 1988, S. 134.
33 Stahl, S. 144; das gilt auch von der Deutung des sonst so hellhörigen F. J. Lamport, der meint, Schiller hätte eben mit seiner Bemerkung zu Iffland, die Mordtat sei in diesem Sonderfall gerechtfertigt, das letzte Wort gesprochen (S. 866).
34 Ross Vander Meulen, «The Theological Texture of Schiller's *Wilhelm Tell*», *Germanic Review*, LIII (1978), 56–62.
35 S. o. S. 99; IV, 262, 283. Vgl. die *Räuber*-Vorrede (III, 7, 243, 246) und die Selbstbesprechung der Räuber (XXII, 130).

menschlich nicht hinterfragbares Freiheitssymbol oder unantastbaren eidgenössischen Mythos betont als Charakter, als «wirklichen Menschen» sieht.[36] Indem sie das tut, auf eine Weise zwar, die ihrerseits kritischer Kontrolle bedarf, bleibt sie allerdings ausnahmslos stehen bei der bloßen Charakteranalyse, ohne darüber hinaus nach der Sinnstruktur des ganzen Werks zu fragen, die, wie sich zeigen läßt, sich gerade aus diesem Charakterbild entfaltet. Denn wenn Tell sich als problematische Gestalt erweist, wird man kaum mehr vom Drama als ganzem als idealistischem Festspiel der Freiheit sprechen können.

3.

Die Kernstellen, auf die sich die Aufmerksamkeit dieser (im deutschsprachigen Bereich, wie gesagt, kaum berücksichtigten, wenn überhaupt zur Kenntnis genommenen) Sicht richtet, sind eben die, die auch Schiller selbst als die entscheidenden seines Dramas bezeichnet hat: der Monolog in Küßnacht und die Parricida-Szene.

Der Monolog ist ihm, in seiner Erwiderung auf Ifflands Bedenken, «das beste im ganzen Stück»: Tells hier vergegenwärtigter «Empfindungszustand» mache das Rührende des Dramas aus. Eben diese Situation habe ihn, wie erwähnt, überhaupt erst bewogen, das Stück zu schreiben (X, 457–458). Und die zitierten Worte über Tell als den «intereßantesten Gegenstand im Stücke» und den Kern der «Absicht des Werks» fallen in derselben Erwiderung im Hinblick auf die Parricida-Szene (X, 459). Zusammenfassend an Iffland am 14. April 1804: «Auch Göthe ist mit mir überzeugt, daß ohne jenen Monolog und ohne die persönliche Erscheinung des Parricida der Tell sich gar nicht hätte denken lassen» (X, 384). Der *Tell* nicht und das heißt doch wohl Tell selbst auch nicht. Wie stellt er sich also in den beiden Schlüssel-Szenen dar?

> Mach deine Rechnung mit dem Himmel Vogt,
> Fort must du, deine Uhr ist abgelaufen.
>
> Ich lebte still und harmlos – Das Geschoß
> War auf des Waldes Thiere nur gerichtet,
> Meine Gedanken waren rein von Mord –
> *Du* hast aus meinem Frieden mich heraus
>
> Geschreckt, in gährend Drachengift hast du
> Die Milch der frommen Denkart mir verwandelt,
> Zum Ungeheuren hast du mich gewöhnt –

---

36 S. o. Anm. 29. Die Naivität des Ausdrucks ist nur scheinbar.

> Wer sich des Kindes Haupt zum Ziele sezte,
> Der kann auch treffen in das Herz des Feinds.
>
> Die armen Kindlein, die unschuldigen,
> Das treue Weib muß ich vor deiner Wuth
> Beschützen, Landvogt – Da, als ich den Bogenstrang
> Anzog – als mir die Hand erzitterte –
> Als du mit grausam teufelischer Lust
> Mich zwangst, aufs Haupt des Kindes anzulegen –
> Als ich ohnmächtig flehend rang vor dir,
> Damals gelobt' ich mir in meinem Innern
> Mit furchtbarm Eidschwur, den nur Gott gehört,
> Daß meines *nächsten* Schusses *erstes* Ziel
> Dein Herz seyn sollte – Was ich mir gelobt
> In jenes Augenblickes Höllenqualen,
> Ist eine heilge Schuld, ich will sie zahlen.
>
> Du bist mein Herr und meines Kaisers Vogt,
> Doch nicht der Kaiser hätte sich erlaubt
> Was *du* – Er sandte dich in diese Lande,
> Um Recht zu sprechen – strenges, denn er zürnet –
> Doch nicht um mit der mörderischen Lust
> Dich jedes Greuels straflos zu erfrechen,
> Es lebt ein Gott zu strafen und zu rächen. (2566–2596)
>
> Sie alle ziehen ihres Weges fort
> An ihr Geschäft – und Meines ist der Mord!
>
> *sezt sich*
>
> Sonst wenn der Vater auszog, liebe Kinder,
> Da war ein Freuen, wenn er wieder kam,
> Denn niemals kehrt' er heim, er bracht' euch etwas,
> Wars eine schöne Alpenblume, wars
> Ein seltner Vogel oder Ammonshorn,
> Wie es der Wandrer findet auf den Bergen –
> Jezt geht er einem andern Waidwerk nach,
> Am wilden Weg sizt er mit Mordgedanken,
> Des Feindes Leben ists, worauf er lauert.
> – Und doch an *euch* nur denkt er, lieben Kinder,
> Auch jezt – Euch zu vertheidgen, eure holde Unschuld
> Zu schützen vor der Rache des Tyrannen
> Will er zum Morde jezt den Bogen spannen! (2620–2634)
> [...]
> Hier gilt es einen köstlicheren Preiß,
> Das Herz des Todfeinds, der mich will verderben. (2642–2643)
> [...]
> Es kann der Frömmste nicht im Frieden bleiben,
> Wenn es dem bösen Nachbar nicht gefällt. (2682–2683)

Es ist leicht zu verstehen, wie ein mehr zur Andacht als zur Kritik gestimmtes Publikum sich hier zur Idealisierung mitreißen läßt, die charakterproblematischen Nuancen überhört, die Rechtfertigung ohne Hintergedanken an latentes Schuldbewußtsein anerkennt.[37] Doch stellt uns der Dramatiker nicht statt eines Freiheitshelden zunächst einmal einen Mörder vor Augen – einen Meuchelmörder obendrein? Nimmt man diese Frage ernst, so gewinnt Tells mehrfaches Zurückkommen auf die Vokabel «Mord» an Gewicht. Heiligt der Zweck (ein rein persönlich-moralischer oder ein politischer?) das Mittel? «Idealism prompts him to action which is incompatible with an idealistic view of things», urteilt W. G. Moore, der als erster den problematischen Charakter der Szene in den Blick bekommen hat (S. 287). Das wäre zweifellos ein Schiller geläufiges Thema; Karl Moor war in einer ähnlichen Situation, ebenso Verrina, Posa und die Jungfrau von Orleans; es ist das Thema des Idealisten mit den blutigen Händen: in der Wirklichkeit, wo eng im Raume sich die Sachen stoßen, stoßen sich zweifellos auch das gute Wollen des Idealisten und seine bösen Mittel. Ein *tragisches* Thema sicherlich,[38] aber realisiert im Text? Doch nur, wenn der Dramatiker mit dem Menschenkenner-Blick wirklich zu verstehen gäbe, daß Tell, der sich sonst als den Unbesonnenen bezeichnet, in dieser einmaligen Krisensituation ein Bewußtsein von seinem moralisch-intellektuellen Dilemma hat. Moore behauptet Tells «personal discomfiture» (S. 288), McKay seine «tragic self-awareness» (S. 112), beide ohne auf eine Textstelle zu verweisen. Für Ueding ist, ebenfalls ohne Texthinweis, jedoch «kein moralischer Skrupel» wahrnehmbar im Helden der hohlen Gasse, der sich «Götterrang erkämpft», nachdem er bereits am Ende der Apfelschuß-Szene seine «Rolle als Messias dieses Landes akzeptiert» habe, die er in Küßnacht lediglich durch «Mord» bekräftige.[39] Was läßt der Wortlaut erkennen? Fühlt Tell sich schuldig?

Es handelt sich dem ersten Anschein nach um einen Rechtfertigungs- oder Entlastungsmonolog. Liest man ihn mit dem Fachwissen des forensischen Gerichtsjuristen, so erkennt man, wie auch in der Parricida-Szene, ein formelles Schema der legalistischen Argumentation mit allen berufstypischen Finten und schließt daraus, daß hier einer spricht, der sich schuldig weiß – und in der Parricida-Szene sogar seine eigenen rhetorischen Schachzüge durchschaut, ja: seine Schuld bekennt. Und wenn der «selbstüberführte

---

[37] W. G. Moore, «A New Reading of *Wilhelm Tell*», *German Studies Presented to Professor H. G. Fiedler*, Oxford 1938, S. 280, 283: «Is there in great drama another instance of a man so idealized, so brave, laconic, faithful, honourable, as the hero of this play?» «So thoroughly has the author justified him that the morality of his deed has been hardly discussed.»

[38] So liest Moore *Tell* in seiner bahnbrechenden, wenn auch fatal textfernen und insofern wenig überzeugenden Studie, bes. S. 291.

[39] Ueding, S. 404, 405, 407, 414.

Mörder» sich nur vor dem eigenen Gewissen und nicht in der Öffentlichkeit der Gerechtigkeit stelle, wie Karl Moor es tat, so weil die nationale Symbolfigur dem Gemeinwesen keine Desillusion zumuten könne.[40] Hier wird der Text zwar gehört, aber doch nur mit dem auf die Prozeßordnung eingespielten Ohr des Fachmanns – den Schiller, als er sein Stück «für das *ganze Publikum*» (X, 373) schrieb, denn doch kaum im Sinn gehabt haben wird. Der juristische Laie wird den Sprecher *so* nicht der Schuld und des Schuldbewußtseins überführen; er kennt und erkennt nicht das vermeintliche gerichtliche Widerspiel von Staatsanwalt und Verteidiger, die in Tells Zeilen ihre Strategien gegeneinander führen sollen als Selbstanklage und Selbstverteidigung (zum Beispiel: «Tell then applies the rule of *utra lex potentior?*»).

Überzeugender werden Tells verborgenes, aber nichtsdestoweniger reales Schuldgefühl, seine Gewissensbisse, seine Selbstzweifel, ja seine Verzweiflung, also im Grunde sein Unglaube an die eigene Verteidigung durch seine wiederholte Insistenz auf dem Wort «Mord» im Küßnachter Monolog.[41] Vollends deutlich wird das, wenn man den Monolog von der Rütli-Szene und von der Parricida-Szene her liest. Denn in der Rütli-Szene wurde die Ermordung Geßlers ängstlich als Thema umgangen (1437), und in der späteren Szene zieht Tell den Trennungsstrich zwischen sich und dem durch persönliche Rache motivierten Königsmörder mit «Gemordet hast *du, ich* hab mein theuerstes vertheidigt» (3183–3184). Damit spricht Tell sich von dem frei, was ihm im Monolog so zu schaffen machte: Mord.

Ob wir den Freispruch in der Parricida-Szene für bare Münze nehmen oder nicht (s.u. S. 300–303): der Monolog in Küßnacht deutet jenseits aller Frage nach objektiver Schuld auf Schuld*bewußtsein*.[42] Auch das ist vielleicht noch ein zu juristischer Ausdruck. Unverkennbar bleibt jedenfalls, wie besonders Mainland, der zwar von Schuldbewußtsein spricht, herausgestellt hat (S. iv–ix), die *Verstörung*, die Qual Tells, des einfachen Mannes, der sich

---

40 David B. Richards, «Tell in the Dock: Forensic Rhetoric in the Monologue and Parricida Scene in *Wilhelm Tell*», *German Quarterly*, XLVIII (1975), 472–486. Ein Schuldbewußtsein Tells sieht auch Frank G. Ryder: die Ermordung Geßlers sei «largely personal revenge» dafür, daß Geßler Tell durch den Apfelschuß in eine Situation gezwungen habe, in der er sich gedemütigt, beschämt, angewidert von sich selbst und insofern schuldig an einer trotz ihres glücklichen Ausgangs horrenden Tat gesehen haben müsse (S. 500–501); das ist eine alles Politische negierende, psychologisch kluge Interpretation, die jedoch, wie Ryder zwischen den Zeilen (S. 500) zugesteht, am Text (allenfalls 2580–2589) nicht erweislich ist («Schiller's *Tell* and the Cause of Freedom», *German Quarterly*, XLVIII [1975], 487–504).

41 Alan Best, «Alpine Ambivalence in Schiller's *Wilhelm Tell*», *German Life and Letters*, n. s. XXXVII (1984), 303. Ähnlich William F. Mainland, Hrsg., Schiller, *Wilhelm Tell*, London 1968, S. lviii. Wie Ryder spricht auch Best von Tells «revenge» (S. 304).

42 Best betont S. 297 unter Verweis auf Mainland, S. lxvii, in dem zitierten Freispruch Schiller «does not suggest that Tell will consider himself free from guilt».

plötzlich vor die Notwendigkeit gestellt sieht, den Prinzipien seines bisherigen Handelns abzusagen, indem ihm ein Mord unausweichlich wird. Die Milch der frommen Denkart hat sich in Tell in «gährend Drachengift» verwandelt (2572–2573). Er erschrickt vor sich selbst, und zwar rückblickend auch vor seiner Tat in Altdorf, die jetzt unerbittlich ihre Konsequenz fordert: «Wer sich des Kindes Haupt zum Ziele sezte, / Der kann auch treffen in das Herz des Feinds» (2575–2576). Litt er in der Apfelschußszene «Höllenqualen» (2588), so jetzt nicht minder, und nicht nur wegen der erinnerten Situation von Altdorf. Die augenblickliche hat ihre eigene moralische Schmerzlichkeit, da er, eben um die Kinder vor künftigen Übergriffen, mit denen er fest rechnen kann, zu schützen (2631–2634), eine Tat begehen zu müssen glaubt, die gegen seine Natur ist und gegen alles, was er für menschlich hält. Wohl glaubt er wie Karl Moor Vollzieher göttlichen Willens, Vollstrecker göttlicher Rache zu sein (2596), doch der Ernst seiner seelischen Lage ist darum nicht weniger «fürchterlich» (2604). Sonderbar ist daher die verbreitete Auffassung: es gehe in diesem Monolog um Tells Rechtfertigung seiner privaten Tat und zugleich der politischen Sache. Zur Einsicht in diese sei er nämlich in dieser Szene bereits gelangt, obwohl statt als Patriot ganz als Vater und Ehemann sprechend, etwa mit den Worten: «Es kann der Frömmste nicht im Frieden bleiben, / Wenn es dem bösen Nachbar nicht gefällt» (2682–2683) oder mit dem Ausruf nach dem «Meisterschuß»: «Frei sind die Hütten, sicher ist die Unschuld / Vor dir, du wirst dem Lande nicht mehr schaden» (2793–2794). Indem Tell die Familie verteidige, verteidige er zugleich die naturhafte Urzelle und Ordnung auch der politischen Gemeinschaft, was ja durchaus zum Ethos der Rütli-Verschwörer paßt.[43] Solches Textverständnis ist befremdlich. Sicher kann keineswegs die Rede sein von einer Überzeugung Tells von der unantastbaren Dignität seines Tuns:[44] der Held im Götterrang habe keine moralischen Bedenken mehr; «Tells Selbstverständnis in diesem höchsten Augenblick der Entscheidung konvergiert endgültig mit dem Bild, das sich die anderen schon längst von ihm gemacht haben», dem Bild des Gerechten, Gerechtfertigten.[45] Mehr als um Rechtfertigung, die allenfalls an der Oberfläche mitspielt und die auch Schiller selbst nicht als Funktion des Monologs in Anspruch nahm, geht es im Monolog oberhalb der hohlen Gasse, dem «besten im ganzen Stück», um die Agonie, um das unauflösliche seelische Dilemma in einer Situation, in

---

[43] 1287–1288; vgl. 3181–3184; Lamport, S. 865; Koopmann, 1977, I, 86; v. Wiese, S. 772–775; S. 773: Tell als der «Gerechte».

[44] Koopmann, 1988, S. 134: «Der Zuschauer soll überzeugt werden, daß Tell einen gerechten Mord begeht, und Tell bemüht die Natur und das Humane, um sich freizusprechen.» Vgl. Lamport, S. 866, auch Sammons und Freye in Anm. 31 oben.

[45] Ueding, S. 404–405, 414.

der es für Tell keine moralische Rechtfertigung geben kann und doch der moralische Zwang zum Handeln besteht. Das Thema ist der Fluch der guten Tat. Um sie zu tun, spannt Tell schließlich den Bogen «zum Morde jezt» (2634) – an entscheidender Stelle das ihn so unwiderruflich bestürzende Wort. Und warum sonst, noch nach dem Monolog, und vor dem Meisterschuß, auf die Nachricht von einem Erdrutsch im Glarnerland Tells Reaktion: «Wanken auch / Die Berge selbst? Es steht nichts fest auf Erden» (2666–2667). Tells Entschluß, Geßler zu töten, ist unerschüttert – vom Anfang des Monologs an. Erschüttert ist sein seelischer Friede – bis zum Ende.

In der Parricida-Szene allerdings kommt Tell einer Selbstrechtfertigung, dem Wortlaut nach, nahe mit seinem Anspruch auf die «reinen Hände» (3180), auf die «gerechte Nothwehr eines Vaters»: «Hast du der Kinder liebes Haupt vertheidigt?» (3176–3177), hält er Parricida entgegen. Der «gute Mensch» «verflucht» den «Mörder» (3171, 3181–3184). Doch *wird* Tell hier gerechtfertigt entsprechend Schillers Behauptung, daß «das Rechtliche» der Selbsthilfe in diesem «bestimmten Fall», im Gegensatz zu Parricidas, erwiesen würde (X, 458)? So liest man es in der Regel bis heute. Den Parricida mag Tell überzeugen, aber den Zuschauer, der nicht zur Festspielstimmung entschlossen ist? Karl Moor, in mancher Weise vergleichbar, stellte seine Rhetorik am Schluß in den Dienst der Selbstanklage. Indem Tell sie in den Dienst der Selbstverteidigung stellt, fragt sich zunächst, ob er nicht ein bißchen zuviel beteuert, nach der psychologischen Faustregel also eher bekräftigt, was er abstreitet, nämlich die Vergleichbarkeit seiner Tat mit der Parricidas. Gegen den Consensus hat so schon 1949 Ludwig Kahn geurteilt:

> In fact, once we risk reading a meaning into Schiller that he certainly would have repudiated (had he been conscious of it), we may attribute to him a semiconscious apprehension as to the moral rectitude of his hero. Why else the fifth act with the scene of Tell's self-justification? And does not Tell protest a little too much in this scene? Does not the very protestation betray the anxiety of the man who terribly much wants to be (but is not quite) sure that his hands are unsullied? Just before Tell had sent off the arrow that killed Gessler, he himself had spoken of his deed as murder. And if, as we said above, the task to which Tell is called is distasteful and repulsive to him, it is so in no small degree because of its moral opprobrium.[46]

Das läßt sich natürlich am Text nicht verifizieren, und der Einwand liegt nahe, daß solches psychologisches Hinterfragen Schiller vielleicht eher fern gelegen habe; andernfalls hätte er den Text eine deutlichere Sprache sprechen lassen. Im Drama selbst sieht es niemand so. Aber gäbe es Anhaltspunkte in Tells Worten zu Parricida selbst, die für eine solche Spekulation

---

[46] Kahn, «Freedom – An Existentialist and an Idealist View», *PMLA*, LXIV (1949), 13.

Der Fluch der guten Tat

über Tells latentes Schuldbewußtsein sprächen? Mit anderen Worten: geht es in dieser Szene wirklich um Rechtfertigung Tells oder lenkt die versuchte Selbstrechtfertigung die Aufmerksamkeit nicht vielmehr auf anderes?

Man zögert, anläßlich von Tells erstaunlich schroffer Abweisung des Königs- und Vatermörders, mit dem er in seiner «Unschuld» (3188) nichts gemein haben will, die Binsenweisheit zu bemühen, daß man etwas in anderen um so mehr verdamme, als man es selbst in sich habe. Und doch: wie erklärt sich der plötzliche Umschlag in Tells Ton, als Parricida auf die Abweisung reagiert mit dem Satz: «So *kann* ich, und so *will* ich nicht mehr leben!» (3189)? Sollte er damit nicht eine sympathetische Saite in Tell selbst berührt haben? Denn unvermittelt folgt:

> Und doch erbarmt mich deiner – Gott des Himmels!
> So jung, von solchem adelichen Stamm,
> Der Enkel Rudolphs, meines Herrn und Kaisers,
> Als Mörder flüchtig, hier an meiner Schwelle,
> Des armen Mannes, flehend und verzweifelnd –
>
> *verhüllt sich das Gesicht* (3190–3194)

Das ist Erbarmen mit dem «Mörder», als den Tell sich im Monolog (im Gegensatz zur Rechtfertigung vor Parricida in dieser Szene) selbst bezeichnet hatte, und zwar mehrmals und mit dem Nachdruck des Schauderns vor sich selbst.[47] Sieht Tell also in der Konfrontation mit Parricida nicht trotz allem Unterschied eine Identität? Sieht er nicht sich selbst in dem landflüchtigen Mörder? Warum die Geste des Gesichtverhüllens? Schiller ist in der Tradition der europäischen Oper aufgewachsen; ihre Gestik war ihm seit den *Räubern* vertraut.[48] Nicht der Mitleidige, der Verzeihende und Erbarmende, nicht der Unschuldige verhüllt sein Gesicht; *er* darf es zeigen in seiner Ausübung der christlichen Tugend *par excellence*; der Schuldbewußte entzieht sein Gesicht dem Licht, das seine Schuld an den Tag bringt: Nichtsehen-wollen als psychologische Metapher des Nicht-gesehen-werden-wollens. Kein Zufall, daß Schiller diese (ihm übrigens sehr geläufige) Geste[49]

---

47 «It is unreasonable to suppose that at this stage in his dramatic career Schiller would invent the long tirades of the scene merely so that the audience might be shown the difference between Tell's deed and Parricida's. Yet this seems to be all that countless audiences have been advised to look for. It is odd that so many commentators have overlooked the connection between protestations which even they regard as excessive in the Parricida scene and the prominence of the word ‹Mord› in the monologue. Just as the humiliation of Tell and that of Geßler are causally related, so there is here a linking of Tell's deed with that of Johannes, which is dramatically and humanly far more impressive than any pointing of a moral or any demonstration of a political principle.» (Mainland, S. lxiii)
48 Peter Michelsen, *Der Bruch mit der Vater-Welt*, Heidelberg 1979. Vgl. NA, XX, 84–85.
49 Vgl. dieselbe Geste in *Fiesko*, V, 14; *Don Karlos*, nach 4713, 4812, 4903; 5195; nach 5670; 5689; *Wallensteins Tod*, nach 1660; *Die Braut von Messina*, nach 2430. Siehe auch Gerhard

kurz darauf noch einmal verwendet, und zwar in der Darstellung des scheinbar so von Tell unterschiedenen Parricida! Als die Eidgenossen «in frohem Zug nahn», Parricida Entdeckung droht, heißt es:

> PARRICIDA *verhüllt sich*
> Wehe mir!
> Ich darf nicht weilen bei den Glücklichen. (3273–3274)

Vielsagend ist auch ein anderes Detail: Als Parricida Tell um Hilfe für sein Entkommen angeht, würde man erwarten, daß Tell «unbesonnen» die Hand zur Hilfe reiche. Seit dem ersten Akt wissen wir: es wäre nicht das erste Mal, daß er einem fliehenden Mörder beispränge. Doch hier:

> Kann ich euch helfen? Kanns ein Mensch der Sünde?
> Doch stehet auf – Was ihr auch gräßliches
> Verübt – Ihr seid ein Mensch – Ich bin es auch –
> Vom Tell soll keiner ungetröstet scheiden –
> Was ich vermag, das will ich thun. (3222–3226)

Warum «Mensch der Sünde»? Unwahrscheinlich, daß dies nur als Erinnerung an die Gebrechlichkeit gemeint ist, die das allgemeine Los des Christen ist. Dämmert Tell im halben Bewußtsein das eigene – gewiß anders motivierte – Vergehen gegen Gottes Gebot? Wie hatte doch kurz zuvor seine Frau den aus der hohlen Gasse Zurückkommenden aufgenommen?

> O Tell! Tell!
>
> *tritt zurück, läßt seine Hand los.*
>
> TELL
> Was erschreckt dich, liebes Weib?
>
> HEDWIG
> Wie – wie kommst du mir wieder? – Diese Hand
> – Darf ich sie fassen? – Diese Hand – O Gott! (3140–3143)

Tells Hand war die Hand eines Mörders. Als Mensch der Sünde spricht Tell seine Solidarität mit dem Kaisermörder aus: «Ihr seid ein Mensch – Ich bin es auch». Wenn das nicht als Trivialität versanden soll, muß man darin das geflügelte «homo sum» hören *und* den Folgesatz: «Nil humani a me alienum puto» – wo das *humanum* unmißverständlich die menschliche Schwäche meint, den Mangel an moralischer Perfektion. Das also wäre mit der erstaunlichen Identifikation Tells mit dem Mörder Parricida und seiner Schuld angedeutet.[50]

Kluge, «Über die Notwendigkeit der Kommentierung kleinerer Regie- und Spielanweisungen in Schillers frühen Dramen», *editio*, III (1989), 90–97.
50 Mainland, S. lxv: «Same guilt».

Der Fluch der guten Tat 303

Von diesen Beobachtungen zur Gestik und zur Anspielungssprache, die bisher merkwürdigerweise nie notiert wurden, leuchtet dann auch der Gedanke ein, daß Tell, indem er Parricida den Weg nach Rom zur Buße zeigt, zugleich den eigenen Weg aus der Schuld zur Vergebung meint.[51] Der hier vom Weg zur «Ruh» spricht, von «Reuethränen» und von «Schuld» (3231, 3251), spricht aus der Beunruhigung über die eigene Tat. Es ist der Mann, der, bisher nie ohne seine Armbrust auftretend, dafür Sorge getragen hat, daß er das Mordinstrument, «an heilger Stätte [...] aufbewahrt», «nie mehr sehn» wird (3137–3138). Damit schafft Tell nicht etwa eine Gedenkstätte als einer, der «Schuld in Unschuld zu erleben» vermag, noch ist das ein Zeichen der Integration des Einsamen in die eidgenössische Gemeinschaft.[52] Indem Tell sich seines definierenden Attributs beraubt, nachdem es zum Werkzeug seiner «Mordthat»[53] geworden ist, trennt er sich zugleich von seiner Unschuld, deren Werkzeug die Armbrust früher gewesen war. Mit dem selbsterfundenen Detail deutet Schiller auf Tells moralisches Dilemma, die bleibende Agonie seines Gewissens.

4.

Unterbrochen werden Tells Worte zu Parricida, die den unterdrückten Gedanken an seine eigene Tat verstörend in seinem Halbbewußtsein aufwallen lassen, durch die Ankunft der Eidgenossen, bereit, Tell als den «Erretter» des Landes und den Stifter ihrer Freiheit mit Vivat zu feiern. Tell nimmt die Huldigung, das «laute Frohlocken», schweigend entgegen. Kein Wort von ihm selbst. Kann man da wirklich kommentieren: Schiller gewähre seinem Helden «seinen Triumph»,[54] Tell komme «in den Genuß seines Sieges»?[55] Oder deutet sein Schweigen nicht sehr beredt darauf, daß er immer noch leidet an seiner Gewissensqual, die Minuten zuvor noch so sichtlich durchblickte? Bestärkt der Jubel nicht eher seinen Zweifel, daß er wirklich «ein guter Mensch» (3171) sei?[56] Dann wollte Schiller im Grunde auf anders hinaus als auf die volktümliche, eingängige Festspieldramatik. Der Sinn des Nebeneinanders von Tell-Handlung und Volksaufstand, der Sinn der Son-

---

51 Richards, S. 484; Mainland, S. lxv-lxvi; Ryder, S. 501; Ueding, S. 415, meint umgekehrt, Tells Weg sei ein anderer gewesen.
52 Koopmann, 1988, S. 137; Integration: Hans A. Kaufmann, *Nation und Nationalismus in Schillers Entwurf «Deutsche Größe» und im Schauspiel «Wilhelm Tell»*, Frankfurt a.M. 1993, S. 143.
53 Vgl. Mainland, S. lxviii.
54 Lamport, S. 868.
55 Ueding, S. 395.
56 Vgl. Best, S. 305; McKay, S. 112; Mainland, S. lxix; Richards, S. 484.

derstellung Tells, die Schiller im Gegensatz zu den Quellen so stark betont, wäre dann nicht ein politischer (s.o.S. 287), sondern ein dramaturgischer,[57] der Schillers menschengestalterischem Impetus Entfaltungsraum gibt und zugleich die Sinnstruktur des ganzen Dramas konstitutiert. Diese wäre nicht mehr die eines im Festtagsjubel kulminierenden «Schauspiels». Vielmehr: die Revolution ist gerecht und feiernswert, aber sie gelingt um einen Preis. Den Preis zahlt Tell. Das Glück des Volks – das dieses Glück vielleicht ebenso wenig verdient wie das Volk in *Fiesko*: die eidgenössische Masse kam ihrem geliebten Tell nicht zu Hilfe in Altdorf, wie Hedwig bitter bemerkt (2369–2370) – ist erkauft und nur zu erkaufen durch das Unglück des «Heilsbringers»: persönliche Tragik als Signatur des politischen Heils. Der patriotische Jubel übertönt die Gewissensqual Tells, und diese muß um so größer sein, als es keinen Menschen gibt, dem er sich mitteilen kann. Einsam, ist er ein seelisch Gebrochener. Wenn das Heil kommen muß, dann wehe dem, durch den es kommt. Die naive Schiller-Deutung bequemerer Zeiten rückt in mehr als chronologische Ferne. Ludwig Bellermann 1905: «So tiefe Blicke ins innerste Geheimnis der Menschennatur, wie fast alle übrigen Stücke Schillers, läßt [*Wilhelm Tell*] uns nicht tun.»[58] Im Gegenteil: in der Feier der guten Tat wird allzu leicht übersehen, daß einer ihren Fluch zu tragen hat.

---

[57] Koopmann, 1977, II, 92, der allerdings meinen Gedanken des nächsten Satzes nicht formuliert.
[58] *Schillers Dramen*, III, 3. Aufl., Berlin 1905, S. 133.

Namenregister

Abaelard 101
Abbt, Thomas 33
Abel, Jakob Friedrich 32, 57, 74, 100
Adelung, Johann Christoph 118, 128, 198
Albrecht, Wolfgang 264, 269, 270, 275
Alewyn, Richard 125
Allison, D. E. 243
Appelbaum-Graham, Ilse s. Graham
Aristoteles 69, 83, 86, 208, 210, 267
Äschylos 260
Atkins, Stuart 264, 270
Auerbach, Erich 101
Augustenburg, Friedrich Christian, Herzog von 28
Aurnhammer, Achim 89, 140, 243

Babington, Anthony 211
Barner, Wilfried 22, 263
Barry, Thomas F. 103
Bauch, Bruno 195
Bauer, Roger 191
Beck, Adolf 39, 48, 89, 107, 155, 226, 227, 228
Belhalfaoui, Barbara 191, 200
Bellermann, Ludwig 35, 38, 304
Berger, Karl 134
Berghahn, Klaus L. 11, 27, 151
Bernhard, Thomas 235
Best, Alan 298, 303
Binder, Wolfgang 101, 105
Blochmann, Elisabeth 36
Blumenthal, Lieselotte 85, 86, 90, 92
Böckmann, Paul 56, 104, 142
Bonaventura (E.A.F. Klingemann) 262
Borcherdt, H. H. 78, 86, 90, 91
Borchmeyer, Dieter 137, 139, 171, 172, 173, 177, 184, 192, 197, 280, 283, 284, 285, 286
Börne, Ludwig 294
Böttiger, Karl August 93, 167, 198, 293
Braemer, Edith 283
Braig, Friedrich 135
Brandes, Johann Christian 97
Brandt, Helmut 142, 241
Braun, Julius W. 83, 86, 99, 108
Brecht, Bertolt 22, 235

Bruford, W. H. 263
Brutus 41, 63, 68, 70, 80
Büchner, Georg 13, 22, 262
Buchwald, Reinhard 47, 49, 78, 100, 101
Buhr, Gerhard 204
Bunyan, John 123
Bürger, Gottfried August 100
Burger, Heinz Otto 47, 80, 128
Burke, Edmund 137

Caesar, Julius 41, 70
Castiglione, Baldassare 144
Cato, Marcus Porcius d.J. 63
Cervantes Saavedra, Miguel de 45
Cohen, I. B. 283
Corneille, Pierre 45, 59
Crawford, Ronald L. 139
Cysarz, Herbert 137, 195

Dahnke, Hans-Dietrich 192, 229, 264
Dalberg, Wolfgang Heribert von 57, 60, 66, 67, 84, 133, 134, 141
Dante Alighieri 101, 123
Darnley, Henry Stuart, Lord 211
David, Claude 213
David, Jacques Louis 280
De Quincey, Thomas 77
Delinière, Jean 79
Dewhurst, Kenneth 8, 21, 31, 55
Donne, John 29
Doppler, Alfred 172
Doria, Andrea 65, 68
Doria, Gianettino 68
Dürrenmatt, Friedrich 235
Düsing, Wolfgang 142

Ebstein, Frances 139, 154
Eckermann, Johann Peter 93
Egmont, Lamoral, Graf von 202
Eichstaedt, Alfons 282
Eliot, T. S. 29
Elizabeth I., Königin von England 209, 210, 211
Epiktet 63
Erdmann, Gustav 282
Ernst, Paul 135

Esselborn, Hans 142
Euripides 202, 209, 212

Fetscher, Iring 280, 291
Fiedler, H. G. 297
Field, G. W. 282
Fiesco, Giovanni Luigi, conte Lavagna 65, 66, 67, 68, 90
Fink, Gonthier-Louis 283, 284, 286, 287
Fischer, Bernd 108
Fischer, Kuno 138
Fontane, Theodor 280
Fowler, Frank M. 70, 91, 92, 144, 252, 263, 270
Freud, Anna 242
Freud, Sigmund 23
Frey, John R. 251, 264
Freye, Lawrence O. 293, 299
Fricke, Gerhard 14, 37, 39, 47, 87, 195
Frisch, Max 16, 17, 293
Fuchs, Albert 211
Fülleborn, Ulrich 270

Ganz, P. F. 171, 286
Garland, H. B. 17, 281
Gellert, Christian Fürchtegott 114
Gemmingen, Eberhard Friedrich von 97
Genast, Eduard 93
Gethmann-Siefert, Annemarie 14
Glück, Alfons 191
Goethe, Johann Wolfgang von 5, 13, 17, 28, 29, 30, 83, 93, 95, 99, 100, 101, 124, 166, 172, 173, 193, 199, 203, 206, 209, 210, 215, 220, 221, 225, 237, 238, 259, 260, 263, 268, 269, 295
Gotter, Friedrich Wilhelm 83
Grabbe, Christian Dietrich 262
Graham, Ilse 14, 127, 130, 172, 227
Grammont, Joseph Friedrich 23, 32, 51
Grappin, Pierre 243
Grathoff, Dirk 21
Grenzmann, Wilhelm 35, 39, 104
Grillparzer, Franz 261
Gronicka, André von 135, 136, 137, 142, 149, 154, 155, 158, 162
Großmann, Gustav Friedrich Wilhelm 87
Gruenter, Rainer 103

Guthke, Karl S. 12, 61, 81, 89, 166, 184, 191, 192

Haller, Albrecht von 33, 124
Hallmann, Johann Christoph 221
Hamburger, Käte 18, 19, 101, 195
Hankamer, Paul 166
Harrison, R. B. (Robin) 102, 246, 247, 251
Haugwitz, Adolf von 221
Hebbel, Friedrich 197, 242
Heftrich, Eckhard 191
Hegel, Georg Wilhelm Friedrich 171
Heine, Heinrich 145
Heitner, Robert R. 123
Heller, Erich 14
Helvétius, Claude Adrien 43, 52
Henckell, Karl 13
Henri II., König von Frankreich 133
Henß, Rudolf 105
Hering, Gerhard F. 12
Herrmann, Gernot 251
Herrmann, Hans Peter 103, 104
Heselhaus, Clemens 172, 190
Hettner, Hermann 78
Heuß, Theodor 18, 171
Heyn, Gisa 23, 35
Hinderer, Walter 8, 22, 36, 37, 41, 46, 51, 53, 55, 57, 68, 70, 78, 80, 89, 142, 171, 177, 190, 192, 204, 214, 236, 260, 292
Hofmannsthal, Hugo von 24, 131
Hohenstein, F. A. 195, 198
Homer 236
Horaz 110
Hoven, Friedrich Wilhelm von 31
Huber, Ludwig Ferdinand 90, 91, 92
Humboldt-Wilhelm von 15, 16, 18, 27, 166, 170, 171, 192, 204, 240, 259
Hume, David 210

Ide, Heinz 240
Iffland, August Wilhelm 84, 102, 210, 213, 286, 288, 289, 290, 294, 295
Irmscher, Dietrich 142

James, William 33
Jamme, Christoph 14
Janz, Rolf-Peter 71, 79, 102, 103, 114, 118, 130, 263, 266, 270, 276, 278

Jeanne d'Arc 235, 237, 242, 249
Jentzsch, Rudolf 96

Kahn, Ludwig W. 95, 98, 99, 100, 300
Kaiser, Georg 178
Kaiser, Gerhard 131, 240, 241, 242, 253, 269, 282, 291, 293
Kant, Immanuel 15, 18, 19, 53, 60, 125, 146, 169, 195, 200, 202, 203, 204, 207, 224, 259, 283, 293
Karl Eugen, Herzog von Württemberg 66, 97, 145
Karthaus, Ulrich 291
Kaufmann, F. W. 39, 115
Kaufmann, Hans A. 303
Kayser, Wolfgang 17
Keller, Werner 142
Kerr, Alfred 12–13
Kestner, Charlotte 95
Kittler, Friedrich A. 22
Kleist, Heinrich von 243
Klinger, Friedrich Maximilian 46
Klopstock, Friedrich Gottlieb 110
Kluckhohn, Paul 99, 100, 109
Kluge, Gerhard 260, 263, 264, 270, 302
Kohlschmidt, Werner 291
Köhnke, Klaus 193
Kommerell, Max 24, 136, 193, 197, 200, 219, 292
Koopmann, Helmut 7, 8, 14, 16, 36, 37, 43, 47, 56, 57, 62, 68, 70, 71,80, 89, 104, 124, 132, 134, 137, 140, 141, 142, 143, 282, 283, 289, 293, 294, 299, 303, 304
Kopernikus, Nikolaus 283
Korff, Hermann August 56, 102,128, 195
Körner, Christian Gottfried 17, 25, 26, 28, 29, 60, 172, 192, 211, 215, 237, 238, 240, 260, 266, 267
Kößler, Henning 15, 19, 24
Kraft, Herbert 86, 90, 92
Kronenberg, Moritz 195
Kufner, Stephanie 140
Kühnemann, Eugen 135, 195, 199
Kurz, Gerhard 14

La Mettrie, Julien Offray de 32, 52, 53
Lachmann, Karl 110, 178
Lamport, F. J. 208, 293, 294, 299, 303

Lange, Victor 125
Langen, August 99, 117
Lawrence, D. H. 101
Lehmann, Werner R. 13
Leibfried, Erwin 21
Leibniz, Gottfried Wilhelm 57
Leistner, Bernd 192, 229, 264
Lenau, Nikolaus von 262
Lenz, Johann Michael Reinhold 100
Lessing, Gotthold Ephraim 20, 45, 59, 68, 69, 97, 110, 131, 150, 178, 197, 219, 220
Liliencron, Detlev von 13
Linn, Rolf N. 49, 171, 193, 196
Lohmann, Knut 105
Löwen, Harry 230, 231
Ludwig, Albert 12, 13
Luther, Martin 95, 118, 129
Lützeler, Paul Michael 70, 80
Lykurg 162, 203

Machiavelli, Niccolò 144, 154
Mainland, William F. 76, 77, 91, 211, 230, 256, 298, 301, 302, 303
Malsch, Wilfried 105, 135, 139, 140, 142, 148, 151, 154, 155, 159, 162
Mandelkow, Karl Robert 124
Mann, Erika 137
Mann, Michael 19, 37, 47, 193
Mann, Thomas 11, 17, 22, 28, 137, 173, 235
Marcus Aurelius 63
Markwardt, Bruno 282
Mary Stuart, Königin von Schottland 209, 210, 211, 220
Marlowe, Christopher 58
Martini, Fritz 12, 15, 103, 104, 105, 107, 108, 123, 162, 282, 291, 293
Mason, Eudo C. 123
Masson, Raoul 21
Matt, Peter von 23
Mattenklott, Gert 16, 21
Mauzi, Robert 42
May, Kurt 39, 59, 83, 86, 123, 190, 192, 197, 198, 201
Mayer, Hans 11, 15
McKay, G. W. 286, 297, 303
Meier, Albert 89, 90
Mendelssohn, Moses 53, 59
Mettin, H. C. 200

Meulen, Ross Vander 294
Meyer, Herman 124
Michelsen, Peter 36, 59, 89, 131, 301
Mielke, Andreas 222, 231, 232
Miller, Johann Martin 100, 110
Miller, R. D. 236, 241, 242, 243, 244, 251, 253
Milton, John 45, 82
Montaigne, Michel de 5
Montesquieu, Charles de Secondat, baron de 146
Moore, G. W. 297
Moritz, Karl Philipp 99
Moser, Hugo 105
Motekat, Helmut 211
Moutoux, Eugene 186
Mücke, Dorothea E. von 79, 80
Müller, Ernst 56, 756, 76
Müller, Irmgard 21
Müller, Joachim 102, 141, 198, 200, 269
Müller, Johannes von 287
Müller, Klaus-Detlev 142
Müller, Richard Matthias 35, 37, 59
Müller-Seidel, Walter 14, 171, 192, 193, 197, 201
Müllner, Adolf 261
Muncker, Franz 110, 178
Muschg, Walter 280

Napoleon 12
Nestroy, Johann Nepomuk 262
Neubauer, John 52, 56, 57, 58
Nicolai, Friedrich 59
Nietzsche, Friedrich 11, 13, 27, 33
Niggl, Günter 193
Nolte, Fred 186
Noltenius, Rainer 12
Novalis 100

Oberkogler, Friedrich 239
Oellers, Norbert 14, 16, 241
Orton, Graham 136, 151, 154, 155, 158, 162

Paulsen, Wolfgang 15
Peregrinus Proteus 20
Petrarca, Francesco 101
Petsch, Robert 40, 41
Pfaff, Peter 243, 246, 251, 253, 254
Phelps, Reginald 70

Philipp II., König von Spanien 133
Plato 15, 18, 19, 195, 201
Platen, August, Graf von 261
Platner, Ernst 32
Plümicke, Carl Martin 90
Plutarch 65, 79
Polheim, Karl Konrad 138, 142
Pongs, Hermann 197
Poschmann, Henri 22
Prader, Florion 264
Prandi, J. D. 243

Quennell, Peter 42

Racine, Jean 209
Rasch, Wolfdietrich 47, 56, 80, 171
Reed, T. J. 25
Reeves, Nigel 8, 21, 31
Rehm, Walther 95
Reinecke, Johann Friedrich 90
Reinhold, Karl Leonhard 17, 19, 60
Reinwald, Wilhelm Friedrich Hermann 68, 85, 97 134
Retz, Jean François Paul, Kardinal de 67
Richards, David B. 298, 303
Richter, Karl 137
Riedel, Wolfgang 8, 31, 32, 34, 43, 49, 52, 57
Ritter, Joachim 105
Robertson, William 210
Robespierre, François Maximilien Joseph de 137, 139
Rousseau, Jean-Jacques 65, 79, 99, 101, 124
Rudloff-Hille, Gertrud 84, 90
Rühle, Günther 11
Ryan, Lawrence 140
Ryder, Frank G. 298, 303

Sade, Donatien Alphonse François, comte de 53
Saint-Réal, César, Abbé de 133
Sammons, Jeffrey L. 293, 299
Samuel, Richard 100
Sartre, Jean Paul 19, 195
Sauder, Gerhard 236, 243, 252
Sautermeister, Gert 214, 232
Schadewaldt, Wolfgang 264, 269
Scheibe, Friedrich Carl 145
Scheler, Max 195

Namenregister

Scherpe, Klaus 37
Schiller, Charlotte von 12
Schimmelmann, Charlotte, Gräfin von 29
Schings, Hans Jürgen 21, 36, 140, 142, 204
Schläpfer, Bruno 19
Schludermann, Brigitte 213
Schlunk, Jürgen E. 35, 37
Schmid, F. A. 195
Schmid, Karl G. 23, 35
Schmidt, Erich 78
Schneider, Hermann 198
Schneider, Reinhold 172
Schnitzler, Arthur 8
Schönert, Jörg 137
Segal, Erich 101
Seidler, Herbert 268, 269, 270, 277
Seidlin, Oskar 161, 173, 177, 184, 185, 232
Sellner, Timothy F. 242
Seneca 63
Sengle, Friedrich 262, 264, 270
Shakespeare, William 7, 27, 43, 45, 59, 64, 82, 97-99, 101, 263, 294
Sharpe, Lesley 7, 14, 80, 139, 208, 266, 286, 289, 291
Shaw, George Bernard 235, 236
Silz, Walter 186
Singer, Herbert 125
Solon 203
Sophokles 260, 261, 263, 264, 267
Stahl, E. L. 63, 136, 171, 222, 226, 252, 270, 286, 289, 291, 294
Stahl, Georg Ernst 32, 34, 142
Staiger, Emil 16, 20, 23, 28, 56, 65, 78, 190, 237, 270
Stamm, Israel 58
Steinbach, Dietrich 132
Steinhagen, Harald 53, 56, 62
Stern, Dagmar C. 80
Stiehl, Ferdinand 12
Stolberg, Auguste, Gräfin von 100
Storz, Gerhard 23, 28, 36, 56, 78, 80, 137, 190, 219,221, 236
Streicher, Andreas 31, 67, 68, 84
Streller, Siegfried 127, 128

Streurman, G. H. 195, 201
Strich, Fritz 56
Sturz, Helferich Peter 65
Sulzer, Johann Georg 57
Süvern, Johann Wilhelm 172

Tell, Wilhelm 280
Thalheim, Hans-Günther 76, 284, 293
Thompson, Bruce 263
Törring, Joseph August, Graf von 109
Tschudi, Aegidius 286, 287

Ueding, Gert 11, 18, 291, 293, 297, 299, 303
Ugrinsky, Alexej 27, 222, 293
Utz, Peter 280

Valéry, Paul 29
van Ingen, Ferdinand 213
Vilmar, August Friedrich Christian 243
Voltaire 244
Vondel, Joost van den 220

Wälchli, Gottfried 199, 201
Walpole, Horace 259
Weigand, Hermann 12, 13, 264
Wells, G. A. 213, 261, 293
Werner, Zacharias 261, 263
Wertheim, Ursula 76, 86, 90, 141, 283
Wieland, Christoph Martin 98, 128
Wiese, Benno von 20, 23, 36, 37, 39, 47, 56, 70, 78, 80, 86, 101, 103, 105, 106, 107, 113, 115, 125, 128, 133, 142, 190, 198, 199, 226, 231, 241, 244, 251,262, 268, 269, 283, 284, 291, 299
Wilkinson, Elizabeth M. 25, 29, 104
Willoughby, Leonard 104
Willson, A. Leslie 12, 232
Witte, William 83,211
Wittkowski, Wolfgang 27, 132, 139, 140, 149,151, 154, 162, 171, 190, 192, 193, 194, 197, 198, 213, 239, 270, 280
Wordsworth, William 29
Wychgram, Jakob 135

Ziegler, Klaus 11, 14

Vom selben Verfasser

Die Entdeckung des Ich: Studien zur Literatur, 1993.
Trails in No-Man's-Land: Essays in Literary and Cultural History, 1993.
Letzte Worte: Variationen über ein Thema der Kulturgeschichte des Westens, 1990. Engl: *Last Words*, 1992.
B. Traven: Biographie eines Rätsels, 1987. Engl.: *B. Traven: The Life Behind the Legends*, 1991.
«Das Geheimnis um B. Traven entdeckt» – und rätselvoller denn je, 1984.
Erkundungen: Essays zur Literatur von Milton bis Traven, 1983.
Der Mythos der Neuzeit: Das Thema der Mehrheit der Welten in der Literatur- und Geistesgeschichte von der kopernikanischen Wende bis zur Science Fiction, 1983. Engl.: *The Last Frontier*, 1990.
Das Abenteuer der Literatur: Studien zum literarischen Leben der deutschsprachigen Länder von der Aufklärung bis zum Exil, 1981.
Haller im Halblicht: Vier Studien, 1981.
Literarisches Leben im achtzehnten Jahrhundert in Deutschland und in der Schweiz, 1975.
Gotthold Ephraim Lessing, 1973 (3. Auflage 1979).
Das deutsche bürgerliche Trauerspiel, 1972 (5. Auflage 1994).
Die Mythologie der entgötterten Welt: Ein literarisches Thema von der Aufklärung bis zur Gegenwart, 1971.
Wege zur Literatur: Studien zur deutschen Dichtungs- und Geistesgeschichte, 1967.
Modern Tragicomedy, 1966. Dt.: *Die moderne Tragikomödie: Theorie und Gestalt*, 1968.
Der Stand der Lessing-Forschung, 1965.
Haller und die Literatur, 1962.
Gerhart Hauptmann: Weltbild im Werk, 1961 (2. Auflage 1980).
Geschichte und Poetik der deutschen Tragikomödie, 1961.
Das Leid im Werke Gerhart Hauptmanns (mit Hans M. Wolff), 1958.
Englische Vorromantik und deutscher Sturm und Drang, 1958.